金冲及文丛

百年道路

《生死关头》二集

金冲及 著

生活·讀書·新知 三联书店

Copyright © 2022 by SDX Joint Publishing Company.
All Rights Reserved.

本作品版权由生活・读书・新知三联书店所有。
未经许可，不得翻印。

图书在版编目（CIP）数据

百年道路：《生死关头》二集／金冲及著．—北京：
生活・读书・新知三联书店，2022.1（2024.6 重印）
（金冲及文丛）
ISBN 978-7-108-07320-4

Ⅰ.①百… Ⅱ.①金… Ⅲ.①中国共产党-党史-研究
Ⅳ.① D23

中国版本图书馆 CIP 数据核字（2021）第 240916 号

责任编辑	唐明星
装帧设计	刘　洋
责任校对	曹秋月
责任印制	卢　岳
出版发行	生活・讀書・新知 三联书店
	（北京市东城区美术馆东街 22 号 100010）
网　　址	www.sdxjpc.com
经　　销	新华书店
印　　刷	河北松源印刷有限公司
版　　次	2022 年 1 月北京第 1 版
	2024 年 6 月北京第 3 次印刷
开　　本	635 毫米 × 965 毫米　1/16　印张 27.25
字　　数	316 千字
印　　数	13,001－16,000 册
定　　价	59.00 元

（印装查询：01064002715；邮购查询：01084010542）

目 录

前 言　1
从辛亥革命到中国共产党的诞生　3
　　辛亥革命为什么会发生　4
　　辛亥革命的成功和失败　6
　　迎来中国共产党的诞生　11
五四运动百年祭　15
　　历史的回顾　15
　　初期新文化运动　17
　　"五四"风暴的袭来　21
中共一大代表究竟是多少人　27
1927年：第一次国共合作的破裂　36
　　前　夜　37
　　迁都之争：武汉还是南昌　51
　　国民党内的"提高党权运动"　60
　　四一二政变和宁汉分裂　70

中共五大　90
　　"西北学说"的破产　94
　　土地问题的讨论　103
　　武汉局势迅速恶化　108
　　国共合作的全面破裂　114
　　革命进入新时期　120

六大以后两年间中共中央的历史作用　133
　　六大后工作路线的转变　133
　　整顿、恢复并发展党在国民党区域内的秘密工作　136
　　把红军和农村革命根据地的工作放在越来越重要的地位上　145
　　"左"的倾向的重新抬头　153

对遵义会议的历史考察　164
　　"左"倾教条主义的统治　165
　　遵义会议是历史的转折点　178
　　从遵义会议到中共七大　189

西安事变与20世纪中国历史变迁　202

抗战前的白区工作会议　220
　　刘少奇在会前给张闻天的4封信　220
　　白区工作会议的第一阶段　225
　　连续4天的中央政治局会议　230
　　白区工作会议的第二阶段　235
　　余　论　238

七七事变：全民族抗战的开端　243
　　历史的回顾　243
　　卢沟桥事变　246

全民族抗战带来了什么　248
附　卢沟桥事变——全民族抗战的起点　252
　　　小细节与大历史　252
　　　从甲午到"七七"　256
　　　"七七"与全民抗战　262

从延安整风到中共七大　266
　　　历史的回顾　267
　　　整风运动的酝酿和准备　272
　　　全党整风教育运动（上）　281
　　　全党整风教育运动（下）　290
　　　中共六届七中全会　301
　　　团结的大会，胜利的大会　307
　　　简单的总结　314

抗战胜利初上海三大进步杂志　318
　　　抗战胜利初上海进步报刊的环境　318
　　　《周报》和《民主》　320
　　　《文萃》　327

中原突围和全面内战的开始　335
　　　全面内战是怎样开始的　335
　　　中原解放区的形成　349
　　　中原突围　362

第二条战线的历史地位：纪念五二〇运动50周年　377
　　　人心向背的大变动　377
　　　"反饥饿，反内战，反迫害"　380
　　　群众运动和党的领导　382

第二条战线的历史地位　　385
新中国诞生的划时代意义　　387
　　中国人从此站立起来了　　388
　　人民当家做主人　　390
　　祖国的空前统一和团结　　393
　　结　语　　396
换了人间：新中国的最初岁月　　398
　　中国人从此站立起来了　　398
　　人民政权为人民　　400
　　实现国家统一和人民团结　　403
　　结　语　　405
历史巨变从何而来
　　——纪念改革开放40周年　　407
　　解放思想，实事求是，从端正思想路线着手　　407
　　高举旗帜和深化改革　　409
　　中国特色社会主义进入新时代　　413
道路决定命运
　　——金冲及访谈录　　416

前　言

中国共产党成立到现在，整整一百年了，它走过的路极不寻常。一百年前，中国还处在帝国主义和封建势力的严格控制下，濒临灭亡的边缘。多少爱国志士呕心沥血地做过这种努力的，都失败了。中国共产党领导人民经过二十八年奋斗，推倒了在中国人头上的这几座大山，挺身站立起来。又经过七十多年的建设与改革，使中国成为世界上第二大经济体，满怀信心地向建成社会主义现代化强国的宏伟目标大步迈进。这不能不说是人类历史上的奇迹。

这一百年，中国是怎样走过来的？在这些年中，中国共产党怎样多次地突破极端险恶的处境，包括纠正自身犯过的严重错误，创造出一条举世惊讶的新路？这个问题，正受到越来越多人的关注并引起思考。

问题意识，这些年来在史学界谈论得很多。我的体会，它不仅是学术研究的重要方法，更可以说是学术研究的动力所在。因为有问题，才需要去研究。如果事情已经一清二楚，并且有着共识，那就不需要再作研究，而是要使需要既有的知识在人们中得到普及。这自然也极重要，但同研究毕竟有所区别。可以说，研究的过程就是寻求问题答案的过程。尽管不见得都能寻找到正确答案，至少可以把这种寻求推进一步。

党史中前六十年的重大问题，中共中央已经有了两个决议：

《关于若干历史问题的决议》和《关于建国以来党的若干历史问题的决议》。它们是在毛泽东、邓小平同志先后亲自主持、又经过中央委员会反复集体讨论后写成的。这以后四十年的历史，中央领导人又做过许多重要的阐述。这是我们研究中共党史的根本依据。

这些年来，众多史学工作者又对党史中一些具体问题先后作了一些研究。承三联书店好意，把我在这方面的一些著作和论文以"文丛"的名义陆续出版。近年来，我虽年事已高，仍努力写过一些论述文章，还有少数以前所写而没有收入"文丛"的文章，此次集结成这本《百年道路》。因为这本书的内容和体裁和以前已出版的那本《生死关头——中国共产党的道路抉择》相类似，所以加了个副题，称为前书的二集，同样只是希望起一点抛砖引玉的作用罢了。

从辛亥革命到中国共产党的诞生

2021年10月9日，纪念辛亥革命110周年大会在北京人民大会堂隆重举行，习近平总书记出席大会并发表重要讲话。总书记指出："110年前，以孙中山先生为代表的革命党人发动了震惊世界的辛亥革命，推翻了清朝政府，结束了在中国延续几千年的君主专制制度，近代以来中国发生的深刻社会变革由此拉开了序幕。"

今年是辛亥革命110周年，也是中国共产党成立100周年。从辛亥革命拉开中国社会变革的序幕到中国共产党诞生，相隔只有九年多，在如此短促的时间内，中国革命的形势却发生了翻天覆地的根本性变化。

怎样看待和理解中华民族伟大复兴进程中这段有着重要意义而不容忽视的历史？

亲身经历过这场历史演变的毛泽东同志在《如何研究中共党史》的讲话中，把这个问题的重要性讲得很清楚。他说："一九二一年开始的第一个阶段，实际上是由辛亥革命、五四运动准备的"，"所以严格地讲，我们研究党史，只从一九二一年起还不能完全说明问题，恐怕要有前面这部分材料说明共产党的前身。""不说明以前的辛亥革命、五四运动，对于共产党的成立和以后的历史，也就不能说得清楚。"

这是以历史唯物主义观点来考察有关中国共产党历史而作出的重要判断。

辛亥革命为什么会发生

辛亥革命为中国共产党的成立作了哪些"准备",为什么把它称为中国共产党成立的"前身"?

讨论辛亥革命为什么会发生,首先需要剖析当时国内国际的情形。

鸦片战争以后,中国的领土完整和国家主权开始遭受西方列强的恣意破坏,走上了半殖民地半封建社会的悲惨道路,国家的命运不再掌握在中国人自己手里,而是任人摆布。创造过灿烂古代文明的中华民族遭人贱视,甚至被呼为"劣等民族"。这不能不使每一个有爱国心的中国人感受到极大的痛苦。

1894年中日甲午战争期间,革命先驱孙中山在檀香山成立革命团体兴中会,大声疾呼"亟拯斯民于水火,切扶大厦之将倾",并在兴中会章程中第一次响亮地喊出"振兴中华"的口号。

甲午战争的失败,使中国面对的民族危机急遽恶化。当年还在四川家乡求学的吴玉章回忆道:"我还记得甲午战败的消息传到我家乡的时候,我和我的二哥(吴永锟)曾经痛苦不止。""我对当时国家危亡的大势是了解的,我正在为祖国的前途而忧心如焚。甲午战争的失败,更激发了我的救国热忱,我需要找寻一条救亡图存的道路。"

西方列强纷纷在中国争夺并划分势力范围,外国报刊公开议论如何对中国进行"瓜分"。当历史刚刚进入20世纪,西方列强组成的八国联军武装占领了中国首都北京。世界上所有资本主义强国联合起来,向一个落后国家发起军事进攻,这是历史上从来不曾有过的事情。他们在北京实行分区管制,任意屠杀劫掠,为所欲为,中国人家家户户还要悬挂他们的旗帜。这是多么大的灾难和耻辱,不能不深深地刺痛中国人的心。

90年后的1990年春,邓小平同志在会见外宾时还说道:"我是一个中国人,懂得外国侵略中国的历史。当我听到西方七国首脑会议决定要制裁中国,马上就联想到一九〇〇年八国联军侵略中国的历史。七国中除加拿大外,其他六国再加上沙俄和奥地利,就是当年组织联军的八个国家。要懂得些中国历史,这是中国发展的一个精神动力。"可见这件事对中国人刺激之深。

当时统治着中国的清王朝是一个专制的、卖国的、极端腐败的、扼杀中国的生机因而深受人民痛恨的政权。八国联军侵华和《辛丑条约》签订后,它更是一味媚外,对列强俯首听命。独揽大权的慈禧太后甚至说出要"量中华之物力,结与国之欢心"那样的话来。再也不可能指望依靠它来外抗强敌、实现自强了。

辛亥革命时期的著名烈士陈天华,怀着炽热的激情,在他流传很广的名作《猛回头》中写道:"列位,你道现在的朝廷仍是满洲的吗?多久是洋人的了!列位若还不信,请看近来朝廷所做的事,那一件不是奉洋人的号令?""朝廷固然是不可违拒,难道说这洋人的朝廷也不该违拒么?""洋人的朝廷"这个根本性的问题被陈天华一语喊破,在爱国人民中间立刻激起巨大反响,形成一种新的觉悟。

就在同一年,刚从日本归国的18岁留学生邹容,写出了他的著作《革命军》。一打开这本书,劈头就可以读到邹容热情洋溢的赞颂:"有起死回生、还魂返魄、出十八层地狱、升三十三天堂、郁郁勃勃、莽莽苍苍、至尊极高、独一无二、伟大绝伦之一目的,曰革命。巍巍哉,革命也。皇皇哉,革命也。吾于是沿万里长城,登昆仑,游扬子江上下,溯黄河,竖独立之旗,撞自由之钟,呼天吁地,破颡裂喉,以鸣于我同胞前曰:呜呼,我中国今日不可不革命。"他以充满青年人激情而又明白晓畅的语言,阐述他的主张和理由。鲁迅回忆道:"倘说影响,则别的千言万语,大概都抵不过浅近直截的革命军马前卒邹容所做的《革命军》。"

革命从来不会无缘无故地发生。要千百万人不惜抛头颅洒热血,作出巨大的牺牲来拼命,更不是哪个人或者少数人的鼓吹就发生的,它有着深刻的社会原因。中华民族已经面对一个极其严峻的局势:只有进行一场革命,改变旧有的社会和政治制度,才能避免沦为西方列强殖民地的悲惨命运。辛亥革命,是中国人民对帝国主义疯狂侵略和清王朝反动统治长期郁积的焦灼和愤怒的大爆发。离开这个根本点,对中国当年的事实,对辛亥革命为什么发生,便不能正确地了解。回顾一百多年前,为了民族的生存和人民的命运,这些先人们在极端困难的条件下,奋不顾身地起来顽强奋斗,把中国的历史向前推进了一大步,这不能不使后人肃然起敬。今天在天安门广场上屹立的人民英雄纪念碑上镌刻着辛亥革命时期的英雄形象,这是十分自然的事情。

辛亥革命的成功和失败

辛亥革命是成功了还是失败了?不能简单地绝对地说它的一个方面,而忽略它的另一方面。正如毛泽东同志在《如何研究中共党史》中所说:"辛亥革命有它的胜利,它打倒了直接依赖帝国主义的清朝皇帝。但后来失败了,没有巩固它的胜利,封建势力代替了革命,袁世凯代替了孙中山。"如果只看到它的一个方面而看不到它的另一方面,就是片面的、不符合客观实际的。

先来谈谈它的胜利的方面、成功的方面,值得我们隆重纪念的方面。曾经亲身参加孙中山领导的中国同盟会的林伯渠,在纪念辛亥革命30周年时写道:"对于许多未经过帝王之治的青年,辛亥革命的政治意义是常被过低估计的,这并不足怪,因为他们没有看到推翻几千年因袭下来的专制政体是多么不易的一件事,同时中华民国的诞生也没有带给他们真正的民主。"

中国共产党对辛亥革命的历史意义作了很高的评价。习近平总书记在纪念辛亥革命110周年大会上的重要讲话中指出:"1911年10月10日,武昌城头枪声一响,拉开了中国完全意义上的近代民族民主革命的序幕。辛亥革命极大促进了中华民族的思想解放,传播了民主共和的理念,打开了中国进步潮流的闸门,撼动了反动统治秩序的根基,在中华大地上建立起亚洲第一个共和制国家,以巨大的震撼力和深刻的影响力推动了中国社会变革,为实现中华民族伟大复兴探索了道路。"这是一个鲜明而中肯的评论。

具体地说,它的成果至少有以下几点:第一,辛亥革命在政治上把原有的反动统治秩序打乱了。中国封建社会本来有个头,那就是皇帝。它是大权独揽的绝对权威,是反动统治秩序保持稳定的重心所在。几千年来都是如此,辛亥革命突然把这个头砍掉了,整个反动统治秩序就乱了套。袁世凯的洪宪皇帝梦,不过百日便破灭流产。张勋扶溥仪复辟,倒得更快。从北洋军阀到南京政府,像是走马灯似的一个接着一个登场,都始终建立不起一个统一的稳定的统治秩序来。这自然便于人民革命斗争的兴起和发展。

第二，辛亥革命把历来被奉若神明的君主专制制度一举推翻，建立起共和政体。中国这种政体建立后，制定了一部具有资产阶级宪法性质的《中华民国临时约法》。这部法律第二条规定："中华民国之主权属于国民全体。"尽管"民国"只是一块招牌，国家主权并不真正"属于国民全体"，但有这块招牌和没有这块招牌还是有区别的，人们开始认为自己应该是国家的主人了。只要比较一下，甲午战败后的"公车上书"只是一百多个举人要通过都察院把他们变法维新的意见转呈皇上，还没有被递上去；而巴黎和会时为了山东问题发生了席卷全国的群众性五四爱国运动。相隔仅仅二十几年就有这样巨大的变化，也许可以说：没有辛亥革命，不大可能在这时出现如此规模的群众运动。也曾参加中国同盟会的董必武写道："民主运动已自辛亥革命开辟途径，不管途中有何阻碍，它必要达到目的，才会停止。"

第三，辛亥革命也使中国人在思想上得到一次大解放。皇帝以前被称作"奉天承运"的"天子"。人们从小就被灌输"天地君亲师"的观念，仿佛它是至高无上、神圣不可侵犯的。打倒皇帝，一般人是想也不敢想的。如今，连皇帝都可以打倒，那还有什么陈腐的东西、不合理的东西，不可以怀疑、不能够打倒呢？亲身参加辛亥革命的陈独秀在五四运动的前一年写了一篇《偶像破坏论》，说："其实君主也是一种偶像，他本身并没有什么神圣出奇的作用，全靠众人迷信他，尊崇他，才能够号令全国，称做元首。一旦亡了国，像此时清朝皇帝溥仪、俄罗斯皇帝尼古拉斯二世，比寻常人还要可怜。这等亡国的君主，好像一座泥塑木雕的偶像抛在粪缸里，看他到底有什么神奇出众的地方呢！"这种破除迷信的思想一旦深入人心,对不久后的五四运动以至中国共产党的诞生都起着摧陷廓清的作用。

前人的业绩,是后人不容遗忘的。

全国的革命形势发展得极为迅猛。这是极端深重的民族危机和社会危机的必然产物。武昌起义枪声一响,革命烽火迅速传遍全国,统治中国200多年的清朝政府在熊熊烈火中轰然倒塌,新生的共和国在一片欢呼声中诞生。

可是,透过表面上一派热烈景象,不难看到在它背后存在着严重危机。革命刚刚取得第一步的胜利,革命营垒内部立刻出现一派分崩离析的混乱景象。以富有反动政治经验的袁世凯为代表的旧社会势力,在形式上做了一点化装打扮后,以逼迫清皇帝退位为交换条件,建立起北洋军阀的统治,控制住局面,然后反扑过来,使革命党人遭受惨重的失败。

亲身经历过这段令人痛心岁月的毛泽东同志在《论人民民主专政》中回忆道:"多次奋斗,包括辛亥革命那样全国规模的运动,都失败了。国家的情况一天一天坏,环境迫使人们活不下去。怀疑产生了,增长了,发展了。"

为什么辛亥革命不能巩固它的胜利反而陷于失败?从当时的先进分子方面来看,存在着三个根本的弱点:

一是没有科学理论的指导。对中国的社会情况和各种社会力量没有正确的了解和分析,也没有明确地提出反对帝国主义和封建势力的主张。很多人把革命的目标几乎全集中在反对清王室上,认为"清室退位即天下事大定"。因此,当清王室一宣布退位,民国的招牌挂了起来,许多人便认为革命已经成功,不需要再从事什么革命工作而陷于四分五裂或相互倾轧争斗。甚至认为只要袁世凯能逼迫清王室退位，就可以让他来当民国总统。等到袁世凯站稳了脚跟，控制住局面，立刻翻过脸来，对原革命党人进行镇压，革命便失败了。

二是缺乏深厚的群众基础。革命党人在辛亥革命期间也在一定程度上做了发动群众的工作，主要是在青年知识分子、会党、新军、华侨中做了一定的宣传工作和组织工作。他们中的不少人为革命献出了自己的生命，博得广泛的同情。因而，在武昌首义之后，革命得到各省响应，取得重大成功。但是，他们没有依靠并发动占中国人口绝大多数的下层劳动群众，首先是工人和农民同他们相脱离了。这样，革命党人便缺乏深厚的群众基础，在帝国主义和军阀势力面前显得软弱无力，当反动势力站稳了脚跟，反扑过来，他们没有力量抵抗，从而走向妥协或失败。

三是缺乏核心领导力量。当时革命党人成员复杂、组织松散，没有形成一个由有着共同理想和严格纪律约束而组成的坚强核心力量，来带领人们前进，遇事难以始终同心协力，甚至互相争斗，更谈不上有正确有力的战略指导和统一行动，甚至不断发生自身内部的纠纷和争夺。当时就有"革命军兴，革命党消"的说法。在具有较丰富反动政治经验的旧社会势力有计划地集中力量进攻下，便四分五裂，很快归于失败。

结果，令人惊心动魄的革命高潮只是一时的，革命中产生的政权又落到反动势力手里，人民依然生活在他们的统治下，革命并没有成功。

失败令人悲痛，但失败的教训也可以鼓舞人前进。林伯渠在纪念辛亥革命30周年时还写道："辛亥革命前觉得只要把帝制推翻便可以天下太平，革命以后经过多少挫折，自己所追求的民主还是那样的遥远,于是慢慢的从痛苦经验中,发现了此路不通,终于走上了共产主义的道路。这不仅是一个人的经验,在革命队伍里是不缺少这样的人的。"董必武也说:"辛亥革命虽然没有取得真正的胜利,但它提供了十分宝贵的经验,使得中国人民有可能进一步找到彻底解放的正确道路。"

林伯渠、董必武两位都曾是孙中山领导的中国同盟会会员、亲身经历这一段历史的共产党人,他们的这些肺腑之言是值得后人深思的。

迎来中国共产党的诞生

人类历史从总体来说是不断向前发展进步的,而且会不断赋予它以新的内容。这种变化并不是直线式的,在中间会有迟缓以至曲折,但这种总趋势是改变不了的,当条件具备时甚至会令人吃惊地加速表现出来。

从辛亥革命到中国共产党诞生相隔不满十年,为什么在这样短的时间内发生如此惊天动地的变化?同样需要剖析这段时间里国际国内的情形,否则也不能明白它的缘由。

先说国际范围的变化。在这不到十年的时间内,世界舞台上发生了两件震动全球的大事:一件是爆发了以往从来没有过的第一次世界大战,给人类带来巨大的灾难。原来被视为西方文明中心的西欧,无论英国、法国、德国,留下的都是遍地疮痍。直接死于战争的军人达900万人,平民因各种原因死亡的更是不计其数。战争期间,大量的房屋、铁路、桥梁、工厂被摧毁,西方许多人津津乐道的"天赋人权"在哪里?原来被描绘得像人间天堂的西方社会顿时失去了很多人心目中原有的光彩，不再把它看作向往的美好榜样。另一件更重要的是战争后期在俄罗斯爆发了列宁领导的十月社会主义革命，以往遭人轻视的工农兵成为国家的主人，社会主义从理论变为活生生的事实，它在中国的先进分子面前展现了一种全新的现实的榜样。

整个国际形势发生的巨大而深刻的变化，当然极为重要，但它仍是外因。国际范围内的变化，是放在世界各国或各处面前共同的事物，但它在各国或各处引起的反应却很不相同甚至截然相反，这是因为它们的内部状况各有不同。中国发生这样翻天覆地的变化，从根本上考察，还是中国社会内部情况自身发展变化的结果。

中华民族是一个勤劳、智慧、富于革命传统的民族，曾经创造出灿烂的古代文明，对人类社会作出过重大贡献，但在近代却大大落后了。先进的中国人从来不甘心这种悲惨的处境，前仆后继地探求民族复兴的道路。辛亥革命作为一次全国规模的政治运动虽然失败了，但烈士的鲜血没有白流，它给人们在政治上和思想上带来的巨大影响没有消除。事实上，辛亥革命之后，在这场革命中接受洗礼的中国人民和中国先进分子继续探寻着救国救民道路。但新的路子在哪里？人们一时并没有立刻找到答案，陷于巨大的失落和苦闷中。

中国的现状得不到改善，国家的处境反而一天天坏下去。日本强迫中国接受"二十一条"，巴黎和会把德国在山东强占的权利强行转交给日本，国内许多旧社会势力沉渣泛起。中国上空又满布着黑暗的阴云。这一切，迫使许多爱国者不能不严肃地重新思考国家社会的许多根本问题，寻求新的未来。

五四前夜的初期新文化运动，是从对辛亥革命缺陷的反思开始的，它在中国思想界起到了巨大的启蒙作用。它最初追求的目标是"个性解放"，这还没有跳出西方思想界的旧窠，以后就逐步发展到对社会改造的探索。的确，如果旧有的社会制度没有根本改变，对绝大多数人，尤其是广大劳动人民就没有什么"个性解放"可言。这在中国思想界是一个根本性的飞跃。

五四爱国运动有一个鲜明的特点：那是一个中国历史上从未有过的爱国群众运动。吴玉章在《回忆"五四"前后我的思想转变》中对这次运动写道："这是真正激动人心的一页，这是真正伟大的历史转折点。从前我们搞革命虽然也看到过一些群众运动的场面，但是从来没有见到过这种席卷全国的雄壮浩大的声势。在群众运动的冲激震荡下，整个中国从沉睡中复苏了"，"在人民群众中所蕴藏的力量一旦得到解放，那才真正是惊天动地、无坚不摧的。""当时我的感觉是：革命有希望，中国不会亡，要改变过去革命的办法。虽然，这时候我对中国革命还不可能立即得出一个系统的完整的新见解，但是通过十月革命和五四运动的教育，必须依靠下层人民，必须走俄国人的道路，这种思想在我头脑中日益强烈、日益明确了。"这不仅是吴玉章一个人的思想经历，也是当时中国许多先进分子的共同思想经历。

因此，说五四运动为中国共产党的成立做了思想上和干部上的准备，这是铁的事实。

毛泽东同志把中国共产党的诞生称为"开天辟地的大事变"。习近平总书记也强调了这个判断。我的理解，"开天辟地"至少包含两层意思：第一，它由此开辟了一个以往从未有过的新天地；第二，既称为开辟新天地，那就不是局部性或一时性的变化，而是具有总体性、根本性和长期性意义的大变化。

只有中国共产党的诞生，才在中国破天荒第一次出现了有着科学理论——马克思主义为指导的、能够发动并依靠最广大民众（特别是占中国人口绝大多数下层工农群众）齐心奋斗，并且形成由民众中有着共同理想和严格纪律的先进分子为核心所组成的政治力量。如果没有这样一个坚强有力的政党来领导，要在中国这样幅员广阔、情况复杂的国家实现民族复兴和人民幸福，是根本不可能的。

如果把这里说到的三个条件同前面所说导致辛亥革命失败的三个重大缺陷比较一下，就会发现中国共产党正是在吸取辛亥革命失败教训并加以克服和改变的基础上跨出全新步伐的。正如习近平总书记指出的："辛亥革命110年来的历史启示我们，实现中华民族伟大复兴，必须有领导中国人民前进的坚强力量，这个坚强力量就是中国共产党。"

中国共产党内年长的老一辈党员，如董必武、林伯渠、吴玉章、朱德等都是辛亥革命时期的中国同盟会会员；对创立中国共产党作出巨大贡献的陈独秀在辛亥革命时是重要革命团体岳王会的领导人，并担任独立后的安徽省都督府秘书长；年轻些的毛泽东、周恩来、刘少奇等也受到辛亥革命的很大影响，毛泽东在湖南起义后投身起义新军，当了四个月的列兵。他们都是从辛亥革命中打开眼界，提高了对救国和民主的认识，以后又看到辛亥革命的严重弱点，继续向前探索前进，成为共产党人和中国共产党的领导者的。

路总是一步一步走的，这就是历史。后人总是以前人已经达到的位置作为出发点，再向前继续前进，又大大超越前人。但前人的历史功绩不容遗忘，因为没有昨天，就不会有今天和明天。

（原载《求是》2021年第20期）

五四运动百年祭

五四运动到现在，整整一百年了。

习近平同志在去年五四青年节将要到来时讲道："从五四运动到中国特色社会主义进入新时代，中华民族迎来了从站起来、富起来到强起来的伟大飞跃。这在中华民族发展史上，在人类社会发展史上都是划时代的。"

什么是"划时代"？是指它结束了一个旧时代，开辟了一个全新的时代。为什么把发生在1919年的五四运动称为中华民族发展史上具有划时代意义的发端？因为从那时起，众多中国先进分子找到了一条全新的社会理想和奋斗目标，那就是要建设一个社会主义的新中国。

历史的回顾

中国是有着几千年绵延不绝历史的文明古国，对人类社会作出过巨大贡献。到近代却大大落后了，鸦片战争中，西方国家倚仗船坚炮利，迫使中国放弃自身领土和主权的完整，开始走上听凭外人欺凌和摆布的半殖民地道路。中国一些先进分子有了新的觉醒，主张要睁开眼睛看世界。统治阶级中一些人为了自救，也提出过"自强"和"求富"的要求。但中国的处境却越来越坏。中日甲午战争的惨败，西方列强在中国纷纷划分势力范围，全世界所有资本主义大国组成八国联军占领中国首都北京达一年之久。中国已濒临灭亡的边缘。

这使有良心的中国人无不感到极度屈辱和悲愤。维新志士谭嗣同写下这样的诗句："四万万人齐下泪，天涯何处是神州。"中国民主革命先行者孙中山成立兴中会，首先喊出"振兴中华"的口号，写道："方今强邻环列，虎视鹰瞵，久垂涎于中华五金之富、物产之饶，蚕食鲸吞，已效尤于接踵；瓜分豆剖，实堪虑于目前。有心人不禁大声疾呼，亟拯斯民于水火，切扶大厦之将倾。"这是多么痛心的话！

出路在哪里？那时世界上只有一个现成的榜样：向西方国家寻找真理。一些启蒙思想家最早是以英国为典范。以后，戊戌维新想仿效的是沙俄的彼得大帝改革和日本的明治维新。辛亥革命想学习的是法国革命和美国独立。这两次政治事件都推动了中华民族的进步。

戊戌维新运动帮助广大的知识分子认识万国大势和中国的严重民族危机，在很广范围内传布了西方的"新学"，初步宣传了民权思想，特别是通过翻译《天演论》等，有力地宣传"变"的观念，起了重要的启蒙作用。由孙中山先生领导的辛亥革命，更造成中国在二十世纪的第一次历史性巨大变化：推翻了统治中国几千年的君主专制制度，《临时约法》中规定"中华民国主权属于国民全体"。这是中国历史上破天荒第一次出现的大事，使人们的思想得到解放，为中国的进步打开了闸门，使反动统治秩序再也无法稳定下来。

但是即便经过辛亥革命这样全国规模的运动，旧中国半殖民地半封建的社会性质并没有改变，人民悲惨的境遇也没有改变。中央政权落到以袁世凯为首的北洋军阀手里。对外，接受日本企图独占中国的"二十一条"，被国人视为"国耻"。国内，出现了连年不断的军阀割据和军阀混战，还出现过袁世凯和张勋两次企图复辟帝制的闹剧。正如亲身经历过这段历史的毛泽东同志在《论人民民主专政》中所说："国家的情况一天一天坏，环境迫使人们活不下去。怀疑产生了，增长了，发展了。"

为什么中国会处于这种状况？残酷的现实驱使人们不能不对中国的现实和未来重新思考。他们没有停顿自己的脚步，而是苦苦地继续向前探求救国救民的真理。

从历史的发展来看，内因从来是变化的根据，外因只是通过内因而起作用的条件。如果没有大批先进的中国人在这种令人极端痛苦的环境下不惜一切牺牲的顽强追求和探索，如果没有人们对多种多样理念和方案已在实践中反复比较和选择，如果没有国际国内大环境急遽变动的刺激和启迪，就不可能有初期新文化运动，更不可能有划时代意义的五四爱国运动出现。

初期新文化运动

初期新文化运动，是以对辛亥革命后黑暗局势的反思为出发点的，一下轰动了原本正陷于苦闷沉寂中的思想界。陈独秀主办的《新青年》杂志（最初叫《青年杂志》），一纸风行全国，在众多知识青年中起了举足轻重的引领作用。

陈独秀和初期新文化运动的许多重要成员，是辛亥革命的积极参加者。他们认为辛亥革命所以没有能达到预期效果而坠入低潮，主要教训在于只从事政治斗争，而在思想领域内没有对更深层的盘踞在人们头脑中的旧文化、旧礼教进行猛烈的扫荡。这种旧文化、旧礼教，经过统治中国几千年的封建统治者精心培育和推行，已造成近乎传统的习惯力量，无形地支配着社会秩序和众人行为。如果人们没有真正树立起新思想、新道德，还是抱着原有的旧观念，即便制度在表面上似乎有了改变，做起来依然一切如旧。因此，必须为辛亥革命补课，把它放在最重要的地位。

陈独秀喊得最响的口号是"民主"和"科学"，把它们称为"德先生"和"赛先生"。他写道："追本溯源，本志同人本来无罪，只因为拥护那德莫克拉西（Democracy）和赛因斯（Science）这两位先生，就犯了这几条滔天的大罪。要拥护那德先生，便不得不反对孔教、礼法、贞节、旧伦理、旧政治；要拥护那赛先生，便不得不反对旧艺术、旧宗教；要拥护那德先生又要拥护赛先生，便不得不反对国粹和旧文学。""我们现在认定只有这两位先生，可以救治中国政治上、道德上、学术上、思想上一切的黑暗。"

民主是专制的对立物，科学是愚昧和盲从的对立物。陈独秀把这称为"伦理的觉悟"，称为"吾人最后觉悟之最后觉悟"，认为这才抓住了问题的根本。这在思想界产生巨大而深远的影响。

陈独秀、胡适等还喊出"文学革命"的口号，提倡写白话文。以白话文代替文言文，有着很大的积极意义，不仅有助于人们的思想从旧框架下解放出来，并且明白易懂，有助于将文化从少数人占有下解放出来，能为多数平民所理解和接受。

鲁迅在《新青年》上发表的小说《狂人日记》，是第一篇用白话写成而产生极大社会影响的文学作品。其中有一段名言："我翻开历史一查，这历史没有年代，歪歪斜斜地每页上都写着'仁义道德'几个字。我横竖睡不着，仔细看了半夜，才从字缝里看出来，满本都写着两个字是'吃人'。"鲁迅在辛亥革命时期也参加过革命团体光复会。他的《狂人日记》是比陈独秀更尖锐、更深刻的对旧社会、旧礼教的批判。从此，"吃人的礼教"便成为人们口中流行的口头语。

以《新青年》为主阵地发动的这一次对封建主义旧思想、旧文化、旧礼教的批判，其尖锐彻底的程度，远远超过辛亥革命时期。这在中国思想界起了前所未有的摧陷廓清、振聋发聩的作用，跨出了一大步，产生了新的觉醒。《新青年》的发行量，创刊时为一千册，到1917年增加到一万五六千册，可见它在社会上的影响迅速扩大。如果没有经历这样一场对人们头脑中本已根深蒂固的旧思想、旧礼教的大扫荡，没有使人们思想空前活跃起来，要随着出现1919年那样规模的五四爱国运动是很难做到的。

当然也要看到，初期新文化运动仍然是在西方资产阶级民主主义旗帜下进行的。他们的思想武器仍是以个人为中心的"个性解放"。陈独秀在1916年年初写道："人间百行，皆以自我为中心。此而丧失，他何足言？奴隶道德者，即丧失此中心。一切操行，悉非义由己起，附庸他人以为功过者也。"又写道："集人成国。个人之人格高，斯国家之人格亦高。个人之权巩固，斯国家之权亦巩固。而吾自古相传之道德胥反乎是。"胡适极力推重挪威作家易卜生，写道："易卜生最可代表十九世纪欧洲的个人主义的精华。"易卜生有个著名剧本《娜拉》在当时中国十分受到重视，写的是女主人公不甘心做"丈夫的奴隶"而离家出走。它被人热烈地赞誉为"女性的自觉"。

娜拉的离家出走，是有反抗性的，但它是不是就表明了妇女的解放？鲁迅比许多人清醒得多。他在《娜拉走后怎样》的讲演中，以更宽广的视野尖锐地指出："从事理上推想起来，娜拉或者也实在只有两条路：不是堕落，就是回来。因为如果是一匹小鸟，则笼子里固然不自由，而一出笼门，外面便又有鹰，有猫，以及别的什么东西之类；倘使已经关得麻痹了翅子，忘却了飞翔，也诚然是无路可以走。还有一条，就是饿死了。""如果经济制度竟改革了，那上文当然完全是废话。"

鲁迅的观察是深刻的。他所谈的不只是一个妇女解放问题，而且引导人们思考一个更根本的问题：个人和社会的问题、"小我"和"大我"的问题。

在当时的中国，对绝大多数人来说，离开民族独立和人民解放，离开社会的改造，哪能有什么个性解放和个人前途可言？国家好，民族好，个人才会好。于是，"改造社会""建设新社会"的呼声越来越高，代替"个性解放"，成为越来越多先进青年最关心的焦点。

这在认识上比原先前进了一大步。但是，怎样才能使这个污浊的社会得到改造？需要建设的新社会应该是怎么样的？对这一系列更根本性的问题，人们一时依然感到迷惘。这时，打着"新思潮"旗号的各种思想流派纷纷传入中国。在西方享有盛名的学者杜威和罗素来中国到处讲演，系统地宣传他们的主张。胡适、张东荪等花了很大力气来鼓吹，想用以影响中国新文化发展的方向。这两件事一时显得很热闹，却没有在中国人中间扎下多少根来。原因很简单：尽管他们讲得头头是道，听起来很新鲜，但不能解决中国人最关心的实际问题。青年的毛泽东当时就说："如罗素所主张极端的自由，放任资本家，亦是永远做不到的。"

向西方寻求真理的老路已经走到谷底。路在何方？人们正在继续探索和追求。

"五四"风暴的袭来

成为中国近代历史发展中的转折点，是发生在1919年5月4日的五四爱国运动，而不是其他时间。它是一场为民族谋复兴的伟大爱国运动。这以前和以后相比，情况发生了根本变化。这个转折，既是中国的爱国者坚持顽强探索而取得的果实，又由此时此刻世界大局剧烈变动直接导致。

前面说过，鸦片战争失败后，先进的中国人在长时间内一直苦苦地向西方国家寻找可以救中国的真理，因为那时在世界上只有西方国家是进步的，它们成功地建设了现代国家。中国社会内部，也没有形成足够壮大的新兴社会力量。在这种历史条件下，人们对向西方寻找真理这种追求抱着强烈的信心，很少有什么怀疑，那是可以理解的。辛亥革命时是这样，要为辛亥革命补课的初期新文化运动也是这样。

但是，中国人苦苦地向西方寻求救国的真理已经几十年了，却没有达到预期的结果。从1914年到1918年发生了第一次世界大战。这次大战前后的事实带给了中国人原来没有想到过的强烈的新认识。

第一，中国的先进分子在长时间内钦羡西方国家的富强，把它看作中国仿效的榜样。但经过这次大战后的欧洲却是满目疮痍、残破不堪，贫民难以生活，社会矛盾异常尖锐。战后不久到英国的周恩来在通信中写道："吾人初旅欧土，第一印象感触于吾人眼帘者，即大战后欧洲社会所受巨大之影响,及其显著之不安现状也。影响维何?曰生产力之缺乏,经济界之恐慌,生活之窘困。"从一心"向西方国家寻找真理"到认为"社会革命潮流东向,吾国又何能免",这是多么大的变化!事实是最有说服力的。西方模式并不像原先预期中那样完美。西方国家在中国先进分子心目中,顿时失去原有的光辉,感到需要寻找新的路。这是实际生活给中国人上了很有用的一堂课。

第二,大战结束后召开的巴黎和会,曾使中国人对它抱着极大的期待,认为这是"公理战胜强权"的体现。他们还用许多美好的语言把自己装点起来。美国总统威尔逊提出貌似公正的"十四项原则",更使许多人极为兴奋。陈独秀甚至称威尔逊"可算得现在世界上第一个好人"。和会开会之日,《每周评论》上就写道:"列强果能赞成这个大同盟,从此以后,人道有了,光明有了,民治可以普遍了。"

人们抱有的希望越大,失望带来的痛苦也越大。无情的事实却是:西方列强"十人会议"秘密商定将德国在山东强占的权益不归还给战胜国之一的中国,而转交给日本,而且不容讨论。出席和会的中国代表顾维钧在回忆录中写道:"以前我们也曾想过最终方案可能不会太好,但却不曾料到结果竟是如此之惨。"中国代表团拒绝在和约上签字。西方列强口头上的郑重承诺,到头来竟然全是骗人的假话。这种事给中国人的刺激实在太大。一个北大学生在八年后回忆道:"面对事实的真相我们觉醒了,外国仍然是自私和军国主义的,并且都是大骗子。记得5月2日晚上,我们很少有人睡觉,我跟一群朋友谈了几乎一整夜。""不能不觉得我们必须奋斗!"愤怒终于像火山那样爆发了。

1919年5月4日，北京大学等校学生三千人在天安门集合，高呼"外抗强权，内除国贼"等口号，举行爱国抗议游行。他们的文言宣言写道："山东亡，是中国亡矣！我同胞处此大地，有此山河，岂能目睹此强暴之欺凌我，压迫我，牛马我，而不作万死一生之呼救乎？"白话宣言写道："中国的土地可以征服，而不可断送！中国的人民可以杀戮而不可以低头！国亡了！同胞起来呀！"许多沿街的路人感动得潸然泪下。游行队伍先是要到东交民巷外国使馆区抗议，但被阻挡而无法通行。愤怒的学生奔赴在山东问题上负有严重责任的曹汝霖家，采取激烈行动，不少学生被捕。第二天，北京大专院校总罢课，中学生也参加进来。运动迅速推向全国。5月7日，上海学生和各界人士两万多人集会抗议。9日，是袁世凯接受日本"二十一条"的国耻纪念日，上海许多学校停课一天，娱乐场所停止营业一天。6月3日，许多工厂的产业工人实行大罢工，有六七万人，这是史无前例的大事。全国各地，包括上海工人等纷纷举行了罢课、罢工、罢市。

像五四运动这样席卷全国、具有如此声势的爱国群众运动，在中国历史上从来不曾有过。这是一场广大群众参加的爱国救亡运动。拿它同甲午战争失败时康有为等一批举人"公车上书"请求代奏的温和态度一比，就会发现时间相隔只有二十来年，而中国的社会状况和民众觉悟程度已经发生多么大的变化。它也使许多原来处于苦闷中的中国先进分子看到群众中蕴藏着如此巨大的力量，看到中国复兴的希望所在。改造社会，只有依靠民众的力量才能实现。中国同盟会的老会员吴玉章同志回忆道："这是真正激动人心的一页，这是真正伟大的历史转折点。从前我们搞革命虽然也看到过一些群众运动的场面，但是从来没有见到过这种席卷全国的雄壮浩大的声势。在群众运动冲激震荡下,整个中国从沉睡中复苏了。""在人民群众中所蕴藏的力量一旦得到解放,真正是惊天动地、无坚不摧的。""当时我的感觉是:革命有希望,中国不会亡。"

"五四"风暴的袭来,又使大批爱国志士短时期内在思想上发生剧烈的变动。不少原来因革命陷于低潮而过着苦闷孤寂生活和平素只生活在个人小圈子里的人,积极投身到这场火热的斗争中后,心情再也无法平静下来。他们和运动中结识的志同道合者一起,经常共议国事,一见面谈得最多的是,哪一种新思想才能真正解决中国的前途问题。随着报刊和图书的纷纷出版和广泛发行,新思潮的传播已有相当大的群众性。他们接触到更广阔的社会,提出要把"小我"融于"大我"之中,投身实际的社会活动,谋求国家民族的复兴。许多早期的共产党人就是从这些人中走出来的。这样成千上万的人在短时间内出现的思想大变动,是平时多少年也难以做到的。

第三,大战后期,在列宁领导下,俄罗斯爆发了十月社会主义革命,取得胜利,使社会主义从理想变为活生生的现实。它在最初由于消息闭塞而且混乱没有立刻被很多中国人所理解。但真相逐步传开,苏维埃政府的内外政策和实行情况较多地见于报端。到1918年下半年,情况已有明显改变。这给对向西方寻求真理已经失望、正在苦难中顽强探索的中国先进分子树立起一个具体榜样,燃烧起新的希望。1918年年终欧战结束时,李大钊发表《庶民的胜利》《布尔什维主义的胜利》两篇文章,热情洋溢地写道:"社会的结果,是资本主义失败,劳工主义战胜。""1789年的法国革命,是十九世纪中各国革命的先声。1917年的俄国革命,是二十世纪中世界革命的先声。""试看将来的环球,必是赤旗的世界。"从反对封建主义到歌颂社会主义，已是一种新的理念。

俄国十月社会主义革命是在马克思主义旗帜下进行的，自然引起更多中国先进青年对马克思主义的关心。1919年5月和11月，曾在日本留学时受到马克思主义者河上肇影响的李大钊又分两期在《新青年》发表《我的马克思主义观》，系统地介绍马克思主义关于"唯物史观""经济论"和"社会主义运动论"的基本原理。一些报刊纷纷发表宣传马克思主义的文章。

但人们要真正系统地了解马克思主义的原理并不容易。在1920年以前，马克思、恩格斯基本著作的中文全译本一部也没有，列宁的文章连一篇译成中文的也没有。能直接阅读外文书籍的人那时并不多。邓颖超回忆道："我们受十月革命的影响，当时也只听说苏联是没有阶级、没有人剥削人的社会。我们很向往这种光明的社会，同情广大劳苦大众，厌恶中国社会的黑暗。我们平常交谈的范围很广，无政府主义、基尔特社会主义都接触到了，但对这些我们都没有明确的认识，也不了解什么是马克思主义。"这在先进人们初接触马克思主义时是自然的现象。但他们不满足于那些间接介绍或粗线条的了解。1920年，从日本留学归国的陈望道翻译出版了全本的《共产党宣言》。从1920年9月起，陈独秀主编的《新青年》杂志也成为以宣传马克思主义为中心的刊物。先进人们对马克思主义的基本原理有了比较明确而系统的了解，并且开始从事工人运动。中国的先进思想界发生了巨大变化。

初期新文化运动的队伍显然分化，陈独秀、李大钊等和胡适等公开走上不同的道路。

毛泽东同志在1939年写道："二十年前的五四运动，表现反帝反封建的资产阶级民主革命已经发展到一个新阶段。"此后，他又写道:"这时,也只是在这时,中国人从思想到生活,才出现了一个崭新的时期。中国人找到了马克思列宁主义这个放之四海而皆准的普遍真理,中国的面目开始起了变化了。"

初步接受了马克思主义的先进分子认识到只有组织起来才有力量。1920年年初,李大钊主持成立北京大学马克思学说研究会,陈独秀在上海主持成立马克思主义研究会。接着,中国共产党的早期组织开始在北京、上海、湖北、湖南、山东、广东和留日、留法学生中相继建立。

正是五四运动,为中国共产党的成立在思想上和干部上作了准备。这是对它应有的历史定位。

整整一百年过去了。历史是最好的教科书。重温一百年前五四运动前后这段历史,我们不能不为先人们在中华民族处于如此险恶境遇中那种不屈不挠、顽强奋斗的精神深深感动,也强烈感受到中国人终于找到马克思主义同本国实际相结合这条光明大道并不断发展是多么不易。一百年来,中国人为了实现民族的伟大复兴,曾经做过多种多样的尝试,特别是曾力求向西方国家寻找真理。实践告诉我们,别的路都走不通,只有社会主义才能救中国,只有中国特色社会主义才能发展中国,才能实现中华民族伟大复兴。这是一条唯一正确的道路,也是一项长期的历史使命,需要一代接着一代人持续奋斗。那就必须"不忘初心,牢记使命",永不停步,在前人开辟的道路上不断地开拓前进。

(原载《求是》2019年第9期)

中共一大代表究竟是多少人

中共一大代表是多少人，是十二人还是十三人？讨论这个问题的文章已经很多很多。持不同看法的研究者，已列举种种材料，相当充分地阐明各自作出判断的理由，似乎已没有多少新话可以再说。但是，明年是中国共产党诞生一百周年，是中共一大举行一百周年。为了纪念中国历史上这个极重要的日子，到时候对中共一大到底有多少代表这个有不同看法的问题肯定无法回避。闲谈中，在一些同志鼓励下，我想把自己的想法不厌重复地一吐为快，请读者评判。

有一句老话：治史如断狱。这话是有一定道理的：它们都要求重证据，而同一件事情可能会面对不同的证据，需要细心比较哪一种证据更可靠，经过反复分析，作出明确判断，除非事情本身根本没有可能作出判断。治史和断狱大体上都要经历这个过程。

治史，一般不可能重新回到现场去勘察和调查。作出判断的证据主要来自两个方面：一是有没有档案或当时留下的文字材料可查；二是有没有当事人的叙述。这些如果有了，还要仔细分析：所引用的档案是否可靠，能不能说明问题，有没有其他重要档案有不同说法；对叙事的当事人，也要看他同这件事关系深浅的程度（也就是知情的程度），以及叙述的时间离事情发生相隔多久（也就是记忆可靠的程度）。这两条，就是人们常说的物证和人证，是断案的主要根据。

因此,研究历史时,要特别重视可靠的第一手资料,并经过慎重鉴别,不能轻易相信那些未必可靠的第二手资料,也不能因急于提出新见解而对已有证据采取不够慎重的态度。在史学工作中,这被称为考证或考据,是马虎不得的。

同中共一大人数直接有关的档案,保留下来的只有一件,那就是长期存放在中共驻共产国际代表团档案中的《中国共产党第一次代表大会》。它和《中国共产党的第一个纲领》《中国共产党的第一个决议》这两件档案放在一起,写于1921年下半年,用俄文写成,看来是给共产国际的报告。新中国成立后,苏联将中共驻共产国际代表团保存的这同中国共产党历史有关的一大批档案移交给我国档案部门。这件档案是存留于世的有关这个问题的唯一原始档案。作为证据,它的价值是其他资料无法比拟的。

举一个例子:这份文件中提到"七月二十三日才全部到达上海,于是代表大会开幕了"。这个日期,亲身参加中共一大的人中,没有任何人能准确地记得。直到59年后,由邵维正同志在未必看到这件档案的情况下,引用多种有关资料进行细致考证,肯定一大召开的日期应该是7月23日。这是一项重要贡献,得到人们广泛认同,也从一个角度有力地表明一百年前留下而过去不甚为人所知的这份重要档案的记载是准确可靠的。

对中共一大出席人数,这份档案中有十分明确的记载:"参加大会的有十二名代表,他们来自七个地方(包括上海),两个地方各有一名代表,五个地方各有两名代表。"[1]很难想象,也没有理由

---

[1]《中国共产党第一次代表大会》,中央档案馆编:《中国共产党第一次代表大会档案资料(增订本)》,人民出版社1984年10月版,第11页。

认为:这份报告会随意地把十三名代表改为十二名,而且那样具体地写到"两个地方各有一名代表,五个地方各有两名代表"。

这份报告所说"两个地方各有一名代表",只能是指留日学生和广东。在当时留日学生内的中共党员只有施存统、周佛海两人。据周佛海在《扶桑笈影溯当年》中写道:"凑巧是暑假中,我便回到上海。""我算是代表施和我自己两人。"[1]广东的情况也比较特殊,中共驻共产国际代表团保存的另一份也写于1921年的档案《广州共产党的报告》中写道:1920年年底,"尽管组织了共产党,但是与其称作共产党,不如称作无政府主义的共产党。党执行委员会的九个委员当中,七个是无政府主义者"。到1921年一大召开前不久才"开始成立真正的共产党","党员共有九人,包括陈独秀,米诺尔和别斯林在内"[2]。陈独秀当时有事不能来上海参加大会。在这种特殊情况下,广东党组织只产生一个代表是可以理解的。陈公博在《我与共产党》一文中写道:"上海利用着暑假,要举行第一次代表大会。广东遂举了我出席。"[3]没有讲到还"举"出包惠僧或其他人当代表。广东的早期党员谭天度也说:"一大广东的代表是陈公博,是推出来的。"[4]

至于其他"五个地方各有两名代表",大家都很熟悉。那是上海李达、李汉俊,北京张国焘、刘仁静,湖南毛泽东、何叔衡,湖北董必武、陈潭秋,山东王尽美、邓恩铭。再加上前面所说的广东、留日学生各一名,大会代表人数正好是十二名。

---

[1] 周佛海:《扶桑笈影溯当年》,《陈公博、周佛海回忆录合编》,香港春秋出版社1971年9月版,第117页。

[2] 《广州共产党的报告》,《中国共产党第一次代表大会档案资料(增订本)》,第23、24页。

[3] 陈公博:《我与共产党》,《寒风集》甲编,地方行政社1945年7月版,第205页。

[4] 谭天度:《广东党组织成立前后》,《一大前后》(二),人民出版社1980年8月版,第462页。

还有一件重要档案，是保存在中央档案馆的1951年6月21日毛泽东对胡乔木关于《中国共产党的三十年》几处提法的请示信的批示原件。胡乔木的请示事项中有一条："第一次代表大会人数各说都是十三人，惟李达说是十二人，理由是包惠僧非代表。两论不知孰是？"当时并不知道中共驻共产国际代表团还保存有那份档案，但毛泽东对此的批示斩钉截铁地只用了四个字："是十二人。"[1]

毛泽东这个批示不是个人间的通信和交换意见，不是毛泽东随便谈起他对一大代表人数的记忆（虽然大家都知道，毛泽东的记忆力是惊人的），而是作为党中央主席对纪念党成立三十周年活动所作的正式批示。如果没有足够根据，决不能轻率地改变这个代表中共中央所作的正式批示，而今天并不存在这样的足够根据。

胡乔木在请示报告中写到"李达说是十二人"，这句话也不能忽视，因为李达是中共一大会议的具体组织工作的负责人，给各地通知派代表开会的信是他发的，大会最后一天改到嘉兴南湖船上去开，也是他的爱人王会悟联系并带去。因此，他对大会代表的产生经过最清楚，是到会的其他代表难以相比的。

至于参加一大的亲历者中，最早谈到一大代表人数的是陈公博。1924年1月，他在美国哥伦比亚大学的硕士论文中写道："大会代表共十二人，代表七个地区。"[2]这个说法和中共驻共产国际代表团保存的档案相同。论文写作的时间离一大召开只有两年半。更重要的，陈公博正好是中共一大的广东代表，这是没有疑问的。如果还有另一个广东代表，陈公博不会不知道，也不会说"大会代表共十二人，代表七个地区"了。这篇硕士论文保存在该校图书馆内，

---

[1]《建国以来毛泽东文稿》第2册，中央文献出版社1989年11月版，第367页。

[2] 陈公博：《共产主义运动在中国》，中国社会科学出版社1982年7月版，第98页。

三十多年未曾引人注意，因而产生的影响不大。

那么，对一大代表人数有不同说法是怎么来的？

较早提出并曾常被引用的材料是董必武在1929年12月31日给何叔衡的信。信中虽没有直接谈代表人数，但提到"广州代表陈公博（早经开除）、包惠僧（一九二七年脱党）"，把广东代表说成两个人，那就在实际上认为代表是十三人了。他在信中还讲道："大会没有宣言，只向国际作了一个中国情形的报告，报告是李汉俊和董必武起的草，经大会通过（这份材料不知国际还保存着没有？）。"[1]他所说"不知国际还保存着没有"的这份材料，看来就是中共驻共产国际代表团保存下来的那份报告——《中国共产党第一次代表大会》。相隔八年多，董必武没有再见过那份报告，"不知国际还保存着没有"，还谨慎地声明："关于第一次代表大会，我已记不甚清"。在那封信里他对八年前事情的记忆确实已不很准确，如他对山东代表有几人、是什么人都想不起来了。但董必武历来有着很高的威望，参加过中共一大而当时仍在党内的只有毛泽东和他两人，他在这个问题上的说法自然有着极大的影响。

此外，周佛海在1927年所写的《逃出了赤都武汉》中对中共一大代表讲道："当时出席的人，广东代表陈公博、包惠僧。"这样，也把中共一大代表人数仿佛说成是十三人。但这也是六年后不很清楚的记忆，如说："济南代表是两个学生，以后不甚闻名，忘其姓字。"[2]何况他并不清楚这"广东代表"是怎样产生出来的。因为这

---

[1]《董必武同志关于"一大"情况给何叔衡同志的复信》，《中国共产党第一次代表大会档案资料（增订本）》，第95、96页。

[2] 周佛海：《逃出了赤都武汉》，载《北伐时期的政治史料——一九二七年的中国》，（台北）正中书局1981年10月版，第278页。

篇文章的主题不是谈中共一大，所以在党史讨论时引起的注意倒并不太多。

当年档案中的记载同有关人多年后的回忆，相比起来，哪一个更可信？

苏联把包括前述中共一大经过报告在内的一大批共产国际中共代表团档案在1959年移交给中国后，中央档案馆的态度是十分慎重和认真的，专门把放在一起的有关中共一大的三份文件派人送请董必武鉴别是否可靠。董必武在同年9月5日复信中郑重地回答："'中国共产党第一次代表大会'、'中国共产党第一个决议'及'中国共产党第一个纲领'，这三个文件虽然是由俄文翻译出来的，在未发现中文文字记载以前，我认为是比较可靠的材料。又'中国共产党第一次代表大会'一文没有载明时间，其他两个文件上载明的时间是：一九二一年，也就是一大开会的那一年，可说是关于我党一大文字记载最早的一份材料。如果把载明年份的两个文件和'中国共产党第一次代表大会'一文对照着看，'中国共产党第一次代表大会'一文中有大会'决定选出一个起草纲领和工作计划委员会'，并研究了纲领和工作计划等句，可见载明年份的两个文件在没有载明年份的文件里可以找出它们的联系。可否把'中国共产党第一次代表大会'一文看作是某种组织和某人向第三国际的报告，而其他两个文件是附在这个报告里面的文件呢？""'中国共产党第一次代表大会'一文中谈到的问题，有些引起我的回忆，好像是有那末一回事。这也是我认为'较可靠'的一点理由。"

那么，他是否仍坚持自己过去对一大代表人数的说法？不。董必武以高度实事求是的态度在这封复信里郑重声明："放弃"自己原来的看法。他坦率而干脆地写道："一大代表人数，大会产生了什么中央机构和通过那些文件等问题,在'中国共产党第一次代表大会'一文中都明白地答复了。我过去对一大代表人数是同意陈潭秋同志回忆的说法,今后我愿意放弃这个意见。"[1]十二年后,1971年8月4日,董必武在谈中共一大时,更明确地对中国革命博物馆的工作人员说:"一大代表,上海、济南、湖南、湖北、北京是两个人。广州是一个人,实际到了两个,有一个包惠僧,他是一个新闻记者,是列席的,不是代表。"[2]

这就把事情说得清楚明白:中共一大代表的人数是《中国共产党第一次代表大会》所说的十二人。董必武已经"放弃"自己原来的说法,并明确地说:包惠僧"是列席的,不是代表"。问题早就已经澄清,没有必要再翻出来争论。

对中共一大代表人数在党史界产生不同看法的原因,来自包惠僧是不是大会代表?

包惠僧参加了党的一大,这是事实,没有争论,也不能缺乏根据地称他是"临时参会者"或"旁听者"。既然参加了会议、讨论时也发过言,其他与会者未必都清楚谁是正式代表而谁不是,会议组织和主持者也未必在会上对此说明。但如果说包惠僧是中共一大代表,那么他是哪一个地区党组织的代表呢?包惠僧明明是湖北党组织的成员,武汉临时支部书记。湖北党组织已有两位一大代表:董必武、陈潭秋,自然不可能再推出第三个代表。包惠僧是从广东来上海开会的。他其实只是在中共一大开会前一个多月的1921年

---

[1]《董必武同志关于鉴别"一大"文件给中央档案馆的复信》,《中国共产党第一次代表大会档案资料(增订本)》,第117、118页。

[2]《董必武谈中国共产党第一次全国代表大会和湖北共产主义小组》,《一大前后(二)》,人民出版社1980年8月版,第366页。

5月底，才临时去广州看陈独秀，并没有在广东党组织内工作。陈独秀那时正担任广东省教育委员会委员长兼广东大学预科校长，不能离开，没有出席中共一大，他要包惠僧去参加那次会。包惠僧并不是广东党组织的成员。只有他本人在1953年起说陈独秀"即召集我们开会，决定推选我同陈公博代表广州区"[1]。除此以外，没有看到其他任何人（特别是广东党组织成员）说过有"开会"和"推选"他为中共一大的广东代表，更没有任何档案材料证实包惠僧自己的说法。负责一大会议组织工作的李达等以及向共产国际的报告也不会无端地说中共一大的代表人数是十二个而不是十三个，说其中"两个地方各有一名代表"。这"两个地方"中，除日本外，还有一个是谁呢？一大结束后的初冬，包惠僧仍从上海回湖北负责党的工作，并没有在广东工作。怎么能代表广东党组织呢？

所以，中共广东省委党史研究室著的《中国共产党广东地方史》对这个问题采取了很谨慎而又并不含糊的表述："广州共产主义小组的代表是陈公博，陈独秀也指派包惠僧由穗赴沪参加大会。"[2]这个写法是客观的、恰如其分的。

总之，中共一大的代表是十二人，参加会议的有十五人，除一大代表外，还有包惠僧（陈独秀指派来参加会议的）、马林、尼克尔斯基（他们两人是共产国际派来的）。党那时刚诞生，缺少经验，那时候不会有代表资格审查之类的报告，有些事当时没有讲明白，容易使有些当事人误把来参加会议的人（除两个外国人外）都认为是一大代表，从而给后人造成一些困惑。好在现在还留下当时给共

---

[1]《包惠僧回忆录》，人民出版社1983年6月版，第21页。
[2] 中共广东省委党史研究室：《中国共产党广东地方史》，广东人民出版社1999年8月版，第48页。

产国际的报告，董必武也声明"放弃"原来的说法。作为当事人的毛泽东主席又明确批示：一大代表"是十二人"。事情已经很清楚。后人固然不能把复杂的问题简单化，也不必把简单的或已基本清楚的问题再过分复杂化。

（原载《中共党史研究》2020年第5期）

1927 年：第一次国共合作的破裂

恩格斯有一句名言："没有哪一次巨大的历史灾难不是以历史的进步为补偿的。"[1]这是他以犀利的眼光深入考察人类历史发展漫长进程得出的结论。

中国共产党在民主革命时期经历过两次巨大挫折：一次是1927年大革命失败，一次是1934年第五次反"围剿"失败。这两次失败都称得上"巨大的历史灾难"。革命从热气腾腾的高潮，陡然跌入濒临溃败的低潮。反动势力气焰不可一世。社会上不少人以为中国共产党再也翻不过身来。事实恰恰相反。惨痛的失败深刻地教育了共产党人，他们从造成失败的惨痛教训中，懂得了许多以前不明白的道理，重新考虑以后该怎么做，从而在极端困难中闯出一条新路，把革命推向更高的阶段。

这样的历史性转变有时来得很快。国共关系全面破裂发生后只隔半个多月，中国共产党便先后举行南昌起义和召开八七会议，走上独立地开展土地革命和武装反抗国民党反动派的新道路。1934年10月第五次反"围剿"失败，中央红军被迫长征。三个月后，中共中央召开遵义会议，事实上确立了以毛泽东为核心的党中央领导，走上马克思主义普遍真理同中国革命实际相结合的正确道路，

---

[1] 恩格斯：《致尼弗丹尼尔逊（1893年10月17日）》，《马克思恩格斯文集》第10卷，人民出版社2009年12月版，第665页。

成为党史上生死攸关的转折点。能在如此短的时间内实现这样的根本性变化在历史上并不多见,很值得我们探讨和思考。

这两次变化不同的地方:第一次变化时,中国共产党正处在成立刚六年的幼年时期,很缺乏政治经验,而且几乎没有掌握军队和政权;第二次变化时,中国共产党在政治上已走向成熟,有了自己的军队和政权。本文准备探讨的,是前一次历史性进步是怎样到来的。

前　夜

讨伐北洋军阀的北伐战争,是在国共合作的条件下开始的。最初,进军的速度令人震惊,在国人面前显示出蓬勃的新气象。它从广东出发,三个月内就席卷湖南、湖北,并向江西推进,受到民众热烈欢迎。工农运动蓬勃兴起。汉口、九江民众在中国共产党和武汉国民政府支持下强行收回英租界。人们对北伐抱着热烈的期待。

中共中央在《中央局报告(九月份)》中说:"武汉下后,国民政府所管辖之地,几占中国之半(包括国民军在内),全国革命空气非常高涨。""目前这种军事胜利,可以促进军阀政治之崩坏,可以扩大民众运动之范围,我们并不迷信他就会成功一种革命,然而现时的情况,却不能不承认是一新的进步的时期。"[1]

北方出版、在国内有广泛影响的《国闻周报》在《民国十五年之回顾》中写道:"民国十五年转瞬即尽,吾人回溯此一年之经过事实,以视十五年前之往迹,诚有翘然独异之感。自内政言之,第

---

[1]《中央局报告(九月份)》,《中共中央文件选集》第2册,中共中央党校出版社1989年8月版,第328页。

一,中国政治受所谓北洋派势力之支配者,民元以来,至今年始得一变。""第二,……孙中山十数年所抱会师武汉之理想,竟于身死之次年,由其党徒以极短期间达到目的。此又不可谓非军事上一大变局也。""次请更论外交。……不平等条约之废除,乃国民普遍之心理。国民党人特本群众意志为号召之资,然因党人力争之故,外人骇惧,外交缓和,而支持交涉者,乃得利用民气,以抗强权。""要之,吾人综合本年之内政外交观察,实有除旧布新之气象。"[1]

就连原湘军第四师师长、此时改投南方任北伐军前敌总指挥兼第八军军长的唐生智在1927年2月5日湖南人民欢迎他的大会上也得要激昂慷慨地表示:"这回革命,我们湖南人民牺牲最大。牺牲的结果,当然要造成一个新湖南,才对得住民众。新湖南的要点,首先是要顾全民众的利益及其组织。民众之中,农民是最大多数。那么,拥护农民利益,促进农民的组织,是丝毫不应怀疑的了。""我们遵守总理留下的农工政策。试问除了促进农工的组织以外,怎么样拿利益送给他们。老实的说,任何阶级的利益都是要自己去争的。农工没有组织,便不能参加政治运动,永远处于被压迫的地位,利益从哪里说起?所以目前的阶级争斗,与其说是劳资冲突,毋宁说是压迫者与被压迫者的冲突。几千年的历史,农民都伏在统治者之下,忍气吞声。现在革命的呼声,将他们唤起了。他们从被治的地位,渐渐要爬起来的。"[2]给人的感觉:世事真是大变了。

总之,北伐初期形势的发展确实令人鼓舞。北伐军长驱直入,

---

[1]《民国十五年之回顾》,《国闻周报》第3卷第50期,1926年12月26日。

[2] 长沙快信:《湖南人民欢迎唐总指挥大会记盛》,汉口《民国日报》1927年2月11日。

势如破竹，在中国南方呈现出一派前所未有的热气腾腾的新气象。其进展速度之快，变化规模之大，都是人们原来没有料想到的。

看起来很奇怪：从军事实力看，那时奉系军阀张作霖部拥军35万人，仍以直系军阀领袖自居的吴佩孚拥军20万人，号称东南"五省联帅"的孙传芳也拥军20万人；而广东国民政府原来只有六个军约九万人，加上后来加入并编成的第七军约四万人，双方兵力仍有很大差距。过去，孙中山曾以广东为根据地发动过多次反对北洋军阀的北伐战争，都失败了。为什么这次一开始就取得如此突出的成就？这需要从全国形势和南北双方内部的变化来分析。

从南方来说，最根本的是第一次国共合作的实现和中国国民党的改组。它带来两大变化：

一是孙中山明确地接受了中国共产党提出的"反帝反封建"的革命纲领。这以前，他两次发动北伐军事行动都打着"护法"的旗号，护的是民国成立时的《临时约法》，这不能得到广大民众的支持，更激不起他们的热情。国民党一大前几天，孙中山在大本营军政会议上说："护法名义已不宜援用。因数年来吾人护法之结果，曹、吴辈毁法之徒，反假护法之名恢复国会。北京国会恢复之后，议员丑态贻笑中外，实违反全国民意。今日不当拥护猪仔国会。"[1]国民党一大会上，他把反对帝国主义放在十分突出的地位。当这个问题发生争论时，他在大会上说："现在是拿出鲜明反对帝国主义的革命纲领，来唤起民众为中国的自由独立而奋斗的时代了！不如此是一个无目的无意义的革命，将永久不会成功！"[2]大会后，他

---

[1]《孙中山全集》第9卷，中华书局1986年4月版，第10页。
[2]《黄季陆先生怀往文集》，(台北)传记文学出版社1986年5月版，第34页。

又在农民运动讲习所第一期毕业典礼上响亮地提出"耕者有其田"的主张。受过革命教育的士兵在北上行进时，高唱着"打倒列强，除军阀，国民革命成功，齐欢笑"的歌曲，精神焕发。这首歌几乎妇孺皆知，深入人心。这个目标是中国人民长时期来深深期待的，所以能受到极大欢迎，形成一股势不可当的时代潮流。

二是北伐战争促进工农运动的蓬勃发展，到处建立农民协会和工会，声援北伐军。为军队行进作向导，侦察敌情，运输武器弹药和粮草，还组织农民自卫军等袭击敌军。担任北伐军前敌总指挥的唐生智当时对湖南的农民和工人说："我们这次革命的成功，完全是工农群众的力量，并不是兵士的力量。我们在北伐的时候，在衡阳，在醴陵，在粤汉路，都得着农工运动的帮助，才得很顺利的杀却敌人。"[1]国民党人历来主要在上层社会中活动，对会党也只是同一些上层人物有联系，没有深入到社会底层去做群众工作的经历。这些发动并组织工农群众的工作几乎都由共产党人去做，这在北伐战争初期顺利发展中十分重要。国民党粤军的重要将领（时任第四军第十二师师长）张发奎这样写道："国民党人并不关心工农运动，当共产党人下基层工作时，国民党人忙于向上攀爬。我同情共产党，相信他们所作的工作会刺激与鼓舞国民党。对中共党员，我印象甚好，因为我看不到他们有任何伤害我们国民党的证据。"[2]

不难看出，第一次国共合作在北伐战争初期顺利发展中起着十分重要的作用。

前面是从南方来看北伐战争初期迅猛发展的原因。再来看看北方。

---

[1]《唐总指挥在长沙对农工之重要讲话》，汉口《民国日报》1927年2月19日。
[2] 张发奎：《蒋介石与我》，香港文化艺术出版社2008年5月版，第72页。

那时统治着中国北方绝大部分地区的北洋军阀,似乎依然是已统治中国十多年、具有多方实力的庞然大物,实际上却处在失尽人心、四分五裂、气息奄奄、不堪一击的垂死状态。

北伐战争开始时,北洋军阀中最大的是三支力量:盘踞东北、华北并控制中央政权的张作霖部奉军;第二次直奉战争失败后残留的、还控制着鄂豫和冀南的直系军阀吴佩孚(湘军赵恒惕也是依附他的);还有统治华东、自称"五省联帅"的新直系孙传芳。

这三支力量中,相对最强大的是奉军。国民革命军北伐开始后,张作霖曾想借支援吴、孙为名挥师南下,进攻北伐军。但吴佩孚、孙传芳都担心奉军南下会夺去他们的地盘,一力婉拒。所以,直接面对北伐军作战的,其实只有吴、孙两部。

直系军阀首领是曹锟,实际上主要依靠吴佩孚来掌管。吴佩孚曾博得"爱国将军"的名气,在民众中有过不小影响。直皖战争和第一次直奉战争都在他指挥下取胜。以后,他在洛阳练兵,颇有不可一世之概。吴五十岁生日时,康有为送了他一副对联:"牧野鹰扬,百岁勋名才半纪;洛阳虎视,八方风雨会中州。"[1]可见他当时声名之盛。但曹锟贿选总统,在全国不齿于人。第二次直奉战争时,冯玉祥突然率部倒戈,回师北京,囚禁曹锟,直军军心尽散。号称"北洋正统"、由吴佩孚自兼师长的精锐第三师全部溃散,主力尽失。吴佩孚只能携少数幕僚狼狈南下,旧部大多对他冷眼相向。以后重新集结起一部分力量,但远非往日可比。当北伐军北上长沙时,他又正率余部主力北上在南口进攻冯玉祥部,得讯后才匆忙带着第八师师长刘玉春部南下赴援。结果一败于汀泗桥,二败于

---

[1] 陶菊隐:《吴佩孚传》,上海书店出版社1998年8月版,第84页。

贺胜桥，接着连武汉也无法守住。这是北伐军北上时面对的最薄弱一环，易于旗开得胜。

孙传芳是后起的直系将领，原任驻湖北的北洋第二师师长，后来，吴佩孚派第二师移师福建。第二次直奉战争结束后，他乘当时的混乱局面，逐走正南下的奉军，收编东南各省的地方部队，先后控制江西、浙江、江苏、安徽，自称"五省联帅"，成为独树一帜的新直系势力。当吴佩孚部进退失据时，他却按兵不动，袖手旁观，并不出手援吴。吴佩孚接连以急电催孙传芳出兵相助。"可是在此关键时刻，那位坐镇东南的孙联帅，时（与）遗老名流为文酒之会，大有轻裘缓带之风。有人问道：'北伐军已经打到湖南，吴玉帅深感燃眉之急，我帅何以自处？'孙淡然一笑说：'党军负隅两广，正如麻绳子扭作一团，刀砍不入，火烧不断，如今他们由珠江流域伸展到长江流域来，就成了一根长绳子，用剪刀一剪就可以剪断，我们岂不省力得多。'接下去，北伐军又已进入鄂南，他的部下不免窃窃私议：'直系两帅唇齿相依，我们如坐视不救，恐将同归于尽。'孙又嗤之以鼻说：'傻瓜，吴玉帅驻节两湖，咱们不能开军队把他们赶走，如今他要同党军硬拼，正如两虎相斗，不久两湖地盘也是咱们的了。'"[1]

其实，孙传芳的如意算盘完全打错了。他虽然号称"五省联帅"，只有卢香亭、谢鸿勋两师是他的嫡系部队，其他如周凤岐、陈调元、王普、曹万顺等部都是东南各省割据一方的地方势力，同孙本无渊源，只是在第二次直奉战争后的混战中一时依附得胜的孙传芳。一当北伐军东向时，孙传芳作战不利，他们先也是袖手旁

---

[1] 陶菊隐：《记者生活三十年》，中华书局2005年9月版，第47页。

观，以后就倒戈归附蒋介石，充当起"国民革命军"的军长来。蒋到南京时的兵力就是靠此获得扩展的。

把南北双方的状况对照来看，不难理解北伐军为什么能在出师后不长时间内取得如此巨大的胜利，已经统治中国十多年、仿佛不可一世的北洋军阀为什么会那样快地土崩瓦解。这是势所必致，是当时国内政治局势的主要方面。

但事情也有从原来处于潜伏状态到逐步公开化的另一面，那就是国民党内的反共势力在孙中山去世后迅速抬头，使局势迅速恶化。

第一次国共合作，对国民党方面来说，是在孙中山的主张和坚持下实现的。他所主持的国民党一大在事实上实行了联俄、联共、扶助农工的革命主张。汪精卫在国民党二大的政治报告中特地讲到一段事实："最先加入本党的就是李大钊，由张继介绍来的。李当时曾对总理（引者注：即孙中山）说明他是第三国际党员，是不能脱去第三国际党籍的，不知总理能否许可接纳他。总理答他：'这不打紧，你尽管一面做第三国际党员，尽管一面加入本党帮助我。'从此以后中国共产党员加入本党的便多起来了。"[1]因为孙中山在国民党内有着别人无法比拟的威望，所以那时国民党内还兴不起大的反对浪潮。

孙中山去世后不久，当年11月一些老国民党员在北京西山举行会议，参加者有国民党第一届中央执行委员邹鲁、林森、居正、叶楚伧等八人，中央监察委员谢持、张继两人，这些都是老资格的

---

[1]《汪精卫先生第二次全国代表大会之政治报告》，《政治周报》第5期，1924年3月7日。

国民党员。他们召开的会议,自称第一届中央执行委员会第四次会议,通过"取消共产党在本党党籍""鲍罗廷顾问解雇""开除汪兆铭党籍""决定本党此后对于苏联的态度""开除中央执行委员会之共产派李大钊等""取消政治委员""移中央执行委员会于上海"七项议案。[1]但这些人并没有多少实力,被称为"西山会议派",折腾了几下,在国民党内部和社会上并没有产生多大影响。

孙中山去世后,真正对局势逆转产生巨大影响的是蒋介石。毛泽东后来只用十个字来概括:"孙中山死了,蒋介石起来。"接着说:"在二十二年的长时间内,蒋介石把中国拖到了绝境。"[2]

蒋介石是一个有极强权力欲的人,又有相当丰富的政治经验和手腕,懂得在什么情况下需要怎样说和怎样做,变化莫测,使人不容易看清他的真实意图,一步一步创造有利于他的条件。一旦时机成熟,便会猛然在极短时间内采用断然手段,实现他的目的。

蒋介石在国民党内的资历和地位原来并不高,是许崇智粤军的参谋长,并不得意。1924年国民党一大时,他连大会代表都不是,更谈不上会被选入国民党中央执行委员会。他地位的迅速上升,始于担任国共合作时期创立并得到苏联很大援助的黄埔军官学校校长以及由黄埔师生为基础的国民党军在讨伐陈炯明粤军和盘踞广州的滇桂军时所立的战功。当时在广州的茅盾于回忆录中写道:黄埔军校创办时,"蒋介石曾向孙中山表示不愿当校长,原因是孙中山同时任命廖仲恺为黄埔军校党代表,不过蒋这心事不能对孙中山说。后来戴季陶劝蒋就职,理由是先握实力,一旦有了兵权就可指挥如意"。[3]戴季

---

[1] 邹鲁:《回顾录》,岳麓书社2000年9月版,第151、152、153页。

[2] 《毛泽东选集》第4卷,人民出版社1991年6月版,第1471页。

[3] 茅盾:《我走过的道路》(上),人民文学出版社1981年版,第296页。

陶是蒋介石的至交,这话确实说到了蒋介石的心坎上。

蒋介石当了黄埔军校校长后,一段时间内很得好评。他有着相当强的组织能力,对工作要求严格,作风果断,同教师和学生的关系较好。这对他也是必需的。更重要的是,他在政治上表现得很"革命",一度被看作"左派"将领。

1925年7月26日,他在军事委员会上讲话:"我们今日革命先要认清楚目标,认定帝国主义者是我们真正的敌人。""帝国主义宰割中国必须假手于中国军阀,方得肆其残暴,而使中国人民莫予敢毒。故帝国主义不倒,中国军阀之乱决无已时。我党革命目标,与其专革军阀的命,毋宁先革北京东交民巷太上政府帝国主义之命。擒贼先擒王,所以吾党革命当自打倒帝国主义始。"[1] 讲得何等激烈!

这年9月13日,他在黄埔军校特别党部讲演中又说:"共产党真正革命的同志们实在不比我们国民党少,加入了国民党实在能替国民党求进步求发展,促进本党的革命精神。所以总理就下这个大决心,不为众论所摇动。并且总理曾说:'如果国民党的党员反对共产党,我便要自己去加入共产党。'这是什么理由?是因为共产党和国民党的革命的目的,都是一样的,并且我们革命的性质,就是'打不平'。"[2]

同年12月5日,蒋介石为黄埔军校第三期同学集作序,题目是《三民主义信徒与共产主义信徒非联合一致不能完成国民革命》。文中说:"阋墙之祸,甚于外侮之内侵;革命之成,全凭同志之相

---

[1] 蒋中正:《完成革命必先打倒帝国主义》,《蒋介石言论集》第2集,中华书局1965年3月清样本,第166页。

[2] 蒋介石:《团体训练的重要》,《蒋介石言论集》第2集,第233页。

亲与相爱。""吾人至今，悔不问明当时先烈之死，为共产乎，抑为非共产而三民乎？""中正为三民主义之信徒，然而对于共产主义之同志，敢自信为最忠实同志之一人。""诚则明，诚金石且为之开，而况爱人乎？"[1]所以不少人把他看成"左派"将军。

西山会议公开反共后，正率部讨伐陈炯明的蒋介石当月（1925年12月25日）就从汕头致电国民党中央和各级党部严厉加以痛斥。电文说："总理（引者注：即孙中山）深知必能包括共产主义始为真正之三民主义，同时亦必能容纳，始为真正之国民党也。""中国革命不成，列强敢来侮我，皆因国民勇于私斗，党员徒争意气，团体惯于破裂，明知之而故蹈之，欲不谓之反革命不可得。不为革命，便为叛逆，中正益自信此言之不诬，当永以自勉，并愿我同志共勉焉。"[2]

这类话他当时说过很多很多，这里引用的不过是稍举其中几个例子罢了。有多少人会想到，就是这同一个人，在三个来月后的1926年3月20日会发动震惊一时的反共的中山舰事件，而且牵动的面那样广，下手又那样狠。但那却是很快就要到来的现实。

对中山舰事件的具体经过，杨天石在《中山舰事件之谜》一文中有着详细的叙述，这里就不多说了。曾做过蒋介石顾问的亚·伊·切列潘诺夫回忆道："三·二〇事件绝不是他的突如其来的一时冲动。虽然阴谋尚不够深思熟虑，但也是准备已久了。"[3]如

---

[1] 蒋介石：《三民主义信徒与共产主义信徒非联合一致不能完成国民革命》，《政治周报》第4期，1926年1月10日。

[2] 蒋介石：《为西山会议告同志》，《政治周报》第4期，1926年1月10日。

[3] [苏]亚·伊·切列潘诺夫：《中国国民革命军的北伐》，中国社会科学出版社1981年5月版，第356页。

果出于一时误会，只能是针对某一具体问题，不会采取如此牵动全局的大动作。对蒋介石说来，这件事一是用来把中国共产党人排除出黄埔军校和以黄埔师生为骨干组成的国民革命军第一军（包括军校和第一军政治部主任周恩来），使军校和第一军成为完全处于他控制下的嫡系武装力量，蒋介石就是依靠这支力量起家的。二是他采取这样大的行动，包括宣布戒严，包围苏联顾问寓所，解除省港罢工工人纠察队等，却丝毫没有照会广州的最高领导人（国民政府、政治委员会和军事委员会的主席）汪精卫，还派兵包围汪的住宅，迫使汪离开广州，远赴法国，广州国民政府的军政大权便在实际上落到蒋介石手中。三是这次行动在蒋介石看来，是一场赌徒式的试探，看看中国共产党、苏联顾问会采取怎样的反应，以便决定他下一步如何动作。

实际上，当时蒋介石仍存在不少弱点，采取这样的大动作带着不小的冒险性。因此，在广东的共产党人毛泽东、周恩来、陈延年等主张反击。毛泽东说："我们对蒋介石要强硬。""蒋介石此番也是投机。我们示弱，他就得步进步；我们强硬，他就缩回去。"但苏联军事顾问团代理团长季山嘉不同意（鲍罗廷以"奉召回国述职"为由，正离开广州近三个月）。当时中共中央在上海，广东区委去电请示。陈延年说："中央来了回电，要我们忍让，要继续团结蒋介石准备北伐。"[1]李立三说："在这一事变中，广东与中央又发生很大的争论。""讨论这一事变发生的原因，广东党认为是'当进攻而没有进攻'的结果，中央的主张又确实相反，认为是'当退让而没有退让'的结果。""陈独秀在当时提出来的有名的一句话可以完

---

[1] 茅盾：《我走过的道路》（上），第306、307、308页。

全表现出当时中央的意见,就是'办而不包,退而不出'。"[1]这样,蒋介石看准了共产党人的弱点,更加敢于进一步冒险。

但是,蒋介石的弱点确实存在:他在国民党党内资历浅,在广东的国民革命军六个军中,除第一军外都同他面和心不和(3月20日当天,"谭延闿、朱培德、李济深、邓演达等为中山舰事件往晤俄顾问季山嘉等,不以此举为然"[2]);黄埔军校和第一军在经费、武器装备、军队训练等方面相当程度上还有赖于苏联的支持;军校和第一军中也还有革命力量。因此,蒋介石明白还需将局势一时稍加缓和。3月23日,他"为中山舰事向军事委员会自请处分"[3]。接着,又释放被捕的海军局代局长李之龙,逮捕具体执行这次事件的第十七师师长吴铁城,撤去中山舰代理舰长欧阳格的职务,解散黄埔军校内右派团体孙文主义学会(同时也乘势解散左派的青年军人联合会)。他的目的已经达到,这些不过是做给别人看看的表演罢了,是他常用的手法。

但他绝不是就此收手。相反,第一步跨出了,紧接着就要跨出第二步。国民党当时正标榜"以党治国"。第一次国共合作后,不少共产党员在国民党中央担任着重要职务,各省的国民党组织相当多是在共产党人积极推动下建立起来的。蒋介石在取得军权、政权的同时,还要牢牢地控制党权。从国内局势看,表明投靠广州政府的湘军唐生智部已同北洋军在湖南发生冲突,北伐在即,这也使蒋介石更急于夺取党权。他提出召开国民党二届二中全会,讨论"整

---

[1] 李立三:《一九二五年至一九二七年中国大革命的教训》,《中共党史报告选编》,中共中央党校出版社1982年9月版,第290、291页。

[2] 郭廷以:《中华民国史事日志》第2册,(台北)"中研院"近代史研究所1984年4月版,第29页。

[3] 同上书,第31页。

理党务"问题。

他先采取用武力施压的恐吓手段。"中央执行委员会的全体会议 5 月 15 日召集。会议临近,一种故意制造的屠杀空气笼罩全城。墙上贴满标语,警告神秘的'挑拨',而共产党将要实行政变、反对政府的谣言也流布起来了。中央银行发生挤兑。会议开幕之前夜,戒严令突然钳制了全城。除了蒋氏心腹之外,谁也猜想不到将要发生什么事情。"[1]

这次会议召开时,汪精卫已去欧洲,由代理国民政府主席的谭延闿主持。会议通过《整理党务决议案》,先讲了一大堆冠冕堂皇的话,称:"中国共产党为革命集团,中国国民党亦为革命集团。共产党员认国民革命必经之过程,毅然加入于国民党,国民党信共产党员能努力于国民革命,欣然许其加入。"接着暗示式地威胁道:"持此光明正大之心理以合作,本无牵制误会之可言。乃两年以来,实际表示竟不如此。"随后写道:"吾人须遵守总理之主张,不忍两党合作之美意至此失坠;革命势力之集中至此分裂,特提出整理党务案如下。"决议的九条规定,如:"凡他党党员之加入本党者,在高级党部(中央党部、省党部、特别市党部)任执行委员时,其额数不得超过各该党部执行委员总数三分之一。""凡他党党员之加入本党者,不得充任本党中央机关之部长。""凡属于国民党籍者,非得有最高级党部之许可,不得别有政治关系之组织及行动。"[2]如此等等,话讲得很曲折,其实就是说:如果不接受这些规定,"两党合作"必将"分裂"。

---

[1] [美]伊罗生:《中国革命史》,向导书局 1947 年 3 月版,第 108 页。
[2]《整理党务第一决议案》《整理党务第二决议案》,《中国国民党历次代表大会及中央全会资料》,光明日报出版社 1985 年 10 月版,第 232、233、234 页。

会前，蒋介石从4月29日起同刚回广州的鲍罗廷长谈多次，时间最长的达四小时之久。中间虽有曲折，蒋在日记中记有"困难极矣"[1]。到全会召开的上一天（5月14日），蒋介石在日记中写道："余以至忧切言，并言对共党提出条件虽苛，然大党允小党在党内活动，无异自取灭亡。余心实不愿此亡党条件，但总理策略既在，联合各阶级，故余不愿主张违教分裂也。"[2]蒋介石此话所以能打中鲍罗廷要害，因为北伐在即，共产国际十分担心因国共分裂而妨碍北伐战争，为了避免分裂，不惜委曲求全。蒋介石正是看准了这一点，以"分裂"作威胁，终于使鲍罗廷屈服。全会的结局，在会前已经内定。

会议期间，何香凝、柳亚子等对协定发言反对，但仍获通过。蒋介石在当天日记中写道："会议推余为主席，提出修正党务案、联席会议案及两党协定案。当余提出协定案，各委员甚惊惶，卒通过。余言过甚，终日心殊不安，恍惚非常。"[3]但争论还是有的。蒋介石5月19日日记："参加全体执行委员会，通过余所提议之重新登记案及统一各省党部案，哲生（引者注：即孙科）与泽东为左右派案甚起争执。"[4]会议新设国民党中央执行委员会常务委员会主席，选举同蒋介石关系十分密切的张人杰（静江）担任；共产党员谭平山、林祖涵（伯渠）、毛泽东辞去组织部部长、农民部部长、宣传部代部长的职务，由蒋介石、顾孟余、甘乃光接替。新设军人部，也由蒋介石兼任部长。6月4日，国民党中央执行委员会临时

---

[1] 蒋介石日记，1926年5月12日。
[2] 蒋介石日记，1926年5月14日。
[3] 蒋介石日记，1926年5月15日。
[4] 蒋介石日记，1926年5月19日。

全体会议通过出师北伐、任蒋介石为国民革命军总司令。以后，他又当上国民党常务委员会主席。

这样，蒋介石便一手掌握了南方的党政军大权，权力迅速膨胀，也使北伐战争一开始就蒙上厚厚的不易测的阴影。以后政局的变动和起落，可以说离不开此前埋下的正反两面的种子。

迁都之争：武汉还是南昌

北伐战争以出人意料的速度节节胜利，革命风暴的中心随之从华南转移到长江流域。

这就提出一个问题：国民政府和它所属机构设置在哪里？如果继续留在偏于南隅的广东，要处理已由北伐军控制的广阔地区的种种事务（当时粤汉铁路从湖南株洲到广东韶关这一段还没有修通）显然已很不便。那时大家的意见，包括蒋介石在内，都认为应该迁到武汉。因为武汉是北伐军已控制的最重要的城市，在全国也一直有举足轻重的影响；它地处长江流域之中，交通便捷，号称"九省通衢"，同各地联系相当便利；它又是1911年辛亥革命的起点，"武昌起义"在全国民众中有很深刻影响。所以，开始时并没有发生什么争议。蒋介石最初也没有提出异议。

在全国很有影响的《国闻周报》写道："广东国民政府自北伐军占领武汉，即有迁鄂之议。其目的所在，盖力图军事与政治同时发展，不欲政府久设广州，终成偏安之局也。故赣战既定，党、政府迁鄂之议立决。"[1]

---

[1]《一周间国内外大事述评》，《国闻周报》第10卷第2期，1927年1月9日。

11月18日，中共中央在党内发出《国民政府迁汉及湖北政府组织等问题的意见》，写道："从客观形势看，有很大可能迁都武汉"，并提出要"造成农民拥护左的政纲的浓厚空气。如此，可以逼蒋介石与唐均向左倾，可以对右派给一下马威，使他们有所顾虑"。《中央党部及国民政府迁鄂决议》是11月26日正式作出的。决议写道："中央党部因特于本月二十六日下午五时开政治会议临时会议。讨论中央党部、国民政府迁移日期及若何预备案二件，其议决五款如下：（一）十二月五日以前重要人员及重要文件，第一批出发。……（四）前方各机关及布置，委邓择生同志发电办理。……"[1]邓择生即邓演达，国民党左派人士，当时任国民革命军总政治部主任，时在武汉。

那时，北伐军的主攻方向已转向孙传芳统治的东南五省，特别是江南的上海和南京，这是蒋介石梦寐以求的目标，而已由北伐军控制的江西同上海、南京之间的安徽、浙江仍在孙传芳控制下。因此，蒋介石的总司令部设在接近前线的赣北南昌。但南昌是11月8日才由国民革命军第三军朱培德攻克的，它在各方面的条件都远不如武汉，当然还谈不上迁都南昌的问题。

12月2日，宋庆龄、鲍罗廷等到达南昌。同从庐山赶到南昌的蒋介石会谈当前各项工作和政府迁移武汉事宜，蒋介石都表示赞成（那时粤汉铁路的株洲至韶关段还没有修通，只能绕道江西北上）。7日，谭延闿、顾孟余、何香凝等数百人从广州经江西赴武汉。10日，宋庆龄、鲍罗廷和陈友仁（外交部部长）、孙科（交通部部长）、徐谦（司法部部长）、宋子文（财政部部长）等到达武汉，受

---

[1]《武汉国民政府资料选编》，本书编辑组1986年12月编印，第1页。

到民众的热烈欢迎。

为了不使国民党中央和国民政府的日常工作发生中断，接受鲍罗廷的建议，13日在武汉成立国民党中央委员、国民政府委员临时联席会议。"会议出席人，规定为中央执行委员、国民政府委员，惟邓演达同志应以湖北政务委员及政治部主任名义出席。"会议讨论和处理的问题只是外交、财政、交通、司法等方面不容延搁的日常工作。邓演达一再声明："军事自不消说，为总司令主持。"12月22日，联席会议主席徐谦在第四次会议上报告："蒋总司令廿号来电，赞成中央执行委员国民政府联席会议。"[1]这本来符合正常工作秩序和实际需要，不料纠纷和争吵却发生在这个迁都地点上。

这个变化是随南方政治局势和蒋介石处境的变化而来的。11月初国民革命军攻克南昌，孙传芳主力卢香亭、谢鸿勋两师被击溃后，南方局势和各界态度发生显著变化。对蒋介石来说，最重要的有两个情况。

一是南方不少看风使舵的地方军阀部队看到孙传芳的战局不利，便纷纷向北伐军输诚。因为蒋介石为国民革命军总司令，他们几乎都找南昌的总司令部联系。蒋介石在11月23日日记中写道："福建张毅来输诚。孙传芳托蒋百器来求和对奉。安徽陈调元亦托人来说项，其部下各自来投。""二星期来均是如此纷忙。山阴道上，几应接不暇。"12月9日，他在日记中又写道："各处输诚者惟恐不允也。革命至今已入一新时期，寄生与观望自全者皆欲借此投机。"[2]这样，不仅给蒋介石看到有利于席卷东南之势，而且又可赖收编众多军阀部队而使他能指挥的军事力量迅速膨胀，如周凤

---

[1]《武汉临时联席会议资料选编》，武汉出版社2004年8月版，第37、70、96页。
[2] 蒋介石日记，1926年11月23日、12月9日。

岐、陈调元、王普、曹万顺等军都是。

二是蒋介石在11月22日和12月28日两次函请在天津的黄郛南来,第二次的信由张群送去,信中写道:"尚祈不吝教益,以底于成。"[1] 黄郛早年是蒋介石的盟兄,蒋称他为"二兄",后来曾担任过北洋政府的国务总理,长于谋略,并且同上海的金融界、会党等都有密切关系。时任中国银行副总裁的张嘉璈(公权)在笔记中写道:"北伐军抵达赣州后,查悉当地商民开用银圆或能兑换银圆之纸币,而该军所携现款有限,需用银圆切迫。蒋总司令因电驻天津正待南下之黄膺白(引者注:即黄郛)转嘱我在上海设法汇济。""中行在绝对保密之下,卒获如约汇济三十万元巨款。"笔记又写道:"蒋总司令于去年(引者注:指1926年)十一月初进驻南昌后,复通过黄膺白转嘱我由沪拨汇南昌现款二十万元济用。当时孙传芳已败退南京,中行行员均同情于革命军。此次拨汇巨款,仍复能绝对保密,孙方毫无所知。"张公权还讲到稍后的1927年1月底,"关于总司令部军需处处长俞飞鹏向沪行借支一百万元事,曾引起蒋总司令误会。盖沪行不知总行有致汉口分行(可以支用一百万元)之密函,而沪行经理仍照向章索取担保品,致蒋总司令闻之大为不悦,将借款增为五百万元,嘱俞处长在沪行经理办公室坐索,非办到不得离行。我时居丧在家,得此消息,急驱车至行,告知沪行经理宋汉章,曾有在汉口支用一百万元之约。当凭蒋总司令公函,需借一百万元,照付了事。"[2] 当时,北伐军财政正十分困难。蒋介石在1927年1月4日日记中还写道:"(宋)子文且以财政无法相要

---

[1] 沈亦云:《亦云回忆》上册,(台北)传记文学出版社1980年5月版,第247页。
[2] 姚崧龄:《张公权先生年谱初稿》上册,(台北)传记文学出版社1982年1月版,第73、74页。

挟。办事困苦莫甚于经济相逼也。"[1]黄郛的相助,不仅渡过经济难关,而且同江浙金融界建立起密切联系。蒋介石率军进入江浙后,特别看重的不是工业资本家而是金融资本家。他后来同其他军阀混战时,得力的也是金融资本家在金钱上的大力支持,这关系是黄郛帮他建立起来的。

一个军队,一个经济,是当时具有决定意义的两大要素。蒋介石到南昌后这两方面的实力地位都得到强有力支持,处境和在两湖时大有不同,对各方面的态度便大大强硬起来。他这两方面实力的陡然增强不是来自原来的北伐根据地,而是来自北方的旧势力。因此,当时人们称之为"军事北伐,政治南伐"。

1927年1月5日,黄郛经上海到达江西,就在庐山蒋介石处住下。同一天,蒋在迁都问题上也翻了脸,撕毁原有全部诺言,在南昌发出《国民政府暂驻南昌通电》:"各省党部钧鉴:江日(引者注:即3日)政治会议临时会议议决,现因政治与军事发展便利起见,中央党部及国民政府暂驻南昌,待三月一日中央执行委员会全体开会公决中央党部及国民政府驻地后,再行迁移。支日(引者注:即4日)又在中央常务委员会第七次会议席上报告,无异议通过。特此布闻。中国国民党中央执行委员会。歌(引者注:即5日)印。"[2]

这个突然事件,武汉方面事先一无所知。国民党中央执行委员会也没有开会讨论过。为了庆祝北伐胜利和迁都武汉,武汉当局刚宣布在新年游行集会庆祝三天。拿1月3日来说:"今天是隆重庆祝国民政府迁鄂和反帝国主义斗争取得胜利的最后一天,整天都是人山人海的庆祝游行队伍,武汉全城真是达到万人空巷的程度

---

[1] 蒋介石日记,1927年1月4日。

[2] 《武汉临时联席会议资料选编》,第374、375页。

了。"[1]忽然看到南昌发出的这个电报,联席会议主席徐谦和孙科立刻在6日致电蒋介石等:"政府不迁汉消息,暂宜秘密。如宣布,民众必起恐慌,武汉大局将受影响。"下一天,宋庆龄、陈友仁、蒋作宾又以密电致蒋介石等称:"苟非有军事之急变,不宜变更决议,坐失良机。"[2]但蒋介石一概置之不理。

中国正是在这种复杂情况下,步入风云突变、波澜起伏的1927年。

蒋介石虽已自行声称迁都南昌,但武汉方面反对的声浪很高。外交、财政、交通、司法等部已在武汉开始工作,而蒋所准备的收编地方军阀兵力、解决财政困难等都在联系和接洽中,尚来不及一一落实,他的实力还有限。对他最迫切而置于第一位的还是"急于肃清江浙、统一长江下游"。[3]尽管他对迁都武汉不满,但一时还没有足够力量造成南昌和武汉的对立和冲突,所以并没有立刻筹组南昌政府。他还要等一等,在3日日记中写道:"精神痛苦,心神烦闷,几难成眠。"5日黄郛从上海来到江西后,两人朝夕"畅谈",有一次谈到午夜一时才睡。11日,出人意外,蒋和刚从广州到南昌不久的国民政府代主席谭延闿同赴武汉。

第二天下午,武汉民众在阅马厂举行隆重的欢迎大会。会议由董用威(必武)主持。他说:国民革命军已经光复了湖北、江西,行将收复江浙,我们还要"向北发展,务必肃清北方残余的军阀,打倒一切帝国主义,完成革命,这是我们今天欢迎的意义"。蒋介

---

[1] [苏]A.B.巴库林:《中国大革命时期见闻录》,中国社会科学出版社1985年9月版,第39页。
[2] 《武汉临时联席会议资料选编》,第375页。
[3] 蒋介石日记,1927年1月2日。

石也讲了些漂亮话："我们要知道，我们得有今日，是跟着总理（引者注：即孙中山）的政策做到的结果。还望武汉民众本总理的政策团结起来，担负自己的责任，为自己谋建设。今天这个欢迎会，不要说是欢迎总司令，乃是欢迎总理政策。"[1]

那时，蒋介石反对中国共产党和工农运动的态度已日益暴露。同蒋介石接触、交往较密切的苏联军事顾问加伦在1月4日致电鲍罗廷说："最近关于工人和农民运动的消息，特别是在广东，使很多人感到惊慌。人们认为中国共产党是祸首。多少由于这个原因，正在举行将共产党从国民党除名的秘密谈判，……局势需要您来。否则，蒋介石将为自己的利益而说服所有的人，甚至包括这些无原则的左派。"[2]因此，在武汉欢迎大会晚上举行的有几百人参加的宴会上，鲍罗廷不客气地说了一段话："蒋介石同志！我与您共事已经四年了。""我不是个别将军的顾问，而是全体被压迫的中国人民的顾问，……迄今为止我一直是同您一起搞革命，迄今为止我们都在猛烈射击反革命，而现在却不得不换一种方式提问题。……如果有人不想听我们的忠告，那么世界被压迫人民还是会需要我们的忠告的。"[3]

鲍罗廷的原意是想以尖锐的语言提醒蒋介石不要在错误的道路上越走越远。当然，他也有点倚老卖老，以为自己这样讲能收到相当效果。但这时的蒋介石已不是当年那个粤军参谋长或黄埔军官学校校长，而自视是党、政、军的最高领袖。曾参加黄埔军校创建和教学，并长期任第一军军长何应钦顾问的切列潘诺夫已看到："那

---

[1]《蒋总司令莅鄂盛况》，汉口《民国日报》1927年1月13日。

[2]［苏］亚·伊·切列潘诺夫：《中国国民革命军的北伐》，第503页。

[3]［苏］A. B. 巴库林：《中国大革命时期见闻录》，第52、53页。

时蒋的最大努力是花在如何摆脱鲍罗廷上。他把鲍罗廷看作他为控制革命势力的斗争最严重的障碍。"[1]现在鲍罗廷当着众人训斥蒋介石,引起蒋暴怒的后果可想而知。

蒋介石在当天日记中写道:"晚宴会,席间受辱被讥,生平之耻无逾于此。"次日日记:"昨晚忧患终夜,不能安眠。今晨八时起床,几欲自杀。为何革命而欲受辱至此。"16日日记:"下午与鲍尔廷(引者注:即鲍罗廷)叙谈至十八时。"看来并无结果。此时,黄郛赶到武汉。蒋介石17日日记:"与膺白谈政治,亦惟沉痛而已。"[2]18日,蒋介石离武汉,坐轮船回赣。22日,黄郛又到庐山住下。他是最能影响蒋介石的人,这次在庐山又住了好几天,与蒋"会谈"多次,看来同蒋决心排除鲍罗廷有关。

蒋介石这个决心到1月27日已经下定了。他在这天的日记中写道:"孟余、香凝、择生与季陶来谈。余必欲去鲍罗廷顾问,使政府与党部能运用自如也。彼等恐牵动大局,不敢决断。书生办事,诚非败坏不可也。下午与季陶一人谈叙至八九时,甚佩其理论,然而,其消极与灰心,不能成事也。晚与谭(延闿)戴(季陶)二同志谈至午夜,决议去鲍尔廷、移中央于武汉也。"[3]

蒋介石这段日记很重要。去鲍确实是一件大事。戴季陶等所说:"恐牵动大局"是担心因此牵动同苏联的关系,而北伐军当时在军事和财力方面除苏俄外还没能得到其他国家的有力支持。而蒋介石的坚持去鲍,不只是因为"受辱",更重要的是因为鲍罗廷四年来一直担任国民政府顾问,孙中山对他一向十分倚重。黄郛

---

[1] [苏]亚·伊·切列潘诺夫:《中国国民革命军的北伐》,第504页。
[2] 蒋介石日记,1927年1月12日、13日、16日、17日。
[3] 蒋介石日记,1927年1月27日。

的妻子沈亦云说：在武汉时期，"据闻政治会议最后的决定由他。他并不出席会议，开会要决议时，主席起来打电话给他，然后定议"。[1]这个说法也许过分，但鲍罗廷在中央党部和政府中起举足轻重作用，当是事实。如果鲍在，蒋就不可能对"政府与党部能运用自如"。蒋介石最看重的是中央"最后的决定权"掌握在谁手里，这是一切问题的关键所在。而且他正"急于肃清江浙、统一长江下游"，只要乘此去鲍，国民党政府一时放在武汉还是南昌并不是问题关键所在。这就是他最后决定"去鲍尔廷、移中央于武汉"的原因。

对蒋介石说来，最重要的确实还是"急于肃清江浙、统一长江下游"。这个目标一旦达成，他就打开了一个新局面，可以暂置武汉于不顾。而且，蒋的实力还不足，内部对去鲍的看法又未一致。于是，他便把力量先集中在"肃清江浙、统一长江下游"上，其他问题暂时放一下，回头再来解决。

黄郛妻子沈亦云说："蒋先生和总司令部在南昌，而膺白到汉口。他到汉口的任务为何？他没有分析告诉我。他的动作和方向，大概是外交和经济。此时国民革命军的方向是东征而不是北伐。一到上海，这两个问题不但不能避免，而须面对，且为国民政府成立最要紧的事。这两个问题亦分不开，国民党若要改变一面倒苏联的办法，日英两国是不能不首谋谅解的。此事不但共产党和左派所不喜，即右派亦未必能统筹全局，注意至此。"[2]黄郛在经济方面的活动，前面已经说过。在外交上，介绍日本币原外相的亲信、条约局长佐分利贞男在武汉多次同蒋介石密谈。这些关系都是通过黄郛建

---

[1] 沈亦云：《亦云回忆》上册，第258页。
[2] 沈亦云：《亦云回忆》上册，第259页。

立起来的。这个问题，日本方面也十分重视，日本在北京所办中文报纸《盛京时报》2月19日的《中外要闻》栏中特载："南方革命军首领蒋介石，近因避各方面之误解起见，谢绝外人之会见。然据最近庐山之消息，蒋氏于前月廿六、廿七两日，招待日人小室敬二郎氏相与促膝谈心。"[1]

国民党内的"提高党权运动"

二三月间，国民党内部在武汉掀起了一个提高党权运动。它的矛头是直指蒋介石的。

2月8日，汉口《民国日报》发表社论《要求中央党部、国民政府立即迁鄂》。15日，国民党中央宣传部部长顾孟余在第九次宣传会议所作报告中说："巩固党的权威，一切权力属于党，是目前党的第一个标语。表现党的意志与执行党的意志的最高机关是中央执行委员会。除去中央委员会之外，决不可有第二个最高指导机关。"[2]

2月17日至26日，国民革命军总政治部主任邓演达在报上连续发表长文《现在大家应该注意的是什么》写道："现在在'提高巩固党的威权'、'服从党的指挥'的口号高唱入云、澎湃汹涌的时候，……人们要问'党在哪里？'那我们应当答复：党在被压迫民众里面，党在民众的呼声里面，党在革命民众觉悟分子团集的地方。"最后部分，他把话讲得更明白："军事指挥者应该明白，自己个人的力量是很有限的，自己只有无条件地听从党的决定，接受党

---

[1]《蒋介石对内外之各政见》，《盛京时报》1927年2月19日。

[2]《中央宣传委员会第九次会议记》，汉口《民国日报》1927年2月16日。

的制裁,才能够增进党的权威,才能够拿这个权威去指挥统一全体军队,无论是旧有的或新收的。"[1]后面那几句话,几乎是直接指着蒋介石说的。

2月20日,孙科发表一篇《为什么要统一党的指导机关》说:"革命运动,非有统一领导的机关是不能前进的。如果党部和政府的委员不能集中在一起,则各种重大工作,便很容易发生矛盾或冲突,这是与革命前途很有妨碍的。所以在武汉的同志,大家都觉得像现在领导机关不能统一这种不良现象实有速谋救正之必要。"[2]

孙科的文章,反映出连国民党内一些高层人士对蒋介石的独断独行、把国民党中央党部和国民政府置之不顾也强烈不满。

原任联席会议主席的徐谦,在3月9日也写了一篇《怎样叫做"个人独裁制"》,说:"怎样叫做'个人独裁制'?因为党内只看到个人的能力,看不见党的威权。""主席可以个人发命令派兵接收广州市党部;主席可以免海外部长的职,主席可以另派海外、组织、工人各部长;主席可以变更外交政策,派赴美代表;主席可以取消中央政治会议决议,使中央党部和国民政府暂驻南昌;主席可以叫中央执行委员会全体会议三月一号在南昌开会,又可以叫他俟东南战事告一段落再行开会:凡此种种事实,还说是党的最高权和党权集中,恐怕任一个党员都不能受蒙蔽的。"[3]徐谦是学法律的,也是比较谨慎的人,这些充满愤激之言,可见确实积怨已久。

前面所举四个人,都是国民党员中有影响的人,没有一个是共

---

[1] 邓演达:《现在大家应该注意的是什么》,《邓演达文集新编》,广东人民出版社2000年3月版,第46、50、54、55页。

[2] 孙科:《为什么要统一党的指导机关》,汉口《民国日报》1927年2月20日。

[3] 季龙:《怎样叫做"个人独裁制"》,汉口《民国日报》1927年3月9日。

产党人。从中可以看到宁汉分裂是怎么一回事。

3月10日,中国国民党二届三中全会在汉口开幕,17日闭幕。出席会议的有中央执行委员18人、候补中央委员11人、候补监察委员4人。蒋介石没有出席。会议由谭延闿致开会词。他是3月6日离赣来武汉的。

孙科在全会开幕的当天,在报上又发表长篇议论,题目是《我们为什么要有党》。他写道:"现在党的问题,就是革命工作的领导问题。这个领导问题,我们要问的,就是革命工作是否以党去领导呢?抑或以个人去领导呢?革命的权力是否要集中于党,抑或要集中于一两个首领身上呢?如果革命势力是统一于党的,那末这个党才是民众的党,才是代表民众势力的党。如果是统一集中于个人的,那末,这个党马上变成军阀的党、个人独裁的党、封建势力的党了。"

这次全会通过改选汪精卫、谭延闿、蒋中正、孙科、顾孟余、谭平山、陈公博、徐谦、吴玉章九人为中央常务委员;除常务委员兼任外,又选宋子文、宋庆龄、陈友仁、邓演达、王法勤为政治委员,并以汪精卫、谭延闿、孙科、顾孟余、徐谦、谭平山、宋子文为政治委员会主席团;选出军事委员会委员,并以汪精卫、唐生智、程潜、谭延闿、邓演达、蒋中正、徐谦为军事委员会主席团;改选国民政府委员28人,并选孙科、徐谦、汪精卫、谭延闿、宋子文为国民政府常务委员。这些机构改组和人事任免是全会极为重要的大动作,实际上就是剥夺了蒋介石的独裁地位和权力。

为什么国民党人内部会有这样多人反对蒋介石?为什么在武汉会掀起这样一个提高党权运动,还能举行这样一次二届三中全会,为以后的宁汉分裂作了准备？

根本原因，一是在于蒋介石已经公然背弃孙中山晚年实行的联俄、联共、扶助农工的革命三民主义政策，到江西后更加变本加厉；二是在于他要把一切大权独揽在自己手里，容不得任何异己力量和显然不同意见，极端自以为是，待人骄横，性格暴躁，令人动辄得咎，而他又在必要时深有算计、爱耍手段。这些引起不少人的不满。

这些反对蒋的人，情况并不相同，但共同的不满形成了一股合力。

一种是在国民党内有一定资望或社会上有一定声望之人。在他们看来，蒋介石北伐时只有38岁，在党内的资历不算深，但当了国民革命军总司令后便不可一世，独断专行，自然就深感不满。孙科、顾孟余等都是例子。所以蒋介石在日记中特别点了孙、顾两人的名。就拿国民革命军初建立时的六个军中，蒋介石是第一军军长，第二军军长谭延闿、第三军军长朱培德、第四军军长李济深、第六军军长程潜的资格都比蒋介石老，现在把蒋放在他们上面，要听从他的指挥，他们是军人，不去发表文章，但心中也并不服气。

一种是军队实力派中人，特别是唐生智对蒋极为不满和轻视。蒋介石是1926年7月9日就任国民革命军总司令并举行誓师典礼的，到29日才起程离广州，8月11日到已由北伐军前敌总指挥唐生智部收复的长沙。唐生智的部队是湘军的主力，参加北伐前"所部名义上是一个师，实际上拥有五万人枪"。[1]他们在北伐军中占着相当大的比重，对两湖的情况又比较熟。蒋介石到长沙时，北伐军已向武汉进发。蒋赶往前线，指挥进攻武昌，由于直军刘玉春部

---

[1] 唐生智：《关于北伐前后几件事的回忆》，《文史资料存稿选编》第3卷，中国文史出版社2002年8月版，第798页。

坚守，进攻迟迟没有进展，更遭到轻视（武昌到10月10日才由第四军攻克）。9月6日，唐部第八军在守军投降的情况下占领汉阳，控制极为重要的汉阳兵工厂，用该厂制造的大量武器弹药装备他的部队，第八军一下扩充成三个军，两湖地区实际控制在他的手中。他同蒋介石素无渊源，并对蒋颇为轻视。《国闻周报》对此也看出来了，写道："党军北伐，唐生智在两湖树功独多。其人于党无深关系，而声名煊赫，意不肯下蒋。民党左派不无有挟以对抗蒋者，一时以巩固党权相号召，声浪遍于江汉。"[1]蒋介石在9月初转向江西作战，既为了替进军他心中的主要目标江浙打开通路，也因为他在两湖难以立足。他9月4日的日记写道："吾今竟处于四面楚歌、前后夹攻之境，耻辱悲怜、痛苦抑郁之情未有甚于此者也。最恨以下凌上、使人难堪也。如此奇辱，其能忘乎？"8日写道："接孟潇（引者注：即唐生智）函，其意不愿意余在武昌，甚明也。"14日又写道："余决离鄂向赣，不再为冯妇矣，否则人格扫地殆尽。"[2]

还有一种重要力量，就是国民党内确实有一批真正的革命左派，如宋庆龄、何香凝、邓演达、柳亚子等。他们痛恨蒋介石背弃孙中山遗教，反共、反俄、镇压工农运动和实行独裁统治。这是一支有力的在群众中很有影响的力量。

不用说，许多共产党人这时还以个人身份留在国民党内，甚至国民党的中央执行委员会内。还有中国共产党领导下在湖南、湖北、江西、广东等地蓬勃发展着的工农运动，对蒋介石也构成巨大威胁。

这几种情况不同的力量汇合在一起，进行了反蒋的党权运动。

---

[1]《一周国内外大事述评》，《国闻周报》第4卷第10期，1927年3月20日。

[2] 蒋介石日记，1926年9月4日、8日、14日。

蒋介石心目中的重点,始终在"急于肃清江浙、统一长江下游"。这是他出生和成长的地方,也是中国最富庶、金融资本最集中的地区。在他看来,控制了这个地区,他最关心的经济和外交问题都可以得到解决;由于孙传芳的主力已在江西被击溃,进军沿途又可以招纳多批不属于孙传芳嫡系的军阀部队,大大增强他统率的兵力,并成为他能自由指挥的新军阀部队,回头再来对付武汉方面的力量。《国闻周报》看得很清楚:"蒋介石于赣战定后,已变更其单纯之军事政策,积极着手于新政府之建设。"[1]

当然,对武汉的反蒋活动,他仍很关注。武汉掀起提高党权运动后,他在 2 月 16 日的日记中写道:"汉口党部对静江、膺白攻击,对余指责。一般党员之跨党者煽惑播弄,使本党不安。""事至于此,虽欲不放弃,而不得矣。"17 日日记:"汉口联席会定反革命罪各则,以及各种宣传,对余与静江兄攻击,几无完肤。名余为独裁制,名静(江)为昏庸。除 CP 以外,无一非反革命,必欲使我党党员各个击破殆尽。所恨者,本党党员谄奉卑污、趋炎附势、执迷不悟之徒,其罪恶比敌尤甚也。"18 日日记:"顾某(引者注:指顾孟余)诋毁中正不遗余力。以宣传委员会名义,提倡党权,集中防制独裁制,我甚赞成,但……顾之言行,令人不得不疑其为 CP 之间谍。彼犹如此,则党尚能为?"19 日日记:"吾党以孙(科)顾(孟余)之态度观之,人心卑污恶劣,一至于此,不败亦颓,岂其天乎。"[2]

蒋介石这时特别重视外交方面的关系,并且把矛头直指坚持反帝的北伐军总政治部主任邓演达。本来,北伐军得到苏俄多方面的

---

[1]《国内外一周间大事记》,《国闻周报》第 3 卷第 48 期,1926 年 12 月 12 日。

[2] 蒋介石日记,1926 年 2 月 16 日、17 日、18 日、19 日。

支援。这时，蒋一再向英、日等国示好。《盛京时报》载："汉口电，国民政府汉口政治主任邓演达，最近已将其权限极力消灭，以此观之，蒋介石之如何压制共产派以见好外人，当可明了矣云。汉口云，蒋介石十日发出保护外国人生命财产布告，……以后有此等行动（引者注：指反帝活动）即重惩不贷。同时将布告原文送达汉口各领事，声称外国如遇暴行，可去通告中国方面。一方面邓演达之权限亦被缩小，是则国民政府对外态度之缓和，于此可见矣。"[1]

国民党二届三中全会后，蒋介石3月11日日记："逸民（引者注：指朱绍良）来谈武汉必归唐逆（引者注：指唐生智）所掌握也，可惜第四与第十一师（引者注：指第四军张发奎部）不能觉悟，革命前途至此绝望矣。"14日日记："中央会议各种议案及被选上人大半非本党信徒，全为CP所操纵，党已非党矣，而妨碍军事，削夺兵权，无所不用其极，必欲使本党有历史之党员一人不留，必欲使国民革命破坏无余，其用心之险如此也。"可见全会这些决定是击中蒋介石要害的。22日日记："中正只知于革命有益，于本党主义能够实现，则无不可为之事。"[2]他已认定"无不可为之事"，就要随心所欲地下手了。

宁汉分裂之局已定。但蒋介石此时的关切重点还在于先解决江浙军事问题。蒋介石在1926年12月29日任命白崇禧为东路军前敌总指挥，率四个师进入浙江。本来不属于孙传芳部下的浙江地方军阀部队纷纷投向北伐军。先是浙江省省长夏超率部反孙，改编为北伐军第十八军，兵败被杀。12月中下旬，浙军第三师周凤岐部、第一师陈仪部先后反孙，改编为北伐军第二十六军和第十九军。孙传

---

[1]《蒋介石右倾态度》，《盛京时报》1927年2月20日。

[2] 蒋介石日记，1927年3月11日、14日、22日。

芳余部已军心涣散。北伐军没有经过激烈战斗便在1927年2月18日进占杭州，随即向上海推进。第二天，蒋介石在日记中写道："杭州占领，军事胜利，沉闷忧患中聊作自慰。"[1]在当月21日推进到上海南郊龙华。白崇禧在第二天对新闻记者发表谈话，仍自称："国民革命军只知征服帝国主义者及资本主义者，使其更换其帝国主义之政策与资本主义之侵略，以达互相平等为主旨。至外人在上海之一切生命财产，则吾侪须竭其力之所及以维护之保障之，决不使其有丝毫之危险。至各国在上海之一切不平等条约，自有国民政府依据已定之方案施行之。"[2]这是一个故意含糊其辞的讲话，令人摸不清他们下一步会怎样行动。

另一路是由北伐军第六军程潜部和第二军鲁涤平部从赣北沿长江两岸向安徽东下。孙传芳方面的安徽总司令陈调元本在江苏齐燮元部任剿匪总司令，同孙传芳关系不深。他资格很老，清末在湖北的陆军第三中学堂任教官，"该学堂学生中有唐生智、何应钦两人，遂隐伏下陈调元最后归附蒋介石的伏线"。[3]蒋介石在南昌时，陈调元就多次派人同蒋接洽，北伐军一进入安徽，陈就改任北伐军北路军总指挥兼第三十七军军长，原芜湖镇守使王普为第二十七军军长，原湘军叶开鑫为新编第五军军长。国民党方面的战史也写道："自是，安庆及皖南地区，遂兵不血刃而定。"[4]北伐军第二军和第六军乘势而下，在3月23日攻克南京。这两个军都听命武汉方面。蒋介石为了准备发动四一二政变，就把这两个军调出南京并部分消

---

[1] 蒋介石日记，1927年2月19日。
[2] 《白崇禧将军北伐史料》，（台北）"中研院"近代史研究所1994年12月版，第38页。
[3] 杨文恺：《陈调元生平》，《中华文史资料库》第10卷，中国文史出版社1995年10月版，第1696页。
[4] 《北伐简史》，（台北）正中书局1970年4月版，第109页。

灭，而由新收编的湘军贺耀组部接管南京。

面对即将到来的重要历史关头，中国共产党处在怎样的状态下呢？

整个局势已发展到"山雨欲来风满楼"的危急时刻。一场生死搏斗很快就将来临。中国共产党是怎样应对的？

那时，中国共产党成立还没有满六年。大多数领导成员很年轻，只有二三十岁，以往主要从事工人运动和学生运动，社会政治经验不足。由于军阀长期割据和混战，各地区联络不便，党在组织上相当松散。共产国际派来的顾问在决策和工作中往往起着决定性的作用。这种状况是后人不易想象的。

王若飞在1943年留下一段重要回忆："此时中国共产党的领导有三个中心：上海——陈独秀、（彭）述之、（瞿）秋白、CY的（任）弼时、国际代表魏金斯基（引者注：今译维经斯基）。北京——李大钊、（赵）世炎、（陈）乔年、国际代表加拉罕。广东——陈延年、（周）恩来、（张）国焘、国际代表鲍罗廷、军事加伦。形式上各地都受中央领导，中央当时还作了一些工作，但许多问题是独立自主的。许多意见中央主张是不能到各地的，如陈独秀反对北伐，但并未影响到广东。北方大钊同志的意见是主要的。"[1]

拿早期的国共关系来看：先说北京，李大钊是最早经孙中山介绍以个人身份加入中国国民党的，是国民党一大代表，并被选为中国国民党第一届中央执行委员。但国民党的政治和军事根据地在广东。而李大钊是北大教授，平时在北京，主持北方党的工作，参与

---

[1] 王若飞：《关于大革命时期的中国共产党》，《近代史研究》1981年第1期。

国民党方面的活动不多。加拉罕地位虽较高，因担任苏俄驻中国公使、北京又是北洋政府所在地和北洋军阀大本营，所以他不便多参与国共有关活动。

广东是孙中山和中国国民党的活动中心。国民党在这里既有政权，又有军队。国共合作后，中共广东区委委员长先后由周恩来、陈延年担任，毛泽东、瞿秋白、张太雷、林祖涵（伯渠）、吴玉章、彭湃、谭平山等先后在这里工作，大多又在国民党内担负重要职务。鲍罗廷来中国后经加拉罕向孙中山推荐，深得孙中山信任，被聘为国民党组织训练员、革命委员会顾问，帮助国民党改组，国民党一大前后不少重要文件是他起草的。广州国民政府成立，聘他为国民政府高等顾问，起着重要作用。

上海是中国共产党诞生地，也是中共一大至四大后中共中央所在地，陈独秀一直是主要领导人。这个时期内，中国民主革命纲领的制定、中国劳动组合书记部的建立和早期工人运动的开展、实行国共合作和共产党员可以个人身份参加国民党等，都是中共中央的决定。作为大革命高潮起点而席卷全国的五卅运动是在中共中央直接领导下展开的。在全党和全国有很大影响的《向导》周报（1922年9月创刊）由中共中央主办。维经斯基比鲍罗廷年轻九岁，是共产国际在五四运动后不久批准俄共（布）远东地方委员会和处于地下状态的俄共（布）远东局海参崴支部的报告，派他从海参崴以"共产国际工作组"的名义在1920年4月来到中国，先后会见李大钊、陈独秀，推动了中共的成立。[1]回莫斯科后，维经斯基先在共产国际远东书记处、远东局工作。1923年又来中国，接替马林为共产

---

[1]《维经斯基在中国的有关资料》，中国社会科学出版社1982年9月版，第460页；余世诚、张升善：《杨明斋》，中共党史资料出版社1988年5月版，第6页。

国际驻中国代表。他的主张，和鲍罗廷有相同的地方，也有不同的地方，这增加了中国共产党决策时的复杂性。

四一二政变和宁汉分裂

蒋介石"急于肃清江浙、统一长江下游"，其中主要的焦点又是上海。不控制上海，他在经济、外交等方面的问题都无法根本解决。

上海是中国最大的工业城市和金融中心，也是中国工人阶级最集中的地方，是中共中央所在地。全市居民当时有二百万人以上，多数住在公共租界和法租界内。那时，中共中央局委员只有五人。其中，蔡和森正在苏联，瞿秋白和张国焘到广东开会后没有回来，留在上海主持工作的只有陈独秀、彭述之两人。北伐前夜，罗亦农、赵世炎先后调到上海，罗亦农担任上海区委书记，赵世炎担任上海区委组织部部长兼上海总工会党团书记。1926年12月，又调周恩来到上海担任中央组织部秘书（部长由陈独秀兼任）和中央军委委员，随即负责党的军事工作。

中共中央当时在上海的军事工作主要是领导上海工人武装起义。当时北伐军正向江浙地区推进。上海工人武装起义一共有三次。前两次因为条件不成熟和准备不周，没有成功（周恩来那时还没有到上海）。1927年2月16日，上海区委在罗亦农主持下召开区委第一次全体会议，区委会议记录道："蒋现为一切反革命派如黄郛、贺德霖等所包围。""我们坚决反对，拉住左派，现在左派中的邓演达、唐生智、徐谦、宋子文等都坚决反对。""蒋实反革命，说北伐军、国民政府很好，而蒋不好，再将蒋之罪状宣布，特别是工人阶级。"[1]蒋介石在南昌时已枪杀赣州总工会委员长陈赞贤,到安庆后又指使捣毁左派掌握的安徽省党部,上海区委对蒋介石的反共面目已有一定认识,讲道:"蒋实反革命",要"将蒋之罪状宣布,特别是工人阶级",但仍把他看作是"为一切反革命派如黄郛、贺德霖等所包围",可见这种认识仍很不足。至于把唐生智、宋子文等看作"左派",说明这种认识仍不清楚,以后就更明显地暴露出来。

当时的军事局势已发生很大变化,孙传芳于所部主力在江西溃败后自知已无力支持,只得亲自秘密到北京归附张作霖,担任张的安国军副总司令。奉系的直鲁军大举南下。孙传芳的嫡系部队军心不服,离心离德。孙所收编的浙江地方军阀更几乎全部投附北伐军。孙部已成土崩瓦解之势。日人《盛京时报》载:"鲁军骄慢,肆无忌惮,孙军将领颇多不慊,前敌司令孟昭月(引者注:指孙传芳的嫡系将领)等不愿与鲁军合作到底,竟于今晓脱逃无踪,所遗将卒,遽失所归,大部分已投降南军。"[2]

浙江战局急转直下。《国闻周报》载:"浙战在一月以前,全系(孙传芳部)联军与(投诚北伐军的)浙军第一、三两师之直接作战。南军主力并未加入。"[3]

2月18日,北伐军进占杭州,迫近上海。中共中央和上海区委随即召开联席会议,决定成立特别委员会来指导第三次工人武装起义。特委由陈独秀、罗亦农、周恩来、赵世炎等八人组成,确定周恩来为特别军委书记和武装起义总指挥。起义的武装力量主要是

---

[1] 上海档案史料丛编:《上海工人三次武装起义》,上海人民出版社1983年2月版,第118页。
[2]《孟昭月遽而脱逃》,《盛京时报》1927年3月4日。
[3]《三周间国内外大事述评》,《国闻周报》第4卷第5期,1927年2月13日。

工人纠察队,共有五千人,还有自卫团、特别队等,从工人中选调当过兵、有过实际作战经验的党员为教员,进行初步的军事训练,还偷运来250支手枪。

那时,直鲁军毕庶澄部南下,已将原驻这里的孙军李宝章部撤离上海。毕庶澄部只有3000人,加上当地警察2000人,兵力并不强。毕部对环境又不熟悉,同地方势力缺少联系,军心很不稳。这对工人武装起义是有利的。

"自杭州不守消息到沪,沪上工人大为兴奋,由总工会宣布罢工。表面理由为反对英兵来沪,而实则乃为党军应声,意在迫孙军退出上海。从其意味观之,可谓超出于劳资问题之外,而纯政治上运动之参加。"[1]21日中午,全市约80万工人宣布总罢工,武装的工人纠察队随即出动,进攻的重点是租界以外的各区警察局和毕庶澄部准备搭车撤退的闸北火车站。毕部和警察局都无心抵抗,迅速溃散。工人纠察队缴获大批枪支弹药,还有少量手榴弹和轻机枪。同时宣布成立共产党员、国民党员和当地绅商组成的市民政府。

正当上海工人同军阀部队浴血奋战时,北伐军白崇禧部已推进到上海南郊的龙华。可是,他们的脚步就停在那里,按兵不动作壁上观。只把具有重要军事价值的江南兵工厂迅速抢占在手里,东路前敌总指挥部也设在兵工厂内,这是他们比什么都更看重的地方。直到工人纠察队占领闸北火车站,上海胜败大局已定,他才挥师北上,进驻上海。

赵世炎在《向导》上发表文章,概括地写道:"三月二十夕,国民革命军占领逼近上海之龙华。但国民革命军预奉命令,令避免

---

[1]《一周间国内外大事述评》,《国闻周报》第4卷第7期,1927年2月27日。

与上海租界帝国主义武装之冲突。占领龙华后革命军的策略,尚欲纳降拥有雄厚兵力的毕庶澄率领下之直鲁联军。""国民革命军预奉有令不攻上海,但上海的工人则预有准备,夺取军阀的武装,为革命军占领上海。"[1]

起义胜利后,上海区委忙于筹组市民政府和工人纠察队休整训练。

蒋介石在 20 日从九江乘军舰沿江东下。23 日,北伐军攻克南京。英美军舰借口溃兵游民的抢劫杀人暴行炮轰南京,制造南京惨案。26 日中午蒋到上海,先后同白崇禧、黄郛、吴稚晖谈。值得注意的是,上海金融界重要人物虞洽卿、陈光甫、钱新之当天就赶来相见。[2]从他一到上海只半天立刻会见的这些人,可以看出他最迫切急需处理的是些什么问题。

蒋介石到上海,这是他心目中的主要目标。由于他是国民革命军总司令,受到当地民众热烈欢迎。因为立足未稳,准备工作尚未做好,蒋对时局先采取含糊其辞的说法。报载他到沪时,"态度严肃,当向欢迎者作简单之演讲,略谓沪地为全国最大商埠,军事外交均极重要,故特兼程来沪,办理一切善后,尚望同志一致努力。其余意见,容再详谈"。[3]率领北伐军进入上海的白崇禧第二天在有罗亦农参加的 30 万群众大会上激昂慷慨地说:"民众应即集中其势力,与国民革命军联合","因为一部分之势力对付任何方面,是不可能的,集中全国革命的势力,应付一切,自易奏效"。这是刚进上海先稳住局面的说法。但下一天就宣布上海戒严。布告先引蒋介

---

[1] 施英(赵世炎):《上海工人三月暴动纪实》,《向导》周报第 193 期,1927 年 4 月 6 日。

[2] 蒋介石日记,1927 年 3 月 26 日。

[3] 《蒋总司令昨日抵沪》,上海《民国日报》1927 年 3 月 27 日。

石的命令:"现在军事时期,应取紧急处置,以维大局而遏乱萌",接着称:"查沪局粗定,人心浮动,反动分子利用机会,希图引起纠纷,破坏大局,事势严重,自应即日宣布戒严,借以维持治安,遏止暴动。凡我民众,应各体会此意,切勿逾越范围,任意行动,自取咎戾。"[1]这些话已暗露杀机,为下一步武装镇压埋下伏笔。再下一天,蒋介石亲自致函已得到武汉政府认可的上海特别市临时市政府(即市民政府),要他们"暂缓办公,以待最后之决定"。[2]实际上就是通知他们立刻停止活动。

锣鼓越敲越紧,蒋介石在上海快要动手了。

中共上海特委对此已有警觉。3月30日,周恩来在特委会议上说:"整个的情形,他们对付我们已有预备。""白有密电致右派军官,要对抗武汉。将来他们对付武汉及解决上海只有凭武力。同时,对付民众只有如江西雇佣流氓。安徽已联合大资产阶级、流氓群众联合,召集大会,蒋有代表出席。"[3]以后,蒋介石在四一二事变时正是这样依靠军队和流氓来干的。但年轻的缺乏经验的中国共产党这时只是在思想上有所认识,还没有懂得和着手准备当事变突然到来时该如何有效地应对。

日本在北京所办的《盛京时报》已有透露。该报4月6日载:"蒋介石与银行公会及商工两会之借款契约完全成立,已于本日交付款项。"[4]4月10日载:"蒋介石等对于共产派之苦的打(引者注:

---

[1]《白崇禧将军北伐史料》,第43、44、45页。

[2]《本埠新闻》,上海《民国日报》,1927年3月30日。

[3] 上海档案史料丛编:《上海工人三次武装起义》,第436、439页。

[4]《蒋介石借款成功矣》,《盛京时报》1927年4月6日。

"苦的打"是音译，即武装政变）计划似已充分成熟。"[1]这些观察是日方公开发表的。

但是，共产国际十分担心的却是如何避免同蒋介石破裂。3月10日，联共（布）中央政治局决定由布哈林受共产国际委托致电鲍罗廷并转国民党中央成员、抄送中共中央，提出五条意见："（1）我们认为在中国南方建立两个中心、两个国民党、两个政府和因此建立两支军队的做法是危险的和不能容许的。（2）我们认为绝对有必要在武昌召开统一的国民党中央全会，蒋介石务必参加，国民党全体中央委员必须无条件服从国民党中央的一切决议。（3）我们认为国民党和中国共产党绝对需要密切合作，因为我们坚信，如果没有这种合作，中国就不可能摆脱帝国主义压迫，联合成一个统一的国民革命的中国。（4）我们认为不久前蒋介石显然为讨好国民党右派所作的答记者问，是对国民党和中国革命的一个不能容许的分裂主义的打击。（5）我们认为国民党在武昌提出的同蒋介石合作的条件是正确的并能保证国民党的统一。受共产国际委托的布哈林。"[2]

这个电报担心如果破坏同国民党和蒋介石的合作，就没有力量反对帝国主义了。在他们看来，尽管蒋介石有反对革命的倾向，但客观上他还在进行着反对帝国主义的战争。事实上蒋介石已经下决心用极端的手段实行破裂，共产国际的判断完全不符合中国的实际情况，许多地方现在读起来有如痴人说梦。而它却束缚住中国共产党人的手脚，成为造成中共在大革命中一系列严重右倾错误的重要根源。

---

[1]《蒋介石将行苦的打》，《盛京时报》1927年4月10日。
[2]《联共（布）、共产国际与中国国民革命运动（1926—1927）》下，北京图书馆出版社1998年11月版，第149、150页。

4月1日，一向被看作国民党左派领袖的汪精卫从法国回到上海。他仍保有国民政府主席的身份。到上海当晚，他就同蒋介石长谈。上海《民国日报》报道："闻汪君表示：际兹革命尚未成功之时，本党全部应一致团结，俾蒋总司令得克竟军事全功，不宜横生他种枝节。"[1]

　　汪精卫在中山舰事件后离广州去法国原是被蒋介石逼走的。他是国民政府主席，离国时只称因病请假，并未辞职，在国民党内也仍有很高声誉和不小影响。谭延闿只是代理主席职务，蒋介石觉得自己已实权在握的情况下，汪对他还有利用价值，还想尽力拉拢，加以利用。《国闻周报》载："蒋因于三日发拥汪电，致各将领，大意谓汪精卫同志回国，对党国大计，业经恳切晤谈。此后党务、政治负责有人，本人当专心军旅，所有军民财各政及外交，此后须在汪指挥下完全统一于中央，本人率各军一致服从。至军权军令各有专属，俾一责成云云。"[2]这完全是演戏。蒋介石这段戏真能唱得有声有色，亏他唱得出来。这一点，汪精卫心中倒也明白。

　　其实，蒋介石反共以及同武汉分裂的决心早已下定，并且就要动手了。他在4月2日的日记中写道："下午会客，讨论共产党事。为本党计，非与之分裂不可也。"[3]共产国际还在那里说梦话，而当时它的意见在组织上对中国共产党仍有着约束作用。

　　就在同一天，由吴稚晖首先出面致函国民党中央监察委员会要求查办共产党，信中说："现在汉口中央执行委员会，为共产党及附和共产党之各员奉俄国共产党煽动员鲍罗廷而盘踞，最近诸多怪

---

[1]《汪主席到沪后之热烈表示》，上海《民国日报》1927年4月5日。

[2]《一周间国内外大事述评》，《国闻周报》第4卷第13期，1927年4月10日。

[3] 蒋介石日记，1927年4月2日。

诞之改变，乘北伐军攻坚肉搏之时，而肆其咎兵抑将之议，无非有意扰乱后防。""伏祈迅予公决，得咨交中央执行委员会非共产党委员及未附逆之委员，临时讨论，可否出以非常之处置，护救非常之巨祸。"[1]这打响了蒋介石公开发动"清党"的第一炮。

也在同一天，鲍罗廷在武汉一次国民党中央会议上说："蒋同志现在上海，已经形成一个反动中心，这一定失败的。""他在上海并形成一个反动局面了：这种反革命行为，究竟与孙传芳何异？""去年三月二十日事变的行为，也是不理中央，自己乱做。现在他在上海，对外对内各种情形，都走入反革命的路去，没法子使他能革命的。"[2]

双方对立，已经壁垒分明了。

4月5日，汪精卫、陈独秀却发表了一份"联合宣言"。此时此刻，发表这样一个"联合宣言"，确实起了很坏的作用。它一开始就写道："国民党、共产党同志们！此时我们的国民革命，虽然得到了胜利，我们的敌人，不但仍然大部分存在，并且还正在那里伺察我们的弱点，想乘机进攻，推翻我们的胜利，所以我们的团结，是时更非常必要。中国共产党坚决的承认，中国国民党及国民党的三民主义，在中国革命中毫无疑义的需要，只有不愿意中国革命向前进展的人，才想打倒国民党，才想打倒三民主义。中国共产党无论如何错误，也不至于主张打倒自己的友党，主张打倒我们敌人（帝国主义与军阀）素所反对之三民主义的国民党，使敌人称快。"

---

[1]《吴敬恒致中央监察委员会请查办共产党函》，《北伐时期的政治史料——一九二七年的中国》，（台北）正中书局1981年10月版，第366、367页。

[2]《在中国国民党中央执行委员会常务委员会第五次（扩大）会议上的发言》，《鲍罗廷在中国的有关资料》，中国社会科学出版社1983年6月版，第197页。

"宣言"最后这样结束:"国共两党同志们,我们强大的敌人,不但想以武力对待我们,并且想以流言离间我们,以达其'以赤制赤'之计。我们应该站在革命的观点上,立即抛弃相互间的怀疑,不听信任何谣言,相互尊敬。事事开诚协商进行,政见即不尽同,根本必须一致。两党同志果能开诚合作,如弟兄般亲密,反间之言,自不获乘机而入也。"[1]

想想当年的历史情景:蒋介石磨刀霍霍,已经下决心准备进行血腥的大屠杀。对革命者,最重要的是百倍警觉,做好应对的准备。"联合宣言"的甜言蜜语,绝不会使蒋介石改变主意,放下屠刀;只会使革命队伍中少数人沉醉在"弟兄般亲密"的虚幻迷梦中,放弃警觉和戒备。这个文件自然是有害的、可耻的。

联合宣言发表不久,汪精卫、陈独秀在4月上旬先后离开上海,来到武汉。

为什么汪精卫到上海后,五天内同蒋介石四次长谈,蒋在4月3日还"发拥汪通电",但4月5日汪却不辞而去武汉?(那天蒋还"往访精卫未晤",宋子文来告,才知他已去汉口。)[2]其中原因,除政治主张未取得一致外,更重要的是因为他在谈话中看清蒋介石已大权独揽,他如留下也是徒具虚名而处于寄人篱下的窘境。汪精卫也是权力欲极大的人,而自视极高,自然不满于徒得虚名而听蒋摆布。这一点,胡汉民的女儿胡木兰也看清楚了。她写道:"蒋先生虽然发出拥护他的通电,事实上似乎也只是表面文章。在此情形之下,汪先生自然不可能舍弃其已经获得的合法领导地位和崇高的

---

[1]《中共中央第一次国内革命战争时期统一战线文件选编》,档案出版社1991年5月版,第511、512页。

[2] 蒋介石日记,1927年4月3日、5日。

声望而在南京倚人篱下，另起炉灶的。"[1]这也在一定程度上直接推进了宁汉分立。

陈独秀来到武汉，中共中央就从上海移到武汉。李大钊1927年4月28日在北京被奉系军阀杀害，年仅38岁。王若飞所说大革命早期"中国党的领导有三个中心"的现象不再存在。

由于中国局势越来越紧张，共产国际又特派印度人罗易代表共产国际到武汉，但是罗易和鲍罗廷的看法很不一致，使武汉的情况更复杂，使中共中央更难在这种复杂环境进行决策了。

蒋介石很快就动手了，那就是四一二政变。他的手段既狠毒，又狡诈。

他历来最看重武力。四一二政变就从解除上海工人纠察队武装着手，这是他最不放心之处。工人纠察队经过连日苦战，用罗亦农的说法："纠察队现在疲劳已极。"3月25日，周恩来向中共中央报告：白崇禧将蒋介石嫡系的刘峙部第二师调来闸北，"即将谋解决我们的纠察队"。4月6日，罗亦农在中共上海区委召开的活动分子会议的报告中说："蒋与我们争斗的中心问题，为解决上总纠察队武装问题，他要取消上海工人在政治上的地位，此是国民党与共产党最后的决斗。"[2]

这时，上海的政治空气日趋紧张。东路军前敌总指挥部政治部从4月9日起每天在上海《民国日报》上以半版篇幅用大字刊登一句标语，如："打倒后方捣乱分子""由纯粹的国民党员来提高党权"之类。它虽不标明具体内容，但给人的强烈印象是：大事要发

---

[1] 胡木兰：《回忆我的父亲》（十四），复印件。
[2] 上海档案史料丛编：《上海工人三次武装起义》，第446页。

生了。

据上海总工会在4月15日所写报告:"总工会之纠察队总数共有二千七百人,分驻闸北、吴淞、浦东、南市四地。""以八十万工友之组织保持不满三千人之武装,以为自卫,实有必要。"纠察队在上海工人第三次武装起义时曾从北洋军溃军手中缴得不少步枪、手榴弹等武装弹药,由工人纠察队集中保管。但纠察队员大多是产业工人,只在第三次武装起义前受过很短时间的军事训练,作战经验十分缺少。总工会的会所设在闸北的湖州会馆,纠察队总指挥处在离湖州会馆不远的商务印书馆俱乐部。

4月11日深夜到12日凌晨,蒋介石方面终于从闸北的工人纠察队开始下手了。他们驻防闸北的部队是原属孙传芳投向北伐军的浙军周凤岐部,当时改编为第二十六军。他们调驻闸北后,表面上对工人纠察队表示绝无恶意。11日深夜,突然有上海青红帮流氓黄金荣、杜月笙、张啸林的大批便衣党徒臂缠"工"字标志,手持盒子炮等,从租界冲出,向湖州会馆等处冲锋开枪。工人纠察队立刻奋起还击。这时,二十六军大批部队开到。先将前来攻打工人俱乐部的流氓缴械,有的并用绳索捆绑起来。工人纠察队看到这种情景不再怀疑,开门将二十六军放入。谁知军队一进门,领队军官就变了脸,说:"他们的枪械已经缴了,你们的枪械也应该缴下才好。"[1]这时机关枪已经架起,猝不及防的工人纠察队被迫缴械。其他几处的情况,与此大同小异。

第二天上午,总工会在闸北召开有十万人参加的群众大会。会后,整队赴宝山路二十六军二师师部请愿,要求立即释放被拘工

---

[1] 上海总工会:《四一二大屠杀纪实》,《四一二反革命政变资料选编》,人民出版社1987年3月版,第209、211页。

友,交还纠察队枪械。队伍进行到宝山路三德里附近时,埋伏在里弄内的二十六军士兵突然奔出向群众开枪,接着又用机关枪向密集在宝山路上的游行群众扫射,前后达十五六分钟,至少有五六百发。民众因大队拥挤,道路不宽,无法退避,死亡一百多人,伤者不计其数。这就是惨绝人寰的宝山路血案。

著名文化界人士、闸北居民郑振铎、胡愈之、周予同、吴觉农等七人当天给蔡元培、李石曾、吴稚晖等写信,详细叙述他们目睹的详情,并在当天《时报》上公开发表。信在一开始就写道:"自北伐军攻克江浙,上海市民方自庆幸得从奉鲁土匪军队下解放,不图,昨日闸北竟演空前之屠杀惨剧。受三民主义洗礼之军队,竟向徒手群众开枪轰击,伤毙至百人。'三一八'案之段祺瑞卫队无此横行,'五卅'案之英国刽子手无此凶残,而我神圣之革命军人乃竟忍心出之。此次事变,报纸记载因有所顾虑,语焉不详。弟等寓居闸北,目击其事,敢为先生等述之。"信中详细叙述他们目睹的惨剧,提出三项措置,最后说:"党国大计纷纭万端,非弟等所愿过问,惟睹此率兽食人之惨剧,则万难苟安缄默。弟等诚不愿见闸北数十万居民于遭李宝章、毕庶澄残杀之余,复在青天白日旗下,遭革命军队之屠戮,望先生等鉴而谅之。"[1]他们都不是共产党员,只是本着赤诚的正义感,在这种令人窒息的空气下,不顾个人安危,毅然挺身直言,确实令人肃然起敬。

有一件事看起来很奇怪:四一二大屠杀这样震惊中外的大事,在蒋介石4月上半月日记中只有一处略见几笔,那就是13日下午所记:"上海工团枪械已缴,颇有死伤。"[2]其他都不见踪影,似乎

---

[1]《胡愈之文集》第2卷,生活·读书·新知三联书店1996年8月版,第171、172页。
[2] 蒋介石日记,1927年4月13日。

蒋对此并不十分关心,也许还会误认为蒋介石对此事的具体进行并未过问。其实这并不奇怪。蒋介石日记中没有记录的事,并不等于这事不是他细心策划和直接布置的。拿这件事来说,因为他对此早经仔细筹划,已经胸有成竹,一切都在意料中,不必再在自己日记中详加记载。这时,他所需要着重考虑的下一步,一是"清党",二是在南京另立政府。

日本官方大声为这一事件喝彩。《盛京时报》载文:"最近蒋介石氏所采之极严厉手段,例若对于便衣队之讨伐,若对于纠察队之'苦的打',若总工会暨其余各机关之搜检,皆是防范最力、维持秩序之正当办法。"[1]

四一二政变的消息传到武汉,刚到那里的汪精卫在 4 月 13 日就慷慨陈词:"我们要问问前敌的将士,究竟愿不愿意杀工人。这样杀工人的事,是国民革命军的耻辱,这也是国民党的耻辱。若这样的耻辱不能洗除,我们不如不要国民党,不如不要国民革命军。"在正式讲话中,他说:"兄弟到上海的第二天,看见许多国民革命军总司令部内的同志及几个中央执监委员,他们就有一个新口号,这个口号就是反共产。""兄弟可以证明,这种反共产的口号,实在就是反革命。""现在狐狸尾巴都显露出来了。反共产做的事,就是破坏党的统一,用大炮机关枪杀工人。""所以现在真正的革命分子,只有把反革命分子完全肃清,也再没有第二条出路了。""革命运动到了这样一个严重的时期,我相信革命势力一定会团结起来,打倒这些工贼,即使到了最后一个同志,我们的革命运动也必将得到最后的胜利。"[2]

---

[1] 依霜庵:《论党军内讧》,《盛京时报》1927 年 4 月 16 日。
[2] 《省市两党部昨晚欢宴汪精卫同志志盛》,汉口《民国日报》1927 年 4 月 14 日。

善良的人们读读这些话也许很有好处,容易以为这是他出自肺腑之言,以为他真正是国民党"左派"的领袖,想不到就在短短三个月后也就翻过脸来,"变"成完全相反的人。这也是历史留给我们的教训。

4月15日,蒋介石又向前跨出一步,以国民革命军总司令名义正式发布"清党布告",内称:"照得此次中国国民党中央监察委员会举发共产党连同国民党内跨党之共产党员等有谋叛证据,请求中央执行委员会各委员在各地将首要各人就近知照公安局或军警机关,暂时分别看管监视,免予活动,致酿成不及阻止之叛乱行为,仍须和平待遇,以候中央委员会开全体大会处分等因。此系阻止少数分子发生叛乱行为而已,并非变更国民党任何政策。""本总司令职司讨伐,以维持地方秩序为最要。如有借端扰动,有碍治安者,定当执法以绳其后也。"[1]"仍须和平待遇"?亏他说得出口!在"清党"的旗号下,不知有多少共产党员和爱国志士惨死在他们的屠刀之下。

在宣布"清党"后,对蒋介石最重要的是在南京另行成立"国民政府"。他很明白:"总司令"按理只能指挥军事,必须有了"政府"才能统治全局。但在武汉已有"国民政府",在南京再建立一个"国民政府"需要有合法性,而且武汉方面手里的牌并不比南京少。蒋介石在4月15日日记中写道:"十时开中央全体会议未成,即开谈话会,讨论政府与中央成立手续。"[2]谈话会当然不能对这样的重大问题作出决定。原来被蒋介石逐出广州、此时正蛰居上海

---

[1]《蒋介石清党布告》,《四一二反革命政变资料选编》,第247页。
[2] 蒋介石日记,1927年4月15日。

的国民党元老胡汉民提出:"中央常务委员会因不足法定人数不能开会,而政治党务急待进行,中央政治委员会委员到南京者已有八人,超过半数,请即日举行中央政治委员会主持一切。"18日,政治委员会在南京举行第一次会议。国民政府常务委员七人,有胡汉民、张静江、古应芬、伍朝枢四人在南京,大多同胡汉民接近,刚过半数。只要仿佛有个说法,就不管合法不合法了。于是,就由这个会议决定自行成立国民政府和中央党部,在第二天开始办公。

这样,宁汉双方全面分裂。但南京方面的实际力量仍很脆弱。当时伴随胡汉民的女儿胡木兰做过仔细计算:

> 当时在南京的国民政府常务委员虽然刚过半数,但本党中央委员则为数甚少。第二届中央执行委员会的名额是三十六人,在南京方面者,仅有先父、蒋介石、柏文蔚、伍朝枢、戴季陶、李济深、甘乃光、李烈钧、萧佛成、古应芬(引者注:古应芬是中央监察委员,不是中央执行委员)等十人,候补执委二十三人,在南京方面者仅有周启刚、何应钦、缪斌、林超立(引者注:似无此人)等四人。柏文蔚、甘乃光和周启刚三先生不数日即他去。监察委员的名额是十二人,属于南京方面者,有吴稚晖、张静江、李石曾、蔡元培、邓泽如、古应芬、陈果夫等七人,候补监委八人,属于南京方面者仅有黄绍竑、李宗仁、李福林等三人,监察委员会所谓"到会三分之二",乃系就以候补委员黄绍竑补王宠惠(此时已被开除党籍)遗缺后的人数而言。由此可见,以中央执行委员的人数计,武汉方面是占绝对多数的。

> 在军队方面,从广东出发的国民革命军也只有第一、第七

两军是全部支持蒋先生的。留守广东的李济深虽然支持蒋先生，但其所统率的第四军则分裂为二。陈济棠师在广东，唯李之命是从；参加北伐卓著战绩的张发奎师（已扩充成军）则拥护武汉。另一师长陈铭枢不甘附共，由武汉前往南京，但其部队（亦已扩充成军）亦为张发奎先生兼领。在第一军方面，蒋先生在三月二十日中山舰事件后与鲍罗廷达致协议时，可能应允尽量任用跨党分子作政治工作人员，借以换取鲍的支持，因而潜伏在该军的共党分子甚多。此时蒋先生才感到他赖以起家的"党军"并不完全可靠；于是乃由李宗仁先生的第七军进驻京沪，确保新都的安全。至于新由北洋军阀倒戈过来的许多军，虽然纷纷表示拥蒋；但他们对党对蒋均无深切的关系，其可靠的程度，自属有限。[1]

可见，从国民党方面的传统力量来说，南京方面并不比武汉占优势。它的优势主要在于控制沪宁后江浙金融资本的财力、北洋军阀部队纷纷投入的兵力、日英等支持的外力以及蒋的国民革命军总司令的名称。但北伐是在国民党和孙中山的旗号下进行的，蒋在国内以至国民党内的资历和声望还不够。为什么蒋介石在汪精卫回国五天内要同他长谈四次，力争他仍以国民政府主席的名义投入南京方面？为什么当汪不辞而去武汉后又要推出原来同蒋并无渊源，甚至相处并不和谐的胡汉民为南京国民政府主席？这些都并非源自蒋介石的主观愿望，而是出于他觉察到自己资历不够的不足之处而采取的措施。拉汪也好，推胡也好，目的无非是要在人们心目中制造

---

[1] 胡木兰：《回忆我的父亲》（十六），复印件。

一种假象:这个政府代表了国民党的正统。当然,这些都是表面和一时的,用过后随时可以丢开。

4月17日,在南京的中央政治委员开会,决定:从次日起,国民政府在南京办公;推胡汉民为国民政府委员会主席兼中央政治会议主席,以钮永建为国民政府秘书长。18日,南京国民政府成立。胡汉民在阅兵时发表演说:"今天是我们继承总理的遗志,恢复总理手造之国民党党权,和国民政府定都南京的日子。我们在党的使命上,在过去几个月的军事战绩上,在目前国民革命的工作,乃至在将来国民政府所负一切重大责任上,不能不从今天起更加认识恢复党权和统一指挥的重大意义。"[1]他的重点还是着重突出南京政府是代表着国民党的正统,并且要把"党权"的口号从武汉方面争过来。但是,"南京中央执行委员会全体会议因武汉方面之委员不到,迄未开成"。[2]南京国民政府只有一个主席和一个秘书长,一时连一个部长也没有。武汉国民党常务委员会在当天议决开除蒋介石党籍,免去国民革命军总司令等本兼各职,并通缉惩办。这当然只是一纸空文。18日,南京国民政府宣布成立。

南京政府就这样匆匆而草草地建立起来。宁汉正式分裂。

汪精卫一到武汉,立刻受到极为热烈的欢迎,成为能左右武汉政权的风云人物。

当时由国民党左派掌握的湖北省党部在4月10日已先特别制

---

[1] 胡汉民:《阅兵演说词》,《胡汉民先生文集》第2册,(台北)中国国民党党史委员会1978年11月版,第173页。

[2] 郭廷以:《中华民国史事日志》第2册,第185页。

定了欢迎汪精卫的《宣传大纲》,说:"我们高呼:汪精卫是革命派,蒋介石是反革命派!欢迎革命的汪精卫,反对反革命的蒋介石!国民党最忠实、最努力、最诚恳的汪精卫同志,总理的真实信徒汪精卫同志,代表民主主义的汪精卫同志——尤其是被压迫离职一年了的汪精卫同志,全国民众所欢呼、全体同志所热望的汪精卫同志已到上海了。这是值得我们所欣喜的事。"[1]

汪精卫就在这天到达武汉。在汉口举行的欢迎大会上,"汪发表演说,高呼'革命的向左边来,不革命的滚出去'"。[2]13日,湖北省、武汉市举行欢迎宴会,并邀各军政机关、人民团体代表参加。汪精卫是很善于表演的。对汪十分不满的胡汉民在《自传》中说道:"在星州(引者注:即新加坡)始知其有演说天才,出词气动容貌,听者任其擒纵,余二十年未见有工演说过于精卫者。"[3]在4月13日的那次武汉宴会上,汪精卫在长篇演讲中说:"兄弟到上海的第二天,看见许多在国民革命总司令部内的同志及几个中央执监委员,他们就有一个新口号,这个口号就是反共产。这一个反共产的口号,很得一班人的欢迎。这些欢迎的人,第一就是帝国主义,因为他可以拆散革命的联合战线。第二就是军阀,也因为他可以拆散革命的联合战线。其他如买办劣绅、土豪及一般怕农工运动的人,可以说皆大欢喜。这口号就可以使革命垂成之功败于一旦。兄弟可以证明这种反共产的口号,实在就是反革命。"

"而且今天晚上中央接到消息。这个消息说出来,使诸同志非

---

[1]《湖北省党部欢迎汪精卫宣传大纲》,汉口《民国日报》1927年4月10日。
[2] 郭廷以:《中华民国史事日志》第2册,第180页。
[3] 胡汉民:《自传》,《胡汉民先生文集》,第2册,第32页。

常可痛，现在却不能不说，就是国民革命已经缴了上海数千工人纠察队的械，并用大炮机关枪杀死了几十个工人。上海工人已预备大罢工。上海工人现在所受的痛苦，比在孙传芳、张宗昌时代还厉害几倍。然而这种反革命的事，居然在这几天内发现出来。这都是反共产做的事，这明明白白是反对农工，反对总理手定的政策，完全是反革命。所以反共产，揭穿了实实在在就是反革命。"

他在演说讲完后又补充了一段话："从前俄国革命的时候，有一个总司令（忘其名），政府命他打反革命，他把枪头掉转来，回打莫斯科，莫斯科已经到很危急的时候了，该军党部得到中央党部一个命令，知道他们的总司令已经反叛了，他们就开党部会议议决，将那个总司令绑起来枪毙了。那就是俄国共产党做的事。现在有人叫反共产，或者就是怕受这样严厉的处置罢，但是我们要问问前敌的将士，究竟愿不愿意杀工人。这样杀工人的事，是国民革命军的耻辱，也是国民党的耻辱。若这样的耻辱，不能洗除，我们不如不要国民党，不要国民革命军。"[1]

他的这些讲话和表态，使武汉不少人更深信：汪精卫确实是坚决反对蒋介石反共政策的"左派"，是武汉国民党左派的领袖。

当南京政府宣布成立之后，由汪精卫领衔的国民党中央执行委员、中央候补执监委员、国民政府委员、军事委员会委员（包括担任这些职务的共产党员）四十人联名致电宣称："顷阅蒋中正23日通电，知其已由反抗中央而进于自立中央。""于是一切帝国主义之工具，皆麇集于其旗帜之下，以从事反革命。一切革命分子皆被以共产或勾结共产之名，除之务尽。今已开始进行，将来必变本加

---

[1]《省市两党部昨晚欢宴汪精卫同志志盛》，汉口《民国日报》1927年4月14日。

厉。东南革命基础，由之崩坏。革命民众将无噍类，凡我民众及我同志，尤其武装同志，如不让革命垂成之功隳于蒋中正之手，惟有依照中央命令，去此总理之叛徒、本党之败类、民族之蟊贼，各国民革命军涤此厚辱。临电痛愤，不尽欲言。"[1]

中共中央也在4月20日发表宣言："中国共产党完全赞成国民党中央执行委员会之决议，罢免蒋介石国民革命军总司令、开除党籍和拿办的决定。蒋介石业已变为国民革命公开的敌人，业已变为帝国主义之工具，业已变为屠杀工农和革命群众的白色恐怖的罪魁。现在决不能容许他再留在国民革命的党内了，决不能再信托他当国民革命军的总司令了。""开除蒋介石党籍之后，蒋介石主义的根芽还可以在所有国民政府领土内找得着。这就是反动的社会阶级——地主土豪劣绅等，只有国民革命用激进的农民改革政策，才能消灭这些势力，使蒋介石主义衰弱下去。""这是推翻新军阀蒋介石，破坏他设立对抗的'国民政府'的企图，形成一个巩固的革命民主主义来对付与战胜帝国主义、军阀、封建、资产阶级的联合势力之最有效力的唯一方法。"[2]

这些批判是尖锐的，很多是正确的，但已经太晚，没能及早剥夺蒋介石利用国民革命军总司令名义的影响为政变所作的准备。蒋介石在4月19日的日记中嘲笑道："汉口伪部通电解除我兵权，未免太晚矣。"[3]确实，如果早日解除他的国民革命军总司令职务，情况会有所不同。更重要的问题是，口头批判的语言再激烈，在实际应对的行动上却意见不一、摇摆不定，白白耽误了三个多月认真总

---

[1]《中央委员会联名讨蒋》，汉口《民国日报》1927年4月22日。
[2]《中国共产党为蒋介石屠杀革命民众宣言》，《向导》周报第194期，1927年5月1日。
[3] 蒋介石日记，1927年4月19日。

结以往经验、从事应变准备的时间。

中共五大就是在这种状况下举行的。

中共五大

中国共产党第五次全国代表大会是 1927 年 4 月 27 日至 5 月 9 日在武汉召开的。出席五大的代表共 82 人，代表党员 57967 人。这时正处在蒋介石发动四一二血案、实行"清党"、宁汉分裂的重要历史关头。代表们怀着困惑和焦急的心情，从北方、广东、湖南、湖北、河南、山东、山西、四川、江西、安徽、江浙 11 个地区赶到武汉，期待能对当前时局和出路找到明确的答案。

但是，远在莫斯科的共产国际政治书记处已在这年 1 月 19 日对中共五大指示："一切政治决议都完全应以共产国际执委会第七次扩大全会关于中国问题的决议为依据。""代表大会上要全面讨论共产党员如何能真正加入国民革命政府的问题；要特别有分寸地讨论中国共产党和国民党的关系问题和目前不宜加速建立国民党左派的问题，因为这可能导致国民党的实际分裂。"[1]

中共五大通过的第一个决议是：《中国共产党接受〈共产国际执行委员会第七次扩大全体会议关于中国问题决议案〉之决议》。而共产国际这个决议案是在半年前的 1926 年 11 月底写的，怎么能"完全"成为已处在严重危机下的中共五大的"依据"呢？

不能说共产国际这个决议一无是处。它提到中国"半殖民地的地位"和"许多半封建的经济关系之余迹"，虽然谈得比较分散；

---

[1]《共产国际执行委员会政治书记处为举行中国共产党第五次代表大会给共产国际执委会代表们的指示》，《联共（布）、共产国际与中国国民革命运动（1926—1927）》下，第 92 页。

它谈到中国现阶段的革命"是资产阶级民权革命的性质",但会"成为过渡到非资本主义(社会主义)的发展";它指出"在现时革命发展的过渡阶段里,土地问题开始紧张起来,成为现在局面的中心问题"。应该说,这些观点虽然还不成熟,仍有着值得重视的理论价值,对后来人也有一定程度的启发。但当时中国革命正处在生死关头,代表们最迫切需要得到回答的是在当前这种危急时刻应该怎么办,出路在哪里,许多棘手的问题该怎样处理,迫切需要采取的行动是什么。根据共产国际这个决议所作出的种种决定,显然没有也不可能解决这些问题,而这恰恰是赶来参加大会的代表们最迫切期望得到明确回答的问题,因而对五大深感失望。

共产国际这个决议还存在一个根本缺陷和失误:对中国革命在广大下层民众中蕴藏的极为巨大的潜力认识十分不足,从而把更多的目光放在寻找和拉拢同盟者,尤其是国民党方面,甚至以此不惜作出超越底线许可的妥协和让步,力求以此换得国共"联合"的继续维持。

决议特别看重小资产阶级的地位和作用,写道:"小资产阶级(小资产阶级的智识分子、学生、手工业者、小商人等)在中国是革命的群众。他们从前演过重要的作用,此后也将如此。但他们不能独立行动的。他们必须或者依靠资产阶级或者依靠无产阶级,便将落在无产阶级的革命影响之下。这种情形之下,中国革命在现时阶段中的革命动力是:无产阶级、农民和小资产阶级的革命的联合,并且在这一联合之中,无产阶级是统率的动力。"[1]

蔡和森在《党的机会主义史》中写道:"领导小资产阶级的原

---

[1]《中共中央文件选集》第 2 册,第 672、673 页。

则是无可厚非的,问题只在领导的政策和态度。"[1]共产国际驻中国代表和中共中央先是错误地认为,蒋介石是"离开革命"并"进而反对革命"的资产阶级的代表,又错误地把汪精卫和武汉政府中有些只是对蒋介石不满的人都看作"小资产阶级"的代表,生怕再得罪他们。认为现在既已失去资产阶级这个盟友,无论如何决不能再失去小资产阶级这个"革命的动力之一"的盟友了。而理应成为"统率的动力"的无产阶级,一几乎没有军队,二没有政权,三对农民的力量和作用估计过低,没有将渴望得到土地的农民充分组织和武装起来。对这些问题没有正确的认识,不能坚持党在统一战线中的独立性,又怎么能真正发挥统率的作用呢?结果,旧戏重演,过去是对蒋介石步步妥协退让,吃了大苦头;而今又对汪精卫和武汉政府步步妥协退让,等待着的结果又会是什么呢?

汪精卫心里很明白。5月4日,他作为来宾在中共五大上讲话说:"国民党必须与共产党合作。有些同志说:反对帝国主义和军阀斗争结束以后,共产党人会反叛国民党。国民党左派对此的回答是,如果国民党不遵循孙中山的三民主义走向社会主义,不仅共产党人而且孙中山的所有真正信徒都会转而反对国民党。总之,共产党人若反对国民党,则意味着自取灭亡。国民党若不遵循同共产党合作到底的方针,也会危及自己的政治生命。"[2]不难看出,汪精卫来武汉到这时还没有满一个月,说话的调子已悄悄地发生变化。他这个人是善变的,对局势发展还在观察。这段话模棱两可,有软有

---

[1] 蔡和森:《党的机会主义史》,《中共党史报告选编》,第96页。
[2] 汪精卫:《在中国共产党第五次全国代表大会上的讲话》,《中国共产党第五次全国代表大会档案选编》,中共党史出版社2015年版,第76页。

硬,可进可退。再过两个多月,便可见分晓。把他看作可靠的"左派",那就看错了人。他一翻脸,你就又吃不小的亏。周恩来后来说过:"在武汉时,若以邓演达为中心,不以汪精卫为中心,会更好些,而当时我们不重视他。"[1]

中共四届中央执行委员、五届政治局委员李维汉,是五大的重要当事人。他在晚年回忆中谈到五大时先肯定:"这次大会分析了蒋介石叛变革命以后的政治形势,回顾了无产阶级同资产阶级争夺领导权的过程,指出了党在统一战线中忽略这个斗争,以及过去忽视或不重视土地问题和乡村民主政权的错误。"接着就着重指出应当引以为训的问题:"这次大会并未能根本纠正以陈独秀为首的党中央的右倾错误,仍然坚持了只注重群众运动、忽视掌握军队领导权的错误。""对于建立我党直接掌握的军队的重要性、急迫性仍然缺乏认识。在政权问题上,大会虽然主张共产党参加国民政府和省政府,同国民党共同担负责任,共同担负政权,但同时又表示:'共产党加入国民党,参加国民政府工作,并非是以竞争者的态度要夺得政权。'这仍然是将自己置于在野党的地位,重复过去的错误观点。对于武汉国民党和武汉政权内部的阶级关系及其斗争,缺乏科学分析,仍然坚持联合的一手政策,没有被迫破裂的另一手准备。这些右的错误是继续导致革命失败的根本原因。"

他又说:"五大是在蒋介石叛变以后,武汉国民党也即将分共的前夜召开的,政治局势已经十分险恶。五大不但没有对险象环生的局势作出清醒的估计,甚至有一种盲目乐观的情绪,简单地认为

---

[1]《周恩来选集》上卷,人民出版社1980年12月版,第167页。

资产阶级脱离革命，不但不会削弱革命，反能减少革命发展的障碍。这种观点，导致我党中央把希望寄托在以唐生智等武装力量为支柱的武汉国民政府和武汉国民党中央身上，给以信赖和支持，到后来更是节节退让。五大以后，我党仍然不作两手准备，没有大力去抓武装，特别是不抓军队，而只是单纯地片面地强调纠正工农运动中的'左'倾幼稚病，以维持同武汉国民党、国民政府和国民党军事首领的联合。"[1]

尽管吃了那么大的苦头，面对血的教训，仍然不能透彻地认清以往教训的症结所在，下最大决心弃旧图新，走一条新路。可见要在复杂的情况下从根本上确立一种正确的认识实在不是容易的事情，往往需要经过若干反复，甚至继续付出惨重的代价，而又不屈不挠地深刻反省和顽强探索，才能做到。

总的说来，中共五大虽然在理论上有一些好的提法，但处在如此危急的历史关头，它仍没有能解决并满足时局和党内的迫切需要。

"西北学说"的破产

在实际行动方面，当时争议最大的问题是：东进还是北上。东进，就是从武汉向南京、上海进军讨伐蒋介石。北上，就是从湖北向河南挺进，迎击正在南下的奉军主力，另行打开一个局面。

东进，乘蒋介石还没有完全站稳脚跟时对他进行讨伐，并为死难的烈士复仇，是许多共产党人的要求。

---

[1] 李维汉：《回忆与研究》（上），中共党史资料出版社1986年4月版，第110、111、113页。

四一二政变后不久,周恩来、赵世炎、罗亦农、陈延年、李立三等便在4月间向中共中央写意见书,要求迅速出师讨伐蒋介石。意见书写道:"蒋氏之叛迹如此,苟再犹豫,图谋和缓或预备长期争斗,则蒋之东南政权将益固,与帝国主义关系将益深。""再不前进,则彼进我退,我方亦将为所动摇,政权领导尽将归之右派,是不仅使左派灰心,整个革命必根本失败无疑。"[1]这时蒋介石在东南还立足未稳,南京方面的军队除第一、七两军以外,几乎全是归附不久的地方军阀部队,内部矛盾重重,而武汉政府原处于正统地位,蒋介石的断然行动确有一定程度的冒险性。此时东进讨伐,尚有可为。失此不图,蒋的足跟站稳,就将如意见书所说:"彼进我退,我方亦将为所动摇。"

但武汉方面的主流意见是北进。北进,较量的对手同过去已有改变。本来,吴佩孚从两湖失败后移居郑州。他的地盘北自保定,南至武胜关,但他已没有战斗力较强的部队。副总司令靳云鹗又同他闹翻,去同已控制陕西的冯玉祥部联络。1927年2月8日,张作霖通电:"武汉不守祸延长江。只以豫中系吴玉帅(引者注:即吴佩孚)驻节之地,再三商询,自任反攻。我军虽切缨冠之情,并无飞渡之能,兵至直南而止。今时阅半年,未闻豫军进展一步,反攻之望完全断绝,长江上下将无完土。兹已分饬敝部前进,暂收武汉,进取粤湘。"[2]这是北洋军阀间的内部矛盾。3月13日,奉军由张学良、韩麟春统率精锐部队渡过黄河,直入郑州。吴佩孚残部本已四分五裂,各自寻出路。这样,武汉政府的北进,就成了进入河南同南下威胁武汉的奉军作战。

---

[1]《周恩来选集》上卷,第6、7页。
[2] 陶菊隐:《吴佩孚传》,第162页。

武汉政府第二期北伐的主张得到鲍罗廷的支持。而共产国际新派来的代表罗易反对，主张就地进行土地革命，巩固既得的革命根据地，然后再广出。他把鲍罗廷的主张称为"西北学说"。

蔡和森将鲍罗廷主张"西北学说"的内容归纳为八点，主要的六条是："（1）帝国主义在东南的势力太大，谁到东南不是投降便是失败，远如太平天国，近如我们的四月十二及蒋介石之投降。所以东南不是革命的根据地。（2）西北帝国主义的势力薄弱，且又接近苏俄，故可为革命根据地。（3）东南是中国资产阶级势力的中心，蒋介石与我们正式决裂之后，对于武汉经济封锁，商业停止，汇兑不通，食料燃料日见恐慌。如不迅速北伐跑西北，即使蒋介石不打来，不到几星期，武汉政府在经济上也要自溃自倒。""（6）此时小资产阶级国民党领袖们对于经济封锁，武装干涉，社会普遍的不安与动摇正在忧惶万分，怎能再强迫其实行土地革命？如此只有使国民党离开我们，使左派与蒋介石要挟而与我们分裂。（7）唐生智靠不住了，非迅速北伐接出冯玉祥来牵制他不可。同冯玉祥到西北可以开一新局面。（8）所以现在革命只有广出，土地革命只有打到北京后实行。"[1]

可以感觉得到：他们对东进已没有信心，因为对方有了帝国主义的支持和江浙财团的支持；奉军主力南下，无法置之不理；武汉内部各种力量矛盾重重；如何应对，方寸已乱。鲍罗廷的打算是：北上击退奉军后，在河南迎出从苏联回国不久、已控制陕西的冯玉祥所率西北军，打通同苏联的联系，再开创新的局面。对鲍罗廷和罗易的争论，蔡和森等的评论是：罗易有原则，无办法；鲍罗廷有

---

[1] 蔡和森：《党的机会主义史》，《中共党史报告选编》，第99、100页。

办法，无原则。

中共中央得听命于共产国际，但内部也展开了讨论。蔡和森叙述："后来独秀到了，再开正式会议讨论。独秀、述之、太雷是完全赞成老鲍的；平山、国焘仍主南伐；秋白仍是经过南京北伐，和森提出四个条件的北伐政纲。"[1]结果，还是接受鲍罗廷的方案。这基本上也就是武汉政府主张的第二期北伐主张。

4月19日，陈独秀从上海到达汉口那天（汪精卫、孙科都去迎接），武汉国民政府举行誓师北伐典礼。北伐主力是张发奎统率的第四军、第十一军和唐生智部第三十五军、第三十六军。奉系南下河南的是第三方面军军团长张学良统率的六个军和第四方面军军团长韩麟春统率的五个军。双方出动的都是自己的精锐主力。对北伐军来说，尤以张发奎统率的两个军在战斗中贡献为大。

双方战斗最激烈的地区是从河南上蔡经东洪桥、西洪桥到临颍这一地区。奉军武器装备好，有邹作华带领的炮兵军，还有骑兵和坦克。但北伐军主力是北伐开始时就号称"铁军"的原第四军（包括独立团），共产党员多，士气高涨，作战勇猛。战斗异常激烈。5月28日，张发奎部以猛烈激战，攻克临颍。当年担任连指挥员的萧克回忆道："这一仗是北伐军在河南战场上打得最激烈的一仗。北伐军从东、南两面进攻临颍城，前仆后继，奋勇冲杀，不一日将奉军全部击败，但我军的伤亡也很大。"黄埔一期的优秀共产党员、时任团长的蒋先云在这次战役中牺牲。"战前，他向全团演说：'我团是新建的，打仗有没有把握？'他肯定地说：'我觉得是有把握的，因为我有一条命去拼，有一腔血去流。'蒋先云在战斗中实现

---

[1] 蔡和森：《党的机会主义史》，《中共党史报告选编》，第101页。

了自己的诺言,他身先士卒,直到阵亡。"[1]这是河南战役中决定性的一仗。唐生智两个军在驻马店同奉军作战时,作战不利,但已无关全局。

这以后,奉军在河南便无力支持,又担心阎锡山归顺国民革命军后从娘子关东出切断奉军从京汉铁路北撤的退路。郑州是京汉、陇海两大铁路的交汇点,又是唯一贯通豫中和豫北的黄河大铁桥所在地,极为重要。奉军第二十九军军长戢翼翘回忆道:"5月中旬,我们在漯河、郾城一带与革命军激战,而冯玉祥的国民军果自陕西东进。守郑州的万福麟、高维岳两军不得不西上迎敌,郑州空虚。等到5月26日万福麟在洛阳败退,国民军由洛阳沿陇海路直攻郑州。郑州并无强大兵力抵御,于是奉军不得不自各线总退却,放弃郑州。撤退令一下,我要在最短时间内撤到黄河岸过黄河大铁桥。我们把不能搬走的车辆、重炮、辎重加以破坏,马匹丢弃河中,而所有官兵在两天两夜时间要全部步行过桥。我拿一根大棍子做手杖,在强烈的风沙中走过去。经过数日战争的劳累,又经过撤退时的急行军,不眠不休,官兵均疲惫不堪,有的失足坠下去,有的被风刮下去,惨不忍睹。"[2]确实是狼狈不堪。

6月6日,汪精卫、谭延闿、唐生智、徐谦、顾孟余、孙科从武汉到郑州。9日,冯玉祥和在冯部军中的于右任、邓演达坐火车从潼关到郑州。汪精卫、谭延闿、唐生智等都到火车站迎接。冯玉祥回忆道:"我背着把雨伞,穿着一身棉布褂裤,束一根腰带,下车一一握手。"[3]双方从10日起进行会谈。武汉方面对这次会谈抱

---

[1]《萧克回忆录》,解放军出版社1997年6月版,第38、39页。
[2]《戢翼翘先生访问记录》,(台北)"中研院"近代史研究所1985年4月版,第55页。
[3] 冯玉祥:《我的生活》(下),黑龙江出版社1981年3月版,第557页。

有极大希望，认为如果能得到冯玉祥的合作，在军事力量上便可以大大超过南京方面，并得以在西北打开局面。但冯玉祥最关心的是经济问题，提出要求武汉政府每月发给军饷三百万元。汪精卫口头答应一百五十万元，实际上只能给六十万元，远远不能满足冯玉祥的要求。会议的结果，冯玉祥在1929年写道："当时议决者，关于政治上，则任余为河南省政府主席及豫、陕、甘三省政治分会主席；而关于军事者，陇海路以北、京汉路以东之敌，由第二集团军（引者注：即原冯部国民军联军）担任防御。唐总指挥所部各军，一律撤回武汉休养整顿。"[1]会议到11日结束。

武汉政府在这次"第二期北伐"中作出了不小的牺牲，特别是上蔡至临颍之役。它得到了什么？河南给了冯玉祥。武汉政府继续北上的路被隔断，除解除奉军南下威胁外，只应了一句老话：竹篮子打水——一场空。

更令武汉方面意外吃惊的是：郑州会议结束刚一个多星期，冯玉祥到徐州，同蒋介石和南京政府举行了徐州会议。

这次会议，是蒋介石主动推动实现的。6月3日，他在日记中写道："郑州已为冯军占领，我军亦占领徐州，以后变局极难推测。"6日，他致电冯玉祥，没有立刻得到答复。12日，也就是郑州会议结束的第二天，大概冯玉祥的主意基本已定。蒋介石在次日日记中兴奋地写道："接焕章（引者注：即冯玉祥）电，知其9日到郑。自此，彼将入漩涡矣。"但蒋对冯玉祥究竟持何种态度一时尚不了解，所以，14日日记上"思索大局之处置"时还有"冯联共党以谋我"和"若冯不联共"两种估计。16日日记载："接焕章

---

[1]《冯玉祥自传》，军事科学出版社1988年11月版，第106页。

约余会于开封。"可见冯的态度仍有犹豫。最后定于徐州会见。19日，蒋介石先到徐州，清晨五时前即起床，赶到九里山前站迎接冯玉祥。到徐州后，上下午都进行长谈。蒋介石日记中写道："今之余与焕章相会，实为历史上得一新纪元也。"[1]

6月20日，南京方面的国民党中央委员胡汉民、吴稚晖、李石曾、李烈钧、张静江到徐州（李宗仁、白崇禧本在徐州），于是开会。冯玉祥日记中只有一句："决定清党及贯彻北伐大计，是所谓徐州会议也。"[2]其实中间也有曲折。蒋介石20日日记："十一时会议，以余与冯联名通电北伐及取消武汉伪政府"，"冯未表示反对"。第二天日记："忽得冯不能履行昨日决议，不敢与余联名反对武汉也，殊甚骇异。膺白、石曾、协和（引者注：即李烈钧）均往询其故，乃为经济未决也。余即允每月发二百万元，彼乃来开会，从新决议。其个人劝武汉政府取消，而与余联名通电北伐也。"[3]冯玉祥后来写道："本来，武汉方面，希望我帮他们打蒋，蒋这方面希望我帮他们打武汉。但我说：'若是我们自己打起来，我宁愿得罪你们，也不愿你们自己打。我恳求你们是共同北伐，先打倒我们的敌人，这是重要的事。'""会一散，蒋介石拿拟好了的一个电报稿给我看，就是继续共同北伐的通电，我和蒋介石都签了名。"[4]徐州会议期间还有两件重要的事：一是经济问题确非有个结果不可。据说蒋除面允月发二百万元外，还当即付银圆五十万元。这同武汉政府在经济上的窘迫不可同日而语。而蒋介石此时能如此阔绰，自

---

[1] 蒋介石日记，1927年6月3日、12日、14日、16日、19日。
[2]《冯玉祥日记》第2册，江苏古籍出版社1992年1月版，第336、337页。
[3] 蒋介石日记，1927年6月20日、21日。
[4] 冯玉祥：《我所认识的蒋介石》，黑龙江出版社1980年10月版，第10、11页。

然同江浙金融资本家的支持分不开。二是会后不久，两人还结义为"如胞"的把兄弟。冯玉祥后来在出版《我所认识的蒋介石》一书时，还将两人手写的谱书影印发表。看到那两张谱书的照片，再想到冯后来的下场，实在令人感慨不已。

鲍罗廷的"西北学说"，对从西北接出冯玉祥原来抱有热切期望。冯玉祥态度突然变化，对武汉方面是绝大打击，使它陷入走投无路之境，局势顿时改观，也促使冯同共产党的关系很快发生变化。

看起来仿佛很奇怪：冯玉祥在国内对奉战争挫败后去苏联连来回路程近四个月，日记中对苏联赞不绝口；回国时苏联给了他不少援助。中共党员刘伯坚同他一起回国，被冯玉祥任命为国民军联军政治部副部长。他所筹备的中山军事学校主要领导职务都由共产党人担任，校长史可轩、副校长李林都是共产党员，邓小平回国后也在该校任政治处处长兼政治教官，李大钊以往也同冯玉祥有密切往来。冯玉祥还聘请苏联顾问团成员马斯曼诺夫为国民军联军政治军事顾问。为什么这样一个冯玉祥在徐州会议时会那样快地倒向蒋介石呢？

其实这并不奇怪。主要原因有两条：

第一，很直接的原因还是经济问题。冯玉祥说："我们所感到的困难，主要地是在财政方面。"他们在出潼关东进河南以前，最重要的城市是刚由国民军联军解围的西安。"此间被刘镇华围攻八月之久，省城（注：指西安）以外的地方，早被他搜刮得干干净净。省城以内，在围城期间，单说饿死的就有八万多人。富有者以油坊里豆渣饼充饥，一般人民则以树皮草根果腹，到豆饼和树皮草根吃尽了的时候，就只有倒毙之一途。地方糜烂到这个地步，一时万难恢复，可是大军从五原、甘肃不断地集中到这里来，士兵中一百人中，有九十九个是穿的破衣破鞋，面带菜色，同时党和政两方面也在急迫需钱。费用如此浩繁，怎么擘划经营，才有办法出来呢？"

他又说："我们一军在河南招募补充兵源，以费用匮乏，非常艰难。日日三令五申，还是办不出成绩。枪弹的补给，亦是没有办法的问题。新兵无枪，只好每人发给一把大刀，刀是当地定打的，比北平所制品质差得太远。又打大镐、铁锹和大斧，作为兵器。每日朝会讨论，总是说着'三粒子弹打到山海关'的口号，其实只是口号罢了，事实上怎么办得到？此外伤者病者没有医药，残废者没有人抬扶，死者连棺材也没有，只以布袋裹着埋葬，名之曰'革命棺'，言之真堪痛心。"[1]

冯玉祥的部队人数不少，训练又力求严格，但财政经济状况已近乎饥不择食的地步。他在西安时，在这个问题上就对武汉政府有所不满，在3月20日日记中写道："武汉政府前允月助百万元，后改三十万元，谓我军已有陕、甘两省，亦足自给。岂知新病之余，何能再事搜括。而以道路不通，即此三十万元，亦不能按月到手，殊为焦虑也。"[2] 到郑州会议时，当武汉连每月六十万元的军费都难以拿出，而蒋介石痛快地答应月给二百万元并立刻拿出五十万银圆来。冯玉祥一下子就倾向南京方面的原因，由此多少可以明白。

第二，从更深层次来看，冯玉祥不是共产主义者，只能说是一个信奉孙中山三民主义的爱国军人。冯玉祥说："我在留俄的三个月内，接见了苏联朝野的许多人士：工人、农民、文人、妇孺以及军政界的领袖。从和这些人的会谈以及我自己对于革命理论与实践的潜心研究和考察的结果，深切地领悟到要想革命成功，非有鲜明

---

[1] 冯玉祥：《我的生活》（下），第540、542页。
[2] 《冯玉祥日记》第2册，第306页。

的主义与参加为行动中心的党的组织不可。在我留苏的期中,我自己和国民军全体官兵,都正式登记加入了领导中国革命的国民党了。"[1]当他率军从西安出潼关时,对欢迎者讲话说:"中国民穷财尽,外受列强压迫,内受军阀蹂躏,此次本军出征,对外要取消不平等条约,还我自由,对内要扫除卖国军阀,重整山河。"也就是说,他的目标也是"打倒列强除军阀",或者说:反对帝国主义,扫除军阀势力。在十多天前,他对人说:"要将派别分清,最右派持升官发财主义,最左派偏重理想而忽略事实,二者皆所不取,惟有三民主义及中山遗嘱,所述中庸平正,适合中国之现状,应恪守勿违也。"[2]这是他的基本政治态度。

所以在冯玉祥看来,武汉政府也好,南京政府也好,都是中国国民党,都在进行北伐战争,应该合作北伐,这是最重要的。他不愿意帮助武汉政府打南京,也不愿意帮助南京政府打武汉。但蒋介石在财政经济上给了冯玉祥巨大支援,又同他结为盟兄弟,自然同南京方面的关系更密切了。

土地问题的讨论

从武汉方面看,河南的政府和军事都已交给冯玉祥,武汉的军队只有南撤,不再谈得上什么北伐。鲍罗廷的"西北学说"全部化为泡影。而东征的条件比以前蒋介石在江浙立足未稳时更加不利。

出路何在?对中国共产党来说,只有在两湖等工农运动蓬勃发展的地区深入开展土地革命,把广大贫苦农民充分发动、组织并武

---

[1] 冯玉祥:《我的生活》,第325、329页。
[2] 《冯玉祥日记》第2册,第325、329页。

装起来。农民占着全国人口的 80%，只要正确地领导，满足他们"耕者有其田"的渴望，奋起抗争，这是一切反动势力无法压倒的巨大力量。但面对种种复杂障碍，要做到这一点并不容易。

回顾一下，北伐开始以来，两湖、江西等地区的农民运动迅速兴起并给北伐军巨大支持。拿湖南来说：1926 年 12 月 1 日至 27 日举行第一次全省工人代表大会和农民大会。在大会《宣传纲要》上写道："湖南农民在农民协会领导之下，参加革命，帮助政府做了许多政治上、军事上的工作，巩固了湖南。同时湖南农民在农协领导之下，为本身利益奋斗，与封建余孽土豪劣绅奋斗，他们的组织，遂在不断的奋斗的发展起来。在过去一年中，湖南农民加入农民协会的有六十余万（引者注：一说有一百二十余万），正式成立县农民协会者有二十五处，现在正在筹备组织县农民协会者八处，有农民运动的地方四十余县。"[1]时任中共湖南区委书记的李维汉回忆道："1926 年底，湖南农民逐步开展了减租减息的斗争，到 1927 年初，在农民革命已经推翻豪绅统治的地方，农民以各种方式提出了土地要求。"[2]再者，湖北"至 1927 年 2 月上旬，全省 40 余县的部分区乡有农协组织，其中 20 余县成立了县农民协会，会员达 40 余万人"。[3]同年 3 月 4 日至 22 日在武汉召开湖北全省第一次农民代表大会。

毛泽东这时在湖南做了 32 天的考察工作，并在 3 月间写了《湖南农民运动考察报告》。他给中共中央写了一个报告大纲，提出："党应当（一）以'农运好得很'的事实，纠正政府、国民党、社

---

[1]《湖南全省第一次工农代表大会日刊》，湖南人民出版社 1979 年 8 月版，第 69 页。
[2] 李维汉：《回忆与研究》（上），第 105 页。
[3]《湖北省委·大事记》，湖北人民出版社 1990 年 12 月版，第 310 页。

会各界一致的'农运糟得很'的议论。(二)以'贫农乃革命先锋'的事实,纠正各界一致的'痞子运动'、'惰农运动'的议论。(三)以从来没有什么联合战线存在的事实,纠正农运破坏联合战线的议论。"[1]

这时,北伐军正在胜利进军,农民运动正在蓬勃发展。而就在这时,社会上已有不少人以及国民党政府对农民运动发展过程中出现的一些情况攻击为"农运糟得很"、"痞子运动"、破坏联合战线等错误议论,并开始采取各种错误处置。不驳倒这些错误议论,农民运动就谈不上进一步发展。因此,考察报告根据亲眼看到的事实,指出:"农民的主要攻击目标是土豪劣绅,不法地主,旁及各种宗法的思想和制度,城里的贪官污吏,乡村的恶劣习惯。这个攻击的形势,简直是急风暴雨,顺之者存,违之者灭。其结果,把几千年封建地主的特权,打得个落花流水。"[2]从而旗帜鲜明地、突出地提出"农民运动好得很"的结论。这是石破天惊之论,是进一步发展农民运动所必需。

随着农民运动的发展,农民对解决土地问题的要求日益强烈,需要进一步提出更加明确而完整的目标。

1927年3月10日至17日,国民党二届三中全会在汉口举行。会议主题是"提高党权"。会议主席是谭延闿。中国国民党中央农民运动委员会常委邓演达、毛泽东、陈克文三人在16日提出全会对农民宣言。宣言一开始就列了七个要点:"一,中国国民革命运动最大目标在使农民解放。二,推翻封建地主阶级,使乡村政权移转到农民手上。三,农民须有保卫其自己利益的武装。四,政治斗

---

[1] 李维汉:《回忆与研究》(上),第100页。
[2] 《毛泽东选集》第1卷,人民出版社1991年版,第14页。

争胜利之后，开始经济斗争。五，农民最后要求为获得土地。六，设立条件极低的之贷款机关，以解决农民资本问题。七，本党领导农民合理斗争，使得到切实的解放。"[1]

这里不仅提出了"农民最后要求为获得土地"，并且还提出农民所迫切需要的政权和武装问题，这是十分重要的。全会通过了这个宣言，并在报上发表。27日，邓演达在农民运动扩大委员会上的报告中兴奋地说："中央第三次会议对于农民解放问题已有切实的议决案，这算是换了一个新的纪元，就是党的工作现在换了一个阶段，就是开始扩大农民运动的工作。"他特别讲到农民武装的问题："要农民能够打倒劣绅，各县农民便都要武装起来。故农民武装问题，是一个重要的要求。"[2]邓演达的态度是真诚的。但国民党中央关注的只是他们所说的"提高党权"，对农民问题根本没有认真对待。在会议通过的《全会宣言》中完全没有谈到农村问题，更不用说农民的土地要求。中央农民运动委员会只能发点议论，没有执行的权力。所说一切，最后都只能落空。

4月中旬，蒋介石发动了四一二政变，成立南京政府，宁汉分裂，革命遭受严重损失。但形势逆转在另一方面又刺激了共产党内和不少革命群众，他们在愤怒中思想情绪更趋激烈。拿工农运动来说，农村斗争的发展更加显著。

李立三回忆道："在（党的）五次大会时，湖南代表团坚决主张解决土地问题，因此组织了一个土地委员会讨论。湖南代表团主张没收土地，秋白是同意，但是独秀反对。土地决议案也就是根据

---

[1]《对农民宣言》，《中国国民党第一、二次全国代表大会会议史料》（下），江苏古籍出版社1986年9月版，第784页。

[2]《邓演达文集新编》，第92、93页。

国民党未公布的土地政纲,肥田五十亩,坏田一百亩以上才没收。并且有许多限制,如革命军人土地不没收等。""中央开会可以争论几天得不到结论。不过,五次大会上的确开始了反机会主义的斗争。"[1]

李维汉回忆:"五大前,湖南代表团在长沙集中开了几次会,经过多次讨论,拟定了一个土地问题决议的提案,准备向大会提出。提案的内容大体是:'(一)先没收大地主的土地,先没收一百亩以上的,一百亩以下的不没收,自耕农不去扰及他。(二)到明年实行平均地权。'(引自夏曦《在国民党土地会议第一次扩大会议上的讲话》,1927年4月19日)毛泽东以全国农协临时执行委员会负责人的身份,也向大会提过一个土地问题的提案。这两个提案都未交大会讨论。我们曾向大会秘书长蔡和森查询原因,他说:国民党正在召开土地委员会讨论这个问题,我们党有关解决土地问题的意见,应与他们通过的决议一致,因而要等他们作出决议,所以湖南代表团的提案就不必在这次大会详加讨论。"

"国民党的土地委员会从4月上旬开会,直到5月6日才原则上作出没收反革命和大地主的土地,而在目前还只实行减租减息,地租不得超过百分之四十以上的规定。就是这样的一个决议,后来送交国民党中央讨论,也决定暂不公布,只是同意湖南可以搞个单行条例,可以先走一步进行经济没收。这些都未及实行,不久,湖南就发生了马日事变。"[2]

总之,农民问题的一切重大行动都得同国民党中央的决定和国民政府的法令保持一致,如果不经他们同意而采取行动,那就会损

---

[1] 李立三:《党史报告》,《中共党史报告选编》,第251页。
[2] 李维汉:《回忆与研究》(上),第107、108页。

害同"小资产阶级"的关系,破坏"工人、农民、小资产阶级联盟"。于是,一切重大行动都只能不做,或者拖下去不了了之。

已经成了一盘死棋:"第二期北伐"的成果已经让给冯玉祥,也不可能绕道前进;"东进"的条件,比原先蒋介石在江浙还没有站稳脚跟以前更加不利,而且汪精卫、唐生智等的态度也越来越不可靠,不能抱多少希望;在两湖原地深入展开土地革命,又处在这种迟疑不决的状态。如果作不出果断的决定,闯出一条新路,等待着的确实只有失败以致灭亡的结果。

武汉局势迅速恶化

更令人怵目惊心的是,武汉地区整个局势正在迅速地一步步恶化。

首先是当地的经济状况已到了窒息和崩溃的边缘。

本来,武汉地区在这方面的基础条件一向与江浙相差悬殊。这是大家熟知的。《国闻周报》作了这样一个比较:"左方两湖岁入不过三千万,汉口市(引者注:当时汉口不包括在湖北省之内)收入至多一千万,江西千万,合之仅五千万。民党六省,仅广东一省可八千万,江浙连上海之关税及市政收入,亦可八千万(尚不只此),连其余各省总在二万万以外。以财力言,则迥不侔矣。"[1]

宁汉分裂后,武汉国民政府不仅不能像以前那样取得两湖和江西以外其他地区的财政收入,更严重的是,南京方面已有一段时间在西方列强支持下,对武汉进行严密封锁。4月20日,鲍罗廷在

---

[1] 白云:《国共冲突之历史的考察》,《国闻周报》第四卷第18期。

国民党中央一次会议上沉重地谈道:"自从中外交通断绝以来,失业工人的数目逐日增加,建筑工人失业的有四万,砖瓦制造工人失业的有两万,只这两项已六万之多!而因为来往的船只一天比一天少,码头工人失业的也是很多。""工人失业者既是这样多;铜元的价格又飞涨不已,所以工人的生活,实是困苦万状。同时,又有许多流氓、地痞、反动分子乘机扰乱,处处都有发生意外的可能。"[1]这可不是无足轻重的情况。

6月22日,汪精卫在第四次全国劳动大会的报告中说到政治情形时又说:"第一便是经济困难,米价高涨,生活日用必需品时呈缺乏。在这种情形之下,武汉是很痛苦的。这完全属于反革命派蒋介石勾结帝国主义,实行封锁武汉经济之所致。在蒋介石背叛以后,招商、三北两公司的轮船不能开放,英帝国主义的轮船当然也是停驶,因此第四方面军伤兵的医药和米的来源断绝了。曾向上海购买的药料,也给他们扣住了。他们又想尽种种方法来吸收我们的现金。如此则使我们所发行的票子变成了空头的票子,又把我们货物买去,看来是出口的好现象,其实他们货物买去了,却没有现金还回来。所以现在武汉工商业颓败,都是由于反动派勾结帝国主义用经济封锁我们的结果。"[2]它确实反映出当时的某些实际状况,尽管讲得不是那么准确。

武汉政府每月的收入不到二百万元,支出却达一千七百万元,被迫大量发行货币,导致物价更迅速上涨,民众生活更加困难。

由于对方严密经济封锁和内部种种矛盾,武汉地区大批企业商

---

[1]《在中国国民党中央执行委员会政治委员会第十四次会议上的发言》,《鲍罗廷在中国的有关资料》,第204页。

[2]《汪精卫军事政治报告》,汉口《民国日报》1927年6月24日。

店关闭，失业人员更加大量增加。这也是社会生活中的大问题。李立三在当年5月底一份报告中写道："经工会登记在册的失业工人是六—七万，而真正失业工人总数约为十万。由于贸易停滞，失业者主要是装卸工人和运输工人。武汉有一个失业工人救济局，但是经费很少。"[1]

社会危机愈演愈烈，政权组织自然难以为继。

在南京政府和旧社会势力挑动下，武汉地区内武装叛乱又接连发生：一次是杨森部进入宜昌，一次是夏斗寅部进攻武汉，一次是许克祥部发动"马日事变"。最后一次事变实际上同唐生智部将领有关。

杨森、夏斗寅的叛乱，其实是串通一起的。

杨森是四川地方军阀中的重要一支，曾盘踞在川东重庆一带，同吴佩孚关系十分密切，吴在被北伐军击溃后曾率卫队到杨部短期避难。后来，杨森也和四川其他各路地方武装一起先后投入北伐军，改编为国民革命军第二十军，驻防川东。

夏斗寅原是湖北的地方部队，长期在湖南活动，后来被唐生智收编。北伐开始后改编为国民革命军独立第十四师，驻防宜昌，以防川军攻入鄂境。他们虽打起国民革命军的旗号，其实都还是封建的地方军阀势力。

当时"国民革命军总政治部主任邓演达等，以为必须及时对归顺革命的旧军队进行反封建性的民主改造，编发了《宣传纲要》，提出军队改造的几点要求"。"这个纲要颁行后，刚在夏部从事政治工作的革命干部，不仅大肆宣传，还打算积极推行。这就大大地触

---

[1]《李立三关于武汉工人状况的报告（1927年5月底）》，[苏] A.B. 巴库林：《中国大革命时期见闻录》附录，第211页。

怒了夏斗寅，并引起对党代表和政工人员的疑忌和仇恨。""杨森部已从川东进入宜昌所属三斗坪，但与夏斗寅一样，对武汉革命政府改造旧部队的民主措施，也忌恨到了极点。"[1]夏斗寅东进后，杨森部进驻宜昌。唐生智对夏斗寅也不满，有将他扣留撤换的打算。夏斗寅的老友蓝天蔚写道："适其时宁汉意见分歧，蒋介石得知夏处境困难，乃通过蒋作宾电夏斗寅一致反共。""夏这时派我亲往宜昌说服杨森，杨森表示立即停止对沙市的军事行动，相约杨军直趋仙桃镇。"[2]

夏斗寅部的叛变完全出乎武汉政府意外，连夏部士兵很多在上船东下时还不知道这次行动是干什么的。武汉部队主力正北上河南进行第二期北伐，同奉军在河南激战，后方空虚。夏斗寅部坐船顺流东下，在5月17日进至武昌土地塘登岸，武汉震动。武汉卫戍司令叶挺率第二十四师，并将武汉军事政治学校、中央农民运动讲习所学员编成中央独立师，18日在纸坊占领阵地。19日，双方在纸坊激战，夏斗寅全线溃败退往安徽境内，武汉转危为安。6月上旬，武汉政府抽调二、六、八军各一部讨伐杨森部。6月24日，收复宜昌，杨森部退回川东。

夏斗寅的叛乱刚被击退，驻长沙的第三十五军三十三团团长许克祥等5月21日深夜在长沙突然发动政变。第三十五军军长何键是唐生智的嫡系人物，反共最力。这和夏斗寅、杨森又有所不同。他们用军队捣毁由左派掌握的国民党湖南省党部、省农民协会、省总工会等，杀死二十人左右，并将农会和工人纠察队全部

---

[1] 韩浚：《讨伐夏斗寅、杨森叛乱亲历记》，《中华文史资料文库》第2卷，中国文史出版社1996年4月版，第953页。

[2] 蓝天蔚：《我是怎样策动夏斗寅叛乱的》，《文史资料存稿选编》第3卷，第882页。

缴械。21日的电报代码是"马",人们通常把它称为"马日事变"。

本来,共产党在湖南有相当力量,总工会和农民协会都有武装,而来进攻的许克祥部兵力有限。但他们对原来的"盟友"竟会发动这样的突然袭击并没有应对准备。许克祥对他们这样描写:"事前对我准备铲除他们的情形,竟毫无所知,迄至我军向他们进攻,他们才由睡梦中惊醒,措手不及。"[1]李立三在两年后痛心地说:"这是因为许克祥是坚决的进攻,而党是很动摇。反革命势力坚决,革命力量动摇,自然是反革命胜利。"[2]事变后,许克祥等接着成立"湖南救党委员会",拒绝武汉政府派去进行查办的特别委员会成员前往长沙,并在湖南各地同地方团防局的势力联合起来,对农民协会进行反攻倒算,制造一起又一起的血案。这样,武汉已处在风声鹤唳的情况下。

当反动社会势力反攻倒算的气焰日益高涨时,他们采用手段之极端残忍和血腥,几乎令人难以想象。湖北的白色恐怖状况同样令人发指。汉口《民国日报》6月12日、13日连载全国农民协会和省农民协会在招待新闻记者会上的报告称:"现在全省农民完全陷在白色恐怖中,以前阳新、沔阳、钟祥、监利、麻城、汉川各县的惨案,做农运同志已被杀去了数百。夏逆叛变以后更加厉害,每日告急请兵的有:罗田、钟祥、随县、京山、黄安、广济、阳新、沔阳、麻城、鄂城等二十余县。他们屠杀农民方法的残酷,说起来真令人毛骨悚然。阳新是用洋油淋着烧死,公安是用烧红了铁烙死,罗田是绑在树上用刀细割、再用沙砾在伤痕内揉擦致死。对女同志就得两乳割开并铁丝穿着赤体游行,钟祥是杀二十

---

[1] 许克祥:《马日铲共真相》,《马日事变资料》,人民出版社1983年11月版,第200页。
[2] 李立三:《党史报告》,《中共党史报告选编》,第254页。

余刀零碎割死。总计这样死的负责同志在夏逆叛变后在三四百以上，和死难的农民合计，就在三千以上。而且荆门、松滋、宜昌，仍在继续屠杀状态中。甚至离汉阳县城十余里的地方，发生土豪劣绅围杀农民的事实！以前有组织的有五十四县，现在只有二十三县。二十三县之中，能镇压土豪劣绅的，前日计算尚有三县，现在一县也没有了！"[1]这样血淋淋的叙述，在当时两湖地区竟已成到处发生的铁的事实。

18日，沈雁冰在该报上写了一篇《肃清各县的土豪劣绅》。他抑制不住自己感情地说："请翻开本报新闻来看吧！所有各县消息全是土豪劣绅捣毁党部、残杀民众的消息。在三星期以前，我们电各县特约通讯员，多注意各县的建设新闻，但是不幸各县只能供给我们那些悲惨的消息。湖北全省除四五县外已成了白色恐怖，已成立了土豪劣绅的政权，隐隐与国民政府的民主政权相抗衡，这不能不说是极严重的局面。或者有人把此等土豪劣绅的反动认为农民运动过火或太幼稚的反响，以为只要把农民运动放缓和些便可以太平无事。这个意见不能不说是错误的。最近土豪劣绅的猖獗，完全是一种有组织有计划的反攻，他们的目的是再建土豪劣绅的政权，他们的目的是要国民政府让步到替他们压迫民众，承认他们的政权。这岂是我们所能容许的？所以我们战胜了外面的敌人以后，应该以最大的决心来彻底扫除各县土豪劣绅的势力。"[2]

已是乌云密布，一场全局性的大逆转很快就要到来。

善良的人们可能无法想象：这个已经决心大破裂的汪精卫到此时还要再来一次他那很有欺骗性的表演。6月22日，他在第四次

---

[1]《湖北农运之困难及最近策略（下）》，汉口《民国日报》1927年6月13日。
[2] 沈雁冰：《肃清各县的土豪劣绅》，汉口《民国日报》1927年6月18日。

全国劳动大会上作报告慷慨激昂地说:"中国国民党的三民主义、三大政策,决定中国国民革命一定要向反帝国主义和非资本主义的路上走,这是每个三民主义的真正信徒所必取的道路。""我们要生死在一起,我们的利害甘苦都是一样。""我们的革命势力本来就是以工农为中心,同时也要顾虑到同盟者。现在中国国民党和中国共产党都在这一点上努力,外面的离间不足听,我们的工友农民也不会受其愚弄。""反对帝国主义,使革命走上非资本主义的路上去,这是国民党左派依总理的遗嘱实行的。""最后,我还要竭诚告诉大家:每个国民党同志都是始终与工农同生死、共患难、共甘苦的。"[1]

说这些话,离7月15日只剩二十来天了。

国共合作的全面破裂

1927年7月15日,在中国近代历史上是一个值得记住的日子。这一天,持续了四年的第一次国共合作戛然而止,轰轰烈烈的大革命失败了,中国历史进入一个与此前不同的新阶段。

这个大变化是由汪精卫等用心策动的,又是客观历史发展的自然结果。

蒋介石发动四一二血腥屠杀,是第一次国共合作破裂的起点。但在武汉地区,这种合作还局部地保持着,不少人对它仍抱有期望,但从前面的叙述中可以看到,局势已在一天天坏下去,到了千钧一发的时刻。

汪精卫是一个道地的野心家,善于作种种十分逼真的表演。他

---

[1]《汪精卫军事政治报告》,汉口《民国日报》1927年6月24日。

在国民党内有着很高的资历和声望,有着强烈的领袖欲。不少人曾经上过他的当,实际上他是个没有骨气、见风使舵的善变政客。1927年的"提高党权"运动中,不少人期望他能回国主政。他一到上海,同蒋介石长谈四次,摸清蒋介石更是个大权独揽的独裁者,他留在南京只能当一个寄人篱下的摆设,于是就不告而别地来到武汉。当他在武汉感到处境日益困难、难以支撑时,又翻脸反共、同蒋介石握手,指望多少仍能从中分一杯羹。这也是蒋介石当时所需要的。

他这种变脸,在郑州会议结束后决心下定,便表现得越来越明显。6月28日,他接受日本所办《盛京时报》记者采访,在谈了军事问题后,记者"问:政治问题如何?答:吾等所持者为三民主义,非共产主义。但革命之途中,因有农民协会、总工会、商民协会等幼稚的过激行为,遂误解中央政府为采取过激政策,又事实上亦有此结果。现拟改组党内、农民协会、总工会,惟总须用改良手段,不用压迫手段也"。"问:湖南农民协会已过激化,资产家已被打倒者,非欤?答:因在革命途中,政府力量有所不及,亦不得已之事。惟政府已发布训令,极力取缔一切过激行动。问:在湖南方面,军队与农民相对峙,汉口大商店主人为店员所逐,店铺由店员管理,先生作何感想乎?答:以前固有此事,今已消灭矣。目下一切不使纠察队干涉。长沙事件由唐生智全权办理,不久当可解决。问:共产党势力如何?答:非法定机关,不过仅有意见交换之机关,不至直接影响政府之施政。问:党部、农民协会、总工会、商民协会之干部,闻大部分为共产党,是否属实?答:各机关虽有之,然无大势力。彼等无产阶级之仲裁理想,大约在辽远之将来也。问:农民协会、总工会等民间团体,何故如纠察队然,有武装之必要？答：今日以前之保卫团，为土豪劣绅之机关，若无自卫军，民意必压迫。惟纠察本系纠察工人，不干涉工人以外之争。店员问题，亦以改良店员之生活为主眼，不能干涉店务。若与此相反者，则加以制裁。"[1]为什么汪精卫在七一五前夜选择同日方报纸记者就这些敏感问题谈话，并且在日方报纸上公开发表，他需要借此向国外传递什么信息，是耐人寻味的。

武汉政府不少高层人士，也是这类人物。如当时十分活跃，并且发表了许多激烈言论的孙科，《盛京时报》评论道："孙为人发言虽似甚激烈，实则乃一知机善变之圆通政客，决不肯彻底左倾。"[2]再如主持武汉不少重要会议的谭延闿，《盛京时报》登了一段李烈钧对他的评论："谭同志呢，是一旧道德家，在一个团体里，是有益无害的。其在武汉乃不得而已。"[3]这些评论是对武汉政府不少高层人士的生动写照。

到7月中旬，汪精卫认为对中国共产党下手的时机已到。吴玉章于1928年5月30日去莫斯科后写成《八一革命》一书，写道：

"7月初，天天有在武汉重演长沙事变的谣言，中共中央为表示退让，自动将工人纠察队枪械缴与卫戍司令部，解散童子团。而彼等更进一步，明白主张国共分离。7月14日，汪精卫召集纯粹国民党中央执行委员共十四人，在他住宅开秘密会，讨论国共分离问题。汪报告说，共产国际代表乐易（引者注：即罗易）曾将共产国际给中共训令给他看过，训令上要中共实行以下几件事：1）国民党须从速改组，中共党部须加入新领袖，去掉旧的腐败的领袖；

---

[1]《汪兆铭谈郑州会议真相》，《盛京时报》1927年6月28日。

[2]《宁汉两政府对峙之现势》，《盛京时报》1927年4月27日。

[3]《李烈钧对时局谈》，《盛京时报》1927年5月25日。

2）农民运动仍须力图发展，土地问题由农民自动起来解决，不必待政府来解决；3）旧式不好的军官兵士要力图淘汰，并于农民工人中选择四五万人，以练成良好的军队，内中须有一两万是共产党员；4）以国民党资格较老的党员来组成裁判所，裁判不法军官及反革命者。""15日中央委员会议，属于共产党的中央委员已不出席了，盖汪精卫等已一致趋于反对方面，与蒋介石无异。"

作为中国共产党高级干部的吴玉章接着写道："汪精卫拿共产国际给中国共产党的训令，作为共产党想消灭国民党的证据。究竟这个训令的内容是否像汪精卫所说的一样，如果大体不差，则共产国际是一种什么政策，这种政策和从前有无变更，这些疑问，不但国民党员和一般人要发生，即共产党员有重要责任的亦都莫名其妙，因为中共中央对于共产国际的一切指导文件，向来是很少通告党员的。曾有党员因这问题的发生，向中共中央要求一看文件原文，但中央竟寻不出这个原文，也不出来申辩。"[1]

1927年7月15日下午4时至8时，中国国民党中央执行委员会第二届常务委员会第二十次扩大会议，在汉口中央党部举行，出席会议的有汪精卫等17人，谭延闿为主席，好在会议的速记记录完整保存了下来。

会议先由汪精卫报告。他说："政治委员会主席团关于一件很重大的事，讨论已久。""上月5日，就是主席团到郑州去的头一天，中央名誉主席、第三国际中央委员鲁依同志（引者注：即罗易）约本席去谈话，拿出第三国际首领斯达林（引者注：即斯大林）拍给他同鲍罗廷同志的电报交给本席看。本席看过之后，就说

---

[1] 吴玉章：《八一革命》，社会科学文献出版社1991年8月版，第41、42、43页。

这件事很重要，要交政治委员会主席团看了再说。""这个电报中有五层意思，都是很利（厉）害的。"接着夹叙夹议地读了电报的译文。他的结论："现在不是容共的问题，乃是将国民党变成共产党的问题。""若是丢开了三民主义，那就不是联俄，而是降俄了。"他提出："对于本党内的 CP 同志，应有处置的方法。"汪精卫讲完后，先由孙科、顾孟余分别作了长篇讲话。以后展开讨论。讨论中也有些不同看法。程潜主张："这个问题非常之大，不能不有相当的处置。本席主张开第四次全体会议，讨论政治委员会主席团所提出的意见，以解决纠纷。"于右任说："我们再不能随随便便的混了。要晓得共产党不能亡我们，我们自己不努力，那才是真真（正）的亡了。"彭泽民说："即本党中共产分子为本党努力工作者更不乏人，如果不分良歹，一概拒绝，未免有些失当，此层似宜考虑。"最后，就一个月内开第四次中央执行委员会全体会议讨论政治委员会主席团所提意见进行表决，"中央执行委员出席者十二人，十人举手。"[1]也就是说，经过选择的与会有表决权者中仍有两人不赞成这个决定，可惜没有记下他们的姓名。事实上，根本没有开什么二届四中全会，武汉的"分共"就实行了。第一次国共合作终于全面破裂。

但是，在国民党内还是有一些真正忠实于孙中山遗教的"左派"，如宋庆龄、邓演达、何香凝、柳亚子等。

邓演达在七一五政变前两天的 7 月 13 日，写了《辞职书》，17 日在北京《晨报》上发表。信中说："中国革命之目的，在以三民主义为基础，而期完成农工政策。不意同志中有故意对此曲解者；

---

[1]《中国国民党中央执行委员会第二届常务委员会第二十次扩大会议速记录》（原速记录复印件），1927 年 7 月 15 日。

有无视此旨而对农工阶级加以压迫者；有于倒蒋及实行北伐工作中，由中央执行委员向蒋谋妥协、并与共产党相分离而残杀工农者。是宁非吾党之大不幸耶？""此殊与予素愿相违，故不得不辞职让贤。"[1]

孙中山夫人宋庆龄在七一五政变前一天的 7 月 14 日发表严正声明："本党若干执行委员对孙中山的原则和政策所作的解释，在我看来，是违背了孙中山的意思和理想的，因此，对于本党新政策的执行，我将不再参加。"

宋庆龄在声明中写道："孙中山的政策是明明白白的。如果党内领袖不能贯彻他的政策，他们便不再是孙中山的真实信徒；党也就不再是革命的党，而不过是这个或那个军阀的工具而已。党就不成为一种为中国人民谋未来幸福的生气勃勃的力量，而会变为一部机器、一种压迫人民的工具、一条利用现在的奴隶制度而自肥的寄生虫。""现在，我认为我们背弃了孙中山领导群众和加强群众的政策。因此我只有暂时引退以待更贤明的政策出现。我对于革命并没有灰心。使我失望的，只是有些领导过革命的人已经走上了歧途。"[2]

宋庆龄和邓演达的宣言在社会上产生了很重要的影响，尤其是宋庆龄作为孙中山夫人如此鲜明地指出他们"不是真正忠实于孙中山"，它所产生的社会影响不能小看。瞿秋白也曾说过："宋邓宣言之发出"以及其他事实的教训，"所以我们党的宣言比较坚决。"[3]

---

[1]《邓演达文集新编》，第 187 页。

[2] 宋庆龄：《为抗议违反孙中山的革命原则和政策的声明》，《中共中央第一次国内革命战争时期统一战线文件选编》，第 529、530、532 页。

[3]《中央常委代表瞿秋白的报告》，《八七会议》，中共党史资料出版社 1986 年 10 月版，第 70 页。

第一次国共合作就这样完全破裂了。

革命进入新时期

第一次国共合作的破裂，标志着大革命的失败，同时又标志着中国共产党领导的土地革命这一新时期的开始。

对中国共产党来说，这时正处在生死关头。黑云笼罩，四一二政变后的"清党"中，多少优秀的共产党人如陈延年、赵世炎等，惨死在蒋介石的屠刀下，共产党员和革命群众的鲜血流成了河。马日事变后一幕幕惨剧是人们亲眼看到了的。此时此刻，如果稍有迟疑，后果不堪设想。在世界历史上不少革命运动在反动势力血腥屠杀下很长很长时间翻不过身来，这种令人悲痛的事实实在太多了。

敌我力量，特别是武装力量的对比，在当时十分悬殊。即使看到局势的极端危急，要下最大决心奋不顾身地坚决反抗，也不是容易的事情。如果犹豫不决，坐以待毙，那就意味着死亡。

"沧海横流，方显出英雄本色。"正如毛泽东在十多年后所说："中国共产党和中国人民并没有被吓倒、被征服、被杀绝。他们从地下爬起来，揩干净身上的血迹，掩埋好同伴的尸首，他们又战斗了。"[1]

七一五事变前几天，风声已越来越紧。7月12日，根据共产国际的指示，中共中央进行改组，由张国焘、李维汉、周恩来、李立三、张太雷组成中央临时常务委员会，陈独秀离开领导岗位。第二天，中共中央发表《对政局宣言》，刊登在中共中央机关刊物《向导》

---

[1]《毛泽东选集》第3卷，人民出版社1991年版，第1036页。

周报的最后一期上,写道:"中国共产党中央委员会,在这革命之危急存亡的时候,对于你们发表宣言,意思是要解释明白国民政府在反动阴谋之下的政局,以及本党为保持民众之革命胜利而奋斗的政策。""本党的观察,认为国民党中央及国民政府多数领袖的这种政策:——实足以使国民革命陷于澌灭。这种政策使武汉同化于南京,变成新式军阀的结合与纷争,可使宰割中国的吴佩孚、张作霖、孙传芳及其他军阀的旧统治,仍旧一变而为瓜分中国的蒋介石、冯玉祥、许克祥等新式军阀伪国民党之统治。中国仍将继续受着残酷的剥削,革命将受普遍的摧残,民众将更受无限痛苦,封建的无政府状态将要高奏凯歌旋,帝国主义的统治更加可以稳定。……共产党永久与工农民众共同奋斗,不顾任何巨大的牺牲——就在国民政府及国民党中央抛弃劳动民众的时候,亦是如此。"[1]

中国的历史很快就要揭开新的一页。

要打破这种局面,出路只有一条,就是以武装的革命击破武装的反革命。

即便在国共合作期间,国民党当局始终对军事工作把得很紧:在军队中只容许共产党人做一点军队的政治工作(这些政治工作人员后来不少惨遭杀害),而不让他们直接带领军队。只有几处因特殊历史原因造成例外:

一是叶挺能控制的张发奎部两个师。叶挺本来是资格很老的国民党员,而且一直是带兵的。当陈炯明武装叛变围攻孙中山的非常大总统府时,总统府只有一个警卫团,团长是粤军的陈可钰,三个

---

[1]《中国共产党中央委员会对政局宣言》,《向导》周报第201期,1927年7月18日。

营长是张发奎、薛岳、叶挺。他由孙中山派遣去苏联学习，在那里参加了中国共产党。回国后，叶挺长期率领部队转战广东多处。他智勇双全，治军特别严格，屡立奇功，成为粤军名将。别人虽知他政治态度左倾，但在很长时间内未必知道他是共产党员。北伐时，他任国民革命军第四军独立团团长，不受哪个旅指挥，只由第十二师师长张发奎指挥。在他的部队里有不少共产党员。同吴佩孚作战时，他率领独立团在汀泗桥、贺胜桥两次关键性战役中发挥了极重要的作用。第四军被称为"铁军"，同他有很大关系。以后，张发奎指挥第四军和第十一军时，提升他为第十一军第二十四师师长，他原来指挥的独立团改编为第二十五师第七十三团，由共产党员周士第任团长。这支由共产党直接负责军事指挥、党在部队中影响很深，又有很强战斗力的军队，是南昌起义的重要主力。

二是贺龙领导的国民革命军第二十军。贺龙那时还不是共产党员（他是南昌起义后在八九月间起义军经瑞金时的艰难岁月入党的）。他是一个贫苦农民，在湘西带领起一支地方武装。由于他豪爽侠义、足智多谋、热爱民众，深得大众爱戴，有"两把菜刀闹革命"的美谈。随着带领的队伍不断扩大，他先后担任过支持孙中山的湘西护法军游击司令、团长、澧州镇守使等职。这时，贺龙同共产党员周逸群、夏曦等有了交往。北伐开始后，他参加国民革命军担任第九军第一师师长，在鄂西立有战功。又改任独立第十五师师长，周逸群任师政治部主任，两人相处十分融洽。贺龙受周逸群很大影响，曾对周逸群说："我贺龙听共产党的。"武汉政府第二期北伐时，贺龙率部进入河南，在张发奎指挥下又屡立战功。6月中旬，独立第十五师扩编为暂编第二十军，贺龙任军长，周逸群任军政治部主任。回武汉后，贺龙见了周恩来，对周恩来说："我一直追求能让工农大众过上好日子的政党，最后我认定中国共产党是最好的，我服从共产党的领导。只要共产党相信我，我就别无所求了。"[1]周逸群在这年10月30日的报告中写道："当时可为吾人所用者，惟二十军及十一军之一部分，但二十军在大冶时，其部下亦非常动摇。所幸其部下封建思想极浓厚，自师长以下莫不视贺龙为神人，故当时唯在利用贺之主张及言论以为宣传之资料。"[2]

三是朱德。他从云南讲武堂毕业，在滇军当过旅长和云南省警务处处长兼省会警卫厅厅长。1922年在德国由周恩来等介绍入党，大革命中曾任国民革命军第二十军党代表兼政治部主任，受到军长杨森疑忌。那时，驻守江西的是国民革命军第三军，军长朱培德和师长金汉鼎、王均都是他在云南讲武堂的同班同学。他去后，担任第三军军官教育团团长，后来又任南昌市公安局局长。朱培德反共后，朱德被"礼送出境"。南昌起义时，他仍从军官教育团拉出两个营。

还有两支部队：一支是国民革命军第二方面军总指挥部警卫团。这个团也是受张发奎指挥的。团长卢德铭是共产党员。他是由曾任师参谋长的张云逸向张发奎举荐而当上团长的。这个团本来准备前往参加南昌起义，因没有赶上而停留在湘赣边界。这支军队不久参加毛泽东领导的湘赣秋收起义，成为上井冈山作战部队中的骨干力量。另一支是中央军事政治学校武汉分校，邓演达是学校的代理校长，校内有不少共产党员，革命气氛很浓。七一五事变后，唐生智准备把它包围消灭。时任张发奎部第四军参谋长的秘密共产党员叶剑英，说服张发奎把它改编为第二方面军教导团，后来由叶兼

---

[1]《贺龙传》，当代中国出版社1993年8月版，第85页。
[2]《周逸群报告》，《南昌起义》，中共党史资料出版社1987年6月版，第120页。

任团长,成为这年 12 月广州起义的骨干力量。

这几乎是当时中国共产党能直接领导或有很深影响并受过严格军事训练、富有作战经验的全部正规部队。还有在西北军工作的共产党员张兆丰,没有能发挥多少作用,就被排除了。

这时最重要的是要决心大、行动快。毛泽东在 7 月 4 日的中共中央政治局会议上尖锐地指出:"不保存武力,则将来一到事变,我们即无办法。"在当时那样的危急局面下,如果不牢牢掌握住仅有的那一点军队,果断地行动,一旦突然事变降临,措手不及,必将造成不堪设想的灾难性后果。血的教训已经付出够多了。

此时此刻,如果迟疑不决,顾虑这,顾虑那,就意味着死亡。新成立的临时中央常委会决心下得很快。这真不容易。聂荣臻在回忆录中写道:"举行南昌起义,是七月中旬中央在武汉开会决定的。我没有参加那次会议。那天晚上,恩来同志在会后到了军委,向在军委工作的几个同志进行了传达。他传达的大意是,国共分裂了,我们没有别的办法,只有起义。今天,中央会议上作了决定,要在南昌举行起义。恩来同志还说,会议决定组织前敌委员会,指定他为书记。"[1]

7 月 27 日,周恩来来到还在国民党控制下的南昌。同一天,叶挺、贺龙的部队坐火车,通过抢修恢复的铁路,从九江陆续开到南昌。第二天,周恩来去看贺龙,把具体的行动计划告诉他。贺龙毫不迟疑地回答:"我完全听共产党的话,要我怎样干就怎样干。"[2]

---

[1]《聂荣臻回忆录》上卷,战士出版社 1983 年 8 月版,第 60 页。
[2]《周恩来亲笔修改的"八一"起义宣传提纲》,《南昌起义资料》,人民出版社 1979 年 7 月版,第 25 页。

起义前夜还发生过波折。叶挺在1928年曾写下这段经历：7月30日举行的起义军党团会上，"张国焘同志谓：'国际代表的意见，谓我们的军事若无十分把握，便可将我们的同志退出军队，去组织工农群众。'周恩来同志（引者注：这时29岁）听着大怒，谓：'国际代表和中央给我的任务是叫我来主持这个运动，现在给你的命令又如此，我不能负责了。'""张国焘同志谓，这个运动，关系我们几千同志的生命，我们应当谨慎。最后由李立三同志解释，决议仍主张于一号发暴。"[1]这已是千钧一发的关头，作出最后行动决定，阻力还这样大，还这么难！

起义行动终于开始了！按原定计划，8月1日凌晨，一声枪响划破了长夜的静寂。激烈的战斗进行了一整夜，歼敌三千多人，缴枪五千多支，还有数门大炮。起义成功了。第二天，其他起义部队陆续赶到，兵力共两万多人。起义后怎样行动？中共中央早有决定：部队立即南下，占领广东，夺取海口，得到苏联直接援助，再举行第二次北伐。起义第三天，即8月3日，部队冒着酷暑，启程南下。

中国共产党独立领导的革命武装斗争从此开始了。

南昌起义军南下的经过和评论不属于本文的研究范围，这里就不多说，只简单地说说南昌起义在历史上的意义。

1933年7月1日，以毛泽东为主席的中央政府发布《关于"八一"纪念运动的决议》，宣布："批准中央军事委员会的建议，规定以每年'八一'为中国工农红军纪念日"，因为"中国工农红

---

[1] 叶挺：《南昌暴动至潮汕的失败》，《南昌起义》，第139、140页。

军即由南昌暴动开始，逐渐在斗争中生长起来"。[1]这里说得很明确，既然由中国共产党独立领导的工农红军建立和发展是从南昌起义"开始"，自然应该把这一天称为建军节。

中国共产党对军事工作的认识经历了一个过程。那时候，党还处在幼年时期，从党成立到第一次国共合作还不满四年，就是到大革命失败也只有六年。1927年时，大多数主要领导人只有二三十岁，以往只从事过学生运动和工人运动，对农民运动只是初步做过一些，懂得军事工作、带过兵的人很少，也缺乏这方面的经验。大革命初期，特别是黄埔军校建立后，开始懂得军事的重要性，周恩来担任了黄埔军校的政治部主任，黄埔一期学生中的共产党员有徐向前、陈赓、左权、周士第等，还推动成立了大元帅府铁甲车队，那是叶挺独立团的前身；但这种认识还是初步的，军队还得接受国民党上级军事机关的指挥，不是共产党独立领导的工农革命军。南昌起义的部队与此有着根本性的区别。它只受共产党的总前委领导和指挥，没有其他任何政治势力可以插手。这样的军队以前从来没有过。

南昌起义军中将星如雨，新中国成立后的十个元帅有一多半在起义军中。他们是朱德、贺龙、刘伯承、聂荣臻、陈毅、林彪。还有：叶剑英参与了起义前的商议，以后由于需要他继续隐蔽身份，随张发奎部南下，没有计算在内；叶挺在全国解放前夜的1946年因飞机失事殉难，无法计算。在开国大将中，参加南昌起义的有粟裕、陈赓。一次作战中集中了那么多优秀将领，恐怕没有能同它比拟的。黄克诚写道："在南昌举行起义，打响了武装反抗国民党反

---

[1]《中央政府关于"八一"纪念运动的决议》，《南昌起义资料》，第25页。

动派的第一枪。从此,开始了中国共产党独立领导革命武装斗争的新时期。"[1]

南昌起义除了军事意义外,对当时整个局势和人心也产生了重大影响。李立三写道:"武汉革命时期,因为党的机会主义的领导,遂使革命受到严重的失败。尤其是党受到莫大的打击,政治上已经走到分崩离析的状况。""当时的形势,党真有暂时瓦解消灭的可能。"[2]正是在这种党内和革命者中不少人情绪低沉、不知所措、对未来抱着悲观和消极心态的时候,南昌起义的枪声、两万多人武装反抗的实际行动,使这些人在苦闷和迷惘中燃起新的希望,看到新的出路。国际代表罗明纳兹在随后召开的八七会议报告中说:"直到八月初南昌事变起,于是才开始有一坚决的转机。如此,我们可以断定以后的情形一定与过去不同了,这是因为我们能坚决照革命路线上走。"[3]这对共产党领导革命的重新奋起和生气勃勃地走上新的征途,无疑起着有力的作用。

南昌起义,以实际行动纠正了过去的错误做法,开辟了新的前景,这是极重要的一步。接着,还需要从思想上和理论上总结过去失败的教训。隔了六天,中共中央在武汉召开中央紧急会议。因为是在8月7日举行的,所以称为"八七会议"。

它是在武汉那样极端白色恐怖下的秘密环境中举行,必须在一天内开完。这有个好处,就是发言必须简明扼要,直奔要害。

8月13日,《中央通告第一号——八七会议的意义及组织党员

---

[1]《黄克诚自述》,人民出版社1994年10月版,第28页。
[2] 李立三:《一九二五年至一九二七年中国大革命的教训》,《中共党史报告选编》,第311页。
[3]《八七会议》,第51页。

讨论该会决议问题》指出:"这次会的重要意义在于纠正党的指导机关之机会主义倾向,给全党以新的精神,并且定出新的政策。"[1]

这种新精神和新政策的要点是什么?最重要的大概有三点:

第一,党的独立性问题。大革命时期,中国共产党众多党员以个人身份参加国民党,有些还担任了领导职务。这时党的独立性问题很大程度上表现为如何处理国共两党的关系。共产国际代表罗明纳兹在八七会议报告中着重讲道:"对国民党的让步,甚至失掉了我们党自己的独立性。"他又说:"在联合战线中,我们应有独立存在及坚决批评的自由。"[2]

独立性当然不是两党为各自利益争权夺利。中国共产党的初心是为中国人民谋幸福,为中华民族谋振兴。孙中山在国民党一大宣言中对三民主义重新作了解释。对民族主义,《宣言》指出:"一则中国民族自求解放,二则中国境内各民族一律平等。"对民权主义,《宣言》强调:"近世各国所谓民权制度,往往为资产阶级所专有,适成为压迫平民之工具。若国民党之民权主义,则为一般平民所共有,非少数者所得而私也。"对民生主义,《宣言》提出两条基本原则:"平均地权"和"节制资本"。以后,他又提出应当实行"耕者有其田"。这些原则符合中国人民和中华民族的利益,也是共产党人的愿望。国共合作要坚持这些原则,对违反这些原则的,当然应该批评和反对。

合作难免会有不同意见,恰当的妥协和让步是可以的,但必须以不违背人民根本利益为前提,不能一味顺从而丧失自己的独立性。这是必须坚持的底线。但共产国际代表和中共中央当时却常一

---

[1]《中央通告第一号》,《八七会议》,第117页。
[2]《共产国际代表罗明纳兹的报告》,《八七会议》,第51、53页。

味妥协和退却。在广州时,对中山舰事件和"整理党务案"这样的严重反共活动,也因害怕破坏同国民党关系而一一屈从。北伐开始后,又把蒋介石看作资产阶级代表,把汪精卫看作小资产阶级代表,生怕同他们搞坏关系而不断退却。八七会议上,蔡和森在发言中尖锐地指出:"失败完全在于退守。""五大以后,完全受了小资产阶级的影响而反对一切'过火'的运动。当时政治局以为小资产阶级动摇,我们孤立了。实则农民已跟我们来,我们何尝孤立?小资产阶级是全体的动摇吗?还是几个人的领袖呢?政治局没有看清楚,所以当时政治局的呼声便是要对小资产阶级让步。""直到以后,政治局的指导简直与国民党一样,并且还以小资产阶级几个上层分子的意识为转移。"邓中夏说:"第五次大会又把小资产阶级看得太高了。甚至将谭延闿、唐生智、孙科等地主买办军阀都看成为小资产阶级了,这样还说什么土地革命呢?"毛泽东讲得更彻底:"当时大家的根本观念都以为国民党是人家的,不知它是一架空房子等人去住。其后像新姑娘上花轿一样勉强挪到空房去了,但始终无当此房子主人的决心。我认为这是一个大错误。"[1]

党的独立性,是否由党独立地根据人民愿望和中国实际情况来提出意见并积极行动,而不是被别人牵着走,这是革命事业成败的关键。这个问题在八七会议上明确地提出来了。

第二,土地革命问题。农民占着中国人口中的绝大多数。土地所有制的正确解决,是广大农民千百年来最强烈的渴望。这个问题得不到解决,其他讲得再漂亮都只是空话。但封建土地所有制在中国已实行几千年,形形色色当权人物几乎都同它有千丝万缕的联

---

[1]《八七会议》,第57、59、61页。

系。因此，真要下决心解决这个问题，遇到的阻力不言而喻。

孙中山虽然提出"耕者有其田"的原则，但始终没有找到切实可行的具体解决办法。中国共产党历来的重要文件几乎都谈到农民问题，也一直没有取得实质性的进展。国民党左派邓演达对这个问题十分关心，提出过不少很好的主张，但总被国民党上层搁置不理，毫无声息地无疾而终。

八七会议把土地革命提到前所未有的突出地位。罗明纳兹报告中说："目前中国已进到土地革命时期。土地革命可以引中国革命到另一新的阶段。"[1]毛泽东在发言中讲到他写《湖南农民运动考察报告》前后的情况："农民要革命，接近农民的党也要革命，但上层的党部则不同了。当我未到长沙之先，对党完全站在地主方面的决议无由反对。及到长沙后仍无法答复此问题。直到在湖南住了三十多天，才完全改变了我的态度。我曾将我的意见在湖南作了一个报告，同时向中央作了一个报告，但此报告在湖南生了影响，对中央则毫无影响。广大的党内党外的群众要革命，党的指导却不革命，实在有点反革命的嫌疑。"瞿秋白在会上报告说："现已全国反动，现在主要的是要从土地革命中造出新的力量来，我们的军[队]则完全是帮助土地革命。"[2]

第三，军事问题。毛泽东在发言中突出地谈了这个问题，是罗明纳兹报告和其他人发言中没有着重谈到的。其中有一段名言："从前我们骂中山专做军事运动，我们则恰恰相反，不做军事运动专做民众运动。蒋唐都是拿枪杆子起的，我们独不管。现在虽已注意，但仍无坚决的概念。比如秋收暴动非军事不可，此次会议应重

---

[1]《八七会议》，第50页。

[2]《八七会议》，第57页。

视此问题,新政治局的常委要更加坚强起来注意此问题。湖南这次失败,可说完全由于书生主观的错误。以后要非常注意军事,须知政权是由枪杆子中取得的。"

批评过去"不做军事运动专做民众运动",一针见血,切中要害。民众运动自然是重要的、应该做的,但不能"专做民众运动"。世界历史证明,没有正确的军事指挥,没有一支经过严格军事训练、有着严密组织和丰富作战经验的军队作为骨干,是不能夺取政权的。即便一时取得了,也难以持久。拿湖南的农民运动来说,大革命初期它在全国无疑处于领先地位,开创了震动全国的壮阔局面。但共产党当时在湖南没有掌握一支有强大战斗力的正规军队。农民群众虽有着强烈的革命要求,但他们原来是分散的小生产者,又没有受过严格的军事训练,事变突然到来,便难以应对。以后二十多年中,除同邻省边界地区形成过一些根据地外,再没有在全省范围内建立起有全国影响的大根据地。而毛泽东带领上井冈山的队伍,有武汉第二方面军警卫团为骨干。朱德带领上山的南昌起义余部中,包括由叶挺独立团改编而成的原第二十五师第七十三团作为骨干。毛泽东后来对外宾说:"我是一个知识分子,当一个小学教员,也没有学过军事,怎么知道打仗呢?就是由于国民党搞白色恐怖,把工会、农会都打掉了,把五万共产党员杀了一大批,抓了一大批,我们才拿起枪来,上山打游击。"[1] 参加朱毛会师的谭震林回忆说:"朱德、毛泽东井冈山会师,部队大了,我们才有力量打下永新。当然,在这之前打了茶陵、遂川,也占领了宁冈县城。那时不敢走远,因为国民党来上两个团我们就打不赢。可是朱毛会师

---

[1] 毛泽东同智利新闻工作者代表团的谈话记录,1964年6月23日。

后力量都大了。"这都是客观事实，是在实践中认识的。

党的独立性，土地革命，枪杆子里出政权，这是共产党领导中国革命中三个根本性问题。弄清了这三个问题，中国革命就大大跨前一步，进入土地革命和武装反抗国民党反动派的新时期。但这三个问题并不是轻易得到解决并取得共识的，更不是只靠几个人坐在房间里进行理论探讨就能得出结论的难题。一直要到大革命失败，中国共产党付出极其惨痛的代价，中国共产党濒临全军覆没的边缘，全党才能在如此深刻的教训下，抛弃旧观念，走上一条新路。

人的正确思想从哪里来？只能从实践中来。巨大的历史灾难，如果能正确地对待，往往能给人留下刻骨铭心的教训，从而痛下决心走上一条新路。最困难的时候往往正是出现转机的时刻。

当然，即便是正确的认识也不可能一次完成，有时还会出现反复。八七会议既给革命带来历史性转折，但也有错误的地方：否认革命已处于低潮，以为革命重新高涨不但在最近时期内是可能的，而且是不可免的。这既同中国共产党内急于复兴大革命时期的革命高潮的迫切心情有关，也同刚到不久的共产国际代表罗明纳兹对中国实际情况了解不够而过分急于求成有关。这以后，中国共产党又先后出现过三次"左"倾错误，直到遵义会议和延安整风才得到根本的解决。

历史总是充满矛盾。人们的认识总是在实践中才能不断发展。巨大的历史灾难通常会以历史的进步作为补偿，这正是历史辩证法告诉我们的。

写于2020年三四月防疫期间，时年90岁。

（原载《中国历史研究院集刊》2020年第2辑）

六大以后两年间中共中央的历史作用 [1]

从党的六大闭幕到立三路线形成,中间有两年时间。这两年是中国革命历史进程中的关键时刻,起着从遭受严重挫败到走向复兴的承先启后的作用。以往对这个时期历史的研究,往往只谈到各地的党组织如何领导武装起义,而对当时中共中央所起过的领导作用却很少提起。有时甚至会使人产生一种错觉:似乎那时的中共中央只是一个错误接着又一个错误,除了作为正确路线的反衬外,便没有什么可说了。这种看法很难说是公正的,也并不符合历史的实际。

六大后工作路线的转变

在经历了"左"倾盲动主义的狂热和一连串失败带来的迷惘以后,六大的基调是坚定而清醒的。它再次肯定中国革命的性质是资产阶级民主革命,并根据阶级力量的实际对比,要求党的工作有一个坚决的转变。六大的政治决议写道:"因为革命受了这严重失败的关系,工作底方向必须坚决地从广大范围内直接的武装发动,转变到加紧组织和动员群众的日常工作的方向来。"并且明确地规定:

---

[1] 本文是作者 1988 年 3 月向周恩来研究学术讨论会提供的论文,在收入本书时作了一些修改。

"党底总路线是争取群众。"[1]

这是切合当时实际情况的正确方针，是党的工作中具有战略意义的重大转变。

六大自然有它的弱点：还是把城市工作放在中心地位；还是把民族资产阶级看作革命的敌人，对中间阶级的作用、反动势力内部的矛盾缺乏正确的估计和政策。这些对六大后的工作都产生过消极的影响。但正如周恩来所说："总的说来，六大关于革命的性质、动力、前途、形势和策略方针问题的决定是对的。所以说六大的路线基本上是对的。"[2]

大会还没有开完，就给国内工作起草了一个指示。这个电稿很短，只有三百多字。它透露出：在六大的众多决定中，什么是他们认为最重要的、最急迫希望国内党组织知道的。那就是："现在第一个革命浪潮以屡次失败而完结，而新的浪潮没有来，党的总路线是争取群众、统一群众、团结群众于党的主要口号，加紧日常工作，尤其是城市产业工人之中的工作。""党与群众脱离是主要的危险。全国范围之内暴动只是宣传的口号。坚决的反对盲动主义"。并且规定："这一电纸发到各地讨论。"[3]

但是，在国内留守的中央，毕竟同在莫斯科举行的这次大会相距太远，一时难以完全了解这一转变。他们在7月26日发出的《中央关于城市农村工作指南》中，有许多好的分析，也批评各地"仍然表现有估量不正确、不顾群众与党的力量之盲动主义"，但对形势的分析仍认为"革命的高涨要快走向新的高潮"，"'直接革命的

---

[1]《中共中央文件选集》第4册，中共中央党校出版社1989年版，第309、314页。

[2]《周恩来选集》上卷，第186页。

[3]《中共中央文件选集》第4册，第389页。

六大以后两年间中共中央的历史作用　135

势力'仍然没有变更",由此作出再一次发动秋收暴动的决定[1]。

六大产生的新的中央在8、9月间回到国内,并从9月2日起开始工作。放在它面前最急迫需要处理的,就是还要不要在"秋收时期发动各地斗争与暴动"。新的中央发出的第一个通告便是关于"秋收工作方针"的(因为沿用留守中央原有的通告编号,通常又称为《中央通告第六十三号》)。它把1928年秋收时的形势同1927年秋收时作了一个对比,指出:"今年秋收斗争,不是革命高潮的时期,而是促进革命高潮的时期。""今年秋收工作的总方针是在夺取更广大的群众,准备将来的总暴动,而不是号召秋收的总暴动。"[2]

这个果断的措施,把留守中央原定在1928年再次发动秋收总暴动的计划停止了下来。这是做得对的。

但当时新的中央机构还不健全。六大后的政治局常委由向忠发、周恩来、苏兆征、项英、蔡和森五人组成。担任中共中央政治局主席兼中央常委主席的向忠发,是工人出身,无论思想水平和工作能力都很差,在实际工作中难以起主要决策作用。在这一阶段的大部分时间内,周恩来实际上是中共中央的主要负责人。他在六大开完后,继续在莫斯科留了3个多月,参加共产国际六大和处理一些事情。苏兆征在第二年2月才回国,当月就因病去世。蔡和森很快被撤销了政治局委员和常委的职务。李立三最初是中央政治局候补委员和候补常委,在11月20日才被补为政治局委员和常委。因此,新的中央虽已开始工作,但许多问题都说要等周恩来回国后解决。周恩来在11月初回国,政治局会议立刻决定:"新中央的工作

---

[1]《中共中央文件选集》第4册,第514、516页。
[2]《中共中央文件选集》第4册,第379页。

计划由豪（周恩来）起草提出。"[1]

随后，周恩来和李维汉起草了新中央给共产国际的第一个报告。报告写道：国内"工人经济斗争有复兴之趋势"，农民暴动没有被完全镇压下去，"有几处（如赣西朱毛区域）斗争比前更为深入"。"但是这些现象，只能算作新的高潮必不可免要到来的薄弱的象征。"因此，对斗争任务的规定仍十分慎重："目前对于群众斗争特别是工人斗争的策略，是从斗争的胜利中求扩大，纠正只注意扩大的盲动精神。"[2]这大体上反映新中央开始工作时的指导思想。

整顿、恢复并发展党在国民党区域内的秘密工作

"党底总路线是争取群众"虽在六大时确定了，但在国内极端复杂而艰难的环境中怎样实行这条路线，仍有待六大后新的中央在实际工作中去摸索。

说当时国内环境极端复杂而艰难，这丝毫不是夸张。

差不多和六大召开同时，国内政治生活中出现了一件十分引人注目的大事：继续北伐的国民党军队在6月8日进入北京，12日接收天津。南京政府在同月15日发表《对外宣言》，大吹大擂："现在军事时期将告终结，国民政府正从事于一切整顿与建设工作，以期建设新国家之目的早日完成。"[3]退出关外的张学良随即表示准备易帜，到12月29日正式宣布"服从国民政府，改易旗帜"。这样，国民党政府在名义上取得了全国的统一，连续进行了十多年的

---

[1] 中共中央政治局会议记录，1928年11月9日。

[2]《中共中央政治局向共产国际的报告》，1928年11月28日。

[3]《国民政府对外宣言》，1928年6月15日。

各派军阀之间的混战暂时停息了下来。在大约一年左右时间内,特别是蒋桂战争爆发前,国民党的统治曾有过一个短时间的相对稳定时期。

南京政府在建立大买办、大地主反动统治的同时,为了欺骗群众,继续打着孙中山的三民主义的旗号,虚伪地标榜统一、和平、关税自主、裁兵、裁厘,在有些地方表示要按"二五减租"。因为战争停止的关系,各地交通比较恢复,运输比较便利,市场比较活跃,民族工商业似乎出现了一些生机[1]。"1928年民族资本的状况,的确比较1927年是进步了些"[2]。这种状况,使不少人对国民党抱有更多幻想。这自然使中国共产党领导下的革命斗争更处于困难的境地。

比这更严重的是:各地的党组织在大革命失败时几乎被打散了,一时还没有得到喘息的机会,得以从混乱涣散的状态中摆脱出来。1927年11月临时政治局扩大会议前后,"左"倾盲动主义那种不顾一切的蛮干,使艰难地保存下来的这点力量又遭受新的沉重的损失。当新中央开始工作时,各地党组织(苏维埃区域除外)大体上处在三类状况下:

第一类,不少没有受到大革命风暴强烈冲刷的地区,党组织的力量本来相当薄弱,有的还是空白,大革命失败后又遭到严重摧残。在中央通告中曾说道:1928年夏天,连"山西、陕西、四川、云南事实上断绝了关系"[3]。

第二类,大革命时期工农运动最为高涨、中共中央曾寄以极大

---

[1]《中共中央文件选集》第5册,第87页。
[2] 同上书,第30页。
[3]《中共中央文件选集》第4册,第366页。

期望、准备把它们作为暴动中心区域的两湖和广东，这时遭受的破坏也最为惨重。拿广东来说，广州的党组织几乎全遭破坏，东江、北江、琼崖等地区又连遭挫败，省委被迫移往香港，党处于极困难的境地，"尤其是各地干部不断的牺牲，使党的组织力量异常薄弱了"[1]。湖南省委在1928年"3月大破坏后曾停顿两个月，5月中央派人恢复省委，全省关系渐次恢复"，"7月底又被破坏（省委以至特委及重要县委）"[2]。省委在9月间远迁上海，以后又移至武汉，第二年9月间才迁回湖南。湖北省委在1928年的3月、5月和11月连续遭到三次摧毁性的大破坏，"中心区域工作完全坍台，各县组织虽然存在，但因为得不到省委的指导，不懂得正确的路线，不是盲动便是消沉，大半是散漫而找不着出路"[3]。

第三类，党的组织保存得较完整的是江苏（包括上海）和顺直（包括原中共中央北方局领导的广大地区），但党内存在着严重的纠纷。因为大革命失败后连遭挫折，许多党员一时看不到出路，相互抱怨以致攻击，组织内部发生许多无原则的个人或派别纠纷，"由反对家长制而要求极端民主化，由反对命令主义而以说服精神为武器来拒绝上级机关的决议和指示的执行，由意见的不同而形成组织的对立，由反对惩办主义而动摇铁的纪律"[4]。这种状况在不少地方存在，而以顺直更为突出。

六大路线的贯彻也好，争取群众也好，都得靠党的组织去做。如果党的主体本身严重涣散，甚至支离破碎，即便计划订得条理分

---

[1]《中央给广东省委的信》，1929年3月31日。

[2]《中共中央政治局向共产国际的报告》，1928年11月28日。

[3]《中央致湖北省委的信》，1929年1月15日。

[4] 周恩来：《目前中国党的组织问题》，1929年5月16日。

明，通告写得头头是道，到头来还是一堆空话。以湖北为例，中共中央就深深感到："湖北因为长期破坏的结果，不独六次大会的精神没有传达下去，即以前八七会议的精神有些地方也没有达到党员群众。这种现象是一切工作进行的障碍。"[1]因此，如何恢复并发展大革命失败后几乎被打散了的党组织，不能不成为中国共产党工作的中心一环。

这个工作应该从哪里着手？由于中共中央那时还没有摆脱以城市为中心的错误观念，最看重的是城市产业工人的工作。他们原来的打算，准备从加强产业工人最集中的"中心区域"做起。中共中央给共产国际的报告中写道："中央认为现在必定要尽全力以整顿全国各重要区域的产业支部，然后党在产业无产阶级中的基础才能巩固，然后夺取群众的工作才能愈有把握的进行。"[2]上海是中国产业工人最集中的地区，中共中央也在这里，因此周恩来回国后，中共中央最初决定由他和李维汉等组成巡视上海工作委员会，以周恩来为主席，帮助上海开展工作。

但是，顺直的党内纠纷越来越严重，中共中央在一星期后又决定改派周恩来去顺直巡视。这是因为"这个问题不能很快的得着正确的解决，不独北方工作不能发展，并且全党涣散的精神都不能转变"[3]。

12月中旬，周恩来从上海秘密来到北方。因为顺直问题拖延得太久，中间又经过多次反复，干部和党员的思想十分混乱，使问题的处理变得特别棘手。周恩来在深入调查研究、弄清实际情况的

---

[1]《中央关于湖北问题决议案》，1929年4月24日。
[2]《对国际的报告——江苏问题经过的详细情形》，1929年2月。
[3]《中共中央文件选集》第5册，第187页。

基础上，不着重追究个人的责任，也不把问题无限上纲，而是紧紧地抓住两个要点：第一，坚持从思想教育入手。他在刚回国时说过：顺直残留的斗争直到现在，主要的是缺少了政治的指导，因此"主要的还是政治的说服"，不应是两条路线。到顺直后，在和持有各种不同意见的同志交换意见时，他坚持耐心说服，反对那些各走极端的主张，提出明确而又入情入理的解决办法。他在顺直省委的油印刊物《出路》第 2 期上发表了《改造顺直党的过程中的几个问题的回答》一文，详细地说明他对顺直党内纠纷的看法，并且以循循善诱的态度剖析极端民主化与民主集中制的区别、命令主义与说服群众的区别、惩办主义与铁的纪律的区别，使顺直党内的认识逐渐趋于一致。第二，引导大家以向前看的精神，"从积极工作的出路上解决一切纠纷"。他在省委常委全体会上作了报告，帮助大家认清"必须积极到群众中工作，参加和领导群众斗争做起"，"才是解决党内纠纷的正确出路"[1]。12 月底，他在天津秘密召开北方党的代表会议，传达六大精神，部署北方党今后的工作，使顺直党的工作开始进入正轨。中共中央对他这次北上的工作作了这样的评价："中央经过极大的努力，派人巡视，召集几次顺直的会议"，"最后得到了顺直全党的拥护，才把顺直的党挽救过来"。"现在的顺直党，已经较以前为进步"，"党的生活向着发展工作的路线上前进"。[2]

顺直省委问题的处理还没有结束，党内另一个重大事件——江苏省委的问题又发生了。

江苏省委问题发生的由来，是 1929 年 1 月 3 日向忠发和李立

---

[1]《冠生来信——致中央，对顺直省委改组的意见》，1928 年 12 月 17 日。
[2]《中共中央文件选集》第 5 册，第 179、189、188 页。

三向中央政治局建议由中共中央兼江苏省委,并得到政治局的同意。这个做法是不正确的,引起江苏省委同志的极大不满。1月中旬,周恩来从北方回到上海,立刻对向忠发、李立三提出:我觉得这个问题要严重的考虑,我是不同意的。并要求召开政治局会议重新讨论。经过周恩来的说服,向忠发、李立三放弃原来的主张。这件事也反映出:当时政治局内部有不同意见时,周恩来能够起着主要的决策作用。但政治局原来的决定已从小道传到江苏省委那边。省委的同志也采取了不正确的做法。他们表示:"无论中央怎样决定,省委将一概拒绝。"[1]并到一些省派来上海的代表那里进行违反纪律的活动。

这一来,事态就发展得严重了。周恩来面对这样复杂的问题,态度很冷静。他一面仍坚持中央原来的决定是不正确的(在1月14日的政治局紧急会议上,正式通过中央不兼省委的决定);另一面也严肃批评江苏省委这种同中央对立的做法,指出这是错误的,是党的纪律所不容许的,因为如此做法,党将永远没有出路,这个问题可以说是一个教育全党的机会。随后,他向江苏省委的同志进行耐心的教育,帮助他们认识错误。一场轩然大波,由于采取坚决的态度和教育说服的方法,终于得到比较顺利的解决,并使全党受到了教育。

顺直省委和江苏省委纠纷的解决,初步扭转了党内存在的严重涣散和无纪律状态,使党的工作走上较能正常运转的轨道。

接着,中共中央便以更多精力指导各地党组织的恢复和发展。周恩来在3月2日和7日的两次政治局会议上作了组织工作的报告。同月16日,他在中央组织部部务会议上根据政治局的讨论提

---

[1]《对国际的报告——江苏问题经过的详细情形》,1929年2月。

出了十二点意见。接着，中共中央发出了第三十六号通告和周恩来解释这个通告的小册子《目前中国党的组织问题》。在这一系列会议和文件中，中共中央对如何在白色恐怖笼罩下的险恶环境中恢复并发展党的工作提出了系统而切实的主张。

当时，各地党组织面对的现实状况是异常严酷的。全国各地党组织几乎没有一省未经敌人破获，许多同志牺牲。省委机关几乎都被破获过，党在城市中建立的机关很难较长时期存在，自首现象向全国发展，敌人又采取收买和派侦探混入党内的办法来破坏党。

面对如此险恶的环境，各地党组织却很不能适应。这些党组织大多是在大革命风暴中迅速发展起来的，过去往往只有两种经历：大革命时期的那种公开或半公开的活动方式，或者"左"倾盲动主义统治时那种只靠少数人的拼命蛮干，不懂得在新的陌生的环境中应该怎样工作。六大前后，情况虽在变化，但没有根本改观。党的骨干大多集中在省委、特委和一些重要城镇中，形成庞大的秘密工作机关。党同群众处于严重的隔离状态。许多支部陷于涣散，甚至名存实亡。

应该怎么办？中共中央根据一年多来各地的血的教训，着重强调以下指导原则：

第一，党的工作必须切实地深入群众，从下层做起。只有在下层组织已经健全起来、工作有了开展以后，才能建立上层组织。中共中央指出："有些省份根本还没有什么基本工作，首先建立一架空省委，实不如先从地方工作做起较为切实。"[1]周恩来主张："原则上高级机关要尽量缩小。"[2]"深入群众的组织任务不是党员环绕

---

[1] 周恩来：《目前中国党的组织问题》，1929年5月16日。
[2] 周恩来在中共中央政治局会议上的发言记录，1929年3月7日。

在党的机关周围所可解决,而要分散到产业工人群众中去才有办法。因此党的机关主义必须打倒,头重足轻的办法必须改变。"[1]

第二,力求使秘密工作同公开工作结合起来。这是地下党工作的一条重要原则。建立党的秘密组织自然是极其重要的,但它不是目的,更不是只求消极的存身,而是为了使自己先站住脚跟,然后积极地开展群众工作,争取群众,积蓄力量,促进革命高潮的早日到来。中共中央对这个问题十分重视,指出:"在地下党的时代,党要极端秘密地保存组织,工农会则须力争开展活动。只有争取公开活动、存身在合法半合法(这是指为社会习惯所许的合法、不向国民党登记的合法)的形式之下的赤色工农组织,才易于吸收广大的群众到组织里来。党也只有经过他们才能团结广大的工农群众到党的周围及党的口号领导之下。"[2]中共中央要求各地党组织应该设法从各方面(包括采取各种合法半合法的方式)接近工农群众,实际考察他们的生活痛苦和要求何在,艰苦耐心地去做发动和领导群众日常斗争的工作,一点一滴地做起,日积月累地团聚群众的力量,来实现"争取群众"的总目标。

第三,要坚持党的干部的"职业化"和"社会化",利用职业和各种社会关系的掩护来开展工作。周恩来批评一部分党员:"他们因为过去参加革命工作,便断绝社会一切关系以至家庭关系,这并不是很正确的。因为旧社会存在一天,我们便应利用旧社会中非政治的任何关系以帮助我们工作的发展。我们也只有利用旧社会的关系,才易于深入群众,才易于掩藏在群众中从事工作。"[3]

---

[1] 周恩来在中共中央政治局会议上的发言记录,1929年3月2日。
[2] 周恩来:《目前中国党的组织问题》,1929年5月16日。
[3] 同上。

那时，党在国民党统治区的工作也采取过一些错误的行动。正如李维汉所说："把六大提出的在客观可能的条件下争取公开的路线简单地理解为以公开的政治口号，通过公开的群众组织，发动群众罢工、示威、游行。"[1]1929年5月30日，中共江苏省委在上海南京路举行纪念五卅运动四周年的示威游行，周恩来和李维汉曾亲临现场观察并指挥。这年8月1日，江苏省委又在上海、南京、常州等地举行示威活动，其他省也有这类活动。在革命力量仍很薄弱的情况下，这些做法不恰当地暴露了自己，显然是"左"的冒险行为。周恩来后来在认识上也有变化。他在这年11月3日为中共中央起草的给江苏省委的信中虽然仍说："革命斗争走上高潮的条件之下，举行公开的向敌人示威的路线是非常正确的，"接着就说，"但是我们必须注意到群众的情绪与决心，决不可单凭主观来决定示威。""如果随随便便的单凭主观来决定示威的日子，以致不能有好的准备，不能有充分的发动，则结果真将成为玩弄示威。""这一点要求你们特别注意。"[2]

经过一年多的艰苦而扎实的工作，各地党组织虽然处境仍很艰难，也有过一些失误，但总的说来仍有不小的进步。1929年6月召开的中共六届二中全会，回顾一年来的历程，肯定了这个时期的进步："一方面把党从削弱涣散的现象中挽救出来，得到重新巩固与一致的精神，另一方面在工作上也表现着党的进步，党与群众的关系，党在群众中的政治影响与领导斗争的力量，都开始了新的进展。"[3]全国的党员人数，在六大时是4万多人，六届二中全会时已

---

[1] 李维汉：《回忆与研究》（上），第292页。
[2]《给江苏省委关于上海学生运动的指示》，1929年11月3日。
[3]《中共中央文件选集》第5册，第177页。

增加到 6.9 万多人，到周恩来再次离国时的 1930 年 3 月，更发展到 10 万人。想一想，这种发展是在反动统治势力进行血腥屠杀和搜捕、党的组织屡遭破坏的严重状况下取得的，就不难理解它的得来不易。他们中许多人，有些长期坚持地下斗争，默默地在全国各地播下革命的火种，有些活跃在农村游击战争中，或从国民党统治区一批批前往农村革命根据地。离开他们，中国革命以后的胜利发展是难以想象的。

中国共产党在反动势力严密控制的区域内长年累月地从事地下工作，经验之丰富是举世罕见的。它在中国共产党的历史中是一个重要的方面。六大后两年间经过艰苦探索所形成的一系列指导原则，不仅为当时处于困难境况下的各地党组织的恢复和发展指明了出路，并且对党在国民党统治区的工作有着深远的影响。尽管中间经历过严重曲折的道路，但以后党在国民党统治区提出的"隐蔽精干、长期埋伏、积蓄力量、以待时机"的正确政策，同这个时期初步形成的工作传统显然有着一脉相承的关系。

把红军和农村革命根据地的工作放在越来越重要的地位上

六大后中共中央工作的另一个重要方面，是指导各地红军和农村革命根据地的发展。它对红军和农村革命根据地的重要性的认识，也在实践中不断提高和深化。

六大前后，中国农村的革命游击战争正处在特别艰难的时刻。那时正值反动统治暂时稳定的时候，国民党各派军阀之间的内战尚未爆发，可以集中较多兵力对红军进行"清剿"。中国的农村游击战争开始还不久,力量薄弱,斗争经验更不足。大革命失败后建立起来的农村革命根据地,失利的消息一个接着一个地传来。1928年5月,实力较强、条件较好的广东海陆丰苏维埃政权和工农红军在优势敌人的进攻下遭到失败。这对全党是很大的震动。6月,陕西渭华起义中组成的西北工农革命军在三个师的敌军进攻下,也因众寡悬殊而失败。同年夏,海南岛的人民革命军战斗接连失利,特委书记杨善集、司令员冯平等主要领导人先后牺牲。8月间,红军第四军在湘南遭到损失重大的"八月失败"。11月起,井冈山面临敌人的第三次"会剿",红军中一部分人又提出了"红旗到底打得多久"的疑问。

红军和农村革命根据地究竟还能不能存在,能不能继续坚持下去?这时已成为全党异常焦虑和关注的问题。六大对它作出了肯定的答复。六大决议中写道:"至今保存的苏维埃政权的根据地(南方各省)及其少数工农革命军,更要成为这一新的高潮底重要成分。"[1]大会并指出:在农村,"游击战争将成为主要斗争的方式,党必须积极领导"[2]。"我们预料经过工农武装起义夺取政权后,新政权必将即时实现,这就是说和俄国1917年苏维埃事前能够公开存在,不会一样。""革命政权成立的第一天,便须设法组织红军。以武装起义的队伍做红军的基础。"[3]毛泽东对六大的这个历史功绩作了很高的评价。他说:"因为这是一个最基本的问题,不答复中国革命根据地和中国红军能否存在和发展的问题,我们就不能前进一步。1928年中国共产党第六次全国代表大会,把这个问题又作

---

[1]《中共中央文件选集》第4册,第179页。

[2] 同上,第214页。

[3] 同上,第236、239页。

了一次答复。中国革命运动,从此就有了正确的理论基础。"[1]

但是,局势毕竟是严峻的,红军和农村革命根据地的处境看起来实在太艰难了。六大和它以后的中共中央对农村游击战争的指导有过失误,出现过一段曲折。当时共产国际认为中国红军只能分散存在,如果集中的话,容易被敌人消灭,并且会妨碍老百姓的利益。他们还要求高级干部离开红军。新中央回国后,在11月4日写信给贺龙,一方面指出:"你们的武装只有在广大群众当中才能生存而发展,这是你们主要的任务";一方面又说:"你们现在的实力并不很强,而龙兄在那里的目标太大,徒引起敌人联合猛力的向你们进攻。若龙兄仍不脱开,减小目标,这部分实力恐终久不能保存而要被敌人消灭。"[2] 12月中旬,又致信湖北省委,提出红军要实行分散的原则。1929年2月7日中共中央发出了给红四军前委的信(通常称为"中央二月来信"),要求"将红军的武装力量分成小部队的组织散入湘赣边境各乡村中进行和深入土地革命",认为这是"避免敌人目标的集中和便于给养与持久的政策",并要求朱德、毛泽东离开红军到中共中央工作,[3] 这自然是不正确的。

红军这种极端困难的局面并没有持续太久,客观局势就发生了重大变化。1929年3月是一个重要转折点。以这个月蒋桂战争的爆发为起点,国民党各派新军阀之间重新开始了无休止的混战。许多原来"会剿"工农红军的反动军队纷纷调往军阀内战的战场,后方空虚,这就给各地工农红军以较大的发展机会。随着客观形势的发展,中共中央对这个问题的认识也发生了变化。

---

[1]《毛泽东选集》合订本,人民出版社1991年6月版,第172页。
[2]《中央给贺龙同志的信》,1928年11月4日。
[3]《中央给润之、玉阶两同志并转湘赣边特委信》,1929年2月7日。

这里需要再回头说说"中央二月来信"。这封信发出时,红四军的处境确实相当艰危。在这以前不久,由于湘赣两省国民党当局以优势兵力发动第三次"会剿",毛泽东、朱德、陈毅率领红四军主力在1月14日离开井冈山东下,20日在大庾又遭受失利,被强敌尾追,转战粤、赣边界。中共中央在六大结束后屡次派人给他们送信,一直没有得到回音,对红四军的状况缺少具体了解,十分焦急,指示信便是在这种情况下写的。信写出后两天,红四军主力到达江西瑞金以北的大柏地。第二天,在大柏地诱歼追敌刘士毅旅大部。这个大胜仗,扭转了红四军原来的被动局面。接着,红四军又在吉安的东固地区同赣西特委领导的红军游击队会合,站住了脚跟。4月3日,红四军前委方才收到中央在两个月前发出的指示信。信中充满忧虑的语调,同红四军刚刚欢庆大捷的胜利场景显得很不协调。5日,红四军前委给中央的报告中说:中央来信"对客观形势和主观力量的估量都太悲观了",并表示不同意朱毛离开队伍。这时,随着新军阀内战的重新爆发,中共中央的认识也在改变。4月4日(红四军前委写报告的前一天),中央常委讨论红四军问题时,周恩来说:朱毛出来问题,原则上是如此,但现在实际情形要写得活一些。8日,中共中央发出致毛泽东、朱德指示信。信中说:红军目前的总任务是:扩大游击战争范围,发动农民武装斗争,深入土地革命。虽然当时还没有接到红四军前委写来的报告,但这封信中已不坚持要朱毛离开队伍,只是说:"润之、玉阶两同志若一时还不能来,中央希望前委派一得力同志前来与中央讨论问题。"[1]调朱毛出来的事,实际上就此作罢。

---

[1]《中央给润之、玉阶两同志信》,1929年4月7日。

6月15日，中共中央给贺龙并前委的指示信也明确写道："你们的客观条件既不许你们分散，自然亦不必分散。在目前这个环境中，是应集中力量，以对付敌人。""云卿（贺龙）、冬生（卢冬生）同志既事实上不能脱离部队，现在都可不必来上海了。"[1]

十天后召开的六届二中全会上，中共中央更明确地作出结论："中央以前曾提出'分开以深入农民群众'的路线，因为客观政治形势的发展与农村斗争的激烈和红军组织的成分等的条件，以前的决定的原则的确是不适合的，所以现在改变为'集中游击以发动群众'的策略。"[2]

随着农村游击战争的发展和工农红军的逐步壮大，中共中央和直接主管军事工作的周恩来，不仅在军事工作干部的输送、经济物资的接济、重要情报的提供等方面做了大量工作，更重要的是，对各路红军进行了经常的指导，包括作出一些影响深远的重要决策。

在全国红军中，最重要的是毛泽东、朱德、陈毅率领的工农红军第四军。红四军内部在建军思想和建军原则上曾长期有过分歧。1929年6月下旬的红四军第七次代表大会后，毛泽东离开红四军主要领导岗位，留在闽西养病并指导地方工作。8月下旬，陈毅根据中共中央的要求来到上海。中央政治局举行会议，听取陈毅的报告，并决定组织以周恩来、李立三、陈毅三人组成的委员会，由周恩来召集，负责起草对红四军工作的指示文件，即9月28日的《中共中央给红军第四军前委的指示信》。这封信一开始就作出一个对中国革命运动有重大意义的论断："先有农村红军，后有城市政权，这是中国革命的特征，这是中国经济基础的产物。如有人怀疑红军

---

[1]《中央给云卿并前委诸同志的指示信》，1929年6月15日。
[2]《中共中央文件选集》第5册，第186页。

的存在，他就是不懂得中国革命的实际，就是一种取消观念。"这种认识比六大时显然有了很大进展。指示信规定，红军的基本任务应该有三项：1.发动群众斗争，实行土地革命，建立苏维埃政权；2.实行游击战争，武装农民，并扩大本身组织；3.扩大游击区域及政治影响于全国。"红军不能实现上面三个任务，则与普通军队无异。"指示信要求在红军中纠正一切不正确的倾向，并强调要加强党对红军的领导，写道："党的一切权力集中于前委指导机关，这是正确的，绝不能动摇。不能机械地引用'家长制'这个名词来削弱指导机关的权力，来作极端民主化的掩护。"[1]周恩来叮嘱：朱、毛两人仍留前委工作，毛泽东应仍任前委书记，并须使红四军全体同志了解并接受这一决定。陈毅将中央指示信送达红四军前委。毛泽东在11月下旬回到前委，并报告中共中央："我病已好，遵照中央指示，在前委工作。""四军党内的团结，在中央正确指示之下完全不成问题。"[2]12月底，红四军第九次党代表大会召开，通过著名的古田会议决议，这在中国人民军队的建军史上是一个重要的里程碑。中央九月来信对开好这次会议所起的作用是无须多说的。

贺龙、周逸群领导的湘鄂西苏区是红军另一个重要根据地。1929年3月19日，中共中央发出了给贺龙和湘鄂西前委的指示信。信中强调在农村发动群众、开展游击战争、深入土地革命、建立农村革命根据地的重要性，并且指出："此时欲图大的发展，亦尚困难。你们来信说，红军拟向下游发展，将来以湘西之常德或鄂西之宜昌为目的地，这种计划还太大而不切实。目前所应注意者，还不是什么占领大的城市，而是在乡村中发动群众，深入土地革

---

[1]《周恩来选集》上卷，第40—41页。
[2] 毛泽东致中共中央电，1929年11月28日。

命。故你们此时主要的任务，还在游击区域之扩大，群众发动之广大，决不应超越了主观的力量（主要的还是群众的力量，不应只看见武装的力量），而企图立刻占领中心工商业的城市。"[1] 6月16日，中央在给贺龙并前委的信中又介绍了朱毛红军提出的包括"十六字诀"在内的游击战争指导原则，指出："这些经验很可以作你们的参考。"9月间，中央决定在洪湖地区成立红六军，并派孙一中、许光达前往工作。不久，这支部队同贺龙率领的部队在洪湖地区会合，合编为第二军团。以后的红二方面军便是由红二军团和湘赣边的红六军团会合后形成的。

鄂豫皖地区的红军游击队在这个时期也发展得很快。他们最初分为三块：一块是在黄（安）麻（城）起义基础上形成的鄂东北根据地，一块是在商城以南起义基础上形成的豫东南根据地，一块是在六（安）霍（邱）起义基础上形成的皖西根据地。1929年5月底，中央军委派徐向前等到鄂东北，负责这个地区的军事指挥工作。1930年1月，中央巡视员郭述申在鄂东北和豫东南地区巡视后，回上海向中共中央作了汇报。为了克服边区党组织领导和红军指挥的不统一，中央决定成立鄂豫皖边特委，由郭述申任书记；成立红一军军部，由许继慎为军长。这便是以后的鄂豫皖中央局和红四方面军的前身。

可以清楚地看到：以后中国工农红军的三大主力——一方面军、二方面军和四方面军在这个时期都已初具雏形。这是当地党组织和红军指战员们在极端艰难的环境中顽强奋斗所创造的光辉业绩，但它们并不是在完全失去中央领导的状况下各自为战，这些业

---

[1]《周恩来选集》上卷，第17—18页。

绩是同中央军委的指导和支持分不开的。

与此同时,中共中央对农村革命根据地的建设也越来越重视。中共六届二中全会的政治问题报告在批判托派的错误时,对农村革命根据地在中国革命中的特殊重要地位说了一段很有分量的话:"他以为中国像西欧各国一样,大城市的经济力量可以统治全国,历以大城市暴动成功以后可以影响小城市及乡村;而在中国,则找不到一个大城市的经济力量能统治全国的。中国可以划分为许多小国,他们的经济力量都可以独立的。所以中国革命要胜利,必须要有广大的苏维埃区域的帮助。"[1]显然,在实际斗争的摸索中,中共中央并不是完全照搬外国的经验,对中国的国情也在逐步地加深认识。

这以后,中共中央对农村革命根据地苏维埃政权的建设作了更加具体细致的指导。在关于鄂西工作的决议和给湖南省委的指示信中,中共中央指出,在政权建设方面,党的任务是要领导群众来管理政权,建立代表会议组织作为乡村决定一切政治问题的最高权力机关,使群众参加政权,防止以党来代替政府。在经济方面,要彻底分配苏区以内的土地,允许商品流通,不压迫小商人并使他们有利可图。在军事方面,要有计划地发展群众武装,扩大红军,红军不仅应该是战斗员,而且是宣传员。红军要服从苏维埃政府的命令,决不能有军权超过政权的事情发生。[2]

应该说,这个时期中共中央对苏维埃政权建设和农村经济等问题的指导,大体上是正确的、切合实际情况的,没有多少后来那种

---

[1] 中共六届二中全会政治问题报告记录,1929年6月。
[2] 参见《鄂西党目前的政治任务及其工作决议》,1929年8月24日;《中央给湖南省委的指示信》,1929年9月5日。

"左"的倾向，对中国民主革命时期农村革命根据地的建设具有重要指导意义。可惜的是，这个历史功绩后来被忽视了。

到1930年年初，南中国几个大的农村革命根据地已有几万、几十万农民群众团结在中国共产党周围，进行着没收地主土地、推翻豪绅统治、建立自己武装与苏维埃政权的斗争。2月4日，中共中央发出第六十八号通告，宣布准备召集全国苏维埃区域代表大会。同六大闭幕时相比，经过一年多奋斗，中国工农红军和农村革命根据地已有了重大的发展，红军已有第一军至第十三军共13个军，6.273万人，2.8982万支枪（其中最强大的红四军，有1万人、7000支枪；其次是红三军，有9430人、6522支枪），分布在南中国127个县[1]。全国已有赣南、闽西、湘赣、湘鄂赣、闽浙赣、洪湖及湘西、鄂豫皖、左右江等大小15个农村革命根据地。中国革命运动的面貌和六大闭幕时相比大大不同了，正在蓬勃地向前发展。

"农民游击战和土地革命是今日中国的主要特征。"[2]这是周恩来1930年4月在德共《红旗报》上发表的一篇文章中所说的话，也是中国共产党在六大后一年多实践中经过英勇奋斗和顽强探索而得出的新的极端重要的结论。

"左"的倾向的重新抬头

经过一年多顽强努力，革命运动确实在全国范围内呈现复兴的气象，但随着局势的好转，"左"的急性病又逐渐发展起来。这种倾向不是一开始就表现得那么明显，而是经历了一个曲折的发展

---

[1] 周恩来：《红军的数目与区域》，1930年3月。
[2] 周恩来：《写在中华苏维埃第一次代表大会召开之前》，德共《红旗报》1930年4月27日。

过程。

本来，六大只是指出："现在，第一个革命浪潮已经因为历次失败而过去了，而新的浪潮还没有到来，反革命的势力还超过工农"。[1]新的革命浪潮什么时候可以到来？没有具体回答，在当时也难以回答，因为这需要根据主客观条件变化的实际状况来确定。中共中央只是一再说：要促进革命高潮的到来。可是这样一来，新的革命高潮是否将要或已经到来的问题就经常萦绕在中共中央许多领导人的头脑中。在主观上，他们是急切地期望这种新的革命高潮能早日到来的。

但公正地说，六大后一年左右时间内，中共中央的态度仍比较冷静。1928年11月，中央军部给南路军的指示信，在指出反动统治阶级面对的各种基本矛盾一个也无法解决、新的革命高潮终将到来以后，接着就说："然这也不容许过分估量，因为统治阶级虽不能根本解决革命危机，但它却能和缓这个革命危机，尤其是我们党在目前不能领导成千万的工农贫民兵士群众于党的政治影响之下，坐使工农贫民兵士自发的斗争成为零碎的失败，而不能使阶级斗争成为更剧烈的形式，更足以推延这个革命高潮的到来。故在目前反革命势力还超过工农斗争力量时，党的总路线是争取群众。武装暴动在全国范围内还不是行动的口号，而是宣传的口号。"[2]这一类分析，在当时中共中央的文件中是到处可见的。

需要说到：从1929年4月的中央通告第三十四号起，可以看出中央开始认为右倾是党内主要的危险[3]。这显然是受到共产国际

---

[1]《中共中央文件选集》第4册，第180页。
[2]《中央军部给南路军的指示信》，1928年11月13日。
[3]《中共中央文件选集》第5册，第528页。

二月来信要求反对"右倾"的影响。但这里也需要作具体分析，他们那时所反对的"右倾"和以后李立三、王明"左"倾错误占统治时期所反对的"右倾"在实际内容上仍有所区别：后者把反对他们"左"倾错误的正确主张统统斥为"右倾"；前者反对"和平发展、合法运动的右倾思想"[1]，主要是指陈独秀所代表的取消主义。在他们看来，从根本上放弃革命、取消革命，比起革命斗争中出现的盲动似乎更为危险。他们还担心："1925至1927年之伟大的革命是失败了，失败的现象在党内各处都得着了反映。许多同志——公开叛变已经投降敌人的自然在外——对于现在革命的形势抱着悲观。对党的策略与工作发生犹豫、动摇、怀疑、失望、消极，对党的组织也是一样。"[2]这是他们当时所说的"反对右倾"的重要内容。如果一看到"反对右倾"的字样就以为"左"倾错误又占了支配地位，这种判断未必是恰当的。

这以后，政治局势中又发生两件大事：一件是以蒋桂战争为起点的国民党各派新军阀混战的重新爆发，一件是中苏之间的中东路事件。这两个事件的发展，直接促使中共中央内部的"左"倾思想重新抬头，但这仍然有一个逐步演进的过程。

蒋桂战争是在1929年3月爆发的。虽然桂系很快失败了，但接着又发生蒋介石同冯玉祥，同唐生智、石友三，同张发奎等的一系列混战。它使中共中央很兴奋，认为统治阶级内部的危机可以给党更多争取群众的机会，要利用这些机会来发动并领导群众斗争。但他们仍比较冷静，在给鄂西特委的信中写道："战争虽给我们工作许多发展机会，使群众加深痛苦和对统治阶级更加不满，但

---

[1] 周恩来：《目前中国党的组织问题》，1929年5月16日。
[2] 《对国际的报告——江苏问题经过的详细情形》，1929年2月。

战争本身还不是革命的高潮,一定要到绕着我们周围有了广大的革命民众的时候,才会有革命的高潮。现在我们还没有广大群众做基础,所以我们在军阀战争中的中心任务,无论敌人军事上有什么变化,我们的夺取群众的中心任务总是不变更的。"[1]在给江西省委的信中,更批评了那种认为"革命高潮快要到来"的观点,写道:"在六次大会后,中央开始工作之第二次通告上也曾有过'快要到来'的字样,也是错误的。在以后中央历次的通告中,都曾注意到这一点,屡次都说革命的高潮并不是很快的要到来,而是必不可免的到来。"[2]

5月间,中东路事件发生。根据共产国际的指示,中共中央把这个事件看作国际帝国主义进攻苏联战争的开始,并且脱离中国国情,不恰当地提出"拥护苏联"的口号。但他们这时仍比较冷静。在六届二中全会的政治问题报告中说到"党对中东路问题的策略"时,依然说:"但如果以为这些事实便是革命高潮的到来,则是夸大了这一现象。""我们应当认清,现在只是群众斗争的复兴现象、革命高潮的象征,而不就是革命高潮。"只是拖了一句:"到了反苏联的战争开始、已经实行武装进攻苏联时,我们的策略无疑义的是实行武装保护苏联,以暴动的力量使军阀及帝国主义失败、苏联胜利。"[3]可见在当时,这只是一种假设,而不是行动方针的确定。

9月18日,他们向"左"的方面又跨进一步。在第四十九号中央通告中宣布:"我党在目前领导群众斗争的两个中心任务,就是反对进攻苏联与反对军阀战争。"提出:"在军阀战争的当中,原

---

[1]《中央给鄂西特委的指示信》,1929年3月30日。
[2]《中央致江西省委信》,1929年3月27日。
[3] 中共六届二中全会政治问题报告记录,1929年6月。

则上要采取坚决进攻的策略,要肃清一切保守的观念。"可是,革命高潮是不是已经到来?他们的态度仍是慎重的,认为革命高潮虽已日益接近,但现在并没有到来:"在目前的形势,显然没有革命的高潮。但是现在一切革命的根本的矛盾,不只没有解决,而且一天一天加深起来,必然要推动群众斗争走向革命的高潮。"[1]

直到这年11月下半月,也就是中共中央先后通过关于反对党内机会主义与托洛斯基反对派的决议和开除陈独秀党籍的决议以后,在反对托陈取消派斗争的高潮中,中央给江西省委的信中仍写道:"你们正在布置响应一两省夺取政权的暴动,发动全国总暴动,这一估量是错误的。目前是走向革命高潮,不是已经到了革命高潮的时候。你们犯了严重的盲动的错误,须立即停止你们结论之执行,遵照中央通告及指示改正。"[2]

重要的变化发生在12月间。

这月8日发出的《中央通告第六十号》,调子陡然升高,提出了一条"反对帝国主义国民党进攻苏联战争与军阀战争的总路线",不仅要求加紧准备武装暴动的工作,并且提出准备组织区域性总同盟罢工和红军进攻主要城市等以前没有提出过的重大行动。对红军问题,错误地规定:"过去避免夺取主要城市之策略,也须改变,只要有胜利的可能有群众可发动的,便须向主要的城市进攻,以至占领这些城市,就是占据极短的时期,也是有极伟大的政治影响。红军执行这样的策略,以与全国工农兵的斗争汇合起来"[3]。

为什么中共中央的调子会在这时突然升高?直接原因是他们对

---

[1]《中共中央文件选集》第5册,第388页。

[2]《中央给江西省委信》,1929年11月17日。

[3]《中共中央文件选集》第5册,第505—506页。

中东路事件的发展作了不正确的估量。那时中东路的军事冲突已经发生而尚未结束。第六十号通告一开始就写道："最近几日形势的发展,帝国主义进攻苏联的战争不仅是不可避免的危险,而且已经迫在目前了。""帝国主义进攻苏联的战争,将是人类历史上未曾有的残酷的阶级战争,必然引起世界革命的大爆发。"这就使他们产生一种异常紧迫的心情:既然局势已到了一触即发的地步,为了世界革命的整体利益,只有不顾一切地加快行动起来。10天后,中共中央的另一封信中说得更明白:"我们党目前重大的任务,无疑的是和合而且扩大一切日常斗争走向罢工示威以发展到武装斗争,以执行武装拥护苏联的任务,以走向全国范围总的暴动。这一重大任务,无论在保护工人祖国的意义上,无论在世界革命形势的发展上,无论在中国革命的复兴上,都是非常严重、非常正确而不可丝毫忽视的。谁忽视了这一任务或者反对这一任务,他的结果不但取消革命,简直是帮助帝国主义、国民党以进攻苏联!这不仅是罪恶,而且是叛变!"[1]读一读这些情辞激切的话,对中共中央在此时调子陡然升高,就不会觉得有什么奇怪了。

但中东路事件没有像他们预想的那样发展。在东北军连遭挫败后,谈判和平解决中东路事件的中苏预备会议在12月16日开始举行,22日双方签订会议纪要。1930年年初,中苏边境局势已逐渐缓和下来。

但正在这个时候,中共中央收到了共产国际执行委员会1929年10月26日写来的信。这一年共产国际给中共中央写来四封信。周恩来后来说过:"一九二九年的四封信都有错误,当时中心应反

---

[1]《中央致湘西红军前委信》,1929年12月18日。

左倾残余,乃着重反右倾,对改组派等的政策都偏左,而毫未重视利用间接后备军与开展群众日常工作问题。"[1]这四封信对中共中央都产生了消极的影响,助长了"左"的倾向,其中产生影响最大的就是10月间的这一封。这封信一开始就危言耸听地说道:"中国最近的事实,迫着我们在还没有接到你们关于党在现时条件下的行动和路线的消息的时候,就来说一说我们对于中国时局的估计,就来预先指出你们中国共产党底最重要的任务。"这对中国国内形势的估计同六大时相比有了很大变化,作出一个严重的结论:"中国进到了深刻的全国危机底时期。"从这种判断出发,他们提出:"现在已经可以开始、而且应当开始准备群众去用革命方法推翻地主资产阶级联盟底政权,去建立苏维埃形式的工农专政。同时,要积极地发展和扩大革命形式的阶级斗争(群众的政治罢工、革命的示威运动、游击运动等等)。"并且认为:"盲动主义的错误在大体上已经纠正过来。你们现在切不要重复这些错误,而应当尽力鼓动并加紧阶级冲突,领导群众底义愤,按照阶级冲突底向前发展而提高要求,把革命斗争推进到日益更高的发展阶段上去。"[2]

这封指示信对中国革命的形势和任务定下了新的很"左"的基调。1930年1月11日,中共中央政治局进行了讨论,并通过《接受国际一九二九年十月二十六日指示信的决议》。《决议》检查了六届二中全会后"中央在策略的运用和工作的布置上尚仍不免犯有错误",表示:"目前全国的情形,正如国际来信所指出,确已进到深刻的全国危机的时机。""这一革命形势的速度,即实行武装暴动直接推翻反动统治的形势的速度。"并且断言:"我们必须如国际所指

---

[1] 周恩来:《关于共产国际指示及反立三路线的研究》,1943年9月16日至20日。
[2]《共产国际执委给中共中央关于国民党改组派和中共任务问题的信》,1929年10月26日。

示,在现在就准备群众,去实现这一任务,并积极的开展和扩大阶级斗争的革命方式。"[1]

这时国内局势确也朝着有利于革命的方向迅速推进。国民党新军阀内部的混战正在继续升级。2月9日,在华北居于举足轻重地位的阎锡山通电要求蒋介石下野。阎锡山、冯玉祥、李宗仁和改组派、西山会议派联合反蒋的新的格局已经日见明朗,新军阀内部规模空前的中原大战迫在眉睫。从革命力量方面来看,城市工人运动正在复兴,红军和农村游击战争更有了巨大的发展。

事情很不幸:当1928年革命浪潮低落的困难时期,当革命遭到严重挫败的时候,党内思想倒比较清醒,从而较快地纠正了"左"倾盲动主义的错误;但一到国民党各派军阀内战大规模爆发、革命运动明显走向复兴时,党内不少同志又兴奋起来,对革命形势作出过高的估计,"左"的急性病重新迅猛地发展起来。

2月17日,中共中央政治局举行了一次重要会议,对全国的"政治形势与战略策略"作出新的估计。李立三在会上作了报告:他说,现在全国大混战又要爆发了。蒋阎战争的范围当然更扩大,因为双方准备很久,而且又有帝国主义积极促成。这一战争是比较持久的战争。各方面革命势力的发展,比几月前也大不相同。他判断道:"在今天,在全国范围内固无直接革命形势,然而它的到来并非很远。因为军阀战争削弱统治力量,加重群众痛苦。这一混战的确有可能爆发一直接革命形势。"因此,他提出:"我们目前总策略路线应针对这一前途,'变军阀战争为消灭军阀的革命战争'、'以群众武装暴动消灭军阀战争'不仅为宣传口号,而且变为动员

---

[1]《中共中央文件选集》第6册,第3页。

群众的直接口号。因此,在策略总方针是:组织群众行动,以消灭军阀战争。""在某几省的形势之下,组织一省或几省暴动,在今天就应有坚决决定,首先就是湖北问题。"[1]

国际指示信对周恩来同样有很大影响。他在发言中对革命形势也作了过高的估计,说:现在统治阶级愈加崩溃,"我们目前党的任务,是在军(阀)战(争)继续、群众斗争日益发展情形之下,我们就要以主观力量造成直接革命形势,夺取政权。"他提出要"组织政治罢工,组织地方暴动,组织兵变,集中红军攻坚"。并且说:"这四大口号是我们目前的中心策略。"[2]这些口号显然是不正确的。政治局其他人的发言内容大体上也是如此。

2月26日《中央通告第七十号》提出:"目前全国危机是在日益深入,而革命新高潮是在日益开展。军阀战争的继续扩大,发展到目前准备中的蒋阎直接开火,已牵动了中国全部的生活。""因此,我党在目前政治形势下加强政治领导,加强主观力量,以反抗和冲破反动统治的压迫与进攻,以促进和准备武装暴动的直接革命形势之来到,便是目前最迫切的任务。"《通告》要求使城市工人政治罢工与示威的发展成为组织武装暴动的第一步;要求集中农民武装,扩大红军向着中心城市发展,以与工人斗争汇合。[3]

这个《通告》的基调是向"左"发展。在它发出后一星期左右,周恩来便启程出国了。

但中共中央内部在认识上仍是有差别的。周恩来虽对形势也作了过高的估计,但在决定采取实际行动时总是比较冷静,不赞成不

---

[1] 李立三在中共中央政治局会议上的发言记录,1930年2月17日。
[2] 周恩来在中共中央政治局会议上的发言记录,1930年2月17日。
[3] 《中共中央文件选集》第6册,第15页。

顾一切地蛮干。他所起草的这个通告中,对"武装暴动的直接革命形势"的判断,并不是认为它已经到来,而是要"准备"和"促进"它的到来。在第二年1月召开的六届四中全会上,周恩来在对自己所担负的责任作了严格的自我批评以后,也谈到他同李立三之间是有争论的:"如我在去年便两次提出反主要的危险右倾,同时必定要反'左'倾;对高潮问题,我在江苏代表会上,在中央政治局,我都主张照国际的解释,中国现在已有革命高潮,但不等于直接革命形势;关于纠正同志错误,我曾多次反对以派别观念解决问题。"[1]李维汉在回忆录中也说道:"恩来出国前和立三在不少问题上意见并不一致,如对革命形势的分析和组织各地暴动等问题就有争论。""恩来走后,立三更加独断专行,政策越来越'左'。有关中国革命的重大问题的决策,往往由他个人决定,党的政治生活处于极不正常的状态。"[2]李立三把全国武装暴动很快提到直接行动的日程上来,部署武汉暴动、南京暴动、上海总同盟罢工,这种不顾一切的蛮干是周恩来不能接受的。他虽远在国外,但立刻站在反对立三路线的方面,回国后为纠正立三路线作出了重大贡献,这些绝不是偶然的。

将近60年的岁月悄悄地流逝了,当年种种早已化为历史的陈迹。但这段历史读起来依然那样地激动人心。它在中国人民革命的史册上,留下了难以磨灭的重要一页。在中国革命一度遭受严重挫折后,中国共产党人在令人难以想象的艰难环境中顽强奋战,在缺乏先例的复杂事态中摸索前进,不仅战胜了党内一度存在的软弱涣

---

[1] 周恩来在六届四中全会上的发言,1931年1月7日。
[2] 李维汉:《回忆与研究》(上),第303—304页。

散现象，渡过了大革命失败后最困难的时刻，重新站稳了脚跟，并且又向前迈进了。他们走的是前人没有走过的路。中国共产党那时还年轻，在这个过程中经历过曲折，出现过某些失误，是不足为怪的。但他们没有停止过脚步，而是以惊人的毅力继续挺身前进。取得了胜利的中国人民，对先驱者的业绩是不会忘记的。

（原载《中共党史研究》1988年第3期）

对遵义会议的历史考察

今年是遵义会议 80 周年。

对遵义会议的历史地位，中共中央在两个历史问题决议中都有明确的论断："这在党的历史上是一个生死攸关的转折点"，"是中国党内最有历史意义的转变"。

既然这次会议是党的历史上的转折点，是最有历史意义的转变，或者用当今流行的话说是一个历史的"拐点"，它当然不是一朝一夕造成的，而是矛盾长期积累和激化的结果；矛盾的消除也不可能在一次会议上全部解决，还需要经历一段过程。但前后的状况毕竟已根本不同。因此，对它不能只是作短时段的考察，而需要以长时段的眼光，从中国共产党的整个历史发展进程来考察，把遵义会议以前和以后党的状况发生了怎样的根本变化进行对比，才能更清晰地认识这次会议的历史性意义。

亲身经历过这场巨大变化的陆定一，在遵义会议九年后说过一段没有引起人们足够重视的话："它在党史上是个很重要的关键，在内战时期党内有两条路线：一条是'左'倾机会主义的路线，一条是以毛主席为代表的正确的路线，遵义会议是由错误路线转变到正确路线的关头"，"不了解当时的情况，很难了解这个决议"[1]。这

---

[1] 陆定一：《关于遵义会议决议的报告》(1944 年)，《文献和研究》1985 年第 1 期。

话讲到点子上了。

那时，共产国际刚刚解散，陆定一的话还不便讲得更明白。其实，他所说的"两条路线"，前者就是把马克思主义教条化，把共产国际的指示和决定神圣化，一切听从它的指挥行事，这种状况在十年内战时期表现为"左"的机会主义错误，王明和前期的博古是它的重要代表；后者是把马克思主义基本原理同中国革命实际相结合，独立自主，坚持一切从中国的实际出发，依靠中国人自己的力量，去夺取胜利，毛泽东是它的主要代表。这是两种截然不同的指导思想。

很长时间内，这两者中谁处于支配地位？是前者；后者却不断遭到压制和打击。这种状况，在临时中央迁入中央革命根据地后达到高峰，把后者称为"右倾机会主义"，进行"残酷斗争""无情打击"，导致中国革命遭受大革命失败后最严重的失败，几乎陷入绝境。正是在这样的危急关头，遵义会议从根本上改变了这种局面。"左"倾教条主义完全失去原有的支配地位。毛泽东倡导的实事求是、群众路线、独立自主取得主导地位。中国共产党从此以生龙活虎的新面貌出现在世人面前。

这确实是一个了不起的大转折，称得上是中共党内具有历史意义的转变，而取得这个转变极不容易。

"左"倾教条主义的统治

共产国际和中国革命的关系，是一个复杂的问题，需要作具体分析。周恩来曾说过："毛泽东同志说它是两头好，中间差。两头好,也有一些问题;中间差,也不是一无是处。"[1]这是一个正确的、恰如其分的论断。

"两头好",包括它的早期。中国共产党的成立、第一次国共合作的形成,共产国际都起了不可忽视的积极作用。那时中国共产党还处在幼年时期,共产国际的这种帮助是十分重要的。但确实也有一些问题,共产国际对中国的实际情况了解得太少,大革命的失败同他们指导中的错误有很大关系。

"中间差",主要指土地革命时期中国党的三次"左"倾错误都同共产国际直接有关(当然它也不是一无是处,如中共六大在共产国际指导下指明的中国革命性质、形势和策略方针是基本正确的)。中共二大决议加入共产国际,成为它的中国支部。共产国际的加入条件中有一条:"国际共产党大会一切决议及他的执行委员会一切决议,有强迫加入国际共产党之各党一律遵行的权力。"[2]中共六大通过的《中国共产党党章》又规定:"中国共产党为共产国际之一部分,命名为:中国共产党,共产国际支部。""下级党部一定要承认上级党部的决议,严守党纪,迅速且切实的执行共产国际执行委员会和党的指导机关之决议。"[3]中国共产党在重大问题上必须执行它的指示,并经过它批准。因此,共产国际对中国共产党不仅有巨大的思想影响力,并且有严格的组织约束力。

周恩来又评论道:"共产国际的缺点和错误,特别在中期的缺点和错误,概括地说是:一般号召不与各国实践相结合,具体布置代替了原则的指导,变成了干涉各国党的内部事务,使各国党不能

---

[1]《周恩来选集》下卷,人民出版社1984年版,第300页。

[2]《中共中央文件选集》第1册,中共中央党校出版社1989年版,第71页。

[3]《中共中央文件选集》第4册,第468、470页。

独立自主,发挥自己的积极性、创造性。"[1]对作为共产国际支部之一的中国共产党来说,要突破和改变这种格局自然十分不易。

为什么尽管"左"的错误多次在中共中央处于支配地位,但中国内部不少地区仍然能涌现出一批独立地从实际情况出发、成功建立起农村革命根据地的创举(如井冈山、鄂豫皖、湘鄂西等)?那是现实生活教育的结果。不少在第一线做实际工作的领导人,在实践的摸索中逐渐明白:只有这样做,才能生存和发展;不这样做,在敌我力量如此悬殊的条件下只有自取灭亡。毛泽东领导的湘赣边秋收起义,就是在遵照中共中央命令进攻长沙失败后被迫南下,取得教训,转而开辟井冈山根据地的,以后又开辟了赣南和闽西的中央革命根据地。其他许多成功的农村革命根据地的建立,大都经历过类似的情况。当时,中共中央一直留在上海,注意力主要集中在城市工作上,没有把农村根据地和工农红军的工作看得那么重,通讯联系又十分不便,因而干预比较少。有些命令(如要红一军团进攻南昌、红一方面军第二次进攻长沙)没有坚决执行,也没有多大追究。这就便于那些根据地和红军能够在很大程度上独立自主地根据实际情况开展自己的工作,取得几次反"围剿"的胜利,并积累起丰富的经验。这是"党内有两条路线"而在一段时间内仍能平行发展的原因所在。

特别值得重视的是,1930年5月,毛泽东在几年工农红军和革命根据地实践的基础上,写出了《反对本本主义》这篇文章。它的锋芒实际上直指把马克思主义教条化、把共产国际指示神圣化那种错误倾向。他明确地写道:"中国革命斗争的胜利要靠中国同志

---

[1]《周恩来选集》下卷,第301页。

了解中国情况。""我们说马克思主义是对的,决不是因为马克思这个人是什么'先哲',而是因为他的理论,在我们的实践中,在我们的斗争中,证明了是对的。""我们说上级领导的指示是正确的,决不单是因为它出于'上级领导机关',而是因为它的内容是适合于斗争中客观和主观情势的,是斗争所需要的。""离开实际调查就要产生唯心的阶级估量和唯心的工作指导。那末,它的结果,不是机会主义,便是盲动主义。"[1]这是从丰富的实践经验中作出的切合实际的新的理论概括。红军和革命根据地正是沿着这个方向进行探索的,但这篇文章当时直接产生的影响很有限。

这个事实告诉我们:一个真理,只有少数杰出的领导人认识到了,还不足以立刻扭转整个局面,必须全党全军大多数人真正懂得了才行。而这并不可能在短时间内做到,还需要在实践中经过正面和反面的多次教育,才能水到渠成地得到解决。这个过程是不可避免的。对中国共产党这样诞生了才十多年的年轻的党、而共产国际在党内正享有崇高威望的情况下,尤其如此。

矛盾还在继续激化。

从1931年1月的中共六届四中全会起,"左"倾教条主义在中共中央取得了统治地位。它有着更加完备的理论形态,比前两次"左"倾错误造成的危害更要大得多。

四中全会是在共产国际代表直接掌握下召开的。向忠发在会议一开始所作的《中央政治局报告》中说:"去年七月的国际会议,以及以前的决议,都明显的指示中国党以唯一正确的进攻路线。"[2]这种从共产国际引进而不顾中国敌我力量悬殊实际情况的"进攻路

---

[1] 《毛泽东选集》第1卷,第111、112、113页。
[2] 《中共中央文件选集》第7册,中共中央党校出版社1991年版,第3页。

线",成为中共党内突出的行动口号。这条被称为"唯一正确"的"进攻路线",极端夸大革命力量,把反动统治势力看成不堪一击,而把坚持从中国实际出发、趋利避害、灵活机动,从而取得一系列反"围剿"战争胜利的正确主张斥为怠工、逃跑的"右倾机会主义"。那个刚从苏联归国不久、得到共产国际代表大力支持的王明在四中全会上发言说:"立三路线是左倾空谈掩盖下的右倾机会主义的消极。""他是在全国革命同时一齐胜利的'左'倾词句之下否认和取消中国革命在全国新高潮之下有在一个或几个重要省区首先胜利的可能。""现在不是要树立国际路线,而只是要执行国际路线。一定要认识,国际路线是已经有了。""只有国际路线是挽救中国革命的武器。现还要在反立三路线的斗争中去彻底执行国际路线、在实际工作中的转变。"[1]这次会议补选王明为中央委员和中央政治局委员。从这时起,"左"倾教条主义错误在中共中央统治了长达四年之久。

这年9月中旬,发生了两件大事:一是日本军国主义者发动九一八事变,武装占领东北,民族危机急遽深化,中共中央却把它看作日本准备进攻苏联的重要步骤,认为必须加紧推行那条"唯一正确的进攻路线";二是中央红军打败了蒋介石亲自指挥的对中央革命根据地的第三次"围剿",引起极大震动,使推行"左"倾错误的中共中央把革命根据地和红军的工作放到更重视的地位上来,加强对它的直接干预。

9月20日,中共中央根据共产国际提出的"进攻路线"通过的决议案,完全脱离实际地宣称:"目前中国政治形势的中心,是

---

[1] 韶玉(王明)在中共六届四中全会上的发言(1931年1月7日)。

反革命与革命的决死斗争。"并且着重提出:"目前主要危险还是反对右倾机会主义。"[1]认为它的主要表现是:对进攻苏联与帝国主义战争的危险估计不足;企图等待战争来讨"便宜"的情绪;不相信苏维埃运动与红军在目前能够取得胜利;对于中国革命危机的日渐成熟表示怀疑等。这次矛头主要指向各革命根据地和红军。毛泽东在几年后明确地指出:这是"在红军中、在苏区中、在白区中大打'右倾机会主义'的起点"。[2]

反对所谓"对于目前形势估计不足与消极怠工的右倾机会主义"的锣鼓越敲越紧。1932年4月14日,以博古为首的临时中央给各苏区发出一封信,强调:"右倾机会主义的危险是各个苏区党面前的主要危险。"[3]这预示着临时中央已决心在各革命根据地开展一场大规模的反对"右倾机会主义"的斗争。

在"左"的错误思想指导下,党在国民党统治区的工作遭到摧毁性的严重挫败,环境越来越恶化。中共中央已难以在中心城市上海立足。1933年1月,博古率领临时中央机关从上海迁到中央革命根据地,同原来在那里主持工作的苏区中央局合并为中共中央局,将中央革命根据地的党政军工作全部置于它的直接控制下。这样,"反对右倾机会主义"的斗争便以前所未有的规模在根据地如火如荼地展开了。

本来,毛泽东从客观实际出发所提出的正确主张在中央革命根据地有着根深蒂固的影响。当时担任中共福建省委代理书记的罗明,回忆毛泽东在1932年8月同他历时半天的谈话。毛泽东在那

---

[1]《六大以来》(上),人民出版社1981年版,第149页。

[2] 毛泽东:《驳第三次左倾路线》(1941年)。

[3]《六大以来》(上),第228页。

次谈话中说:"福建和江西一样,应加紧开展广泛的地方游击战争,以配合主力红军的运动战,使主力红军能够集中优势兵力,选择敌人的弱点,实行各个击破,消灭敌人的有生力量,粉碎敌人的第四次'围剿'。"[1]他还指出:在上杭、永安、龙岩老区开展游击战争,牵制和打击前来进攻的国民党军队,对保卫中央苏区十分重要。毛泽东这些意见是根据客观实际情况提出的正确意见。经过中共福建省委讨论,决定由罗明任特派员,到党的群众基础较好而反动势力薄弱的杭、永、岩一带开展游击战争,发展红军和根据地,取得很大成绩。

正在这个时候,博古等从上海去中央革命根据地首府瑞金,途经闽西。罗明回忆:"他们路经上杭白沙时,就指责我:'你是省委代理书记,不领导全省工作,来杭、永、岩干什么?'我说是按照毛泽东同志的指示并经省委决定,来这里重点开展游击战争的。""他们对此很不高兴。"[2]

博古等到瑞金后不到一个月,便在2月15日由中共中央局作出决定称:"中央局检阅了福建省委工作之后,认为省委是处在一种非常严重的状态中,并且形成了以罗明同志为首的机会主义路线。这一路线对于目前革命形势的估计是悲观的,对于敌人的大举进攻表示了张皇失措,认为在杭、永、岩苏区的群众的革命工作已经低落。"中央局决定:"在党内立刻开展反对以罗明同志为代表的机会主义路线的斗争。"并且采取了严厉的组织措施:"立刻撤销罗明同志省委代理书记及省委驻杭、永、岩全权代表工作。"[3]

---

[1]《罗明回忆录》,福建人民出版社1991年版,第120页。

[2]《罗明回忆录》,第121页。

[3]《反对所谓"罗明路线"问题》,文献资料,鹭江出版社1993年版,第33、34页。

第二天，博古亲自到工农红军学校作报告。他说：革命形势的发展，"在我们党面前提出开展各个战线上的布尔雪维克的进攻，来把革命形势迅速地变为胜利的大革命，来争取工农民主专政在全中国的胜利及迅速的转变到无产阶级专政。""但是正在这时候，在我们党内（很可惜的，甚至在党的领导同志内），有一部分动摇懦弱无气节的小资产阶级的分子，受着阶级敌人的影响，充分地暴露了那种悲观失望、退却逃跑的情绪，以致形成他们自己的机会主义的取消主义的逃跑退却线路，反抗党的进攻线路，妨害党的布尔雪维克的动员群众。这个机会主义的退却路线最明显的代表者，便是从前福建省委的代理书记罗明同志与新泉县委书记杨文仲同志。"[1]

于是，一场席卷整个中央革命根据地的反对"罗明路线"（也就是反对"右倾机会主义"）的风暴立刻迅速地展开了。杨尚昆回忆道："3月底，反'罗明路线'的斗争进一步升级，开始批评'江西的罗明路线'，对象是邓小平、毛泽覃、谢唯俊、古柏四位同志，撤了他们的职。以后，又反'军队中的罗明路线'，把萧劲光同志抓了起来，判处'五年监禁徒刑'。在江西、福建、湘赣三个苏区内，凡是对推行'进攻路线'不积极、不支持、不满意的干部一律加以打击，'残酷斗争、无情打击'到达高峰。"[2]

发动这样一场声势浩大、牵动全局的反对"罗明路线"的斗争，背后自有更大的目标。罗明以后说："他们反对'罗明路线'，实际上是为了反对以毛泽东为代表的马克思主义路线。"[3] 毛泽东在中

---

[1] 黎辛、朱鸿召主编：《博古，39岁的辉煌与悲壮》，佚文辑录，学林出版社2005年版，第16、19页。

[2]《杨尚昆回忆录》，中央文献出版社2007年版，第78页。

[3]《罗明回忆录》，第117页。

共七大上也说:"还有说反罗明路线就是打击我的,事实上也是这样。"[1]毛泽东在党内和社会上都有很大的影响,共产国际并不主张完全排除他。博古从上海去中央革命根据地时,共产国际远东局负责人艾佛尔托对他说:"要尽量吸收毛工作,但路线必须贯彻,领导机关不可成讨论俱乐部。"[2]所以中央局一直没有点毛泽东的名。只是点到罗明为止。

为了贯彻共产国际的"进攻路线",在军事上势必需要推行冒险主义的行动方针。那时,毛泽东已被排挤出党和军队的领导岗位。5月12日,中央局决定增补博古、项英为中革军委委员,当中革军委主席朱德在前线时由项英代理他的职务,实际上由博古把握军队大权。这时国民党正准备对中央革命根据地发动第五次"围剿"。中共中央在7月24日通过决议,提出"不让敌人蹂躏一寸苏区""创造一百万铁的红军""争取苏维埃在全中国的胜利"等口号,声言"五次'围剿'的粉碎,将使我们有完全的可能实现中国革命一省或数省的首先胜利","这个问题的解决,将在最短促的历史时期之中"。[3]但是博古不懂军事,说了这么多大话以后,怎样去兑现它,心里是茫然的。

这年(1933年)9月下旬,国民党军队正式对中央革命根据地发动规模空前的第五次"围剿"。正在这个时候,共产国际派来的德国人奥托·布劳恩(即李德)从上海经秘密交通线到达瑞金。李德参加过第一次世界大战,曾从苏联的伏龙芝军事学院毕业,还担任过苏联红军骑兵师的参谋长。博古能直接用俄语和他对话,对他

---

[1]《毛泽东在七大的报告和讲话集》,中央文献出版社1995年版,第14页。
[2] 黎辛、朱鸿召主编:《博古,39岁的辉煌与悲壮》,佚文辑录,第162页。
[3]《中共中央文件选集》第9册,中共中央党校出版社1991年版,第276、277、275、274页。

的到来十分兴奋,把军事指挥的大权全交给他。中革军委主席朱德在口述自传中说:"李德当了军委会顾问,一切我们都没法反对他。"[1]延安整风时,博古写道:"与李德认识是经当时(1932年秋冬)[共产国际]远东局负责者艾佛尔托介绍。他进入中央苏区是远东局有电派来当军事顾问的。""李德在中央苏区越权,我放纵其越权,这是严重错误。"[2]

李德是怎样指挥作战的?当时为他担任翻译工作的伍修权回忆道:"李德在担任我党军事顾问时,推行的完全是军事教条主义那一套。他根本不懂得中国的国情,也不认真分析战争的实际情况,只凭他在学院学到的军事课本上的条条框框,照样搬到我国,搬到苏区,进行瞎指挥。""李德的独断专行取代了军委的集体领导,更抛弃了红军多年血战中取得的成功经验,由李德一人待在房子里凭着地图指挥战斗。当时的地图大部分是一些简单的草图,误差较大,不够准确,李德也不问,所以他的指挥往往与前线的实际情况差距很大。图上看只有一百里路程,他也不问是山路还是平路,也不给部队留吃饭和休息的时间,对敌情、气候和自然条件等困难都不考虑,只凭比例尺量地图上的距离来推算路程,定下到达和投入战斗的时间,又常常不留余地。这给红军指战员的行动带来了很大的困难,有些困难根本是不可能克服的,常常使部队不能按时投入战斗,以致难免吃败仗。这本来都是李德的主观主义瞎指挥造成的,可是他却动不动就训斥处分别人,不断发脾气骂人,根本听不得反对意见。""李德的打法,反对游击战,硬打正规战。在这种错误的战略指导思想指挥下,部队只得同正面的强大敌人硬顶。""彭

---

[1] 朱德口述、孙泱笔记:《朱总司令自传(1886—1937)》第11部(稿本)。
[2] 黎辛、朱鸿召主编:《博古,39岁的辉煌与悲壮》,佚文辑录,第161页。

德怀同志见到李德,对他的瞎指挥很不满,当面批评李德完全不懂红军的作战原则,是'主观主义和图上作业的战术家',说'如果不是红军高度自觉,一、三军团早就被你送掉了'!又痛斥李德是'崽卖爷田不心疼'!"[1]但这些尖锐的不同意见,并不能改变当时处于支配地位的那种不正常状况。

像这样极端主观主义的瞎指挥,又以"太上皇"的姿态硬性规定红军必须执行,军事上怎么能不失败?

在这段时间内,在"左"的领导人主持下,还举行了两次影响很大的会议,使中央革命根据地的局势进一步恶化。

一次是1934年1月在瑞金召开的中共六届五中全会。《关于若干历史问题的决议》把它称为"第三次'左'倾路线发展的顶点"。全会听取并通过了博古所作的报告。报告一开始就引用共产国际第十二次全会对目前世界形势的分析,说:"五中全会毫无保留地接受共产国际这个有历史意义的基本论点,并责成全党以布尔什维克的坚持性来彻底的实现从这个结论中产生起来的党当前的伟大的负责的任务。"党在当前的任务是什么?他说:"目前的形势是中国领土内存在着的两个绝对相反的政权,两个绝对相反的世界,正在进行生死存亡的斗争。在中国及中国的劳苦群众前面尖锐的摆着一个问题,或者是直接的和经过国民党的工具而变为帝国主义的奴隶的殖民地,或者是反帝国主义土地革命的胜利,苏维埃政权在全中国的确立。"报告充分肯定"四中全会在中国共产党历史上的重大意义"后,强调这些年进行"反倾向斗争"的成就:"四中全会以后,中央政治局在艰苦的环境之下,忠实地执行着共产国际与四中全会的

---

[1] 伍修权:《我的历程》,解放军出版社1984年版,第76—78页。

路线,坚持地进行了反对一切机会主义的倾向和动摇,粉碎了各种机会主义(如职工运动中之机会主义,北方落后论及苏区中的罗明路线等)。在实际工作中间,开始了党的全部工作之彻底转变,得到许多重要的成功与胜利。"[1]

在全会的总结中,博古又要求:"集中火力反对主要危机的右倾机会主义,'右倾机会主义者在党的队伍之中散布灰心丧气悲观失望的叫喊,混乱我们的队伍,引导革命到失败的道路。'五中全会同时号召全党加紧反对两面派与实际工作的机会主义。因为右倾机会主义现在不敢公开的反对党的路线而采用新的方式,口头上同意党的路线,而在事实上怠工,破坏党的路线。"[2]其中加了单引号的关于"右倾机会主义"的那句话是卡冈诺维奇说的,是从共产国际和苏联直接搬过来的。

另一次会议是与五中全会同月底召开的第二次全国苏维埃代表大会。虽然保留了毛泽东的苏维埃中央执行委员会主席的名义,却免去了他直接管理政府工作的人民委员会主席的职务(改由张闻天担任),使他成为地位虽高却并无实权的苏联"加里宁"式的人物。毛泽东后来对外国朋友谈起他当时的处境:"他们迷信国际路线,迷信打大城市,迷信外国的政治、军事、组织、文化的那一套政策。我们反对那一套过左的政策。我们有一些马克思主义,可是我们被孤立,我这个菩萨过去还灵,后头就不灵了。他们把我这个木菩萨浸到粪坑里,再拿出来,搞得臭得很。那时候,不但一个人也不上门,连一个鬼也不上门。我的任务是吃饭、睡觉和拉屎。还好,

---

[1]《中共中央文件选集》第 10 册,中共中央党校出版社 1991 年版,第 23、32、36 页。
[2]《秦邦宪(博古)文集》,中共党史出版社 2007 年版,第 253 页。

我的脑袋没有被砍掉。"[1]

国民党军队向中央革命根据地的第五次"围剿",使用了超过中央红军人数十倍以上的兵力,武器装备更比红军优良得多。他们汲取前四次"围剿"失败的教训,采用堡垒主义的战略,以"步步为营,处处建碉"的稳扎稳打的战术,向中央革命根据地的中心地区推进。在博古、李德等不顾实际情况的主观主义瞎指挥下,抛弃原来行之有效的从实际出发、机动灵活的成功经验,实行军事冒险主义的进攻作战,使中央红军一再失利。特别是博古、李德亲赴前线指挥的广昌保卫战,在敌我力量悬殊的条件下实行阵地防御,硬拼消耗,使主力红军遭受重大损失,不得不放弃中央革命根据地,走上长征的道路。

回顾长征前的这段历史,给人留下最深的印象是什么?是中共中央领导层内确实存在两种不同的指导思想,也就是本文一开始所说:一种是一切听从共产国际的指挥行事,主观主义地任意瞎指挥;一种是独立自主地坚持从中国的实际出发,走自己的路,却受到严厉的指责和打击。这两种指导思想的对立越来越激化,并且在"反对右倾机会主义"的旗号下,对坚持正确指导思想的干部进行"残酷斗争""无情打击",全面控制党在各方面的工作。这种"左"倾错误气焰之高,对正确主张压制和打击手段之狠,在党以往的历史上还不曾有过。它是历史地形成的,很不容易改变。如果不能根本改变,党和红军都将被断送,中国革命势将走上失败的道路。

这确是对党"生死攸关"而且已处在千钧一发的关键时刻。对

---

[1] 毛泽东会见印度尼西亚共产党代表团时的谈话(1965年8月5日)。

遵义会议决议,确实是如果"不了解当时的情况,很难了解这个决议"。

遵义会议是历史的转折点

遵义会议直接解决的是军事问题和组织问题。这是当时具有决定意义而又有可能解决的问题。但它的意义并不只限于这两个问题。在这两个问题背后反映出来的是两种指导思想、两种方法论的根本对立。

毛泽东后来用辛辣而生动的语言向几位外国朋友说了一段话。这些话粗看起来仿佛很夸张,其实却正中那些"左"倾教条主义者的要害所在:严重地不顾实际情况,进行主观主义的瞎指挥。他说:"有三条原则:第一条是人要吃饭,第二是走路要用脚,第三条是炮弹能打死人。这三条原则的道理很浅显,但我们有很多人,包括我们党的很多领导人,就是不懂,特别是不懂得第三条。他们下起命令来,就好像人可以不吃饭,就好像走路可以不用脚,而是人长了翅膀,就好像只有我们的子弹可以打死国民党,而国民党的子弹打不死我们。这就是'左'倾机会主义。结果是丢了中央苏区,进行万里长征。"[1]

延安整风开始时,毛泽东在《驳第三次左倾路线》中,从哲学和方法论的高度对这场大争论作了十分中肯的概括,虽然长一些,仍值得认真读一读。他写道:"据我们历来的想法,所谓对于情况的估计,就是根据我们对于客观地存在着的实际情况,加以调查研

---

[1] 毛泽东同安娜·路易斯特朗、柯弗兰、爱德乐、艾泼斯坦、李敦白等的谈话(1964年1月17日)。

究，而后反映于我们脑子中的关于客观情况的内部联系，这种内部联系是独立地存在于人的主观之外而不能由我们随意承认或否认的。它有利于我们也好，不利于我们也好，能够动员群众也好，不能动员也好，我们都不得不调查它，考虑它，注意它。如果我们还想改变客观情况的话，那就可以根据这种真实地反映了客观情况内部联系的估计，规定行动方针，转过去影响客观情况，把它加以改造。这时，如果客观情况是有利于我们前进的，我们就向群众说：你们前进吧！如果是不利于我们前进的，我们就向群众说：你们暂停吧（近乎'等待主义'），或说：你们退却吧（大有'机会主义'嫌疑）！据我想，这就叫做马克思主义的起码观点呢！

"我们的老爷之所以是主观主义者，就是因为他们的一切革命图样，不论是大的和小的，总的和分的，都不根据于客观实际和不符合于客观实际。他们只有一个改造世界或改造中国或改造华北或改造城市的主观愿望，而没有一个像样的图样，他们的图样不是科学的，而是主观随意的，是一塌糊涂的。老爷们既然完全不认识这个世界，又妄欲改造这个世界，结果不但碰破了自己的脑壳，并引导一群人也碰破了脑壳。老爷们对于中国革命这个必然性既然是瞎子，却妄欲充当人们的向导，真是所谓'盲人骑瞎马，夜半临深池'了。

"从'九一八'到遵义会议的'左'倾机会主义路线领导者们的所谓两条战线斗争是主观主义的。这首先是因为他们拿了衡量一切的他们自己的路线，是不根据于客观实际而仅仅根据于主观愿望，胡乱制造出来的。以机会主义的思想去衡量别人的思想，于是到处都发现'机会主义'，正如有鬼论者到处见鬼一样。第二，因为他们看事物的方法是主观主义的，既用这种方法造出了他们自己的主观主义的政治路线,又用这种方法造出了他们自己的宗派主义的组织路线,于是对于凡不合他们胃口的一切人都看作是'机会主义者'。他们对于事既不用唯物的辩证的方法,对于人自然也不用这种方法。而要作两条战线上的斗争,如果离开了唯物的辩证的方法,就只会是胡闹一顿,决无好结果可言。"[1]

第五次反"围剿"战争的失败,是中国共产党继大革命失败后又一次最重大的失败,实践已充分证明这种不顾客观实际情况的"左"倾教条主义的破产,证明这种主观主义错误指挥的破产。但当时中国共产党人和红军极为紧迫的任务是如何突破国民党的重围、建立新的革命根据地,有两三个月一直处在不停顿的行军和作战中,只能在少数人间交换意见,不可能从容地举行中央会议来讨论以往的严重教训。

尽管如此,第五次反"围剿"战争的失败深深地刺痛了党和红军许多负责人的心,他们开始进行痛苦的反思。长征时,毛泽东、张闻天、王稼祥三人都随军委第一纵队行动,经常在一起讨论第五次反"围剿"战争失败的原因。毛泽东详细作了分析,得到两人的同意。张闻天在延安整风笔记中写道:"我一进中央苏区,不重视毛泽东同志是事实,但并无特别仇视或有意要打击他的心思,也是事实。在我未当人民委员会主席以前,我曾分工管理过政府工作,同他关系也还平常,他的文章我均给他在《斗争》报上发表。但究竟他是什么人,他有些什么主张与本领,我是不了解,也并没有想去了解过的。此外关于军事系统方面,青年团系统方面,保卫局系统方面,我知道很少,所以也说不出什么来。""长征出发后,我同

---

[1]《毛泽东文集》第2卷,人民出版社1993年版,第339、344、345页。

毛泽东、王稼祥二同志住一起。毛泽东同志开始对我们解释反五次'围剿'中中央过去在军事领导上的错误，我很快的接受了他的意见，并且在政治局内开始了反对李德、博古的斗争，一直到遵义会议。"[1]

张闻天、王稼祥是和王明、博古相继从莫斯科回国的，最初也曾在不同程度上推行过"左"倾教条主义的主张。当时，张闻天是中央政治局五个常委之一（其他四人是博古、周恩来、陈云、项英，项英留在中央革命根据地，没有随军行动。所以，到遵义的中央政治局常委只有四人），王稼祥担任中央政治局候补委员兼中革军委副主席。他们的态度，自然十分重要。毛泽东在中共七大上说："大家要知道，如果没有洛甫（张闻天）、王稼祥两位同志从第三次'左'倾路线分化出来，就不可能开好遵义会议。同志们把好的账放在我的名下，但绝不能忘记他们两个人。"[2]

中央红军到达遵义后，由于国民党军的追击主力薛岳部急于要抢在桂系军队前控制贵阳（他们只比桂军廖磊部早五天进入贵阳），无力顾及黔北，川军一时也来不及南下，这就给了中央红军在遵义有12天的休整时间[3]。有了这12天相对安定的环境，中共中央便能于1935年1月15日至17日在遵义比较从容地召开政治局扩大会议。

在这之前抢渡湘江的血战中，中共中央用来同共产国际之间联系的通信设备被国民党军的飞机炸毁，以致在长达一年左右的时间里同共产国际无法互通消息，而在长征过程中许多异常急迫的问题

---

[1]《遵义会议文献》，人民出版社1985年版，第79页。
[2]《毛泽东在七大的报告和讲话集》，第231页。
[3] 参见金冲及：《中央红军在贵州的若干重大问题》，《历史研究》2014年第1期。

需要及时作出决断和处理，只能由中共中央不经报告请示而自己决定，共产国际也管不了了。这是遵义会议和以往很不相同的条件。

陈云在这次会议的传达提纲中写道：遵义政治局扩大会议的召集，是基于在湘南及通道的各种争论而由黎平政治局会议所决定的。遵义会议的目的是："（一）决定和审查黎平会议所决定的暂时以黔北为中心，建立苏区根据地的问题。（二）检阅在反对五次'围剿'中与西征中军事指挥上的经验与教训。"[1]前一个问题比较简单，在领导层中很快取得了一致。后一个问题，却展开了激烈的争论。

第五次反"围剿"战争失败的原因是什么？这是当时全党和全军上下在被迫走上长征路后纷纷议论的焦点。遵义会议直接讨论的是军事问题，实际上是对这几年中央基本指导思想和工作是否正确进行再审议。它看起来是对已成过去的第五次反"围剿"战争失败的教训进行总结，实际着眼点是党和红军今后的路该怎么走。这可是当时头等重要的问题。

参加这次会议的聂荣臻回忆道，在会前大家已"听说要开会解决路线问题"，"会议由博古同志主持——他既是会议的主持人，同时在路线方面，又处于被审查的地位"[2]。博古在会上作主报告，他一再强调造成这次战争失败的客观困难。周恩来作副报告，他强调了失败的主观原因，也就是军事领导的战略战术的错误。博古的主报告，受到张闻天、毛泽东、王稼祥和与会绝大多数人的反对。会议作出并由张闻天随后起草的《关于反对敌人五次"围剿"的总结决议》一开始就写道："政治局扩大会议认为××同志（引者注：指博古）的报告基本上是不正确的。"这里针对的不是某项具体工

---

[1]《陈云文选》第1卷，人民出版社1995年版，第36页。
[2]《聂荣臻回忆录》上卷，第246、247页。

作中的失误,而是推行"左"倾教条主义错误的中共中央的根本指导思想。它所使用的语言是鲜明的、毫不含糊的。

在谈到军事失败的原因时,《决议》不是就事论事地谈这个问题,而是着重指出它是完全不顾客观实际情况,是主观主义的,因而不能在军事领域上运用正确的战略战术,战争失败的主要原因正在这里。《决议》写道:"在我们红军数量上还是非常不够,在我们的苏区还只是中国的一小部分,在我们还没有飞机大炮等特种兵器,在我们还处于内线作战的环境,当着敌人向我们进攻与举行'围剿'时,我们的战略路线,当然是决战防御,即是我们的防御不是单纯的防御,而是为了寻求决战的防御,为了转入反攻与进攻的防御。""然而在五次战争中,对于这些原则却通通是违反的。"

《决议》举了几个突出的事例:"五次战争中单纯防御战略是根本错误的,在这种错误战略之下进行的许多拼命主义的战斗(如丁毛山、三溪圩、平寮、广昌等战役)同样是错误的,红军一定要避免那种没有胜利把握的战斗。即使作战的决定在当时是正确的,但当形势变化不利于我们时,我们即应拒绝这种战斗。玩弄暴动是极大的罪恶,玩弄战斗同样是罪恶。"《决议》指出造成这种错误的原因之一"是由于对自己胜利过分估计与对敌人力量估计不足所产生的冒险主义"[1]。在这里,《决议》强调的是:必须处处从实际出发,包括从变化着的实际出发,来决定自己的行动,决不能脱离实际地凭主观采取拼命主义的行动。陆定一在九年后也讲道:"勇敢不是无条件的,一定要建立在物质基础之上。不看实际,空叫勇敢、行动积极化,这是唯心论的做法。我们要学习毛主席,在工作中从实

---

[1]《遵义会议文献》,第3、6、7、13、14、15页。

际出发,战略上轻视敌人,战役战术上重视敌人。"[1]

《决议》还批评了很长时间中军委内部的不正常现象:"政治局扩大会议认为××同志(注:指博古)特别是华夫同志(注:即李德)的领导方式是极端的恶劣,军委的一切工作为华夫同志个人所包办,把军委的集体领导完全取消,惩办主义有了极大的发展,自我批评丝毫没有,对军事上一切不同意见不但完全忽视,而且采取各种压制的方法,下层指挥员的机断专行与创造性是被抹煞了。在转变战略战术的名义之下,把过去革命战斗中许多宝贵的经验与教训完全抛弃,并目之为'游击主义',虽是军委内部大多数同志曾经不止一次提出了正确的意见,而且曾经发生过许多剧烈的争论,然而这对于华夫同志与××同志是徒然的。一切这些,造成了军委内部极不正常的现象。"[2]

正是第五次反"围剿"战争那样惨痛的失败,在党内和红军内引起普遍而深切的反思。"左"倾教条主义在中共中央的统治地位再也无法维持下去了。正确的政治路线需要有正确的组织路线来保证。遵义会议增选毛泽东为中央政治局常委,常委中再进行适当的分工,毛泽东在事实上成为中央领导集体中的核心。李德的军事顾问职务被取消。不久,2月5日在川滇黔交界的一个鸡鸣三省的村中,中共中央政治局常委重新进行分工,博古不再在中共中央负总责,而由张闻天接替。

当时担任红四团团长的耿飚有一段回忆:抢渡乌江前,在贵州黄平,"王稼祥问张闻天,我们红军的最后目标中央究竟定在什么地方?张闻天忧心忡忡地回答说,这个仗看来这样打下去不行。接

---

[1] 陆定一:《关于遵义会议决议的报告》,《文献和研究》1985年第1期。
[2]《遵义会议文献》,第21页。

着又说：毛泽东同志打仗有办法，比我们有办法，我们是领导不了啦，还是要毛泽东同志出来。对张闻天同志这两句话，王稼祥同志在那天晚上首先打电话给彭德怀同志，然后又告诉毛泽东同志。几个人一传，那几位将领也都知道了，大家都主张开个会，让毛泽东同志出来指挥。"[1]这是张闻天对遵义会议的特殊贡献。那么，为什么后来没有由毛泽东来代替博古？因为毛泽东不同意。当时中共中央的人事安排要得到共产国际批准，尽管长征中信息不通，一旦通了仍需得到共产国际的认可。张闻天是比博古晚半年多从苏联回国的，容易得到共产国际的认可。由于作风民主，他被称为"明君"，毛泽东还可以充分发挥他的作用。

对张闻天职务的名称是"负总责"还是"总书记"，这些年来一直存在着争论。持有不同意见的双方都说了一些理由。其实，张闻天接替的是博古的职务。博古自己在延安整风时写道：王明、周恩来离开上海时，"在我家通知我组织新政治局，因他们要走。后来酒店开会，因为卢福坦要做总书记，主要谈无总书记问题"。[2]博古说得很清楚：临时中央成立时，因为"卢福坦要做总书记"（卢是王明、周恩来离开后留在上海的唯一中央政治局常委了，所以决定"无总书记"）。他在政治局扩大会议上还说："走时，博、卢、周、王四人说不设总书记。"[3]当时留在上海的中央领导成员陈云，在答复中央党史资料征集委员会提出的问题时也写道："六届四中全会后，王明和博古虽然先后担任过党中央的负责人，但他们都没有总书记的称号。所以，张闻天在遵义会议后接替博古的工作，也只能

---

[1] 耿飚：《张闻天对遵义会议的特殊贡献》，《人民日报》1994年12月18日。
[2] 黎辛、朱鸿召主编：《博古，39岁的辉煌与悲壮》，佚文辑示，第161、162页。
[3] 博古在中共中央政治局扩大会议上的发言（1943年9月13日）。

是接替他在中央负总的责任,而不会是接替他任总书记。"[1]我想,博古自己的说明和在延安长期担任中央组织部部长的陈云的答复,应该比其他说法更可靠。

　　军事领导也进行了改组。陈云在这年10月15日向共产国际执行委员会书记处会议汇报时说:长征初期在李德指挥下,"我们仿佛总是沿着一条用铅笔在纸上画好的路线,朝着一个方向直线前进。这个错误很大。结果,我们无论走到哪里,到处都遇着敌人迎击,因为他们早已从地图上料到我们将出现在哪里,将往哪里前进,于是我们变成了毫无主动权、不能进攻敌人,反而被敌人袭击的对象"。"大家知道,军事领导人在这一阶段(注:指第五次反"围剿"战争和长征初期)犯了一系列错误。现在,这些错误得到了彻底纠正。建立了坚强的领导班子来取代过去的领导人。党对军队的领导加强了。"[2]

　　但这方面还有过一点儿小的曲折。在遵义会议上虽然确定周恩来是"党内委托的对于指挥军事上下最后决心的负责者"、毛泽东为周恩来的"军事上的帮助者",但重要的军事行动最初仍需经过中共中央、中央军委和其他负责人集体讨论,才能作决定。这在战局瞬息万变的状况下显然是不合时宜的,在实践中还需要有所调整。

　　在二渡赤水后,红军迅速重占遵义,并消灭中央军吴奇伟部两个师和黔军八个团,是中央红军长征以来打的第一次大胜仗。蒋介石再也坐不住了,从武汉赶往重庆督师。他以为这下发现并抓住了中央红军主力所在,立刻调集多路重兵向黔北集中,企图南北夹

[1]《遵义会议文献》,第74页。
[2]《陈云文集》第1卷,中央文献出版社2005年版,第6、9页。

击,消灭红军主力于赤水以东。

正当国民党军队向遵义推进时,红一军团负责人在3月10日向中央军委建议以红军主力奔袭黔军固守的打鼓新场(今金沙县城)。中共中央政治局在遵义西部的狗坝村(今苟坝)召开扩大会议,到会的有20多人。毛泽东反对这个建议,认为在敌军四集的危急情况下,不宜打这种没有把握的攻坚战。但会议根据"少数服从多数"的原则,决定接受这个建议。当晚,毛泽东仍觉得不妥,说服了周恩来。于是,又举行会议,经过充分讨论,改变了原有决定。随后,又决定在军情如此紧急的情况下成立由周恩来、毛泽东、王稼祥组成的三人团,"全权指挥军事"。这是一项极为重要的决定。

三人团成立后,经过鲁班场战斗,根据面对的情况,作出一个大胆的决定:三渡赤水。其实,这只是虚晃一枪,目的是将国民党军队再引向赤水以西。张爱萍回忆道:"三渡赤水河,进入川南地区。蒋介石以为我军又要北渡长江,急调川、滇、黔军阀和薛岳部,在长江沿岸设置防线。并在滇黔边境加筑碉堡,构成封锁线,企图围歼我军于长江南岸。"[1]军队部署紊乱,是兵家的大忌。朱德指出:"特别是对大部队更是不能马上把部署调整好的。"[2]红军在赤水河西只停留了五天,出敌不备地在严格保密的条件下回师东进,四渡赤水,把正在赶筑碉堡的国民党军队甩在赤水西岸。接着,又再渡乌江,佯攻贵阳,引滇军东调,长驱直入云南,抢渡金沙江,进入四川,同红四方面军会合。红军长征进入一个新的阶段。

红军总参谋长刘伯承回忆道:"遵义会议以后,我军一反以前的情况,好像忽然获得了新的生命,迂回曲折,穿插于敌人之间,

---

[1] 张爱萍:《从遵义到大渡河》,《回顾长征》,人民出版社1985年版,第180页。
[2] 《朱德选集》,人民出版社1983年版,第246页。

以为我们向东却又向西，以为我们渡江却又远途回去，处处主动，生龙活虎，左右敌人。我军一动，敌又须重摆阵势，因而我军得以从容休息发动群众，扩大红军，待敌部署就绪，我们却又打到别处去了，弄得敌人扑朔迷离，处处挨打，疲于奔命。这些情况和'左'倾路线统治时期相对照，全军指战员更深刻地认识到：毛主席的正确的路线，和高度发展了的马克思主义的军事艺术，是使我军立于不败之地的唯一保证。"[1]

陆定一在1944年的报告中指出："当时剩下的只有军队。党也好，群众也好，都在军队里。决定我们死活的问题是军队。所以军事问题的讨论是放在第一位。但会议的本质是反机会主义的开始。"[2]他所说的"反机会主义"，指的就是中国共产党是一切按共产国际的指挥行事，还是独立自主地从中国实际情况出发走自己的路。他把这称为"会议的本质"。

毛泽东更加明确地指出："真正懂得独立自主是从遵义会议开始的。这次会议批判了教条主义。教条主义者说苏联一切都对，不同中国的实际相结合。"[3]他又说："在长征途中的遵义会议上，才开始批评这些错误，改变路线，领导机构才独立考虑自己的问题。"[4]只要将遵义会议以前和它以后比较一下，就会清楚地看到中国共产党从指导思想到实际工作都已起了根本变化。实事求是、群众路线、独立自主，从此开始成为党内公认的正路，成为党的新的传统，继续发展下去，一直贯穿在中国革命、建设、改革的各个时

---

[1]《刘伯承军事文选》，解放军出版社1992年版，第558页。
[2] 陆定一：《关于遵义会议决议的报告》，《文献和研究》1985年第1期。
[3] 毛泽东同印度尼西亚共产党代表团的谈话（1963年9月3日）。
[4] 毛泽东同巴西共产党（老党）中央执行委员特莱斯、米兰达的谈话（1963年4月17日）。

期。没有这个变化，中国共产党能领导全国人民在以后几十年的岁月里取得如此巨大的成就，是很难想象的。

它的得来如此不易，是付出了多少血的代价换来的。残酷的现实表明："左"倾教条主义那一套再也无法继续推行下去了，必须走新的路。遵义会议的决定，是党在生死关头作出的正确抉择。它的深远影响，时间隔得越久，将会看得更加清楚。

这才称得上是"中国党内最有历史意义的转变"，称得上"在党的历史上是一个生死攸关的转折点"。

从遵义会议到中共七大

转折点，通常是指一种旧事物占主导地位改变为由一种新事物占主导地位的时刻。这种改变无疑有着决定性的意义。这时，人们长期习惯了的指导思想和作风为另一种指导思想和作风所替代，但它不是一朝一夕就能完成整个变化的，也不是一次会议所能全部解决的。

从遵义会议到中共七大，中间有十年时间。这十年里，随着历史的发展，这两种思想依然不时存在矛盾和冲突。新的指导思想也要在实践中不断丰富和发展，到中共七大时终于可以说巩固地完成了这个新旧交替的过程。

中央红军长征到了陕北。中共驻共产国际代表团成员张浩回国，传达共产国际七人关于建立反法西斯统一战线的决议精神。这个决议的精神是好的，属于"两头好"的范围之内。12月17日至19日由张闻天主持，在瓦窑堡召开中央政治局会议，确定建立抗日民族统一战线的方针。27日，毛泽东作了《论反对日本帝国主义的策略》的报告,阐述瓦窑堡会议精神,系统地纠正了党在政治路线上的"左"倾错误,为党进入全民族抗日战争作了重要的思想理论准备。

瓦窑堡会议还通过"以发展求巩固"的东进军事方针。也就是在巩固陕北根据地的同时东渡黄河进入山西前线。1936年1月,李德又提出书面反对意见,其中说:"战争未发生以前,在我们这方面的应当避免能够引起苏日冲突的行动。"[1]这件事引起一场争论,政治局要求毛泽东写出"战略决定"。

这种情况促使毛泽东系统地思考和总结十年内战时期在军事斗争方面的经验和教训,写出了《中国革命战争的战略问题》。他一再强调的,依然是必须坚持一切从实际出发的原则。以往为什么会犯错误?他写道:就是因为"主观的指导和客观的实在情况不相符合,不对头,或者叫做没有解决主观和客观之间的矛盾","一味盲干,结果又非碰壁不可"[2]。这一直是他关注的焦点。不久,他写出两篇极重要的哲学著作:《实践论》和《矛盾论》。这样的著作,不是单凭在书斋中苦思冥想能写出来的,而是对多年来革命实践经验所作的高度哲学概括。

抗日战争全面爆发后,全国人民和中共中央在一段时间内的注意力主要集中在抗战如何取得胜利这个问题上,毛泽东的《论持久战》在全国产生了重大影响。1937年11月王明从苏联回国,以共产国际"钦差大臣"的姿态,提出一系列右的错误主张,批评中共中央在抗日民族统一战线中过分强调了共产党的独立自主性,对工作起了干扰作用。但它所造成的损害只是局部性的而不是全局性的,并

---

[1] 李德:《关于红军渡过黄河后的行动方针问题的意见书》(1936年1月31日)。
[2] 《毛泽东选集》第1卷,第179、180页。

且在中共中央的六届六中全会上得到了系统的纠正。共产国际总书记季米特洛夫还要中共驻共产国际代表王稼祥回来在全会上传达："国际认为中共的政治路线是正确的，中共在复杂的环境及困难条件下真正运用了马列主义。""在领导机关中要在毛泽东为首的领导下解决，领导机关中要有亲密团结的空气。"[1]这就是说：共产国际此时已明确地正式认可了毛泽东在中共中央的领导地位。这在当时是十分重要的。

在六届六中全会的报告中，毛泽东说了一段重要的话："使马克思主义在中国具体化，使之在其每一表现中带着必须有的中国的特性，即是说，按照中国的特点去应用它，成为全党亟待了解并亟须解决的问题。"[2]这就向全党明确提出了把马克思主义基本原理和中国革命实际相结合的任务，提出了必须坚持一切从实际出发、理论联系实际、实事求是的思想路线，并且指出这是"亟待了解并亟须解决的问题"。

考虑到问题只能一步一步地解决，在六届六中全会上，毛泽东对这个问题主要是从正面说的，他后来讲过："六中全会实质是解决持久战，党内关系根本不谈。""六中全会只正面指出问题，缺点未提出批评，是因未到时候。"[3]他又说："在六中全会的文件上，在六中全会的记录上，看不出我们尖锐地批评了什么东西，因为在那个时候，不可能也不应该提出批评，而是从正面肯定了一些问题。"[4]那时全党关注的焦点正集中在抗战开始时各种迫切需要解

---

[1]《王稼祥选集》，人民出版社1989年版，第138、141页。
[2]《毛泽东选集》第2卷，人民出版社1991年版，第534页。
[3] 毛泽东在中共中央政治局扩大会议上的发言（1943年9月13日）。
[4]《毛泽东在七大的报告和讲话集》，第163页。

决的实际问题上,对毛泽东提出这个问题的实质一时还缺乏深刻的理解。

虽然对以王明为代表的"左"倾教条主义错误从军事上、政治上、组织上已得到纠正,但对过去的错误还没有来得及从思想根源上进行系统的清理,党内在实际工作中仍常出现程度不同的不一致。王明又进行反攻,说毛泽东的路线是反国际的,而他是"国际路线",并且于1940年3月把集中反映他"左"倾错误观点的《为中共更加布尔什维克化而斗争》一书在延安印了第三版。这是一个严重的挑战。他那一套究竟是对是错,不能不从历史上分清是非,并从中接受经验教训。因此,毛泽东从这年下半年起亲自主持编辑中国共产党在六大以前和六大以来的历史文献,出版了他的《农村调查》,并把在党内开展一场整风运动提上重要日程(由于皖南事变发生,后又推迟了半年左右)。

1941年5月19日,毛泽东在延安干部会上作了《改造我们的学习》的报告,突出地强调"实事求是"的极端重要性。他说:"'实事'就是客观存在着的一切事物,'是'就是客观事物的内部联系,即规律性,'求'就是我们去研究。"他尖锐地指出:"主观主义的态度"和"马克思列宁主义的态度"是"两种互相对立的态度"。"马克思列宁主义是科学,科学是老老实实的学问,任何一点调皮都是不行的。我们还是老实一点吧!"[1]

然而,毛泽东这篇重要讲话,在党的高级干部中竟没有引起多少反响,宣传部门也没有在报上报道,好像什么事情都没发生。毛泽东后来在政治局会议上说:"1941年5月我作改造学习报告,毫

---

[1]《毛泽东选集》第3卷,第801、799、800页。

无影响。"[1]这使他进一步意识到问题的严重性,决定先从统一高级干部的思想入手。

整风运动的中心内容是反对主观主义。这年9月10日,毛泽东在中央政治局扩大会议上尖锐地指出:"过去我们的党很长时期为主观主义所统治,立三路线和苏维埃运动后期的'左'倾机会主义都是主观主义。苏维埃运动后期的主观主义表现更严重,它的形态更完备,统治时间更长久,结果更悲惨。这是因为这些主观主义者自称为'国际路线'。穿上马克思主义的外衣,是假马克思主义。""遵义会议,实际上变更了一条政治路线。过去的路线在遵义会议后,在政治上、军事上、组织上都不能起作用了,但在思想上主观主义的遗毒仍然存在。六中全会对主观主义作了斗争,但有一部分同志还存在着主观主义,主要表现在延安的各种工作中,在延安的学校中、文化人中,都有主观主义、教条主义。这种主观主义同实事求是的马克思主义是相对抗的。"他要求:"要分清创造性的马克思主义和教条式的马克思主义。"[2]这些话,都说到了点子上。本着这种精神,政治局连续举行会议,进行整风学习,开展批评和自我批评。

9月26日,中共中央书记处作出《关于高级学习组的决定》,扩大到有延安和外地高级干部300人参加,"以理论与实践统一为方法,第一期为半年,研究马恩列斯的思想方法论与我党二十年历史两个题目,然后再研究马恩列斯与中国革命的其他问题,以达克服错误思想(主观主义及形式主义),发展革命理论的目的"。[3]具

---

[1] 毛泽东在中共中央政治局扩大会议上的发言(1943年10月6日)。
[2] 《毛泽东文集》第2卷,第372、373页。
[3] 《中共中央文件选集》第13册,中共中央党校出版社1991年版,第205页。

体方法和政治局的九月会议一样：从思想方法论的高度，联系党的历史和自己以往的实践经历，分析哪些是成功的，哪些是失败的，为什么会成功或失败，哪些是符合客观实际的，哪些是主观主义、脱离实际的，分清是非，从中取得经验教训，提高认识。这种学习方法，自然要比抽象而泛泛的空谈要有效得多。

张闻天在学习一开始就说："毛主席的报告，对党的路线的彻底转变有极大的意义。过去我们对苏维埃后期的错误没有清算，这是欠的老账，现在必须偿还。犹如现在做了领导工作而过去没有做过下层工作的，也要补课。"[1]学习告一段落后，他从1942年1月到1943年3月在陕北和晋西北进行了一年多的调查。他在《出发归来记》中写道："这次出发使我深切的感觉到，我知道中国的事情实在太少了。到处看到的东西，在我都是新鲜的、生疏的、不熟的、必须经过一番请教之后，我才能认识它们，同它们交起朋友来。但这些东西，又是如此的生动活跃、变化多端，如果我不同它们保持经常的接触，紧跟着它们，它们又会很快的前进，把我远远的抛弃在它们的后面。同时一切事实又如此明显的告诉我，如果我们不去认识它们，熟悉它们，了解它们的动向，我们决然不能决定我们的任务与政策，即使马马虎虎的决定了，任务仍然无法完成，政策也无从实现。冲破了教条的囚笼，到广阔的、生动的、充满了光与热的、自由的天地中去翱翔——这就是我出发归来后所抱着的愉快心情。"[2]他的这些话，说得很诚恳，也很中肯，对推动整风学习的深入起了良好作用。

全党普遍整风是从1942年春开始的。2月上旬，毛泽东作了

---

[1]《张闻天文集》第3卷，中共党史出版社1994年版，第162页。

[2]《张闻天文集》第3卷，第189、190页。

《整顿党的作风》和《反对党八股》的报告，全面论述了整风的任务、内容、办法和意义。毛泽东后来说："1941年9月会议是关键。否则我是不敢到党校去报告整风的，我的《农村调查》等书也不能出版。"[1]这场党内的普遍整风从延安开始，有一万多名干部参加。这年10月到1943年1月召开的中共中央西北局高干会议是在毛泽东直接指导下进行的，弄清了西北地区党的历史上一些重大问题。

全党普遍整风最中心的内容是什么？就是反对主观主义以整顿学风。这种主观主义的特征就是考虑问题从主观出发，不符合复杂的、不断变化着的客观实际。

延安《解放日报》在毛泽东作《整顿党的作风》的报告后一天发表社论说："在思想领域内，已经开始建立一种新的风气。主观主义的恶劣倾向，受了严重打击。实事求是的科学调查研究精神，已经逐步培养起来。这是一个有历史意义的转变。然而这个转变，还未做得彻底。调查研究的精神，还未普遍深入到生活中去。我们反躬自问：主观主义的残余，在某些人身上，难道不还是根深蒂固的存在着么？对于敌我情况的愚昧无知，难道有些人不是安之若素么？对于客观事实不愿调查研究，以感想代政策，强不知以为知，难道不是还可以到处发现么？""主观主义是属于思想方法的东西。宗派主义和党八股都是从错误思想方法产生的。""要彻底肃清这些恶劣倾向的残余，必须全党广泛动员，进行坚决的斗争。"[2]

陆定一也发表题为《为什么整顿三风是党的思想革命》的文章，写道："思想革命是为推翻一个思想方法实践方法，发挥另一种思想方法实践方法，前者就是主观主义的，后者就是辩证唯物主

---

[1] 毛泽东在中共中央政治局扩大会议上的发言（1943年10月6日）。
[2] 《整顿学风党风文风》（社论），《解放日报》1942年2月2日。

的。这就叫做思想革命。这种全党性的、触及每个同志的思想深处的伟大的斗争,这种极广泛深入的党内教育工作,二十一年来,还是第一次,所以它的意义决不寻常,它是很革命的一个斗争。"他热情洋溢地赞扬延安整风带来的新气象:"辩证唯物主义这个哲学名词,这个抽象的概念,这个难以捉摸的东西,现在已经被解释以活生生的事实,被充实以血和肉,变成了通俗的、中国化的、人人可以了解的东西了。"[1]

各组的讨论,也集中在过去的工作是主观主义还是从实际出发的问题上。在当时,危害最大的是教条主义。张秀山在西北局高干会议的发言中批评道:"有一种干部,是没有进入社会的,从学校一跳便跳到党的领导机关,在上面发号施令,他们的脚跟是站在书本上面,他们所讲的,就是书本上的东西,因此不免发生主观主义,夸夸其谈,发号施令,这样的领导者是不会正确的。"[2]

反对主观主义,提倡实事求是,是这次整风运动最重要的内容和收获。它的影响极为深远。不了解这一点,或者把某些支流误看作主流,就谈不上真正懂得这场整风运动。

1943年6月8日,共产国际执行委员会在征得各国共产党一致同意后,决议自6月10日起解散共产国际[3]。毛泽东在延安干部大会上讲话,肯定共产国际在它存在的历史时期中,在帮助各国组党上,在组织反法西斯战争上,在帮助中国革命事业上,有巨大的功劳,接着指出:"现在,共产国际这个革命的组织形式已经不适

---

[1]《陆定一文集》,人民出版社1992年版,第313、318页。
[2] 张秀山:《我的八十五年:从西北到东北》,附录二,中共党史出版社2007年版,第392页。
[3] [英]珍妮·德格拉斯选编,李匡武等译:《共产国际文件(1929—1943)》,东方出版社1986年版,第602页。

合斗争的需要了,如果还继续保存这个组织形式,便反而会妨碍各国革命的发展。现在需要的是加强各国民族共产党,而无须这个国际的领导中心的必要了。""正确的领导需要从仔细研究本国实际情况出发,这就更加要由各国共产党自己来做。"[1]

  共产国际的解散,更便利了中国党能够独立自主地按照中国的实际情况去处理中国的问题。在中共中央内部,经过抗日战争以来实践的检验和前一阶段整风的学习、讨论,大家的认识渐趋一致。这年9月7日至10月6日、11月13日至27日,连续举行中央政治局会议,检讨党的路线,这是1941年九月会议的继续和发展。毛泽东在会上说:"我在中央,逐渐多数同志赞助我的意见,这是四、五中全会时受打击的路线。"他指出:"教条主义是主观主义的第一个形态,经验主义是主观主义的第二个形态。反掉这两个具体东西,党才能够真正的统一。""但要分是非轻重,有一点功绩,也要指出。"他列举了周恩来、朱德、彭德怀、任弼时、张闻天、王稼祥等的功绩。[2]许多领导人在会上联系自己过去的思想和工作作了自我批评。博古作了诚恳的检查。他说:"我们到中央苏区,全部贯彻极左,超立三路线,军事指导分兵把口,六路分兵,两个拳头,短促突击,否认游击战争,主张大规模会战,主张阵地战。""反罗明路线,实际反游击战争传统。""社会政策是极左。""军事计划错误,大大损失,因遵义会议挽救了局面。遵(义)会(议)是教条主义基本完结,组织上也做了结论。[我在]遵义会议未承认错误,推在客观原因上去。"[3]他的态度受到了与会者的

---

[1]《毛泽东文集》第3卷,人民出版社1996年版,第20页。
[2] 毛泽东在中共中央政治局扩大会议上的发言(1943年9月13日)。
[3] 博古在中共中央政治局扩大会议上的发言(1943年9月13日)。

欢迎。王明称病没有参加会议。

针对讨论中出现的一些过激的偏向，毛泽东在延安高级干部会议上说："这次处理历史问题，不应着重于一些个别同志的责任方面，而应着重于当时环境的分析，当时错误的内容，当时错误的社会根源、历史根源和思想根源，实行惩前毖后、治病救人的方针，借以达到既要弄清思想又要团结同志这样两个目的。对于人的处理问题取慎重态度，既不含糊敷衍，又不损害同志，这是我们的党兴旺发达的标志之一。"[1]

1945年4月20日，中共六届七中全会扩大会议通过《关于若干历史问题的决议》。这次全会的召开和《决议》的通过，进一步统一了全党的思想，为七大的胜利召开创造了充分的思想条件。

1945年4月23日至6月11日，中共七大在延安隆重举行。毛泽东在大会上作了《论联合政府》的书面政治报告和多次讲话。朱德作军事报告。刘少奇作修改党章的报告。代表们热烈发言。

博古在会上也作了坦率和诚恳的自我批评。在分析"我的教条主义思想方法怎么产生的"时，他说："对马列主义的著作，只觉得其精深博大，把什么问题都解决了，对于苏联革命斗争的经验，由于革命成功的证明，亦觉得是传之万世不可或易的真理。就以为只要熟读马克思主义的定义和结论，记得联共的策略公式，就会使中国革命成功了。因而产生了背诵马列主义个别结论与词句，机械搬运这死板策略、笼统公式的教条主义的思想方法。""这些东西装满在脑子里，碰到实际问题的时候，不先想实际情况，而是先想到马、恩、列、斯在什么地方怎样说过，或者在欧洲或俄国革命史上有过什

---

[1]《毛泽东选集》第3卷，第938页。

么相类的情况,用过什么口号策略,并把它们原封不动地搬运到中国来。教条主义的思想方法就是这样一种思想方法。同时也因为读了几本书,对马列主义的词句公式多少知道一些,自己就颇为自豪,亦颇有野心,以自己所知道的这些词句公式来领导中国革命。"[1]他的自我批评得到大家的理解,在七大上仍被选为中共中央委员。

七大通过的《中国共产党章程》明确规定:"中国共产党,以马克思列宁主义的理论与中国革命的实践之统一的思想——毛泽东思想,作为自己一切工作的指针,反对任何教条主义或经验主义的偏向。中国共产党以马克思主义的辩证唯物主义与历史唯物主义为基础,批判地接收中国的与外国的历史遗产,反对任何唯心主义的或机械唯物主义的世界观。"[2]刘少奇在七大上所作修改党章的报告中说:"这些理论与政策,完全是马克思主义的,又完全是中国的。"[3]

王明在七大期间始终没有作自我批评。参加七大的师哲回忆自己当时同毛泽东的一段对话:"我问道:那么王明的根本问题是什么呢?毛泽东回答说:'王明的问题就是:对自己的事想得太少了,替别人想得太多了!'这里说的'自己'当然是指中国革命,而'别人',那就是苏联、共产国际等。我根据自己在苏联多年对王明的了解,觉得毛泽东说得太中肯了,太深刻了,言简意赅,一针见血!"[4]

中共七大是一次团结的大会,胜利的大会。它的重大功绩,是把毛泽东思想——也就是马克思列宁主义的理论与中国革命的实践之统一——确定为自己一切工作的指针,统一了全党的思想,为中

---

[1] 博古在中共七大上的发言(1945年5月3日)。
[2] 《中共中央文件选集》第15册,中共中央党校出版社1991年版,第115页。
[3] 《刘少奇选集》上卷,人民出版社1981年版,第335页。
[4] 师哲:《共产国际派我参加七大》,《忆七大——七大代表亲历记》,黑龙江教育出版社2000年版,第24页。

国革命的胜利和以后的发展奠定了基础。

中国共产党人找到这样一条正确的道路实在不易,为它付出过多大的代价。

为什么能够找到这样一条道路？薄一波在他的回忆录中作了这样的分析:"经过遵义会议以后十年革命胜利实践的教育和通过延安整风对党的历史的学习,党内同志首先是党的高级干部,分清了路线是非,真正达到了在毛泽东思想基础上的团结一致。""经过胜利和失败的反复比较,正确地解决了马克思列宁主义与中国革命的具体实践相结合的原理原则问题,形成了毛泽东思想,真正掌握了中国新民主主义革命的规律,形成了党的正确路线,实现了我党认识史上从必然到自由的第一次重大的飞跃。"[1]

这确是中国共产党认识史上第一次重大飞跃。

中国革命的胜利,新中国的诞生,经历了多少艰难和曲折！有这些艰难和曲折并不奇怪,因为那是一条前人从来没有走过的路,而且在前进中又会不断遇到许多和以往不同的新情况新问题,中国共产党那时是一个成立时间还不长的党,在这个过程中,一些人(包括一些领导人)曾经产生过这样那样的困惑,以致走过一些弯路,是完全可以理解的。如果要说有什么奇怪,倒是党在这样不长的时间内就能够找出犯过的错误,分析造成错误的原因,自己加以纠正,能在不断探索中找到一条正确的道路并且取得胜利,在世界历史上,这确称得上是罕见的奇迹。

为什么说遵义会议是中国共产党历史上的一个转折点？从前面的简单叙述中不难看出:遵义会议前,一切听从共产国际指令行事

---

[1] 薄一波:《七十年奋斗与思考》上卷,中共党史出版社1996年版,第375、376页。

的观念长期在中共中央占着优势地位，先后经历过大革命失败和第五次反"围剿"失败这样全局性的严重挫折，使党两度面对覆灭的危险；遵义会议后，党的面貌发生了根本的变化，独立自主地从中国实际国情出发，走自己的路，这种思想和力量在中共中央取得了优势地位，尽管中国共产党领导的民主革命在以后的进程中也有过干扰和失误，但只是局部性的，没有影响全局。从遵义会议，经过六届六中全会、全党整风到中共七大，是顺流而下、水到渠成的结果。遵义会议确实当之无愧地称得上是具有历史意义的一个转折点。

遵义会议在党的历史上开创了一个全新的局面。实事求是，群众路线，独立自主，从此深入人心，成为人们衡量是非的共同准则。符合这些准则的，便是对的。不符合这些准则的，便是错误的。它是一种无形的力量，在中国共产党内形成一种新的传统。

从遵义会议到新中国的诞生，只有十几年的时间，却在中国发生了"新旧社会两重天"的根本变化。完全可以说，如果没有遵义会议代表的历史性转折，要在这样短的时间内迎来中国革命的完全胜利是不可能的。

新中国成立后，实事求是、群众路线、独立自主依然是党和人民心目中衡量大是大非的无形标尺，在中国大地上努力建设一个新社会和新国家，尽管中间也遭遇种种困难以致曲折，甚至犯过严重的错误，但总能依靠自己的力量克服困难，拨乱反正，不断开拓创新，继续胜利前进。

在新中国正以令世界震惊的成就阔步前进的今天，先人们在80年前举行的遵义会议值得我们永远缅怀。

（原载《中共党史研究》2015年第1期）

西安事变与 20 世纪中国历史变迁[1]

这次学术研讨会的主题是"西安事变与 20 世纪中国历史变迁"。简单地说，就是西安事变的历史地位。对这个问题，毛泽东同志说过，西安事变的和平解决成了时局转换的枢纽，在新形势下的国内合作形成了，全国抗日战争发动了。周恩来同志说，"双十二事变"本身的意义是在它成为当时停止内战、发动抗战的一个历史上的转变关键，由于西安事变，张、杨两将军是千古功臣。两段话的共同点，都把西安事变称为一个历史的转变关键，或是转变的枢纽。转变什么呢？就是转向停止内战，一致抗日，导致第二次国共合作的形成，导致全民族抗战的爆发。

就此可以再提出几个问题：第一个问题，国共两党经过十年内战，可以说有着血海深仇，为什么又能够重新合作？第二个问题，如果说是因为当时民族危机的加深，因为人民要求抗战的压力，蒋介石感到要停止内战，甚至和苏联、和共产党之间已经有了一些联系和接触。那么，为什么在西安事变前夜，他还要调动那么多军队想来消灭共产党？为什么张学良去"哭谏"，他仍断然拒绝，逼使张杨不得不发动西安事变？第三个问题，在西安事变中，同蒋介石并没有形成什么书面协议，张学良到南京以后蒋

---

[1] 本文是作者 2006 年 12 月在延安举行的西安事变学术研讨会上的发言记录。

介石背信弃义地把他扣起来，杨虎城后来还被杀害。那么，为什么他对共产党的内战，在看起来没有任何保证的情况下，还是停了下来，从而导致第二次国共合作的实现，导致全民族抗战的形成？应该说，西安事变是在一个非常复杂、充满矛盾的历史环境下发生的。当然，历史一般讲起来，多是复杂的，充满矛盾的。但西安事变处在一个历史转变的枢纽时刻，矛盾的复杂性、突发性表现得更加突出。

为什么国共两党在经历了十年内战的对峙后，能够实现第二次合作？对历史事件的研究，离不开大的历史环境。没有这种大环境，历史事件为什么能够发生和怎样发生就无法说清楚。第二次国共合作的形成同第一次国共合作的形成，时间相隔13年。在此13年间，中国的情况发生了巨大的变化，情况非常不同。它体现在以下几点：

第一，第一次国共合作形成的时候，国民党方面是在孙中山先生主持下改组国民党，欢迎像共产党这样新的血液输送进来。从共产党方面讲，它成立只有两年半时间，是一个非常年轻、幼稚的党。双方在"打倒列强，除军阀"的国民革命旗号下汇集在一起，密切合作，总的说来关系是比较融洽的。而到第二次国共合作形成的时候，情况不大一样了。从蒋介石来说，把共产党看作最大的心腹之患，一直要把它斩尽杀绝；对共产党来说，这十年中间，在国民党的屠杀政策下，共产党人的血流得太多太多，在1927年以后一年左右的时间里，被杀的共产党人和革命群众就有30多万人，这种伤痕是不容易淡忘的。第二次国共合作是在这种情况下进行的，非常困难。

第二，在第一次国共合作时，国民党有一个政权，在广东。主要是从珠江三角洲到粤北的韶关。国民党还有自己的军队,最初是五个军,到两广统一前有六个军。而共产党最初虽然在群众运动中有很大影响,但没有军队,后来从"铁甲车队"开始发展到叶挺"独立团",才有了很少一点自己能掌握的军队。而到第二次国共合作时,双方都有自己的政权和军队,是两个政权、两个军队在那里对峙。它们之间的关系不平等,无论军队还是政权,国民党都大得多,所以它很自大,不能平等地对待共产党;共产党的军队和政权虽然比较小,但很有力量,而且在向上发展。两党在合作中间,包括形成和整个合作过程中,军队和政权始终是它们之间矛盾和争论的焦点。

第三,在第一次国共合作的时候,单从世界范围来看,国际资本主义在第一次世界大战以后,大概从1920年开始,刚刚缓过一点气来,到1924年他们在欧洲的统治秩序才相对稳定下来,在远东又卷土重来,但毕竟力量还弱。日本的侵华势力在大战期间得到很大发展。但战后西方列强为了在远东保持一定的力量均势,通过华盛顿会议等对日本作了一定约束,日本对进一步扩大对华侵略也没有完全准备好。所以,那时国共合作面对的斗争对象主要在国内,是得到帝国主义支持的北洋军阀;而第二次国共合作面对的情况却大不一样了,正像毛泽东所说,一个民族敌人深入国土这一事实,起着决定一切的作用。当时,"中华民族到了最危险的时候,每个人都被迫发出最后的吼声",这句话成了中国民众共同的呼声。无论是国民党的主流,还是共产党,在这个形势面前,首先要考虑的都是民族矛盾。

第四,1924年到1927年第一次国共合作期间,中国共产党还是一个很幼稚的党,不怎么懂得如何去驾驭如此复杂的局势,陈独秀是个书生，周恩来、瞿秋白、李立三等都是二十几岁的青年。到第二次国共合作的时候，国民党和蒋介石固然很有政治经验，以毛泽东为首的中国共产党已积累起丰富的经验，能够驾驭这样一个复杂的局势。

从以上四点不同，回到所讲主题。后两个特点，说明实现第二次国共合作、发动全民族抗战是可能的，因为民族危机那么深重，而且国共两党，尤其是共产党已经积累起较丰富的应对和驾驭局势的经验。而前两个特点，说明要国共合作非常困难，军队和政权问题更是争论的焦点，中间会经过许多曲折，甚至会出现常人不容易理解的一种复杂局面。这是整个大环境、大格局决定的。

现在，先说前面讲的第一个问题：为什么国共两党在经历了十年内战的对峙仇杀后，能够实现第二次合作？关键是中日民族矛盾急速上升。这个问题远一点可以从1927年田中义一召开东方会议讲起，也可以从1931年九一八事变讲起。但谈到西安事变这个转折，更直接的还得从1935年下半年发生的变化说起。

大家知道，九一八事变后，民族危机已极为深重，上升为中国社会面对的主要矛盾，而且在一步步加深。但1935年下半年以前和以后，仍呈现出明显的不同。从国民党方面来看，1935年下半年以后发生了两个重要事件，一是1935年9月中旬（有的地方说是10月，但9月中旬的说法比较可靠），日本外相广田弘毅对中国驻日大使蒋作宾提出要中国同意三点，以后称为"广田三原则"。南京政府外交部发言人的声明中是这样转述的：第一，中国须绝对放弃"以夷制夷"政策；第二，中国对于"满洲国"事实的存在必须加以尊重；第三，中国北边一带地方之防止赤化，中日须共商有效办法。国民政府外交部在谈判时推托说这三句话太空泛，很难谈下去。其实，它的内容非常清楚：第一条，所谓让蒋介石放弃"以夷制夷"的方针，也就是说让南京国民政府放弃从英美寻求援助、从国联寻求援助，要把同它们之间的关系切断，让南京政府只听日本的话。这是蒋介石无法接受的。第二条是要承认满洲国。这一条，蒋介石也是不能接受的。他在以往很多电报（主要是内部电报）中一再表示，尽管事实上可以睁一只眼闭一只眼，但绝不可以作出正式的承诺。你要是承诺从中国割去东北的话，是要留骂名于后世的。蒋介石也有个好处，他还有一点民族主义。第三条是中国北部防止赤化，冲着谁啊？这里还不是指中国共产党，因为那时中国共产党刚到陕北，力量弱小。日本所指是要共同防苏，而苏联那时在远东同日本有矛盾，几乎是蒋介石对付日本唯一能得到援助的对象。所以，掂量广田三原则，它的分量很重。蒋介石在《苏俄在中国》这本书里讲了一句话："当时的情势是很明白的，我们拒绝他的原则，就是战争；我们接受他的要求，就是灭亡。"所以，1936年国民党，包括外交部部长张群和日本驻华大使川越谈判，好多次都坚决拒绝川越提出的要求，这在以前历史上是没有过的。日本把蒋介石逼到了那样一个地步。所以，蒋介石说："中日战争既已无法避免，国民政府乃一面着手对苏交涉，一面亦着手中共问题之解决。"

1935年下半年以后还有一个极重要的事件，就是华北事变。大家都知道，对"田中奏折"的真实性虽然存在争议，但大家都承认日本事实上是那样做的。其中有两句话：欲征服世界，必先征服中国；欲征服中国，必先征服满蒙。这里说的满蒙，是指东北和内蒙古的东部和中部（更重要的是内蒙古中部）。日本的侵华野心是无限的，但实现的步骤只能一步一步地走，它要考虑两个问题：一个是国力终究有限，想一口把东北吞下去，消化它、站稳脚跟是很不容易的事情；一个是它多少还要考虑到英美等国家的反应。所以，伪满洲国成立后的一段时间，它的目标基本上是先控制到长城一线。这不是说日本人发善心了，它的方针是在1935年前先解决"满蒙问题"，把东北、察哈尔和绥远控制在它手里，再走下一步。它在1935年曾越过长城，威胁平津，但目标还是在那里形成一个缓冲区，一个进一步向华北前进的基地，还没有要立刻做到独占华北，所以在签订《塘沽协定》后把军队撤回长城一线。

但1935年的华北事变中，他们发动了所谓华北五省自治运动，即华北五省二市脱离中央实行自治，那就大大跨前了一步，实际上是要在华北制造第二个脱离中国的傀儡政权。11月中旬，关东军派奉天特务机关长土肥原贤二去见宋哲元，提出限令宋哲元在11月20日以前，宣布华北自治，否则日本就要出兵占领河北和山东。关东军立刻出动军队开往山海关和古北口，日本的飞机在北平和天津上空经常盘旋，日军在平津一带大搞军事演习。可以看出，为什么一二·九运动不早不晚在这个时候爆发，同样，也可以明白，为什么在11月19日（也就是土肥原贤二限期到达的前一天），蒋介石要在国民党五大上说"和平未到绝望之时，绝不放弃和平；牺牲未到最后关头，亦绝不轻言牺牲"。这是一句双关语，一方面表示我们现在还不能"轻言牺牲""放弃和平"，另一方面也表示，如果牺牲到了最后关头就只能决心牺牲，如果和平到了绝望之时就只能放弃和平。当时的形势确实非常危急。12月9日，北平的学生发出"华北之大，已经安放不得一张平静的书桌了"的呼声。当时发行量最大的杂志《大众生活》写到，天上时刻看到日本飞机在盘旋，地上到处是日本军队在耀武扬威地演习。学生们自然要说我们还能安心读书吗？民族危亡比以前任何时候更加严重了。蒋介石在庐山会议上讲的一段话也很能反映他的心情。他说，今日的北平，如果变成昔日的沈阳，今日的冀察亦将成为昔日的东四省，北平若可变成沈阳，南京又何尝不可变成北平？到了逼不得已时，我们不能不应战。

日本人确实逼得太狠了。蒋介石一步一步退让，希望能避免全面战争。但到1935年下半年以后，局面无法再让了。那时，在北平发生了一二·九运动，它充分表现出中国的民气。九一八事变后掀起的民众运动有起有伏，逐渐从低潮走向高潮。一二·九运动就是在相隔了四年以后，形成了大规模的学生运动高潮。如果拿在上海全国各界救国联合会和北平的一二·九运动相比，它又有很多新的特点。一二·九运动主要是学生运动，当然还有少数教授参加。但救国会成立后，参加者已不仅仅是学生，教育界、文化界、妇女界、银行界、工商界、职业界等都参与进来，成立各界的救国会，而且非常鲜明地提出要建立联合战线。救国会的主要领导人沈钧儒、章乃器、陶行知、邹韬奋发表《团结御侮的几个基本条件与最低要求》，提出了许多救国主张，应该给他们很高的评价。

从中国共产党方面看，1935年下半年以前也发表过宣言，提出愿意和一切抗日反蒋的阶级、阶层、党派联合抗日，但那时"左"倾错误在党内处于支配地位，宣言在相当程度上还有宣传的意味，对十九路军发动的福建事变没有很好联合起来。从1934年10月开始，红军长征，在国民党军队前堵后追的情况下，摆在共产党面前最重要的是生存问题，各方面能得到的信息也很少，这种状况到1935年10月到达陕北后才发生了变化。在这以前，国际上法西斯势力兴起，共产国际"七大"提出建立世界反法西斯统一战线，中共驻共产国际代表团用中共中央名义发表了《八一宣言》，影响非常大。中共中央到陕北后，12月召开瓦窑堡会议，毛泽东作了《论反对日本帝国主义的策略》的讲话，主张反对关门主义、建立抗日民族统一战线，把它作为极其重要的问题来对待。

所以，从九一八事变以后到1935年下半年，这几年在中国历史发展上是不能小看的重要关头。不从这里看起，就不能说清楚西安事变怎么会突然发生、又怎么会和平解决。它的发生，并不仅仅是因为东北军"打回老家去"的愿望，或者说是共产党对东北军、十七路军做了工作，当然，这些都极其重要，因为西安事变最后要靠这些来实现，但它首先有这样一个大的背景。至于到1936年，形势发生了更大的变化。1936年2月26日，日本少壮派军官发动"二二六兵变"，军部更牢固地控制了日本政府，战争气氛更浓了；而共产党和东北军、十七路军的密切联系也建立起来了。

1936年9月1日，中国共产党发出"逼蒋抗日"的指示，提出："目前，中国的主要敌人是日帝，所以，把日帝与蒋介石同等看待是错误的，抗日反蒋的口号也是不适当的。"杨奎松同志不赞成过分夸大地说张学良和周恩来在延安会谈决定了中共中央联蒋抗日主张的形成，我认为是有道理的。因为从4月9日延安会谈到9月1日中共"逼蒋抗日"指示的发出，中间差不多隔了五个月，而且9月1日文件里还没有提到"联蒋抗日"。第一次出现"联蒋抗日"的提法，大概是在1937年3月召开的中央政治局会议文件里。当然，张学良起了不小的作用，但中共中央下决心"联蒋抗日"，还需要有一个过程。9月1日"逼蒋抗日"的指示很重要,因为它表明,中共对蒋介石的方针发生了一个根本变化。毛泽东在1937年2月11日的中央政治局会议上讲:"对国民党的估计是对的,我们这种估计是自9月起,所以,在西安事变后,能采取和平解决的方针。"也就是说,为什么中共在西安事变中能采取和平解决的方针?这是建立在对国民党的新的估计上,这种估计是从9月1日开始的。

日本侵略中国的行动是一步接着一步推进的,国民党蒋介石的态度、民众运动的态度、中国共产党的态度也是一步一步变化的。这些事件之间有着不可分割的紧密联系。

正是在这种情况下,蒋介石确实已派人同苏联和中共联系。这个联系通过四个渠道。一是派陈立夫去苏联,希望能够与苏联达成共同对日的军事同盟。这次行动是极端秘密的。陈立夫用化名护照到了德国,然后准备再到苏联。但他到德国后,消息泄露了,所以没去成苏联。消息怎么会泄露?在日本的一位中国籍教授鹿锡俊从日本外务省档案里查到,是当时湖南省政府主席何键向日本当局告的密,他生怕国民党和共产党接近。何键,从1927年的马日事变到"七一五反革命政变",多次镇压共产党,是一个反共非常坚决的人。陈立夫在他的回忆录中也讲到这次去苏联的事。二是派驻苏联大使馆的武官邓文仪到莫斯科同苏联方面和中共代表团谈,这也是很重要的接触。但苏联和中共代表团说,国民党中央在国内,共产党中央也在国内,这个会谈只能在国内谈。三是蒋介石让陈立夫在国内找共产党的关系,陈立夫交给他的亲信、铁道部次长曾养甫办。找到两条路,一条是与中共北方局有关系的吕振羽,一条是上海地下党的张子华。但这两个人都不能代表中共中央,还是不能解决问题。四是通过宋庆龄的关系,这才真正和中共中央接上了头。

她找到以牧师身份出现的中共党员董健吾（他曾经抚养毛泽东的两个儿子毛岸英和毛岸青），拿了孔祥熙签发的"西北经济专员"的委任状到瓦窑堡去见中共中央领导人。当时，因为红军东征，毛泽东、张闻天等都在山西，董健吾见到了博古。会谈以后，博古拍电报给毛泽东、张闻天和彭德怀，他们三人复电给博古转交董健吾说："弟等十分欢迎南京当局觉悟与明智的表示，为联合全国力量抗日救国，弟等愿与南京当局开始具体实际之谈判。"并且提出五点要求。董健吾拿着复电到宋庆龄那里去复命，复命时，发现孔祥熙也在座。这样，国共两党的正式接触开始了。但是，这种接触毕竟是初步的，双方都在相互试探摸底，不太清楚对方的底细。还有，南京政府要董健吾通过封锁线去陕北，得经过张学良。这使张学良觉得，既然你们也在同共产党联系，我自然更可以理直气壮地同共产党联系了。总之，西安事变的发生及其和平解决是有由来的，而不是偶然的。

第二个问题，既然国民党已经在同苏联和中共联系了，为什么还要调动那么多军队去打共产党，而且逼张学良、杨虎城也要出兵打，连他们两个"哭谏"都无法阻止，逼得张学良、杨虎城不得不发动西安事变？

这两个现象看起来好像是矛盾的。其实，当时蒋介石所谓同苏联和中共联系，重点在联苏，寻找苏联的援助。这也容易理解。这以前，蒋介石总是把希望放在英国、美国，尤其是国际联盟身上。但是，蒋介石对它们寄托了那么多希望，最后等待着他的是一切落空，李顿调查团只说了些表示同情的空话，并没有给予任何实质性的帮助。当时在欧洲，德意法西斯势力已日益抬头，英法当局非常紧张。它们在第一次世界大战中有大量人员伤亡，国际地位大幅下降，损失惨重。从 1918 年到那时，相隔只有 18 年，就像我们今天讲到 20 世纪 80 年代末的事情一样，好像就在眼前。英法实力不够强，内部社会矛盾也很尖锐，才会有慕尼黑的绥靖政策。它们自顾不暇，哪里还谈得上在远东帮助中国对抗日本，只能是步步退却。连英国驻华大使许阁森都被日本飞机打伤，大英帝国受到如此耻辱，都不吭气，中国怎么能靠得上它们？美国国内孤立主义思潮当时占压倒优势，中国也得不到它的援助。只有苏联，看到德国法西斯日益抬头，担心德国和日本从东西两翼对它夹击，所以希望中国抗战能拖住日本，减轻它的压力。因此，给了国民党政府相当多的援助。这些援助都交给国民党，并没有交给共产党。因此，在整个国际大格局中，蒋介石看来看去，当前重点要联苏。这是局势逼得他如此做的，而要改善对苏关系，也要解决国内的中共问题，所以蒋介石说："中日战争既已无法避免，国民政府乃一面着手对苏交涉，一面亦着手中共问题之解决。"

"中共问题之解决"，是随着前一个问题来的。蒋介石对苏交涉和中共问题的关心程度和态度并不完全相同。对中共问题怎么解决？在他看来，就是要共产党向国民党投降，让共产党军队接受国民党收编。蒋介石对中国共产党的疑忌太深了。他说："我对于中共问题所持的方针，是中共武装必须解除，而后对他的党的问题，才可作为政治问题，以政治方法来解决。"蒋介石的上述方针，当然是做不到的。共产党从以往血的教训中懂得：一旦交了枪，等待着自己的就是死亡。在这种情况下，蒋介石认为，如果能用武力来解决中共问题，还是"上策"，至少他还要试一试。

而且，从当时情况看，蒋介石认为武力解决中共问题是有可能做到的，因为红军到达陕北后，最初确实相当困难。后来红军三大主力要会师，又被胡宗南军队从中截断。留在陕北的红军有四万多人，而被切断的西路军有21000人，也就是说，会师后三分之一的红军被切断，留下三分之二，后来西路军的结局很悲惨。国民党方面认为，陕北就只有四万多军队，而国民党在东边、南边、西边都有重兵布置。东边是汤恩伯和关麟征的部队，从山西渡过黄河后到达绥德、清涧，同时蒋介石又任命陈诚为晋陕甘宁边区"剿匪"总指挥，准备调动更多部队从洛阳西进，进攻红军；西边，在甘肃天水一带，有国民党三个军：胡宗南、王均和毛炳文的部队；南边是东北军和十七路军。所以，在蒋介石看来，有可能消灭共产党。

而且，从蒋介石的政治性格来看，他历来非常敢冒险，一旦下了决心，就会不顾一切。当然，他后来也因此碰得头破血流，那是另一回事。如果蒋介石不受到重大打击，他是不可能放弃原来打算的。12月7日，张学良"哭谏"，蒋介石却拍了桌子说，你现在就是拿枪把我打死了，我的剿共政策也不能变。这样，就逼得张杨不得不采取断然措施发动西安事变。

第三个问题，西安事变后，张学良被扣留，为什么蒋介石就此停止内战、联合抗日了呢？

这个问题的前提，首先是前面所说的大段内容，如果没有这个大背景，就不可能有西安事变的发生及其和平解决。无论是战还是和，蒋介石内心深处其实都有矛盾。西安事变和平解决后，也不等于他对中共没有别的想法。

这里有两个具体问题先要说一下：一个是西安事变发生后，共产党，特别是毛泽东是不是主张杀掉蒋介石？持这种看法的学者有两个根据。第一个是毛泽东说过："把蒋除掉，无论在哪方面都有好处。"第二个就是当时一份电报所写："紧急状态下，诛之为上。"

这两点看起来都有档案根据,但都值得推敲。

先说"把蒋除掉,无论在哪方面都有好处"。对这句话的引用和评论,主要是1988年《党的文献》上发表的一篇文章。这篇文章是我签发的,但我对作者的分析和看法是有保留的。既然有保留,为什么还要签发?因为对于学术问题可以有不同看法,不能因为有不同看法就不让它发表。为什么对它又有保留?因为我怀疑作者对12月13日的中央政治局扩大会议记录读得不仔细。这句话确实有,并且是毛泽东说的,但问题是这句话是在什么时候和什么情况下讲的,有个语境问题,它并不是在讨论如何处理蒋介石的时候讲的。那时,还谈不上讨论处理蒋介石这个问题,因为12月12日突然接到西安电报,事情来得很突然,许多情况还不清楚。13日政治局会议的中心问题是讨论如何表明对西安事变的态度。毛泽东在会议一开始就说:"我们对这一事变的态度怎样,应该拥护,还是中立或反对,应该明白确定,是不容犹豫的。"这是最紧迫的问题:就是对事变必须马上表态,不能拖延。苏联对张学良一直持保留态度,甚至认为西安事变有日本背景。西安事变发生了,中共要不要鲜明地表示支持张杨的行动?当时中共中央看到的是张学良于12月12日5时前发给毛泽东、周恩来的电报,称为"文寅电"。电报的第一句话是"蒋介石的反革命面目已毕现",接着就说已经把蒋介石扣起来了。毛泽东所说"把蒋除掉,无论在哪方面都有好处"是对张学良电报中所说的这个行动的表态,那是已经发生的事实,并不是在讨论应该如何处理蒋介石。他的上下文是这样说的:"他们(指南京政府)蛇无头,形势是他们处于恶劣地位。""一定要影响他们,因为失去头脑而无办法,打破以前完全被蒋控制的局面。自然,在我们的观点,把蒋除掉,无论在哪方面都有好处。""蒋最近的立场虽是中间的立场,然在剿共这一次点上,还是站在日本方面的,这一立场对他的部下是有很多矛盾的,所以他是被这样的矛盾葬送了。""我们对西安事变说明是革命,但不是共产党干的,是他们(张杨)自己的英勇。"因为蒋介石这时仍坚决要"剿共",不肯停止内战,连张杨"哭谏"都没有效用,难以改变,现在张杨把他扣起来了,把这个头除掉,事情就好办了。我看那句话就是这个意思,并没有主张杀蒋之意。毛泽东为这次会议作结论时又说:"我们不是正面的反蒋,而是具体的指出蒋的个人的错误。我们对这一事变要领导,又要反蒋又不反蒋,不把反蒋与抗日并立。"会议第二天,毛泽东等十人致张杨的电报中提出十大口号,口号中对如何处置蒋介石连一条也没有。因为这在当时还提不到日程上来。

"紧急状态下,诛之为上。"这句话第一次被引用是张魁堂同志在人民出版社出版的《张学良传》里。此书出版后,原东北军将领万毅同志(中共第七届中央候补委员)给胡耀邦同志写了封信,批评书里引用这句话,认为张学良那时还没有获得自由,公布这种材料不利于张学良的安全。耀邦同志严厉地批评了这本书。确实,这句话很容易被人断章取义地引用,只引"诛之为上"四个字。其实,什么是"紧急状态"?指的是两种情况,一是南京政府的军队从潼关进来,打到西安,可能把蒋介石救出去;二是内部不稳,如果看守的人靠不住,可能被他们把蒋介石放了。当时,蒋介石坚持"剿共"、扩大内战的态度并没有改变。如果发生这两种情况中的一种,局势会更加恶化,那就不得不把蒋介石杀了。这是不得已的、被迫的。周恩来在给国民党的电报中也明白表达了这个意思。他说,国民党的军队只要不打到西安来,委员长的安全是有保障的。这句话反过来也就是说，如果你们打到西安来，那就对不起，蒋委员长的安全就没有保障了。这都是公开说的，和前面那句话是一个意思。对于这句话，一定注意不能只把"诛之为上"四个字脱离它的前提而单独引用，否则将是片面的、不符合原意的。

第二个具体问题是，中共和平解决西安事变是不是由共产国际决定的？从大的方面讲，1935年发表的《八一宣言》和12月召开的瓦窑堡会议，都受到共产国际的影响。这很重要。但是，西安事变的和平解决确实不是中共本来主张不和平解决，接到共产国际指示后才主张和平解决。

西安事变发生当天，中共中央就报告了共产国际，但没有立刻得到回音。共产国际在16日发来电报，因密码错乱翻译不出来，18日中共又打去电报，希望他们重发，20日电报才来。而中共和平解决西安事变的方针是在12月19日中央政治局会议讨论决定的。那时，日本说西安事变是苏联造成的，苏联则说是日本造成的。从当时的会议记录看，包括博古、凯丰等留苏的人也认为共产国际的意见总的是好的，但对中国的实际情况并不那么了解。可见，当时的中国共产党已经不像十年内战期间王明路线支配全党那个时期，也不像它之前的中共中央那样，一切唯共产国际之命是从。12月19日当天决定和平解决西安事变方针的会议记录最清楚不过地说明了这一方针是如何制定的。会上，毛泽东说："目前问题主要是抗日问题，不是对蒋个人问题。"他在作结论时又说："我们应变国内战争为抗日的战争。""内战的前途一定要结束，才能抗日。现在应顾及到这次是有可能使内战结束。""我们准备根据这样的立场发表通电。国际指示还未到，或者要停两天再发。"那么，19日主张和平解决事变的通电究竟是当天发的，还是20日接到共产国际指示才发的？其实，18日中共中央给国民党中央的电报中已经提出：要求停止一切内战，一致抗日，召集全国各党各派、各界、各军的抗日救国代表大会，决定对日抗战，组织国防政府、抗日联军。并明白表示："本党相信，如贵党能实现上述全国人民的迫切要求，不但国家民族从此得救，即蒋氏的安全自由当亦不成问题。"19日中共还有一个内部给潘汉年的电报："请向南京政府接洽和平解决西安事变之可能性及其最低限度条件。"这些都在20日共产国际指示发来之前。所以从大的方面讲，固然不能说和共产国际无关，但具体的和平解决西安事变的方针是中共中央独立自主制定的。

也还要注意到，在谈判中间，蒋介石前后的态度确实有变化。周恩来在给中共中央的电报中说到，蒋介石最初的态度很强硬，后来就软化了，尤其是宋美龄和宋子文来后，就更明显。陈布雷事后为蒋介石所写的西安事变回忆材料是捏造的。近几年公布的蒋介石日记中有一部分比较接近事实，但也不肯提到他和周恩来见面这样的重要事实。最能说清楚这一变化的是去年公布的《宋子文日记》。其中，12月22日的日记，记录了当晚蒋介石和他的谈话。他说委员长说一定要周（周恩来）同意：1.废除中国苏维埃政府；2.取消红军名义；3.停止阶级斗争；4.愿意接受委员长之领导。他（委员长）无时无刻不在思考重组国民党的必要性，如果需要，他会要求蒋夫人签订保证书，保证在三个月内召开国民大会。在此之前，他必须要求国民党大会把权力交给人民。国民党重组后，他将：1.同意国共联合，假如共产党愿意服从他，正如同他们服从总理（孙中山）；2.抗日、容共、联俄；3.同时，他愿意给汉卿（即张学良）收编共产党的手令，而收编进来的伙伴都会配备良好的武器。宋子文25日的日记，又记录了当天上午周恩来去见蒋介石两人谈话的内容。这些事情在国民党文献中、蒋介石日记中，连影子都找不到，却在原来不准备发表的《宋子文日记》中找到了详细的记录。当时，蒋介石对中共提出了四项要求，而共产党给国民党五届三中全会的电报里提出了五项要求和四项保证。这四项保证即：1. 在全国范围内停止推翻国民政府之武装暴动方针；2. 苏维埃政府改名为中华民国特区政府，红军改名国民革命军，直接受南京中央政府与军事委员会之指导；3. 在特区政府区域内，实施普选的彻底的民主制度；4. 停止没收地主土地之政策，坚决执行抗日民族统一战线之共同纲领。比较一下就可以看出，中共这四项保证就是回应蒋介石22日提出的四项要求的。

西安事变后蒋介石既然没有在协议上签字，回南京后又背信弃义地扣了张学良，为什么对共产党停止内战这一条却接受了，使中国能从内战走向抗战？

在12月27日的中央政治局扩大会议上，毛泽东在报告里对西安事变的意义作了如此评价："西安事变成为国民党转变的关键。没有西安事变，转变时期也许会延长，因为一定要有一种力量逼着它来转变。西安事变的力量，使国民党结束了十年的错误政策，这是客观上包含了这一意义。就内战来说，十年的内战，什么来结束内战，就是西安事变。西安事变结束了内战，也就是抗战的开始，国共合作虽然说了很久，尚未实现，联俄问题亦在动摇中。西安事变促进了国共合作，结束了它的动摇。西安事变开始了这些任务的完成。""西安事变这样的收获不是偶然的，因为国民党已开始动摇，酝酿了很久。他们的内部矛盾发展到最高度。所以，西安事变便解决了这个矛盾。这是酝酿成熟、时局转变的焦点。西安事变是划时代转变新阶段的开始。"

这两段话讲得很透彻，其实，蒋介石的转变也不是偶然的，他内心有两个东西在矛盾：在日本对华侵略的形势发展到这样地步的情况下，看来抗日是非打不可了；但能不能试试看先把中共消灭掉，这对他似乎更理想。在这种情况下，出乎他意外，发生了西安事变。西安事变对蒋介石转变的影响，至少有两点：一是经过福建事变、两广事变和西安事变，蒋介石强烈感觉到，不光是全国人民，就是他自己依靠的军队也发生了很大变化，现在张学良对他实行"兵谏"，而广西的李宗仁和白崇禧、四川的刘湘、山西的阎锡山、冀察的宋哲元、山东的韩复榘靠得住吗？西安事变以如此极端的方式暴露出国民党内部存在的强烈不满，如果他不改变，下一步还会发生什么？这促使蒋介石下了联共抗日的决心。另外一点，在西安事变与中共的接触中和前不久与红军的较量中，蒋介石感到，虽然红军的军事力量比较小，但要消灭它并不容易。在西安事变过程中，蒋介石又感到共产党要和平解决西安事变、实现国共合作是真诚的，尤其是周恩来两次与蒋介石会谈，作了许多卓有成效的工作，表现出中共对和平解决西安事变的诚意。蒋介石本来已开始在动摇，内心是有矛盾的。西安事变和它的和平解决，这样的大刺激，使蒋介石最后下了决心，解决了这个矛盾。所以说，有了前面这么多因素和这么多积累，才有西安事变，才有蒋介石对共产党态度的转变，这以后才有第二次国共合作和全民族的抗日战争。因此，称发动西安事变的张杨两将军是"中华民族的千古功臣"，他们是当之无愧的。

（曾收入《西安事变与二十世纪中国历史变迁》一书中，中央文献出版社 2008 年版）

抗战前的白区工作会议

1937年5、6月间的白区工作会议，是中国共产党历史上重要的一页。它最引人注目的是：会议期间及其前后，刘少奇对以往白区工作中的"左"倾关门主义和冒险主义进行了系统的批判，并且指出它是八七会议以后，包括六届四中全会以来长期存在的一种"错误的恶劣的传统"。如此尖锐地提出这个带根本性质的问题，在党的全国性会议上还是第一次。它立刻引起一场轩然大波，在会上发生异常激烈的争论，反对的意见一度占了上风，反映出党内对土地革命时期党的历史的认识存在着深刻的分歧。这个问题当时并没有得到根本的解决，而成为日后延安整风的重要先导。

刘少奇在会前给张闻天的4封信

刘少奇所以在此时旗帜鲜明地提出这个严重的挑战性问题，是他多年来在白区工作实践中思考的结果，也是当时国内政治局势处在转折关键时刻的实际需要。

对前面这一点，已有不少研究工作者做过论述，不需要在这里再用很多篇幅去谈它。大家都知道，刘少奇是中国工人运动最早的领袖之一。党的初期，以城市工作为中心，工人运动便成为党的主要工作。刘少奇在长期的实际工作中取得过顺利的发展，也碰过许多钉子。实践中遇到的种种问题，引起他不断深思，觉得共产国际和中共中央决定的许多做法"左"了，并不符合客观实际。当他在莫斯科担任赤色职工国际执行局委员时，当他回国后担任中共中央职工部部长时，都曾直率地提出自己的看法，却接连遭受打击，被戴上"右倾机会主义"的帽子，被撤销职务。红军长征到达陕北后，刘少奇作为中央代表到国民党统治下的华北地区，指导党的工作，发展抗日民族统一战线，打开了新的工作局面，同时又遇到不少"左"的思想阻碍。为此，他先后写下《肃清关门主义与冒险主义》《关于白区职工运动的提纲》《肃清空谈的领导作风》等文章，批评"左"的错误思想在实际工作中的种种表现，针锋相对地提出一整套白区工作中应当采取的正确方针。可以看出，这个问题在他的思考中已占着越来越重要的地位。

现在着重谈一下后面那一点：为什么它是中国整个政治局势处在转折关键时刻的实际需要。

历史跨入1937年时，摆在人们面前最突出的事实是：震惊中外的西安事变刚刚取得和平解决，在严重民族危机威胁下，延续十年的内战实际上停止下来，第二次国共合作正在逐步实现。这是一个巨大的历史转折。对这个仿佛突然到来的巨大转折，许多人不能立刻适应。特别在国民党统治区，这里的党组织曾长期同中共中央几乎隔绝，对遵义会议后的转变没有多少了解，对整个政治局势的深刻变动也缺乏认识，往往仍习惯于用原有的指导思想和工作方法思考问题和进行工作；一些共产党员和进步分子，经历了十年残酷内战，对国民党怀着深刻仇恨，对实行国共合作不易理解，甚至公开反对。他们人数虽不多，在白区却是一股不小的力量。

这部分人的不满表现得相当强烈。刘少奇当时描述道："在蒋回南京后,左倾分子大为失望,许多地方的同志大为失望。"有的人气得几天不吃饭,"认为我们完全失败"。有些"左"倾学者准备联名发表宣言"说我们投降"。广东方面有"左"倾分子,"说我们是右倾机会主义"。国民党当时在抗日、联共、发动民众等问题上表现出举棋未定的种种矛盾现象,更增长了这些人的疑虑。

其中,最使刘少奇感到震惊的是,东北军中曾同共产党友好合作而这时反对和平解决西安事变的少壮派,2月2日在西安举行武装暴动,枪杀对实现国共合作作出重要贡献的东北军高级将领王以哲。刘少奇给张闻天关于大革命历史教训的信就从这件事讲起。[1]几天后,他又写道:"西安少壮军人的暴动应该是最痛苦的教训。""他们离开了我们,他们独自去进行那无希望的暴动,他们骂我们投降屈服,认为我们的方针错了。"他从这里感到:"我们与国民党、蒋介石合作停战是对的,但如果做得不好,很可能使平津与我们最接近的左倾群众部分的或大批的脱离我们。"[2]

白区工作中"左"倾错误思想的另一个突出表现,是发展抗日民族统一战线中的关门主义。那时,全面民族战争即将到来,要求以极大的速度和规模来扩大抗日民族统一战线,团结一切可以共同抗日的人,从事抗日战争的准备;而关门主义却是实现这一要求的重要障碍。刘少奇写道:"现在全国各地的救国会都有统一战线的章程纲领,然而在组织上他们还不是统一战线的组织,实际上不论在学生中、工人中、其他群众中的救国会都还只有绝对少数的先进活动分子来加入,实际上这仅仅是左倾分子的秘密组织。""然而我们同志常把这仅仅是左派组织的救国会,即认为已经完成的统一

---

[1] 刘少奇给张闻天的第一封信,1937年2月20日。
[2] 刘少奇给张闻天的第三封信,1937年2月26日。

战线。"[1]

因此，刘少奇接连在1937年的2月20日、2月25日、2月26日、3月4日，从天津给当时在中共中央负总责的张闻天写了4封长信。他在信中十分强烈地提出："我要求你们切实注意'左'倾的问题。十二月决议仅是我们自己的原则的转变，而在今天则是这种原则的转变已经进入实际的转变。在这个转变关头，如果发生错误，甚至是一点小小的疏忽，都要引起深远的结果。我和全国的事实都要求你们在这个问题上的指示。"[2]足见刘少奇已经认定：他所提出的反对"左"倾的问题已经不是日常工作性质的问题，而是在历史"转变关头"将会"引起深远的结果"的大问题。

刘少奇进一步指出：这种"左"倾错误有着根深蒂固的历史传统。他写道："我觉得我们从大革命失败，八七会议以来，是一贯地犯了'左'倾冒险主义与宗派主义的错误。正因为有这种错误，所以我们在国民党统治下虽然有极艰苦与英勇的工作，也就不能巩固、聚积与加强我们的力量，反而削弱了我们的力量。""十年来是一贯地犯了'左'倾错误，到现在是已成了一种传统。"这还不够，他接着又写道："必须还得着重的指出，我们在四中全会以后，在实际工作中没有改正、而且继续着立三路线的盲动主义、冒险主义的'左'倾传统。"这已经越出对当前白区中"左"倾思想批判的范围，而扩及到对党的十年历史上，特别是六届四中全会以来的历史如何估价的问题了。

当然，刘少奇这时的主要着眼点并不在算旧账，仍在纠正当前白区工作中的"左"倾错误，以实现抗日民族统一战线的主张。他

---

[1] 刘少奇给张闻天的第二封信，1937年2月25日。
[2] 刘少奇给张闻天的第三封信，1937年2月26日。

写道:"直到现在许多地方还没有转变过去的错误传统,甚至还有一些地方还不觉得转变过去传统的必要。他们认为现在的转变,只是形势变更后政策的转变。他们满足于叫几句统一战线的口号。他们还不知道不转变过去的传统,就不能执行现在策略的。"他还指出这些"左"倾错误的思想根源。他说:"这些错误的根源,一方面固然是对于形势的估计错误,另一方面还是一种思想方法、哲学方法上的错误,还是我们的行动有了原则,还应否实事求是,应否估计形势,以及如何估计形势的问题。"[1]

5年后,刘少奇在华中地区印发他给张闻天的第四封信(也就是《关于过去白区工作给中央的一封信》)时,加写了一个附注:"这封信是我在5年前在天津秘密工作时写给洛甫同志的一封秘密信。当时地区很小,红军亦不大,党的秘密工作问题,是党在全国范围内工作与发展的极重要的问题,故向中央(写)这封信,想中央在得到这封信后对白区秘密工作有个指示,以帮助秘密工作的转变,并接受我在10年来关于秘密工作中的一些观点。"[2]

刘少奇给张闻天的这四封信是在不到半个月的时间内接连写下的,只要把这四封信连贯起来仔细地读一下,不难得出两个结论:第一,刘少奇在白区工作会议上尖锐地系统地批判党内存在的"左"的关门主义、宗派主义和冒险主义,并且指出它是长期存在的"错误的恶劣的传统",是很自然的事情。第二,对这些问题,在党内还存在严重的意见分歧,因此,在白区工作会议上发生激烈争论,是不可避免的。

---

[1] 刘少奇给张闻天的第四封信,1937年3月4日。
[2] 刘少奇在印发《关于过去白区工作给中央的一封信》时所写的附注,1942年。

白区工作会议的第一阶段

1937年4月3日,周恩来从延安致电刘少奇,要求从国民党统治区选派代表参加将在5月召开的苏区党代表会议。

苏区党代表会议从5月2日至14日,在延安举行,来自国民党统治区的代表先参加了这次会议。5月7日,刘少奇作了发言。据刘子久回忆,会上还印发了刘少奇的两篇文章:《肃清关门主义与冒险主义》和《关于白区工作给中央的一封信》。[1]这两篇文章提出的问题那样尖锐,不能不引起与会人员的广泛注意。

苏区党代表会议结束后,由于国民党统治区有30位左右代表来到延安,对白区工作的认识又存在严重分歧,中共中央决定接着召开白区工作会议。

白区工作会议的前一天,5月16日,中共中央举行政治局会议。刘少奇在会上作了长篇发言。第一部分是"关于过去白区工作的一般估计"。他说:"党六次大会给我们的任务,争取千百万的群众。这一任务在苏区方面获得了很大的成绩,已有决议不讲。而在白区,到现在的成绩是不多的。"他认为,主要的问题是"存在'左'倾关门主义、盲动主义、冒险主义的错误的传统","这些错误传统的表现,在秘密工作与公开工作的联系上最明显:反对'合法主义',不要公开工作,不要降低党的纲领,在公开团体上提出党的全部纲领"。此外还有:"无目的发动斗争,游行示威,这些是在群众斗争中的盲动主义;下层统一战线也拒绝一切,关门主义很厉害;在党内斗争中也是一套,民主很小,党内宗派主义;在宣传

---

[1] 访问刘子久谈话记录,1984年9月7日。

方面表现为形式主义，刻板的，党与群众的宣传没有分别。"[1]接着，他详细地介绍了准备在白区工作会议上所作的《关于党和群众工作的报告提纲》的内容。张闻天作结论时说："详细的讨论，再召集会议。在白区代表会中，第一部分暂不报告。第二部分，其中立三路线的字样，改为盲动主义、冒险主义。"[2]因此，刘少奇在白区工作会议上作报告，没有直接使用反对"左"倾传统的字样。当然，报告的基本内容仍是针对那种"左"倾的恶劣传统的。

5月17日，白区工作会议开幕，刘少奇在会上作了关于党和群众工作的报告。他一开始就响亮地提出："我们党与群众的全盘工作在今后是要实行一个彻底的转变。"为什么要转变呢？他从两方面作了分析："因为环境的变动，新的任务与口号的提出，使得我们党与群众工作的工作方式、组织方式和斗争的方式，也必须随之而全部地实行转变。这是一方面。另一方面，在我们党内，在各种群众工作中还存在着严重的关门主义、高慢的宗派主义与冒险主义的历史传统。这种恶劣的传统，从八七会议以后的盲动主义就开始了，直至六届四中全会以后很长的时期内，还没有肃清。因此，它深入在许多同志的思想中及党与群众的日常工作方式中，以致成为恶劣的传统习惯。这种传统至今还没有在全党同志中彻底揭发，并给以应有的致命的打击与肃清，这在目前就特别妨碍民族统一战线的建立与争取群众的多数。"前一方面，党中央在前一年12月召开的瓦窑堡会议大体也这样说过，人们比较容易接受。后一个方面，在刘少奇这次报告前，还没有人在党的重要会议上这样提出过，不能不引起很大的震动。刘少奇得出结论："为了要彻底转变

---

[1] 刘少奇在中共中央政治局会议上的发言记录，1937年5月16日。
[2] 张闻天在中共中央政治局会议上的发言记录，1937年5月16日。

今后的党与群众工作,我们除了在同志中解释目前环境的变动与新的策略任务外,还必须着重地揭发与批评过去历史传统中的错误,必须在党内提出彻底转变全盘工作的问题。"[1]

刘少奇报告中所批判的白区工作中关门主义、宗派主义、冒险主义等"错误的恶劣的传统",主要针对着在党内统治了4年之久而还没有受到全面清算的以王明为代表的"左"倾错误,大方向是完全正确的。在党的全国性会议上首先发难,鲜明地点出这个相当敏感的问题,需要很大的政治勇气和理论勇气。他的语言尖锐犀利,并且从他长期积累的丰富经验出发,经过深思熟虑,概括出一整套有很强针对性而又切实可行的方针、策略和工作方法,更给人留下很深的印象。但他的报告也存在一些缺点:对过去国民党统治区党组织和党员们在极端艰难的环境中顽强坚持斗争的成绩肯定不够,用语也有过分的地方,这就容易使来自国民党统治区的代表发生误解,以为是否定了他们过去的全部工作。

刘少奇报告后,会议分组进行专题讨论,共分学生运动、农村、职工运动3个组。[2]讨论中提供了很多好的意见和经验。从5月20日到26日,会议进入大会发言,讨论刘少奇的报告。在会上立刻发生激烈的争论。代表们的态度大体上有3种:

一种是同意刘少奇的报告。有的代表说:"我同意少奇同志的意见。我以为'左'的危险大,右的危险小。"[3]有的代表说:"我对少奇同志的报告,除几点小的地方外,大的都同意。少奇同志的报告,中心反对'左'倾传统与宗派主义,争论很多。我们在群众

---

[1]《刘少奇选集》上卷,第55—58页。
[2] 访问吴德谈话记录,1985年9月5日。
[3] 白区工作会议记录,1937年5月21日。

工作的经验，觉得占主要的是'左'倾盲动、官僚主义、宗派主义的存在，这是自八七会议以来错误的传统。我非常同意少奇同志的意见。"[1]有些代表还作了补充，如白区工作中冒险主义的8点表现、关门主义的5点表现等。

一种是认为不能根本否定刘少奇的报告，但仍有许多原则性的不同意见。如有的代表说："关于少奇同志的报告，有个别同志不同意，甚至有根本否定，这是不妥当的。我觉得少奇同志的报告：一、对过去的错误揭发了；二、党与群众工作、秘密工作与公开工作提出了。但是，他的报告，我有些不同意的。"他所不同意的有4点：一是"对于过去成绩，发扬不够"；二是"着重反'左'，没有顾到反右"；三是"对于客观形势的变动，工作方式的不同，以前是对的，现在便不对，应分两个阶段来说"；四是"我不同意说'左'倾冒险是历史的传统，而是由于客观的条件，克服了又产生，而且克服'左'倾盲动是长期的斗争。"[2]有的代表说："我们对于少奇同志的报告，并没有完全否认他的意见。""关于清算过去的错误，不应该抹煞一切，不应该从现在看过去，不应把个别错误与总的路线混淆不清，少奇同志的报告就犯了这些毛病。""他认为'左'倾盲动主义是党的一贯的历史传统，这种了解是不正确的。""四中全会后在实际工作中是有了彻底的转变的，在苏区的成绩，在白区还是有许多的成绩，所以少奇同志的意见是错误的。""概括来说，少奇报告有系统的观点，是只反'左'倾，不看到右倾，这是非常不对的。"[3]

---

[1] 白区工作会议记录，1937年5月23日。

[2] 白区工作会议记录，1937年5月24日。

[3] 白区工作会议记录，1937年5月26日。

还有一种是对刘少奇的报告抱有强烈的不满。有的代表说："在几天的讨论中，觉得少奇同志的报告，偏向反盲动而是不动，由非法转向合法，由斗争转向要求，这是只反'左'不反右的逻辑而形成批准了右倾。"[1]有的代表说："在少奇同志报告中有句话我不懂，就是说旧的方法不能用了，不能靠旧的方法吃饭。就是说，这些老干部，老而不死。我觉得不是这样的。我想旧的方法也不能没有毛病。旧路线里面还有很多成绩。有些错误也是个别同志的错误。"[2]在长期坚持白区工作方面作出过重要贡献的担任河北省委书记并负责北方局工作的高文华，在讨论最后作了比较系统的发言，并且说了几句分量很重的话："对于过去工作，KV 同志（引者注：刘少奇所用的笔名）没有详细研究，只是说过去错了，是'左'倾盲动。对于过去有没有对的，没有谈过。所以，省委几个同志都很难过。""很多问题我们不同意，所以我们这次无论如何要来中央，一定要解决这个问题。这个同志的错误，是一贯的右倾机会主义。"[3]

会外，代表中对刘少奇不满的情绪表现得更激烈。李雪峰回忆道："少奇同志对过去工作作风的批评比较尖锐，语气重。""因此，有些同志觉得我们艰苦奋斗，不怕牺牲，辛辛苦苦在下面工作，怎么都错了？"[4]李昌回忆：有的代表当时"嚎啕大哭，说：以前死的同志白死了？"。[5]还有 16 位代表联名写了意见书。吴德回忆说："我们这个屋的大部分都签了字，我也签了名。显然，这是错误的。

---

[1] 白区工作会议记录，1937 年 5 月 23 日。

[2] 白区工作会议记录，1937 年 5 月 20 日。

[3] 白区工作会议记录，1937 年 5 月 26 日。

[4] 访问李雪峰谈话记录，1984 年 4 月 19 日。

[5] 访问李昌谈话记录，1984 年 5 月 3 日。

关于这件事，建国后，少奇同志见我时讲过：你那时还年轻，不懂得什么路线斗争。"[1]

刘少奇尖锐地指出白区工作中存在"左"的错误传统，是完全正确的，对冲破长期束缚人们头脑中的某些顽症是十分有益的。但党的指导思想发生"左"倾错误，同一般党员和干部不怕牺牲的艰苦斗争，虽有联系，又有区别。对前者应该严肃地批评，对后者应该热情地赞扬并给以积极的引导。报告的缺点在于没有把两者明确地区分开来，在集中批判关门主义和冒险主义这种"错误的恶劣的传统"的同时，没有对后者给予应有的肯定，这就使不少代表误以为这个报告是在"抹煞一切"，于是连"说'左'倾冒险是历史传统"这个作为报告主题的正确看法也不能接受，甚至产生严重的对立情绪。

会议上的争论发展到这样的地步，已很难继续开下去，只能暂时休会，召开中央政治局会议，对会上提出的问题进行讨论。

连续4天的中央政治局会议

这次政治局会议，从6月1日开始，到4日结束，连续开了4天。

在政治局会议上同样展开了激烈的争论，并且是更深刻的争论。白区工作会议上引起争论的焦点主要集中在对以往北方工作的评价上，可以说还是局部性的问题。而政治局会议上争论的焦点，便集中在对六届四中全会以来的总的路线是否正确，是不是存在关

---

[1] 访问吴德谈话记录，1985年9月5日。

门主义和冒险主义的错误传统这个全局性的问题上。由于当时中央委员会的主要成员是六届四中全会和五中全会选举的，许多人对过去这些年内路线的评价十分敏感。这个问题以前还没有这样尖锐地提出来过，而人们对问题的认识也需要有个过程。这就使这次政治局会议上发生的争论表现得格外尖锐。从某种意义上说，在党的领导核心内部出现这场争论是不可避免的，是迟早要发生的。

6月1日的第一天会议上，先由张闻天作了长篇发言。他在第一部分中说："四中全会后，犯了一些错误，然而总的路线是正确的，并不是立三路线的继续，而且对于这些部分的错误，都经过了自己的力量而克服与纠正了。"[1]他批评刘少奇给他的几封信有4点错误：一是忽视党的历史发展；二是看不到党是从两条路线斗争中发展的；三是对党的错误缺点的批评缺乏具体性，是主观主义的错误；四是夸大局部的错误。这4点其实是一个问题，就是党内是不是存在着"左"的错误传统。张闻天发言的第二和第三部分中所谈目前党的中心任务、华北形势与华北党，有许多很好的意见，同刘少奇的意见大体上是一致的。

第二天，刘少奇首先发言。他说："听了洛甫同志的报告，除其他个别问题有意见外，一般的是同意的。"他所说的"个别问题"，就是指张闻天报告中的第一部分。刘少奇毫不含糊地捍卫自己的观点，说："我要求在党内发动反关门主义传统的斗争，这是我写信的目标。我对于传统的认识，认为是自八七会议以来的传统。有些同志以为是有什么变动的，但我从实际看来，好像历来就是如此的，不管什么时候、什么地方都是如此的。""我总觉得自八七会议

---

[1] 张闻天在中共中央政治局会议上的发言记录，1937年6月1日。

后犯了许多错误,'左'的,右的。然而'左'的错误多些,反对'左'的经验少,反对右的经验多。""今天的讨论,应该把中心目标放在检查过去工作的错误;而洛甫的报告,第一部分放在批评我的观点。批评是对的,但结果恐移转方向来反对我的错误而放松反关门主义的斗争。在反对我的报告来说,我的报告有些是对的,有些是不对的,对的不对的都应提出,不应抹煞一切。洛甫同志的第一部分的说法不同意,发表更不同意。"他也作了自我批评:"的确,我的报告是有严重的缺点,因为我的报告只说到关门主义传统,以至使许多同志听着似乎是否认一切。当然,还有许多机械的方面,说的过火,所以问题更多。这是应该改正的。"他同时声明:"我反对关门主义,虽然有些毛病,我完全承认,应该纠正;希望同志大家一致反关门主义,希望不要因我有些毛病而使反关门主义斗争走回头路,应该加强这一斗争。"[1]

刘少奇刚讲完,又受到许多人的批评,中心仍是不同意说党内存在着一个"左"的错误传统。凯丰说:"少奇同志有许多地方说的过火,是由于对历史条件的忽略。""我们说,在十年中,对于'左'倾是斗争过的,而克服了;克服而又发生又是一件事。对于盲动主义、立三路线都是坚决斗争过的,而且是克服过的,虽然有时没有完全克服,这是由于许多同志认为'左'倾比右倾好些,另方面,因为反对'左'又来一个右,因为要反对主要的右倾,所以对'左'不能不放松些。就是假定有这样的'左',也不是不变的,有时缩小,有时扩大。在总的说有个传统是不对的。"[2]

博古讲得更直截了当。他一开始就说:"少奇同志的提法是:

---

[1] 刘少奇在中共中央政治局会议上的发言记录,1937年6月2日。
[2] 凯丰在中共中央政治局会议上的发言记录,1937年6月2日。

六次大会的任务没有完成，原因是一贯的'左'倾机会主义。我想，问题这样的提法根本不对。""假如像少奇同志的提法，1917年前的苏联的党那就要认为完全是错误的，我们不能以组织的破坏而说过去都是错的。我们党过去有没有缺点？有。我同意洛甫说的六点，但不能说是一贯的'左'倾盲动关门主义的传统。如果这样说，那便认为我们是勃朗基主义的党。少奇同志的估计与季米特洛夫同志的估计是相反的。我们的传统是革命的传统。我们只能说我们有过一些缺点，这些缺点是有一线牵连的。""我以为两重性的转变是对的。但少奇同志对后一种转变又有一个弱点，只看到'左'的，不看到右的。"[1]

这些有不同意见的领导人，对中国革命是忠诚的，也都同意在当前要克服"左"的关门主义和冒险主义，放手发展抗日民族统一战线，在这些方面彼此并没有争论。问题就在于党内是不是存在"左"的错误传统上。这当然不是个小问题。但它不是经过短时间的争辩就能完全取得一致认识的。

毛泽东静静地听了两天半的发言。刘少奇尖锐地批判过去党内"左"倾的错误传统，他是同意的。他自己也同刘少奇一样，因坚持从中国实际出发，坚持实事求是的原则，而曾被戴上"右倾机会主义"的帽子，并被撤销职务。他从自己的亲身经历中对这个问题有着深切的感受。同时，他又冷静地从会议的发展中观察到：还有那么多领导人不同意刘少奇的意见，从党的领导层中彻底解决这个问题的时机还没有完全成熟，而刘少奇的报告确实也存在一些缺点。在这种复杂的处境中如何表明自己的态度，实在是一件很不容

---

[1] 博古在中共中央政治局会议上的发言记录，1937年6月2日。

易的事情。毛泽东深思熟虑后，作了一个长篇发言。

毛泽东首先明确支持刘少奇的基本观点。他态度鲜明地说："少奇的报告是基本上正确的，错的只在报告中个别问题上。少奇对这问题有丰富的经验，他一生在实际工作中领导群众斗争和党内关系，都是基本上正确的，在华北的领导也是一样。他一生很少失败。今天党内干部中像他这样有经验的人是不多的。他懂得实际工作的辩证法。"毛泽东盛赞刘少奇提出的问题"基本上是对的，是勃勃有生气的。他系统的指出党在过去时间这个问题上所害过的病症，他是一针见血的医生"。[1] 同时，他也批评刘少奇不对的地方：一、把问题扩大化、一般化了；二、非辩证的发展观，似乎一无变化只是直线发展的观点是不对的；三、过于强调了主观能动性，而主观指导也受着客观可能性的限制；四、有时忽视了"左"倾错误的社会根源。

政治局会议上争论的焦点是"是否有某种错误的传统"。对此，毛泽东说：有两种答案，一是没有，一是有。他明确表示："我是同意后者的。"他说：党在15年中造成与造成着革命的与布尔什维克的传统，这是不能否认的。他又说："我们党内确实存在许多不良习惯，这是千真万确的事实。否认这种事实是不妥当的，说党毫无不良习惯是不应该的，也是不可能的。事实依旧是事实。这就是所谓'某种错误的传统'。"他进一步提出问题："为什么只是'左'的传统？"随后列举事实从多方面作了分析，问道："试问有了这些错误的存在，怎能不形成'左'倾习惯？又怎能彻底的克服'左'倾习惯？"他说："结论：我们党中存在着某种错误传统，这就是

---

[1] 毛泽东在中共中央政治局会议上的发言记录，1937年6月3日。

群众问题上、宣传教育问题上、党内关系问题上的'左'的关门主义、宗派主义、冒险主义、公式主义、命令主义与惩办主义的方式方法,与不良习惯的存在。这在全党内还没有克服得干净,有些还正在开始系统的提出来解决。新的环境与任务,迫切要求对这个问题来一个彻底的转变。我们也正在转变它。"[1]

毛泽东的明确态度在会上起了举足轻重的作用。无论是张闻天,还是其他许多重要领导人,对他的意见都很尊重。他的发言又讲得比较周全,分寸恰当,更易为与会人员所接受,因而有利于初步统一思想,使会议取得一定成果。从当时的实际条件来看,也只能做到这一步。刘少奇在最后一天说:"我们的讨论,开了四天会,讨论了很多。这是我自入党以来的第一次,这是党的进步。尤其是讨论'左'的问题,我是很满意的。过去,我提过很多,没有详细讨论过。不过,这次讨论还有些不够。然而这是开始的工作。"[2] 张闻天在为会议作结论时说:"讨论了四天,成绩很大,都能平心静气,用辩证法解决问题,这是很好的。""关于四中全会后犯的错误,一般是'左'的,中央已克服,下面还须努力。"[3]

白区工作会议的第二阶段

中共中央政治局会议结束后,从6月6日至10日继续举行白区工作会议。这是会议的第二阶段。

6月6日,张闻天在会上作了报告。他先说明了对刘少奇报告

---

[1] 毛泽东在中共中央政治局会议上的发言记录,1937年6月3日。
[2] 刘少奇在中共中央政治局会议上的发言记录,1937年6月4日。
[3] 张闻天在中共中央政治局会议上的发言记录,1937年6月4日。

的看法,在总的方面把这个报告肯定下来:"这个报告是很重要的。他是一个做实际工作多年的同志,他有丰富的群众工作的经验,他在实际工作中懂得辩证法。他过去与中央有过争论,很多地方是对的。中央解决他的问题,过去有些是不对的。他的报告基本上是正确的。其中有些不圆满的地方,我的发言要加以说明。"[1]张闻天的报告分三个部分:一是关于我们过去十年来政策的清算,二是目前党的中心任务,三是华北形势与华北党的任务。他在报告中说:"一般的说来,今天我们党内的主要的危险,是'左'倾关门主义。因为今天我们的任务还是在建立全国的统一战线,而关门主义却障碍着统一战线的建立。"这同刘少奇的看法显然有共同的地方。他又说:"关于领导群众斗争的策略问题,在刘同志的报告中已经说得很详细,说得很好。"这更是对刘少奇报告的直接肯定。但他在报告中避开不谈"左"倾错误在党内是一种传统。而在前面所引的"今天我们党内的主要的危险,是'左'倾关门主义"那句话中,又在"今天"两字下特意加了着重号,似乎在提示只有在需要"建立全国的统一战线"的"今天",它才成为"党内的主要的危险"。他在报告中说:"我党过去所犯的关门主义的错误,不过是整个领导群众策略与群众工作方式中的某些部分错误,而不是整个领导的错误。"他还把关门主义和盲动冒险主义区分开来,说道:"关门主义在我们党内是'左'倾机会主义的一种形式。它虽是同盲动冒险主义有着同一的社会根源,有着相互的联系,但不等于盲动冒险主义。"[2]仔细玩味一下,可以感觉到张闻天同毛泽东、刘少奇对问题的认识这时仍存在微妙的差别。这种差别是历史地形成的,在当时

---

[1] 张闻天在白区工作会议上的报告记录,1937年6月6日。
[2] 《中共中央文件选集》第11册,中共中央党校出版社1991年版,第224—264页。

也许只能解决到这个程度，但毕竟比过去已经前进了一步。

张闻天报告做完后，会议对他的报告进行了讨论。在党的会议上充分发表各种不同意见，展开争论，这是很正常的，是党内民主的表现。现在，会议已到结束阶段。张闻天是以在中共中央负总责的身份做这个报告的，讨论中没有人再提出原则性的不同意见。6月9日，张闻天对关门主义问题作了补充说明。他说："关门主义的实质是以领导党的方式领导群众。"又说："关门主义是倾向，不是传统。"[1]朱德就军事问题作了发言。刘少奇在当天和10日对会议作结论。他说：这次会议讨论了很久，每个同志都充分发言，表示了对革命极端负责的精神、可歌可泣的精神。会议采取了民主精神，开展了自下而上的批评，提供了很多好的意见和经验。所以，这次会议是圆满地成功了，是今后工作的武器。他对自己报告中的缺点作了自我批评，说：我的报告着重地批评了过去关门主义的传统，但只批评这一方面，没有说到其他方面，好像我否认了过去一切，并且对各个时期的历史没有分析，有些地方说过火了。他说：我的目标是利用华北经验说全国，可是华北同志反而不满，这是我没有估计到这次会议到会的主要是华北同志。但对会上对他所作一些的不正确的批评，刘少奇也表明了态度，说："有同志批评（我）是站在右批评'左'，否认过去成绩，说我是右倾机会主义，这样批评是不妥当的。""同时，我还没有检查过去十年工作，只说到关门主义问题，并不是否认过去一切。"[2]会议结束时，张闻天提议："基本上赞成我的报告与少奇同志的结论，付表决。"全体一致

---

[1] 张闻天在白区工作会议上的发言记录，1937年6月9日。

[2] 刘少奇在白区工作会议上结论的记录，1937年6月9日。

通过。[1]

白区工作会议闭幕的当天，中共中央政治局召开常委会议。刘少奇说："关于华北党的政治问题已解决了，今天解决具体问题。"[2]毛泽东谈了宣传问题和组织问题。会议根据张闻天的提议，决定仍派刘少奇为中央代表，并改组了北方局。

白区工作会议结束后不到一个月，刘少奇和许多代表还没有离开延安，由于日本侵略军发动武装进攻，中日全面战争爆发了。整个政治局势的变化，使党的全盘工作必须作出新的部署。刘少奇在几年后写道："在延安的会议开过后，日本帝国主义已不让中国再有进行抗战的准备时间，即于7月7日在卢沟桥开炮了。从此全国进入抗战，形势又有极大的转变。会议所讨论的东西完全没有来得及执行。"[3]

余 论

为什么说这次白区工作会议在中国共产党历史上是重要的一页？原因在于：会上直接讨论的虽是白区工作，但刘少奇提出并引起激烈争论的，却是一个对党的工作实行根本转变有着全局性意义的大问题，那就是在党内是否存在"左"的关门主义和冒险主义的传统。如果不彻底清算并克服这种"左"的传统，不从思想上政治上扫除这个障碍，就不可能真正做到把马克思主义和中国革命的具体实践相结合，就不可能引导中国革命取得完全胜利。

---

[1]白区工作会议记录，1937年6月10日。

[2]刘少奇在中共中央政治局常委会议上的发言记录，1937年6月10日。

[3]刘少奇在《关于党与群众工作的报告提纲》后所写的附注，1941年11月15日。

大家都知道,在十年内战时期,中国共产党的指导思想上曾经犯过三次"左"倾错误,其中最严重的是以王明为代表、在六届四中全会以后统治全党达四年之久的第三次"左"倾错误。它的表现:在思想方法上,是极端的主观主义,就是不从阶级力量对比之客观的全面的情况出发,而把自己主观的愿望、感想和空谈当作实际,把片面当成全面,局部当成全体;在政治倾向上,是希望革命马上胜利,对革命的长期努力缺乏耐心,对"左"的革命词句和口号有很大的兴趣,容易发生关门主义和冒险主义的情绪和行动;在组织生活上,是脱离群众的个人主义和宗派主义。

这种"左"倾错误传统在党内有着不可忽视的影响。它一方面在很大程度上来自共产国际,被称作"国际路线",而共产国际在中国共产党内有着很高的威信,许多人不敢对它提出异议;另一方面,也由于中国共产党还很年轻,革命的实践经验不够,许多领导人在思想方法上仍存在着相当严重的主观主义,甚至习以为常,对问题不能一下子看得清楚。

遵义会议集中全力纠正了当时具有决定意义的军事上和组织上的错误,并且使"左"倾错误在政治路线上也不能再起支配的作用。但在当时那种极端艰险的环境中,一时还不可能也来不及对以往的"左"倾错误以及它的思想根源进行全面的清理。如果急切从事,反而不利于问题的解决,这是很可以理解的。

刘少奇的重大历史贡献在于:能够在当时党内大多数人还没有认清这个问题的状况下,率先响亮地指出党内存在着"左"的关门主义和冒险主义的传统,旗帜鲜明地要求"实行一个彻底的转变"。正如林伯渠在6月2日政治局会议上所说:"少奇同志整个的报告,有些问题的提出，我非常同情他有这样的胆子。"[1]这确是常人难以做到的。

由于这种"左"倾错误不是偶然的产物，而是一定社会历史的产物，已成为"恶劣的传统"。传统总是一种巨大的惰力。人们要从长期习惯了的旧传统中摆脱出来，常常需要时间，需要有耐心的帮助，需要在实践中更多地接受事实的教育。因此，问题虽然提出了，解决问题的条件仍远没有成熟。何况，当时全党正面对着万分紧迫的局势：全面抗战的爆发已迫在眉睫，大量急迫的事情亟待处理。正如刘少奇在白区工作会议结论的最后所说："现在需要我们铁一般的团结起来，紧张的动员起来，动员全华北群众，鼓动群众，组织群众，为实现党的任务而战斗。"[2]在这种情况下，以更多的时间和精力来集中讨论并解决党的历史问题，显然是不可能的。毛泽东、刘少奇必须顾全这个大局。他们的发言都相当克制，许多问题只能留待几年以后的延安整风中来进一步解决。

但这不等于可以忽视刘少奇在白区工作会议上报告的重要性。无论如何，问题的提出，并且是如此鲜明而系统地提出，毕竟是重要的。毛泽东在6月3日政治局会议上谈到党内的"左"的传统时，不是这样说吗？——"这在全党内还没有克服得干净，有些还正在开始系统的提出来解决。"既然刘少奇已经把这个异常尖锐的问题"开始系统的提出来"，毛泽东也明确肯定他的报告是"基本上正确的"，盛赞"他是一针见血的医生"，它就在人们头脑里留下很深的印象，为以后解决这个问题起了先导的作用。刘少奇在这个问题上表现出来的深刻见解和无畏胆略，无疑也会给毛泽东和许多人留下

---

[1] 林伯渠在中共中央政治局会议上的发言记录，1937年6月2日。
[2] 刘少奇在白区工作会议上结论的记录，1937年6月10日。

强烈而难忘的印象,这从毛泽东在那次政治局会议上对刘少奇所作的高度评价就可以看得出来。对他来说,对一个人作这样高的评价是并不多见的。

到抗日战争后期,解决这个问题的条件逐渐趋向成熟。1941年9月10日至10月22日,中共中央政治局在延安召开扩大会议,讨论党的历史上,特别是十年内战后期的路线问题。这是为延安整风作重要准备的会议。毛泽东在会议的第一天作了反对主观主义和宗派主义的长篇发言。反对主观主义和宗派主义,这确是抓住了党在历史上出现种种偏向,特别是"左"的错误传统的要害所在,定下了延安整风的基调。许多领导人立刻联想起4年前刘少奇在白区工作会议上的报告。第二天,陈云在发言中说:"我认为1927年到1937年这十年的白区工作,主观主义占统治地位。刘少奇在华北做白区工作有些不同意见。""刘少奇同志批评过去一贯的白区工作路线是错误的,现在检查起来,刘是代表了过去十年来白区工作的正确路线。"[1] 9月12日,任弼时说:"我党的毛主席、刘少奇同志能根据实际情况来工作,所以犯主观主义更少些。"[2] 9月26日,中共中央通过《关于高级学习组的决定》,并决定将刘少奇从华中调回延安。刘少奇的《关于过去白区工作给中央的一封信》也被指定为高级学习组阅读的83个文件之一。1942年12月底,刘少奇回到延安。第二年3月20日,中央政治局决定由毛泽东、刘少奇、任弼时组成中央书记处。这时,延安整风正在深入展开。1945年4月20日,中共六届七中全会通过《关于若干历史问题的决议》,系统地批判党内曾发生的"左"右倾偏向,特别是以王明为代表的第三

---

[1] 陈云在中共中央政治局扩大会议上的发言记录,1941年9月11日。
[2] 任弼时在中共中央政治局扩大会议上的发言记录,1941年9月12日。

次"左"倾错误,以主观主义和宗派主义为主要特征的党内"左"倾传统得到纠正,毛泽东倡导的"实事求是"的思想开始在全党深入人心。这是延安整风的重要成果。

在这个《决议》中写道:"刘少奇同志在白区工作中的策略思想,同样是一个模范。"重温一下历史,不难看到:这同刘少奇在白区工作会议前后的突出表现分不开,是完全符合历史发展事实的正确结论。

(原载《党的文献》1999年第2期)

七七事变：全民族抗战的开端

1937年7月7日，这是中国人永远无法忘却的日子。这一天，中国从此前局部性抗战进入全民族抗战。记忆并未远去。在当时生活过的中国人都会记得，那以后自己的一切，周围的一切，都发生了多么巨大的变化。

三年前，习近平同志在纪念全民族抗战爆发77周年仪式上，满怀激情地说道："从卢沟桥事变肇始，平津危急，华北危急，中华民族危急，中华民族到了最危险的时候。""从那时起，大江南北，长城内外，全体中华儿女冒着敌人的炮火共赴国难，无论是正面战场，还是敌后战场，千千万万爱国将士浴血奋战、视死如归，各界民众万众一心，同仇敌忾，奏响了一曲气壮山河的抗击日本侵略的英雄凯歌，用生命和鲜血谱写了一首感天动地的反抗外来侵略的壮丽史诗。"

中华民族内部蕴藏着的无穷无尽的巨大能量，像火山爆发般地倾泻出来，震撼大地。人民看到了自己的力量。这是中华民族复兴征程中极其光辉的一页。

历史的回顾

七七事变的发生不是偶然的。

野心勃勃的日本军国主义势力从19世纪末年起不停息地步步

进逼，妄图征服并灭亡中国，独霸东亚，终于激起中华民族万众一心的全民族反抗。

中国这个文明古国，沦为半殖民地国家，是从中英鸦片战争开始的。以后，日本军国主义势力逐步成为中国面对的最主要的侵略者。

中日甲午战争的发生，是大多数中国人事前没有想到的。日本军队突然不宣而战，战后的条约强行割占中国的神圣领土台湾；勒索赔款白银二万万三千万两，相当于清政府当时三年的全部财政收入；日本还取得在中国自由设厂等特权。甲午战后，列强大大加快了对华侵略的步伐。包括日本在内的"八国联军"武装占领中国的首都北京达一年之久，日本还强行在华北派遣"驻屯军"，以后，卢沟桥事变就是由这支军队首先发动的。

这一切，不能不深深地刺痛有骨气的中国人的心，越来越觉得无法忍受。孙中山在甲午战争发生那年响亮地喊出了"振兴中华"的口号。维新志士谭嗣同满腔悲愤地写下沉痛的诗句："四万万人齐下泪，天涯何处是神州。"战争中，邓世昌等爱国将领在抵抗中英勇殉国。台湾民众得知日本占领军到来时，在台北、新竹、台南等地浴血抗击，坚持五个多月，日本侵略军死伤三万二千多人。在日本统治的半个世纪中，台湾民众的反日运动始终未曾停止。

1927年，田中义一大将出任日本首相，召开"东方会议"，标志着军部直接控制了日本外交，田中外交的突出特点，是把注意力首先集中在中国的"满蒙"地区，这是日本侵华的一项重大决策，也就是所谓"欲征服世界，必先征服中国；欲征服中国，必先征服满蒙"。日本军国主义者的野心是无限的，但它的实力有限，只能分步骤地推行它的计划。

1931年，日本军国主义势力悍然制造了九一八事变。他们在沈阳以北不远的柳条湖地区炸毁一小段路轨，反诬是中国军队所为，立刻向东北军驻地北大营进攻，第二天凌晨占领了北大营和沈阳城。随后抢占中国的辽宁、吉林、黑龙江三省。1932年，他们在东北制造了一个"满洲国"。接着，又西进蒙古族聚居的地区，先占领热河省，随后向察北、绥东推进，都是这种"必先征服满蒙"战略意图的体现。

1933年的长城战役仿佛越出了这个范围。日本侵略军兵临北平城下，国民党当局在华北的主要负责人黄郛、何应钦已准备放弃北平。而日军在胁迫签订《塘沽协定》后撤到长城一线。这不是出于什么善心，而是觉得条件还不够成熟：世界法西斯阵线还没有形成；日本在侵占东北后的统治秩序还不巩固；对进一步侵占华北会不会引起西方列强干预还存有一些顾忌。因此，他们留待"第一阶段终了"后再跨出第二步。

中国人民是有骨气的。尽管南京政府出于"攘外必先安内"的决策，又过于期待西方列强的干预，在九一八事变发生时实行"不抵抗"政策，但爱国军民仍奋起抵抗。东北军爱国将领马占山、李杜等在黑龙江、吉林同日本侵略军血战，给了全国人民很大鼓舞。东北人民的抗日义勇军风起云涌。中共中央先后派遣杨靖宇、周保中、赵一曼等到东北，加强对义勇军的领导。1932年起，中国共产党直接领导的抗日游击队陆续成立。第二年，合编成东北人民革命军。到1936年组成东北抗日联军，人数最多时达到三万人，在白山黑水、林海雪原那样常人难以想象的极端危难环境中同侵略者进行艰苦卓绝的斗争。由于敌我力量过于悬殊，从1942年起，抗联主力转移到苏联境内休整和训练，1945年又和苏联红军一起进军，歼灭日本关东军，为建立东北解放区作出重大贡献。他们的精神和事迹是值得后人永远景仰的。在局部抗战时期，蔡廷锴等率十九路军的淞沪抗战、冯玉祥等在察哈尔组织民众抗日同盟军、多路中国军队在1933年进行长城抗战、傅作义指挥绥东百灵庙大捷等，也都值得后人永远铭记。

卢沟桥事变

日本军国主义者并没有就此停止他们的侵华步伐。他们强烈地认为，能够供应日本短缺资源的地区包括整个中国大陆，他们十分垂涎山西的煤炭、河北的铁矿等资源，从而把侵略矛头进一步指向华北地区。

1935年8月，日本陆军省提出所谓《关于对北支政策》，明白地提出要把华北五省变为"自治色彩浓厚的亲日'满'地带"。11月中旬，日本军方策动的"华北自治运动"公开出台。1936年，日本驻在华北的"中国驻屯军"从1771人增加到5774人，他们完全置中国主权于不顾，挤走中国驻军，非法进占北京南部卢沟桥附近两条铁路的汇合处丰台镇，并且设立军事指挥部。他们在平津近郊举行多次大规模的"军事演习"，从每月一次增加到三五天一次，从一般演习到实弹射击，从白昼演习到夜间演习。日本空军也在平津上空任意盘旋。一切都在紧锣密鼓地进行着，华北各地早已是一派"山雨欲来风满楼"的肃杀景象。

这一切，不能不使每个有爱国心的中国人感到再也无法忍受下去。一个从南方到华北读书的学生写信给《大众生活》主编邹韬奋说："敌人的飞机尽在我们头上掠过，所谓野外演习的炮声震得教室的玻璃窗发抖，机关枪不断地响着在打靶。这一颗颗的子弹，好像每颗都打在我们心上一样的难过。先生，我们还能念书吗？"这也许是今天的青年学生难以想象的。

这种悲愤的情绪郁积着，奔腾着，增长着，整个中国就像一座喷薄欲发的火山。从平津学生开始，掀起了席卷全国的一二·九爱国运动。以上海为中心，成立起各界民众的救国会。工农红军经历长征，到达陕北。张学良、杨虎城将军发动的西安事变促成了全国停止内战、合作抗日。这是全民族抗战能够实现的社会基础和群众基础，是任何人都改变不了的。

就在1937年7月7日这天晚间，驻丰台的日军在卢沟桥附近进行夜间军事演习。演习中，日军称有一名士兵"失踪"，强行要求进入卢沟桥东的宛平县城搜查，这种无理要求遭到拒绝。二十分钟后，那个士兵已自行归队，但日军仍围攻宛平城。中国驻军吉星文团奋起抗击。战争就这样开始了。

事变的性质和是非本来没有任何可以争辩的余地，但日本一些右翼分子却还要就此胡搅蛮缠。其实事情很简单，中国在日本没有一兵一卒，而日军却不顾中国主权，把军队强行驻扎在中国的领土上，任意采取军事行动，围攻中国县城，这不是侵略是什么？硬要狡辩，只能说是不知羞耻为何物。

卢沟桥事变发生后，中共中央在7月8日发出通电："平津危急！华北危急！中华民族危急！只有全民族实行抗战，才是我们的出路！"蒋介石也看到："今日的北平，若可变成沈阳，南京又何尝不可变成北平！"他在7月17日庐山谈话上说了一句名言："如果战端一开，那就是地无分南北，年无分老幼，无论何人，皆有守土抗战之责任，皆有抱定牺牲一切之决心。"这句话受到普遍的赞扬。

中国的全民族抗日战争就这样开始了。

全民族抗战带来了什么

前面说到,习近平同志在纪念全民族抗战爆发七十七周年仪式上的讲话中谈到全民族抗战的开始,动情地说:"从那时起,大江南北,长城内外,全体中华儿女冒着敌人的炮火共赴国难。"

历史总是不断地发展前进而又有它的阶段性。"从那时起"四个字不能小看。作为新的"起"点,"那时"以后和"那时"以前有什么新的特点?从局部性抗战到全民族抗战,自然不只是军事行动面积和力量的扩大,需要进一步分析它使中国发生了哪些有着全局性意义的变化。

毛泽东同志在1941年5月提纲挈领地指出:"一个民族敌人深入国土这一事实,起着决定一切的作用。"第二年3月,他从宏观角度考察,把党的历史分为三个阶段,并且指出这三个阶段革命的任务、联合的群众、革命打击的目标都有所不同。其中,他这样说:"革命的任务,三个阶段都是反对帝国主义及其走狗。第一个阶段直接的表现是反对北洋军阀,第二个阶段直接的表现是反对国民党,第三个阶段是全民族抗日,恢复国共合作的形式。"

从这样一种全局性考察出发,可以清楚地看到全民族抗战爆发后给中国带来了什么:

第一,中华民族的民族觉醒达到了前所未有的高度。

中国是一个多民族国家,而长期经济文化密切交流和近代以来反对外来侵略者的共同斗争,又使彼此间形成强烈的认同感,形成你中有我、我中有你、谁也离不开谁的命运共同体。从20世纪初开始,中华民族这个名称已越来越成为中国各族人民的共识。

日本军国主义者的对华侵略,在七七事变以前和以后最大的变化是：从局部性侵略发展到全面侵华。日本侵略军的铁蹄深入中国内地，占领了将近占中国人口一半的广阔土地，在不少地区实行杀光、抢光、烧光的"三光政策"，改变了几乎所有中国家庭的生活，这种状况是以往中国历史上的任何时候都不曾有过的。

实际生活的教育，任何滔滔雄辩都无法同它相比。在中国国土上发生的这种悲惨状况，绝不是个人力量所能改变。只有当国家和民族有了前途时，才有个人前途可言。著名作家巴金在1937年8月写道："这一次全中国的人真的团结成一个整体了。我们把个人的一切全交出来维护这个'整体'的生存。这个'整体'是一定会生存的。'整体'的存在也就是我们个人的存在。"多少人为保卫祖国而英勇牺牲，多少人抛弃旧怨而携手共同救亡，这在平时并不容易做到。

中华民族表现出空前的凝聚力。这种万众一心的凝聚力，在以后还一直成为鼓舞中国人为实现民族复兴团结奋进的重要精神动力。

第二，民主观念越来越深入人心。

古代中国经历过几千年的封建社会，民主传统一直极为缺乏。全民族抗战爆发后，面对着强大的敌人，人们最关切的问题莫过于怎样才能取得抗战的胜利。答案很明显：只有依靠四万万民众的力量，依靠人民群众的积极参与，才是真正的铜墙铁壁。而要使全国民众积极投身抗战事业，必须实行民主政治，切实维护民众的利益，充分发挥民众的积极性。

随着全民族抗战走向深入，民主问题表现得越来越突出和重要。

在共产党领导的敌后战场，抗日根据地为什么能够在如此艰难险恶的环境中生存和发展？原因就在它能够坚决地依靠群众，由人民当家作主，认真推行减租减息，实行民主政治。

美国很有影响的《时代》《生活》杂志的记者西奥多·怀特和安娜·雅各布当时写了这样一段报道："共产党的全部政治论题可以概括为下面的一段话：如果你遇见这样的农民——他的整个一生都被人欺凌、被人鞭笞、被人辱骂，而且他们的父亲把祖祖辈辈传下来的痛苦感情都转移给了他。你真正把他作为一个人来对待，征求他的意见，让他投票选举地方政府，让他组织自己的警察和宪兵；给予他权力，让他决定自己应交多少赋税，让他自己决定是否减租减息，如果你做到了这一切，那么，这个农民就会变成一个具有奋斗目标的人。而且，为了保卫这个目标，他得同任何敌人——不管是日本人还是中国人——进行殊死拼搏。"为什么中国共产党的力量和影响在抗战期间能得到那样大的发展？奥秘就在这里。

再来看国民党统治的大后方。在战争初期，国民党政府的对日作战是比较努力的，在民主政治方面有这一点改进，一时出现过生气勃勃的新气象，人们曾对它寄予很大希望。但是这种希望很快就落空了。他们仍然变本加厉地坚持并强化独裁统治，特务横行，豪门资本大发国难财，限制并力图消灭一切被视为异己的力量。于是，争民主的运动在大后方日益发展起来，到1944年以后更是走向高潮，成为万众瞩目的重要焦点。这对战后中国政治生活的演变产生了深远的影响。

第三，中国共产党被更广大的人群所了解和接受。

中国共产党从诞生之日起，就是为中国最广大人民的根本利益奋斗的。但是，在全民族抗战以前，它的政治影响主要在各革命根据地的贫苦农民和城市里的革命知识分子中。由于国民党当局对革命根据地的严密封锁和对共产党的造谣、污蔑，加上中共中央多年"左"的关门主义错误，一般民众对共产党的真实情况了解有限。

全民族抗战爆发后，国共两党实行第二次合作，共产党人在一些地区能够公开或半公开活动，人们对共产党的主张和真实情况逐渐有了较多的认识和了解。

毛泽东同志在1938年5、6月间发表著名的《论持久战》，对中日双方在战争中的优点和弱点、对战争将要经历的三个阶段、对应该采取的政策和战略战术进行清晰的分析，批驳了"亡国论"和"速胜论"。这些都是全国民众当时最关心的问题。这以前，还没有人对中国的抗日战争及其前途做过如此系统、具体而富有说服力的分析。以后，事实的发展又完全证明共产党所作分析的正确。这就在全国范围内产生了广泛的影响。

在实际行动上，共产党和八路军、新四军也使人们感到耳目一新。一些民主人士和外国记者、观察者对共产党领导的抗日民主根据地访问后所作的报道，也使大后方许多人看到一个过去并不了解的天地，对中国的未来产生新的希望。到战争结束时，国共两党已被人们看作可以分庭抗礼的政治力量。

除了这三点以外，全民族抗日战争还使中国的社会、经济、文化、国际地位等方面都发生巨大而深刻的变化。

习近平同志热情地说道："中国人民抗日战争的伟大胜利，为中华民族由近代以来陷入深重危机走向伟大复兴确立了历史转折点"。他又指出："七七事变成为中国全民族抗战的开端"。在七七事变80周年的今天，我们对先人为国家民族作出的贡献充满敬意，一定要继承他们的遗志，大力弘扬伟大的抗战精神，万众一心地继续朝着实现中华民族伟大复兴的中国梦奋勇前进。

（原载《人民日报》2017年7月7日）

附　卢沟桥事变——全民族抗战的起点

中国史学会原会长、原中共中央文献研究室原副主任金冲及，主持编写了毛（泽东）、刘（少奇）、周（恩来）、朱（德）传，是公认的"官史"第一人。虽然已经退休，但每周金老仍会抽出一天到前毛家湾1号的中共中央文献研究室办公。对于出生于1930年的金老来说，抗日战争不仅仅是一个历史名词和学术概念，更是他亲身经历的岁月，是民族陷于危亡、国家遭受践踏的切肤之痛。一直笑意盈盈的金老在提到九一八事变东北沦陷后，青年学生们一起唱"我的家，在东北松花江上……"时，老人家更是红了眼圈。

小细节与大历史

三联生活周刊：卢沟桥事变距今已80周年，我们都知道，引发事变的导火索是一个日本士兵的"失踪"。回到当年的现场，还有一些历史细节，比如第一枪由谁打的等问题，一直是史学界未能确定的。目前对于这些问题，学界有哪些新的研究成果？

金冲及：关于卢沟桥事变的经过，大家都知道：当时日本的所谓中国驻防军队已经强行驻扎在离卢沟桥十分近的丰台镇，1937年7月7日夜间他们在卢沟桥附近举行实弹的军事演习时，突然说有一个士兵失踪，要进宛平县城搜查。宛平这个县城很特别，东西是640米，南北320米，是一个长方形结构。城里面没有什么街道、民宅和商店，实际上是一个军营，是扼守北京当时仅存的唯一对外通道的战略要地。当时已经是晚上11时左右，正下着大雨，人们一般都睡了。日军毫无根据地提出进城搜查的要求理所当然地被中方拒绝，在这种情况下发生了军事冲突。

这个"失踪"的日本士兵很快就自己回来了，不过是自己去解手，但日军仍坚持要进城。因为日军本来在进行军事演习，常有一阵阵枪声传来，天又漆黑，混乱中，谁打第一枪，有各种不同的说法，确实不容易分清楚。日方过去也有讲是日军先开的枪，后来有些人又一口咬定是中国军队先打的，还说是中国共产党指挥的。

有一年，我到日本去参加一次讨论中日战争的学术讨论会。日本一位很有影响、曾写过一部《日中战争史》的秦郁彦教授，在会上说不但是中国人打了枪才引起战争，还说是刘少奇亲自指挥的。我当时回答说：谁打第一枪，在当时枪声不断的情况下，谁也很难查得准确，至于说刘少奇在指挥，那就成了笑话了，刘少奇在1937年4月离开华北到陕北，参加中共中央召开的白区工作会议，五六月份都在开会。7月份从延安回来，走到山西交通就不通了，无法前进。刘少奇怎么能指挥呢？休息时，他来同我寒暄，给了我一张名片，也没再反驳我。历史，本来是不能为了某种需要而任意编造的。

历史的细节重要不重要？关键性的细节当然十分重要。冲突发生时，已半夜11时左右，天又下着大雨，人们一般都已睡了，更不知道那个日本士兵"失踪"的事，日军却强要武装进城搜查，从以往事实来看，日军常在这类借口下乘势抢占中国的要地，扬言不答应它就要强行攻城，把中国的领土和主权置若无物。这样蛮横跋扈的态度，是每个有爱国心的中国人能够忍受的吗？对这些关键性的细节，日本一些右翼分子视若无睹，却专门要在这个在一片混乱中众说纷纭、不容易查清的问题上大做文章，目的无非是要把人们的眼光从关键问题上引开，去争论那些不重要的具体问题，牵着你的鼻子从要害处移开。

其实，日本军国主义者发动战争，从来不需要理由，更不在乎谁打第一枪。看一看历史就会明白：日本军国主义者发动大的战争，包括甲午战争、日俄战争、九一八事变、中日全面战争、太平洋战争等，无一例外的都是不宣而战，这在世界历史上是罕见的。突击旅顺口、偷袭珍珠港，都不是俄罗斯或美国先开了第一枪才发动战争的。它如果要打，没有理由也很容易制造一个出来。例如九一八事变是关东军在柳条湖炸了一段铁轨，硬说是中国军队发动的，并不是因为驻在北大营的东北军开了"第一枪"而引起来的。事实真相，只要多读历史就会明白。

进一步说，卢沟桥事变的发生并不是孤立的事件。它是日本军国主义者进一步加紧侵略中国，特别是要把华北变成"第二个满洲国"、变成所谓"日中满亲善"的"自治之本"的必然步骤。

在卢沟桥事变发生前，华北早已形成一派人人都能感觉到"黑云压城城欲摧"的肃杀气象。令人难忘的"中华民族到了最危险的时候"的悲壮歌声，就是这时候唱出来的。我们再来看一点历史细节。日本当时驻扎在北平附近的军队——"中国驻屯军"，最初不多，不到2000人，到1936年便突然增加了4000人，达到近6000人。也是在1936年他们占领了丰台，丰台离前门西南只有30公里，更重要的，它是平汉、平绥、北宁三条铁路连接处。这一来，北平对外的唯一通道只有卢沟桥。一旦卢沟桥再被占领，北平便变成孤城。日军驻扎丰台后，便不断举行军事演习。起初大概个把月、半个月一次，以后就三天两天演习；本来是白天演习，后来晚上也演习；起初是空弹演习，后来变成实弹演习。这种状况，几乎是不停息地进行着。

当时很有影响的杂志——邹韬奋主编的《大众生活》，上面登了一位从南方到北京读书的学生写的信。信里说："敌人的飞机尽在我们头上掠过，所谓野外演习的炮声震得教室的玻璃窗发抖，机关枪不断地响着在打靶。这一颗颗的子弹，好像每颗都打在我们心上一样的难过。先生，我们还能念书吗？"当时的情形，就像一二·九运动时蒋南翔为学联起草的宣言中所说的那句名言："华北之大，已经安放不得一张平静的书桌了。"

考虑到那个时代背景，考虑日本军国主义者的整个部署，那场战争是非打起来不可的，剩下的只是在什么时候发生罢了。

三联生活周刊：卢沟桥事变当天，当时握有部队重要指挥权的旅团长河边正三，正赶往山海关附近，督导驻屯军与关东军的协同演习，所以一些日本历史学家认为卢沟桥事变本身并不是精心策划的，他们一直强调"偶然性"，声称是一个偶然接着一个偶然，导致事件不断升级和中日战争全面爆发。你怎么看待这个观点？

金冲及：对世间大事，可以有两种不同的思路，一种是只会孤立地看到一件一件具体事情的堆积，就事论事地研究和处理问题，这种思想方法往往是浅薄的、短视的，不能看清事情的根本。另一种要养成用历史的眼光来看待和分析它，整个历史就像奔流不息的大河，中间有起伏，但总体上是一环紧扣着一环地奔流下来的。就像长江、黄河发源自青海，有时向北，有时向南，最终都向东流入大海，这个趋势是不变的。现在反观那段历史，中间虽然有曲曲折折，但总的来说，侵华是日本军国主义者既定的国策，当然它不是一下子能实现的，需要有阶段性，这样一步一步发展过来的。

在法西斯国家中，日本有它的特点，它的军国主义有历史的原因。明治维新的口号里"尊王攘夷"，天皇有着很强的权威性，它又有很大的封建性保留下来。明治维新，也有两个方面。对日本来说，实现了维新，推动日本走向现代化，的确起了积极作用；但是明治维新从一开始就野心勃勃。明治元年，天皇的诏书里面有两句话，要"开拓万里波涛，宣布国威于四方"，这不光是天皇一个人的想法，他的一些主要大臣，比如大久保利通，都持这样的想法，要"扬皇威于海外"。

日本统治集团，一方面希望日本振兴，另一方面，又要征服东亚以征服世界。日本一个特别的传统是武士道，明治维新骨干主要是中层武士，甚至包括教育家，如福泽谕吉，都是武士出身，他们又是那个时代文化知识最高的阶层。所以日本的武士道精神是根深蒂固的。它的军国主义能发展到那么一个地步，与此有关。他们认为要"扬皇威于海外"，必须靠武力，以此主导一切。曾在日本受过5年军事教育、民国时期曾统治山西38年的军阀阎锡山也曾学着写道："昔以简单之军事立国者，今当以包罗万象之军国主义立国。""苟欲生存竞争于世界，舍此主义，绝不能也。"日本要称霸东亚甚至称雄世界，野心很大，但它是一个后起的强国，实力有限。所以从明治维新到后来一步步对外侵略扩张，很明显地有几个阶段。

从甲午到"七七"

三联生活周刊：日本明治维新崛起后，与中国冲突不断，后来是如何一步步升级为国与国之间的全面战争的？

金冲及：近代中日关系有三个里程碑式的事件：甲午战争、九一八事变、七七事变。每次都跨进一大步。甲午战争起因是朝鲜，日本要"扬威海外"第一个目标是朝鲜，所以明治维新一开始就是"征韩论"，西乡隆盛的第一个目标就是朝鲜。那个时候朝鲜同中国关系密切，东学道起义以后中国应它的要求派兵，日本要征韩就得和中国打一仗。

老实讲，日本人和中国打的第一仗，是不是真的那么有把握，很难讲的。甲午战争主要是海战，当时中国有两艘主力舰——"定远号"和"镇远号"，日本没有。他们的军舰小，但灵活，并且日本军队的训练很严格。更重要的是，日本是下了狠心的。而中国，李鸿章是尽量地想要避战。这就决定了战争的命运。

甲午战争对中国近代的历程，影响实在太大。中日签订的《马关条约》，赔款"两万万两白银"，后来收回辽东半岛是3000万两白银，加起来是2.3亿两白银。这是什么概念呢？清政府每年的财政收入是8000万两，也就是说，它赔掉的是清政府三年的全部财政收入。赔款这么大，清政府日子怎么过下去？只有两个办法，一个是借款，向英德、向法俄借款，三次大借款，借款的结果是一切就都得听你的，半殖民地化程度大大加强。另外一个是苛捐杂税激增，老百姓日子过不下去嘛。这是辛亥革命发生的重要社会基础。

那日本拿了这笔钱，干什么呢？85%用在军费上。大的国防，像钢铁厂、兵工厂用的都是这笔钱。《马关条约》还有许多其他重要内容，这在某种程度上说，是日本原来没有想到的，这又更加刺激了它的战争野心。

三联生活周刊：所以甲午战争对后来中日两国关系的走向影响

深远？

金冲及：在我看来，中国人民族危亡意识的空前觉醒，就是从甲午战争时期开始的。我们今天说，1840年鸦片战争后，中国变成一个半殖民半封建社会，这是今天的人们的看法。当时人并没有这样看。鸦片战争失败后，那时最先进的人，如《海国图志》的作者魏源，认为也没有什么了不得，当年新疆准噶尔叛乱，一度几乎控制半个中国，最后还不是都被平定了吗？这次我们打了败仗，只要吸取几条教训，做到"师夷长技以制夷"等几条，就可以改变局面。所以他没有觉得中国已经衰败了。

第二次鸦片战争失败，英法联军火烧圆明园，对中国人的刺激该是够大了，但朝廷也好、士大夫们也好，更看重的是太平天国运动。战后英法支持清政府把太平天国运动镇压下去，他们感觉到已得到足够的补偿，因为太平天国运动对他们才是心腹之患。当时的流行说法却是"同治中兴"。

所以"洋务运动"时讲的是求富、自强，没有讲"救亡"。一直到甲午战争前夜。郑观应应该说是当时先进的知识分子，出过洋，懂得外部世界，写了一本《盛世危言》——他感觉到应该讲几句危言耸听的话，所以叫"危言"，但是他不敢说"衰世"，还要叫"盛世危言"，否则压力太大了。可见一直到甲午战争前，中国人还认为中华并未面对灭亡的危机。

甲午战争是转折点。吴玉章回忆录里讲，他们知道《马关条约》后说，这实在是一个可耻的条约，以前我们是败给西方的大国，这次败给了东方的小国，而且失败得那么惨，条件定得那么苛。他和二哥听到消息后痛哭，那种痛苦的心情不是言语所能表达的。

1907年上海一个报纸的社论也说：现在我们应该直截了当地

讲"救亡",不要再讲"自强"这种门面话了。甲午战争对中国的震动不会比九一八小。

三联生活周刊：甲午战争之后，日本对华战争又是怎么一步步发展的？

金冲及：老实说，日本当年是在未必有把握的状况下打这场仗的，成功了，以后的胃口就更大。此后，他们的眼光就放到中国的"满蒙"，也就是东三省加现在的内蒙古——至于外蒙古，它当时还不敢跟俄罗斯打一仗。如此看来，九一八是必然的。

日本采取行动，也同1929年全球性的经济危机有关。日本当时对外出口占第一位的是丝织品，主要向美国销售。美国经济大衰退，导致日本大量丝织厂倒闭，失业人口剧增，他们就把眼光放到中国东北。改革开放初期有一个日本电视连续剧叫《阿信》，里面的龙三公子找不到工作，决定到中国的东北去，说"这是我们唯一的生命线"。

九一八事变总不存在谁打第一枪的问题吧。当时他们自己把铁路挖一段，利用这个借口就攻打北大营。9月18日晚上打的，第二天一早关东军就把沈阳打下来。接着，辽宁、吉林——除锦州稍晚一步外其他都拿下来了。北满要动手得晚一点，因为日本对苏俄还有点顾忌。

拿下东北后，一段时间里日本主要想解决的问题仍是"满蒙"。1932年成立"满洲国"，1933年进攻热河，也就是今天承德以北的内蒙古地区。守在热河的汤玉麟有20万军队，日本军队进攻的先头部队只有一二百人，没有打，就把承德占了。随后向今天内蒙古的察北和绥东推进，到百灵庙了。它是有步骤的。

也有人问，长城会战、进逼北平是怎么回事？据日本军部的部署,要牢固地控制"满蒙",必须要把长城拿在手里。长城会战中,仗打得最狠的是古北口和喜峰口。日军把古北口、喜峰口占领后,面前就是无险可守的一抹平原,下一步自然就是北平、天津。

热河的迅速溃败,受到国内各方舆论谴责,蒋介石逼张学良下野,要他负起全部责任。当时国民政府派到北平的是黄郛和何应钦。他们已经准备放弃北平,认为守不住,蒋介石和行政院长汪精卫都批准了。结果日本人要黄郛去谈了一夜,最后签订《塘沽协定》,日本又顺势捞了一把。《塘沽协定》的签订,放弃了长城防线,等于在事实上承认了日本侵占中国东北、热河的既成事实。

为什么日军不趁这个机会,把北平和天津拿下来呢?日本的野心是很大的,但实力毕竟有限,没有把握一口都吃下来,所以只得分阶段来做。在1933年时,世界法西斯阵线还没有正式形成——希特勒1933年1月才当上总理,还没有站稳脚跟;日军占领了东北,还没完全控制住;另外日本还多少顾忌英、法、美的不满和干预。所以,重点还在"满蒙",根本没有想一口就把北平、天津一次都拿下,也没有这个力量。这是第二个阶段。

三联生活周刊:从《塘沽协定》的签订到卢沟桥事变的爆发还有两年时间,这中间发生了什么?

金冲及:第三个阶段,实际上到1935年8月,日本陆军省抛出一个《关于对北支政策》,首先要控制东北,锣鼓就越敲越紧了。

为什么日军拿了东北、拿了"满蒙",还要拿华北呢?一个原因是日本这个国家,资源十分缺乏。虽然他们占了东北,但像煤矿、铁矿、棉花和盐都缺乏,所谓二黑(煤、铁)二白(棉花和盐)都缺乏。华北这一带,有山西的煤矿,河北的铁矿,山东到河南的棉花,山东盐碱地多,河北有长芦的盐。当然,还有政治、军事、外交、交通等方面的利益。所以就策动华北五省的"自治运动",要使华北脱离中国,日本文件里说要建立"中、日、满(洲国)友好的自治区"。

实际上就是这样的:日本一步一步地,从控制朝鲜、"满蒙"、华北再到整个中国,称霸东亚。到策动"华北自治"时已经下定了决心要控制整个华北。不是说因为卢沟桥事变引起大战,而是日本军国主义者野心计划的必然步骤。看历史,要看到整个一环扣一环的不停运动的大脉络,又要看到中间有明显的阶段性,离开这个只看一件件个别孤立的事件,讲客气一点是肤浅,讲重一点是无知。

三联生活周刊:也就是说日本到了控制华北之后,七七事变是必然结果,占领华北之后下一步就是全中国了。

金冲及:是这样的。但开始的时候,他们也没有完全料到事件发展的结果。他们有个说法,叫"对华一击论"。有一种讲法:我们刀一拔出来、威胁一下,中国人就会屈服了。从以往的历史来看,中国的统治者确实表现不佳,甲午战争、九一八事变、热河的陷落,都是如此。所以日本的陆军大臣杉山元对天皇说,如果一次派出大量军队,"事变大约用一个月时间可以解决"。但是中国军队在华北的激烈抵抗,他们的确也没有料到,结果就越陷越深。

三联生活周刊:对蒋介石来说,他的底线是什么?从九一八到长城会战,他之前一直认为中日之间差距太大,要大家忍,包括当时的一些知识分子,如胡适也充满悲观态度。为什么到了七七事变,大家的认识比较一致?

金冲及:蒋介石本来一步一步地退让,但到后来也把他逼到底线。7月17日蒋介石庐山讲话,最有名的就是那句"如果战端一开,那就是地无分南北,年无分老幼,无论何人,皆有守土抗战之责任,皆有抱定牺牲一切之决心"的话。他中间有几句话,很值得注意。他说:"我们的东四省失陷,已有了六年之久,继之以《塘沽协定》,现在冲突地点已到了北平门口的卢沟桥。如果卢沟桥可以受人压迫强占,那么我们百年古都、北方政治文化的中心和军事重镇的北平,就要变成沈阳第二!今日的北平,若可变成沈阳,南京又何尝不可变成北平!"也就是说,蒋介石意识到,再继续忍让下去,下一步就要亡国了,所以蒋介石到后来下定决心抗战,这是值得肯定的。

"七七"与全民抗战

三联生活周刊: 以七七事变作为全民族抗战的起点,何时成为史学界的共识?

金冲及: "八年抗战"根本不是史学界的人讲出来的。抗战胜利那一年,我是高中学生,举国上下,包括所有报纸和老百姓,一讲起来都是"抗战八年,中国终于胜利了",没有别的说法。这和史学界没有什么特别的关系。70多年来,这个观念在我头脑里可能是根深蒂固。至于"十四年抗战"的提法,我是最近两三年才听到的。我不反对说中国对日本侵略者的局部性军事斗争在九一八事变后就开始了,但我想"八年抗战"的提法无法因此取消。因为这八年的全民族抗战,无论革命的任务、联合的群众、打击的目标与它以前和以后都有不同。毛泽东在《如何研究党的历史》中说得很清楚。从个人来说,个人的生活和周围的一切同它以前和以后相比也有极大的不同。这样说,可能比较慎重。

三联生活周刊: 近年来,我们对国民党正面战场的地位认识也越来越清晰,胡锦涛的讲话就国民党正面战场地位也作出了历史性的论断。这一认识过程是怎样的？

金冲及： 对国民党正面战场的贡献，以前也没有全部抹去。北京不早就有张自忠路、赵登禹路、佟麟阁路？他们不都是国民党将领吗？国民党将领中确实有很多人爱国，外敌当前时，他们为了民族的利益奋斗甚至牺牲自己的生命。那个时候印象特别深的是看孙克刚写的《缅甸荡寇志》，讲中国远征军在缅甸的英勇抗战事迹，很受感动，至今不忘。我在《二十世纪中国史纲》中写到了那么几句："只有把国民党为主体的正面战场和共产党为主体的敌后战场合在一起，才能再现当年全民族抗战的一幅壮丽图画。"

三联生活周刊： 专门研究国民党作战史的人，自发地研究了当年很多的将领和战士，你怎么评价他们的研究成果？

金冲及： 我在1949年以前已经做了两年大学生，那时候的报纸、杂志，都是国民党统治区出版的。台湾出版的民国史方面的书和资料，我大概有好几百册，在大陆算是看得多的。但我在那个时代有个有利条件：可以做些自己的比较和区别。我在《二十世纪中国史纲》里面对张自忠一直到临死时候的状况，还有入缅远征军的战况，对台儿庄会战，不光引用大陆人的回忆，也用了不少台湾方面的回忆，我觉得这些都可以说；但看到有些人走到另一头去了，花园口决口，河南、安徽、江苏三省死亡数十万人，财产损失更无法计算，要美化、称赞，我就觉得太说不过去了。

还有一点，不同时候、不同地方，情况也有不同，拿正面战场上国民党的军队来说，前期包括七七事变、八一三事变、徐州战役、武汉战役，总的说打得不错。到后来，除了缅甸战场，胡绳的一句评论我觉得很恰当。他说国民党军队基本上都是防守，你进攻来了，我要挡；你撤退了，我也就不动了。到后来豫湘桂大溃退就不像话了。另外，前期各支国民党军队的表现也各种各样，不能一概而论，国民党军队里面也有许多爱国、痛恨日本人的，这也是事实，但抓壮丁、苛捐杂税、一些部队的腐败，这也是事实。不能骂他时说他一件好事也没做过，要说他好，又不能说他一句坏话。有些人就是走到另一头去了。他们说的，我作为当事人就觉得不是那么回事。

三联生活周刊：你如何评价共产党领导的敌后战场在抗日战争中的作用？

金冲及：共产党八路军成立的时候只有四五万人，在那样复杂艰险的环境中能够发展壮大到100多万人，是一件了不起的事。有的人说共产党"游而不击"，如果真那样，老百姓会跟你走吗？你能发展吗？老百姓为什么支持共产党？只有不断打击日本侵略者，保卫人民的生命财产，而且能够打胜仗，老百姓才会支持你。

另外，民族与民生这两个革命是分不开的。白修德在《中国暴风雨》里说了一段话，我觉得很对：中国的农民整个一生都被人看不起，受人家欺凌。他的父亲把祖祖辈辈的痛苦感情转移给他，忽然有人把他们当一个人看待，征求他们的意见，要他们投票选举地方政府，给地方权力，叫他们来确定要不要减税减租，问他们用什么方法来抗日。他们怎么会不相信共产党呢？

抗战到了后期，国民党在敌后实在没有多大作用。现在来看，投降日本当伪军的都是国民党的军队，包括有的集团总司令，共产党连一个团投降日本的都没有，有的话国民党早就大大宣传了。所以我说国民党的功劳也不用夸大，总得实事求是。当时是怎么样就怎么样。

三联生活周刊：你觉得未来对抗战历史的研究，如何处理好发掘史实和完善史观的关系?

金冲及：我觉得这两点其实分不开，正确的史观应该在掌握充分的详细的史料基础上形成。你史料没有掌控多少，就在那里苦思冥想，形成不了什么真正有价值的见解。这些年，我们对抗日战争史研究取得的成果是十分突出的。需注意避免的，一种是大而空，一种是小而碎。小而碎，有些还是有用的，但要优先选择小而是重要的，以及可以从小见大的，那就更好。

（李菁采访，《三联生活周刊》2017年第28期）

从延安整风到中共七大

每当历史上重大变动的发生,通常都有一场思想领域内的深刻变动作为先导。这并不奇怪:因为人们的行动通常都受到思想的支配。这种思想变动,有的像疾风骤雨般猛然袭来,使举世为之震惊;有的却需要经历较长的渐进过程,甚至会经过某些曲折。为了理解这种状况,需要对当时的主客观历史条件进行具体分析。

当生活需要发生重大变化的时候,人们总会面对无数以往从来没有遇到过的新的复杂情况。怎样应对这种情况?许多人容易受到过去长期习惯的旧传统思想束缚,迈不开新步子。当然也有对新情况并不真正了解而任意乱来。这两种情况,都会导致吃大苦头。解决这个问题,需要在实践中反复摸索,才能闯出一条新的成功之路,并且通过坚强有力的教育,才能成为越来越多人的共识。

中国共产党在历史上曾经多次经历这种状况。如何才能实现马克思主义中国化,夺取全国范围的胜利,正经历过这样的艰难探索。

从延安整风到中共七大,便是中国革命过程中关键性的重要环节。可以说,没有它,就难以有革命的迅速胜利,就不会在短短几年后迎来新中国的诞生。这确是关键时刻一项具有历史意义的大事。

历史的回顾

中国共产党从一开始就以马克思主义的普遍真理作为自己的指针。但在党成立以后的很长时间内,党的干部对马克思主义理论还知之不多,对中国的复杂国情还缺乏深入而具体的了解,对马克思主义普遍真理如何同中国实际相结合,更缺少深刻的认识。这使党在早年和以后一段时间内,对中国革命应该怎样进行还处在摸索前进的过程中,也是当时党内几次右和"左"的错误不能及时纠正的原因所在。这种状况的改变,需要党在政治上一步一步成熟起来,需要在思想方法这个根本问题上实现一场深刻改变。否则,要迈开如此大步前进是不可能的。

在中国共产党早年所犯的各种路线性错误中,危害最大、时间最久的是以王明为代表的"左"倾教条主义。他们看事物的方法是主观、片面和表面的,容易产生冒险主义的行动;而对不同意他们那样做的干部,又实行残酷斗争、无情打击的宗派主义统治;他们起草的决议和文章空洞无物,从不对具体问题进行具体分析,或是装腔作势,死搬教条,借以吓人。

为什么这种"左"倾教条主义的严重错误能够在党内统治这样久、造成这样惨重的损失而迟迟无法得到根本纠正?

亲身经历过这段灾难性岁月的陆定一在半个多世纪后回顾道:"反对王明路线,比起反对其他错误路线来更为困难,因为(一)他们有共产国际米夫作为靠山,而在当时,中国党对共产国际有迷信,以为共产国际的任何决定都是正确的,共产国际相信王明宗派,那么,王明宗派也一定是正确的。(二)他们言必称马列,在马列主义词句的掩护下干错误的事情。当时,中国党还没有这种理论水平,不能分别马列主义的词句中哪些是适合中国情况的,哪些是不适合中国情况的,所以就受到他们的欺蒙。(三)他们亦是反对帝国主义,反对地主资产阶级,主张土地革命的。所以就很难看出有什么路线的分歧。"[1]也许还要增加一条:中共二大通过了决议:"正式加入第三国际,完全承认第三国际所决议的加入条件二十一条,中国共产党为国际共产党之中国支部。"在加入条件中还规定:"遵守第三国际的纲领和决议。"[2]

这种盲目的迷信,在中国共产党成立后不久便形成一种相当顽固的传统观念,很少有人对它怀疑,否则似乎就成为"离经叛道",还被斥为"山沟沟哪能产生马克思主义"。而王明路线便把这种盲目迷信推到了极端的程度,造成很不正常的状态。

在王明"左"倾教条主义路线错误统治下,第五次反"围剿"斗争失败,主力红军被迫撤离以赣南、闽西为中心的中央革命根据地,向西突围,开始举世闻名的长征,在抢渡湘江时又遭遇重大损失,处于生死存亡的严峻关头。痛苦的事实深刻地教育了党中央和红军中的大多数人,认识到不能再沿着原来的老路走下去了,必须实行一个根本性的转变。

1935年1月,中共中央政治局在长征途中召开了遵义会议。这次会议纠正了王明路线在第五次反"围剿"战争中的严重"左"倾错误,并且对党中央进行改组,增选毛泽东为中央政治局常委,不久又决定以张闻天代替博古负总的责任,成立由周恩来、毛泽东、王稼祥组成的三人小组负责全军的军事行动,在事实上确立了以毛泽东为核心的党中央的正确领导。这次会议在极其危急的情况下挽

---

[1] 陆定一:《自传》,《陆定一文集》,第5页。
[2]《中共中央文件选集》第1册,第61页。

救了中国共产党、中国红军和中国革命，成为党的历史上生死攸关的转折点。

遵义会议在此时此刻先集中全力纠正当时具有决定意义的军事上和组织上的问题，没有涉及中共六届四中全会以来的政治路线。这样做，在当时正处在生死关头的极端危急情况下是完全正确的。

这个留下而没有解决的政治路线上的严重分歧，很快又显现出来。全民族抗日战争爆发后，在毛泽东实际主持下提出的持久战方针和抗日民族统一战线政策是完全正确的。但在全党思想认识上还没有取得一致。1937年11月，原担任共产国际执委会成员和书记处书记的王明从莫斯科来到延安。他离开莫斯科时，共产国际总书记季米特洛夫对他说："你并不代表国际，而且你长期离开中国，脱离中国革命实际，所以，回国后要以谦逊的态度尊重党的领导同志。中共党的领袖是毛泽东，不是你。"[1]但他在回国后，俨然以共产国际代表自居，对中共中央横加指责，提出一整套右倾机会主义的路线和主张。党内不少人以为王明的主张是共产国际的意见，于是，在中央内部出现两条相互对立的政治路线，并在党的实际工作中产生了一些影响。

中共中央派任弼时将中央内部出现的这种分歧报告共产国际。1938年9月，从莫斯科回国的王稼祥在中央政治局会议和随后召开的六届六中全会上传达了共产国际的意见："国际认为中共的政治路线是正确的，中共在复杂的环境及困难条件下真正运用了马列主义。"季米特洛夫又叮嘱："在领导机关中要在毛泽东为首的领导下解决。"[2]毛泽东在全会上报告，讲了统一战线中的独立自主问

---

[1]《在历史巨人身边：师哲回忆录》，九州出版社1995年4月版，第121页。
[2]《王稼祥选集》，第141页。

题、战争和战略问题,对王明的右倾机会主义的两个基本问题进行了旗帜鲜明的批判。全会对此作出结论。

六届六中全会使党的政治路线问题得到明确的解决,有力地推动全民族抗日战争沿着正确的轨道顺利发展。但是,对导致以往政治、军事、组织上种种错误的思想根源还来不及进行深刻而全面的清算,因此在实际工作中还常出现不同程度的分歧和失误,对正确路线的贯彻造成干扰。

毛泽东在十年内战期间已经尖锐地认识到:政治上、军事上、组织上许多错误的重要根子在于思想上脱离实际的主观主义(特别是教条主义),解决这个问题的办法是调查研究,使主观认识同客观实际相符合。这便抓住了问题的根本。

他在1930年5月写了一篇极为重要的文章:《反对本本主义》。文章劈头就开门见山地指出:"没有调查,没有发言权。""调查就是解决问题。""离开实际调查就要产生唯心的阶级估量和唯心的工作指导,那末,它的结果,不是机会主义,便是盲动主义。""社会经济调查,是为了得到正确的阶级估量,接着定出正确的斗争策略。""中国革命斗争的胜利要靠中国同志了解中国情况。"[1]

这篇文章是在延安整风十多年前写的,是当时还处在早期的红军中一场激烈思想斗争的产物。毛泽东在找到这篇文章后不久,在中共中央召开的一次会议上说道:"这篇文章是经过一番大斗争以后写出来的,是在红四军党的第九次代表大会,一九三〇年写的。"[2]它的直接批评对象是从苏联回国不久,担任红四军临时军委

---

[1]《毛泽东选集》第1卷,第109—115页。
[2]《毛泽东文集》第8卷,人民出版社1999年6月版,第252、253页。

书记兼政治部主任的刘安恭的教条主义思想。但又不只是针对刘安恭个人。他在1929年6月的一封信中写道:"现在争论的问题,不是个人的和一时的问题,是整个四军党的和一年以来长期斗争的问题。""党内有争论问题发生是党的进步,不是退步。"并且明确指出这是"自有四军到现在两个思想系统的斗争"[1]。只要细细地读这篇文章,不难发现毛泽东以后着重提出的许多基本观点,如马克思主义中国化、把调查研究作为工作起点、反对主观主义(特别是教条主义)等,在这篇文章中都已有相当明确的表述。

但这篇文章,在党和红军中看来并没有得到较广传播和产生很大影响。当时红四军正处在转战闽西、赣南的紧张战斗中。它在长时间内几乎不为人所知,红四军其他领导人在回忆文章中也从没有人提及看过这篇文章。直到1961年毛泽东正提倡要大兴调查研究之风时,才由中国革命博物馆工作人员在福建龙岩收集到这篇文章的石印件。毛泽东十分高兴,把它印发给中央召开的会议。以后,又成为《毛泽东选集》第二版中唯一增补的一篇文章。

这篇文章写成后,党和红军就先后处于极端紧张的五次反"围剿"、长征、东征和西征、西安事变、第二次国共合作形成、全民族抗日战争爆发、深入敌后建立根据地等一连串事件中,急迫需要应对和解决的实际问题极为繁多,重要干部又长期处于高度分散的情况,新党员的数量在全民族抗战爆发后在短时间内迅猛增长。在这种条件下,一场全党的整风式思想教育运动一时尚难集中地进行。

但是,这场整风运动是必须进行的。这时,党内在思想上仍存

---

[1]《毛泽东文集》第1卷,人民出版社1993年12月版,第64、65页。

在不少分歧。这些分歧从根本上说，就是一切从实际出发，按照实际情况办事，还是主观主义地凭"想当然"或照着某些"本本"办事。这个问题如果不能取得很好改变，就谈不上党内思想上、政治上的高度统一和行动上的高度一致，同心同德地去夺取胜利。

整风运动的酝酿和准备

整风运动酝酿和准备时间很长。要冲破旧有的传统，使全党有效地在思想上发生重大转折，不进行较长时间的酝酿和准备是办不到的。

中共中央到延安后，有了相对安定的环境，毛泽东便用很大力气读了一大批马克思主义理论著作，特别是哲学著作。他以辩证唯物主义和历史唯物主义为指导，系统总结中国革命实际经验，先后写出《实践论》《矛盾论》《中国革命战争的战略问题》等一批理论同实践紧密结合的重要著作，为整风学习运动作了重要准备。

1938年6月，毛泽东在中共六届六中全会上所作《论新阶段》的报告中提出一个极为重要的问题："马克思主义中国化，使之在其每一表现中带着中国的特性，即是说，按照中国的特点去应用它，成为全党亟待了解并亟待解决的问题。"并且指出："由于不认识中国革命战争中的特点而产生的、包含着不顾主客观条件的'左'的急性病倾向，这种倾向极端不利于革命战争，同时也不利于任何革命运动。"[1]

这是中国共产党第一次提出"马克思主义中国化"这一主题，

---

[1]《中共中央文件选集》第11册，第654、658、659页。

并且明确指出第五次反"围剿"战争失败的教训首先在于"不顾主客观条件",这是"不利于任何革命运动"的。因为当时正处在武汉保卫战的紧急关头,这个问题在党内还来不及展开更充分的讨论。

王明这时在党内已处于不利地位,在青年干部学校开学典礼上还作了《学习毛泽东》的讲演,但他不是一个老实人,并不真心诚意地承认自己的失败,时时准备反扑。1940年3月,他把自己在1931年7月出版、集中反映他的"左"倾教条主义错误观点的《两条路线的斗争》一书(1932年在莫斯科出版时,书名曾改为《为中共更加布尔塞维克而斗争》)在延安印了第三版。他在三版《序言》中写道:"我们党近几年来有很大的发展,成千累万的新干部新党员,对于我们党的历史发展中的许多事实,还不十分明了。本书所记载着的事实,是中国共产党发展史中的一个相当重要的阶段,因此,许多人要求了解这些历史事实,尤其在延安各学校学习党的建设和党的历史时,尤其需要这种材料的帮助。"[1]他不经过中共中央同意,突然采取这样的大动作,显然是要混淆党的历史上的路线是非,重新宣扬他所代表的那套"左"倾教条主义谬论,力图在党内,特别是"成千累万的新干部新党员"中争取支持,争夺群众。

这种公然的挑战行动,尽管在党内还没有形成很大市场,但也不能小看。应该怎样看待党的历史上的路线是非,更加成为摆在中共中央面前必须明确回答的问题。

这时,国内的政治局势日见紧张,国共关系迅速恶化,以蒋介石为首的国民党当局接连制造规模越来越大的武装摩擦。在南方,新四军军部地处皖南,北邻日军军舰不停游弋的长江,东、南、西三

---

[1]《王明选集》第3卷,[日本]汲古书院,1973年4月版,第173页。

面都是国民党军队管辖地区，处境十分危险。中共中央焦虑地一再电令中共中央东南局的项英等，迅速下决心率新四军军部断然东进，选择有利地段，渡江北移。只要有决心，想尽一切办法，这是可以做到的。可是，项英等对如此险恶的客观环境却缺乏清醒的认识，犹豫不决，迟迟没有坚决行动，拖到1941年1月才开始东移时，遭到早已充分准备的国民党军七万多人重围伏击，新四军牺牲和被俘的达七千多人，这就是震惊中外的皖南事变。

为什么在遵义会议和六届六中全会后竟还会遭遇这样严重的挫折？事变发生后几天，毛泽东就在政治局会议上痛心地指出：原因在于"有同志没有把普遍真理的马列主义与中国革命的具体实际联系起来"，"没有了解中国革命的实际，没有了解经过十年反共的蒋介石"。[1]他要求把反对教条主义的问题提到党性的高度来认识。

皖南事变是令人极为痛心的重大警讯。它使中共中央许多人更清楚地认识到必须在全党进行一场深刻的思想教育运动，通过总结党在历史上的经验教训，反对主观主义，特别是教条主义，学会对具体问题进行具体分析，从实际出发进行工作。

皖南事变在1941年发生，延安整风是从1942年开始的。从两者时间的接近，也可以看出延安整风的开始绝非偶然，而是党在面对主客观形势新发展全局下必然作出的选择和决断。

当中共中央正忙于应对皖南事变后同国民党当局进行尖锐复杂斗争的同时，毛泽东已为整风学习作了一些准备。3月17日，他在准备出版他所写的几篇农村调查报告前写了序言，尖锐地指出："实际工作者须随时去了解变化着的情况，这是任何国家的共产党

---

[1] 毛泽东在中共中央政治局会议上的发言，1941年1月15日。

也不能依靠别人预备的。所以，一切实际工作者必须向下作调查。对于只懂得理论不懂得实际情况的人，这种调查工作尤有必要，否则他们就不能将理论和实际相联系。'没有调查就没有发言权'，这句话，虽然曾经被人讥为'狭隘经验论'的，我却至今不悔；不但不悔，我仍然坚持没有调查是不可能有发言权的。有许多人，'下车伊始'，就哇喇哇喇地发议论，提意见，这也批评，那也指责，其实这种人十个有十个要失败。因为这种议论或批评，没有经过周密调查，不过是无知妄说。我们党吃所谓'钦差大臣'的亏，是不可胜数的。而这种'钦差大臣'则是'满天飞'，几乎到处都有。"[1]

批评虽异常尖锐，却正是当时党内相当普遍存在的实际情况。毛泽东准备发动这场整风运动，主要目的并不只是针对某几个人，而是针对党内那种不进行深入的调查研究、不坚持从复杂的客观实际出发、一味自以为是的主观主义不良之风。这种风气如果不得到有力的纠正，在双方力量悬殊的条件下要取得革命成功是根本不可能的。而要纠正这种积习已深的主观主义风气，不尖锐地"大喝一声"或"击一猛掌"，是不可能奏效的。

到这年四五月间，反对国民党当局在皖南事变以来的反共高潮大体告一段落。5月18日，毛泽东为中共中央起草党内指示《关于打退第二次反共高潮的总结》。这样，毛泽东便有可能把更多精力转移到整风运动方面来。第二天，也就是5月19日，他在延安干部会议作了《改造我们的学习》的报告。

这个报告一开始就指出："中国共产党的二十年，就是马克思列宁主义的普遍真理和中国革命的具体实践日益结合的二十年。"

---

[1]《毛泽东选集》第3卷，第791页。

他说：有两种互相对立的态度：一种是主观主义的态度，"对周围环境不作系统的周密的研究，单凭主观热情去工作，对于中国今天的面目若明若暗。""只有打倒了主观主义，马克思列宁主义的真理才会抬头，党性才会巩固，革命才会胜利。"另一种是马克思列宁主义的态度。毛泽东着重归纳为"实事求是"这四个字。

他说："'实事'就是客观存在着的一切事物，'是'就是客观事物的内部联系，即规律性，'求'就是我们去研究。我们要从国内外、省内外、县内外、区内外的实际情况出发，从其中引出其固有的而不是臆造的规律性，即找出周围事变的内部联系，作为我们行动的向导。而要这样做，就须不凭主观想象，不凭一时的热情，不凭死的书本，而凭客观存在的事实，详细地占有材料，在马克思列宁主义一般原理的指导下，从这些材料中引出正确的结论。""这是一个共产党员起码应该具备的态度。"[1]

"实事求是"本来是人们早就说过的一句老话。毛泽东给予它新的解释，写在党的重要文件里，说是"一个共产党员起码应该具备的态度"，还是第一次。从此，它便逐步深入人心，成为衡量是非的基本尺度。直到今天，人们在日常生活中有不同意见时，还常要讲"我这看法是实事求是的"，或者说"你这样说就不实事求是了"。它在中国思想史上产生的深远影响，也许比许多长篇大论要大得多。

不懂得这一点，便不可能真正懂得延安整风运动的真谛所在，而花不少气力去作那些未必符合实际的主观推论。

但是，人们并不是一开始就都能认识到它的重大意义。毛泽东这

---

[1]《毛泽东选集》第3卷，第795、799、800、801页。

篇观点鲜明、措辞尖锐的讲话在高级干部中竟没有引起多少反响，宣传部门也没有在报纸上报道，好像什么事情都没有发生。这使毛泽东进一步意识到问题的严重性。他决心采取更大的动作，并且首先从统一高级干部的思想入手。

为此，中共中央和毛泽东作了进一步的准备。7月1日，党诞生二十周年纪念日，中央政治局通过王稼祥起草的《中央关于增强党性的决定》。一个月后，又通过毛泽东起草的《中央关于调查研究的决定》。这两个决定对统一高级干部思想、了解整风运动的意义，起了重要作用。

更重要的，是将党在六大以来的重要历史文献选编为《六大以来》这部文献集。这项文件选编工作最初是为七大作准备而着手，以后，由毛泽东直接负责。1941年八九月间，中央决定编印《六大以来》，供高级干部学习和研究党的历史。这部书不是等全部资料收集齐全后才正式出版，而是先编选出重要的有代表性的86篇，以散页形式先发给在延安的高级干部阅读。

许多高级干部本来一直忙于各自的繁重工作，对党的全局状况，特别是重要决策过程了解不多，想得也不多。这次系统地阅读党的重要文件，从比较中清楚地看到党内确实存在两种不同的思想系统，导致两种显然不同的后果，相互对照，铁证如山，再联系各人的亲身经历来思考，顿有恍然大悟的感觉，思想发生很大变化。毛泽东在两年后说："一九四一年五月，我作《改造我们的学习》的报告，毫无影响。六月后编了党书（引者注：指《六大以来》）。党书一出许多同志解除武装，故可能开九月会议。"[1]

---

[1] 毛泽东在中共中央政治局扩大会议上的发言（1943年10月6日）。

"九月会议",是中共中央政治局扩大会议,从1941年9月10日至10月22日开了一个多月,重点讨论党在十年内战后期的领导路线问题。这实际上便是延安整风运动在高级干部中的起步。

　　毛泽东在会议第一天,做了《反对主观主义和宗派主义》的报告,点明整风学习运动的主题。他一开始就说:党内有这样的历史传统:不切实际,按心里想的去办,这就是主观主义。他说:"过去我们的党很长时期为主观主义所统治,立三路线和苏维埃运动后期的'左'倾机会主义都是主观主义。苏维埃运动后期的主观主义表现更严重,它的形态更完备,统治时间更长久,结果更悲惨。这是因为这些主观主义者自称为'国际路线',穿上马克思主义的外衣,是假马克思主义。""六中全会对主观主义作了斗争,但有一部分同志还存在着主观主义,主要表现在延安的各种工作中。""现在,延安的学风存在主观主义,党风存在宗派主义。""宗派主义是排挤非党干部的一种风气,即排外主义。同时也排内。闹独立性、不服从决议、没有纪律的现象,必须整顿。""打倒两个主义,把人留下来。反对主观主义和宗派主义,把犯了错误的干部健全地保留下来。"这时,刘少奇还没有回到延安,周恩来还长驻在重庆。毛泽东特地叮嘱:"电告少奇、恩来,征询他们的意见。"[1]

　　会上,有28人次发言,谈了在中央内部开展反对主观主义和宗派主义的斗争有极大的意义。

　　许多人以自我批评精神认真检讨了自己在历史上犯过的错误。张闻天在发言中指出:"毛主席的报告,对党的路线的彻底转变有极大的意义。过去我们对苏维埃后期的错误没有清算,这是欠的老

---

[1]《毛泽东文集》第2卷,第372、373、374页。

账，现在必须偿还，犹如现在做了领导工作而过去没有做过下层工作的也要补课。反对主观主义，要作彻底的清算，不要掩盖，不要怕揭发自己的错误，不要怕自己的癞痢头给人家看。"[1]博古也作了自我批评，说：揭发过去的错误必须从思想方法上、从整个路线上来检讨。我过去只学了一些理论，拿了一些公式教条来反对人家。希望在大家帮助下逐渐克服。王稼祥分析主观主义产生的根源：除中国的社会原因外，"就是经验不够，学了一些理论而没有实际工作经验的人，易做教条主义者，从莫斯科共产国际回来没有实际工作经验的人，更易做教条主义者；实际工作经验多的人，不易做教条主义者，而容易成为狭隘经验主义者"[2]。

还有许多人发了言。陈云说：四中全会后，教条主义者压服了实际工作者。彭真说：克服主观主义是决定我们党的生死问题。这些意见也得到大家的同意。

只有王明在会上丝毫不作自我批评。他发了两次言，坚持四中全会政治路线是正确的，对工作中的问题，完全推卸责任。毛泽东、王稼祥、任弼时一起多次找王明交谈，希望他转变态度，认识错误。王明不但拒绝谈自己的问题，还反过来指责中共中央自抗战以来的方针太"左"了，认为当现在苏联与中国都异常困难的时期，必须同大资产阶级搞好关系，今天主要是共同打日本。他还说黄金时代在武汉，十二月会议前和六中全会后两头都错，建议中共中央声明不实行新民主主义，同蒋介石设法妥协，并且表示要同中共中央争论到底。以后，王明就长期称病，拒绝出席整风会议。会议着重讨论路线的是非，特别是反对主观主义和宗派主义，而不再追究

---

[1]《张闻天文集》第3卷，第162页。
[2]《王稼祥文集》，人民出版社1989年9月版，第326页。

各人的责任。因此，对王明也没有要求他一定要参加会议，但他在中央已失去影响，完全陷于孤立境地。

这次政治局扩大会议到 10 月 22 日结束。会议取得很大成功。它把党内长期存在的严重问题挑明了，使党的领导层对必须反对主观主义和宗派主义这个根本性问题基本取得了共识。毛泽东后来这样评价："九月会议是关键，否则我是不敢到党校去报告整风的，我的《农村调查》等书也不能出版"，"整风也整不成。"[1]

由于九月会议已取得重要成功经验，会议期间，中共中央又在 9 月 26 日发出经毛泽东修改的《中央关于高级学习组的决定》，扩大参加学习的高级干部的范围。

《决定》规定："（甲）为提高党内高级干部的理论水平与政治水平，决定成立高级学习组。其成份以中央、各中央局、中央分局、区党委或省委之委员，八路军新四军各主要负责人，各高级机关某些职员，各高级学校某些教员为范围。全国以三百人为限，内延安占三分之一，外地占三分之二。（乙）以理论与实践统一为方法，第一期为半年，研究马恩列斯的思想方法论与我党二十年历史两个题目，然后再研究马恩列斯与中国革命的其他问题，以达克服错误思想（主观主义及形式主义），发展革命理论的目的。"[2]这样就把整风学习的范围从延安开始推向遍及全国各地区党政军主要党员高级干部（延安地区意外占三分之二），学习要求和方法基本上与九月的中央政治局扩大会议相同。这样就为全党整风这一思想教育运动的开展作了准备，也为中共七大的召开作了准备。

这年的 12 月 7 日，日本突然袭击美国海军基地珍珠港，太平

---

[1] 毛泽东在中共中央政治局扩大会议上的发言（1943 年 10 月 6 日）。
[2] 《中共中央文件选集》第 13 册，第 205 页。

洋战争爆发。中国对日、德、意宣战，并且同美、英等结为反法西斯战争的盟国。国内矛盾相对转入比较缓和的阶段。也在12月，毛泽东主持编辑的党内重要文件《六大以来》付印。毛泽东、王稼祥致电周恩来：中共党史的学习请先"从讨论《六大以来》的文件入手"。

这样，全党整风教育运动开展的条件渐次成熟。

全党整风教育运动（上）

刚进入1942年，中共中央宣传部便在1月26日发出《关于反对主观主义反对宗派主义的宣传要点》，列举主观主义和宗派主义在党内的种种表现，指出："凡此主观主义与宗派主义的思想和行动，如果不来一个彻底的认真的深刻的斗争，便不能争取革命的胜利。而要进行斗争，加以克服，非有一个全党的动员是不会有多大效力的。因此，希望全党全军的各级领导同志对于问题加以注意，进行宣传，进行工作。"[1]

这是对全党开展大规模整风学习而发出的重要信号，也把这项学习运动所要解决的问题和开展的正确方向交代得十分明确。

此时此刻，开展这样一场全党性的思想教育运动十分必要，也极为重要。前面说过，从遵义会议到六届六中全会，党的政治路线和中央组织已经得到基本解决，但是对党的历史经验从来没有进行全面的系统的总结，特别是没有从思想方法的高度对造成过去"左"的和右的错误的根源进行深刻的总结。所以，党内在指导思想上仍常

---

[1]《中共中央文件选集》第13册，第279页。

出现分歧，在局部地区和某些方面的工作给革命事业带来损失。一种错误如果不能从根本上被真正认识并得到纠正，它在另一个时候或另一项工作上肯定会重新再犯类似的错误，更谈不上革命的全国胜利。这是在全党开展整风运动的原因所在。

1942年2月1日，毛泽东在中共中央党校开学典礼上作了《整顿党的作风》的报告。隔了一个星期，2月8日，他又在延安干部会上作了《反对党八股》的报告。这两个报告在延安以至全党引起很大的震动。

全党的整风教育运动就这样开始了。

毛泽东在这两个报告中响亮地提出："反对主观主义以整顿学风，反对宗派主义以整顿党风，反对党八股以整顿文风，这就是我们的任务。"[1]这三句话，以后被归纳为"整顿三风"。其中最重要的是反对主观主义、宗派主义，最重要的是对反对主观主义错误的人进行残酷斗争、无情打击。党八股，就是用那些脱离实际、令人生厌的陈词滥调来宣扬那些主观主义的空话和错误主张。

当时听了这两个报告的邓力群回忆道："好像巨石击水，引起强烈反响，尤其在知识分子和新党员中，反响更大。这两个报告全面阐明了整风的任务和方针。它解放了人们的思想，使大家开始从新的高度、新的角度来审视问题，来重新认识党的历史。"[2]

但是，在一些来到延安不久的青年知识分子和新党员中有些却受自己以往经验的局限，并不了解这两个报告的深意，发生了一场风波。这场风波的中心发生在中央研究院，它的院长是张闻天。但在1941年九月会议以后，他在中央负责人中第一个带头提出下乡

---

[1]《毛泽东选集》第3卷，第812页。
[2] 邓力群：《延安整风以后》，当代中国出版社1998年12月版，第5页。

的正确要求,离开延安对陕北和晋西北进行长达一年零两个月的农村调查,并没有留在延安。研究院的实际工作由李维汉负责。

李维汉在回忆录中说:"当时中央研究院成员的基本情况是这样:从未做过任何工作的占百分之六十八,来延安后受过短期学校培训的占百分之八十四,抗战以后入党的占百分之七十四,二十至三十岁的占百分之七十九,知识分子出身的占百分之八十二。可以说,多数是小资产阶级青年知识分子新党员。"[1]他们大多是从国民党统治区不畏艰险、不远千里投奔延安参加革命的,有着热烈的爱国救亡热情和革命理想,相信中国共产党,积极学习,但还缺乏实际工作的锻炼,政治上比较幼稚,分辨是非的能力不强,容易受到自由主义思潮的影响。有些人原来对延安想象得十全十美,一旦看到有不满意的地方,就分不清延安和西安的根本区别,抱着绝对平均主义的思想,作出过激的反应。

毛泽东两个报告后,中央研究院的王实味首先在院内贴出大字报,宣传这种论调。很多单位的人前去参观,也跟着学。中央青委一些干部也在机关所在地创办了一个墙报叫《轻骑队》,每两周一期,每期七八篇稿子,短小精悍,形式多样,很引人注目。邓力群回忆:"当时,绝对平均主义针对延安在困难情况下生活略有差别的生活状况进行批评。例如,毛主席点两支洋蜡,这个成为批评的对象。那时有小灶、中灶、大灶,毛主席等中央领导同志吃小灶,我们这些人吃中灶,一般的同志吃大灶;高级干部有马骑,普通干部要靠两条腿走路,这些现象都成为批评的对象。极端民主化的矛头也是对着领导干部的。"[2]李维汉回忆:"中央研究院的整风墙报

---

[1] 李维汉:《回忆与研究》(下),中共党史出版社1986年4月版,第479页。
[2]《邓力群自述(1915—1974)》,人民出版社2015年11月版,第66页。

《矢与的》更以'民主'获胜的面目,轰动了整个延安,有几期甚至不是贴在墙上,而是贴在布上拿到延安南门外(闹市区)悬挂起来,前往参观者川流不息。王震看了墙报的文章,很不满意,说:'前方的同志为党为全国人民流血牺牲,你们在后方吃饱饭骂党。'毛泽东在一个晚上也打着马灯和火把看了《矢与的》。"[1]

下决心纠正这种现象是完全必要的:不仅因为他们那种绝对平均主义和极端民主化倾向是错误的,更重要的是,他们提出的一些问题引起不少人的兴趣,从而严重转移了整风学习运动的大方向,不能集中力量去解决主观主义、宗派主义和党八股的问题,而历史经验证明,那些才是关系党的前途和革命成败的根本问题,这时也正是解决这些问题的重要时机。如果不当机立断,坚决纠正这股不健康的错误倾向,就无法集中力量解决当时迫切需要解决的"三风"问题,后果是严重的。

1942年4月3日,中共中央宣传部作出《关于在延安讨论中央决定及毛泽东整顿三风报告的决定》(当时被称为"四三决定")。《决定》指出前此发生的"某些不适当现象",明确规定:"各机关各学校对于中央决定、毛泽东同志及其他中央指定的文件,要深入的研究,热烈的讨论,先把这些文件的精神与实质领会贯通,作为自己的武器。为此目的,各同志必须逐件精读,逐件写笔记,然后逐件或几件合并开小组会讨论,必要时由中央及本部派人作报告。在阅读与讨论中,每人都要深思熟虑反省自己的工作及思想,反省自己的全部历史。在考察别人时亦是如此,必须作历史的全面的考察,避免有害的片面性。明哲保身,有话不说的态度是不对的,避

---

[1] 李维汉:《回忆与研究》(下),第483页。

开自己专攻别人的态度也是不对的。"[1]

《决定》规定了18个十分重要的有明确科学性的文件作为考试的范围。其中包括：中央关于增强党性、调查研究等决定，毛泽东的多次报告和讲演，刘少奇《论共产党员的修养》部分章节，陈云论怎样做一个共产党员，等等。4月16日，中央宣传部又发出《关于增加整风学习材料及学习时间的通知》，增加四篇学习文件，合称为"二十二件文件"。规定："延安研究及讨论中央指定材料的时间，规定学校自4月20日起至6月20日止，机关自4月20日起至7月20日止。"[2]

这样，经过时间不长的风波，延安整风便很快进入一场严肃的思想教育运动。

《轻骑队》毕竟只是一些政治上还比较幼稚的革命青年的举动。"四三决定"发表后两天，他们就以《轻骑队》编委会的名义公开发表《我们的自我批评》，写道："过去《轻骑队》的编辑方针是有错误的，那就是没有能坚持以照顾全局的与人为善的同志的精神来进行批评，因而我们的批评就往往成为片面的，甚至与被批评者完全对立的，因而也就不但不能达到我们积极的巩固团结的初衷，而且实际上助长了同志间的离心倾向，有时还产生了涣散组织的恶果。造成这种错误的主要责任应该由我们来担负；因为我们是一群政治上幼稚的青年同志，单凭着主观的热情与对不良现象的憎恶，而对于现实生活和实际斗争中复杂曲折的是非利害则还不能恰当的权衡轻重，明计得失；对于许多原则，特别是革命队伍中民主集中

---

[1]《中共中央文件选集》第13册，第364页。
[2]《中共中央文件选集》第13册，第371页。

制的原则，或者是没有深刻的了解，或者只是片面的了解。"[1]延安《解放日报》在 4 月 23 日刊载了他们这份自我批评。

《解放日报》在发表他们这个自我批评前一天，还发表了在青年中有很高威望的哲学家艾思奇所写的《不要误解"实事求是"》。由于有些年轻人误以为他们只是在揭发事实，艾思奇写道："真正的实事求是，首先必须注意事实的各个方面，而不是只看片面。在指摘某一现象时，必须明了它在现象全体中所居的地位，而不是离开全体来孤立看待。""真正的'实事求是'，必须从实质上来理解事实，而不应该只就表面现象来看事实，或为形式的假象所迷惑。有些事物在实质上相同而在形式上可以全不一致，有些事物在形式上相似而在实质上却是全然相反的东西。不能分开形式和实质，在认识上就会造成很大的混乱和错误。"[2]这就从思想方法的理论高度把现实生活中活生生的问题说得很清楚了。

陆定一也在 5 月 13 日的《解放日报》上发表了一篇《为什么整顿三风是党的思想革命》，从总体上阐述这场整风运动在党的思想建设上的深远意义。他写道："整顿三风应当看作是一个思想革命，一件很大的事情，一个严重的斗争。""总起来说，思想革命是为推翻一种思想方法实践方法，发挥另一种思想方法实践方法，前者就是主观主义的，后者就是辩证唯物主义的。这就叫做思想革命。这种全党性的、触及每个同志的思想深处的伟大的斗争，这种极广泛极深入的党内教育工作，二十一年来，还是第一次，所以它的意义决不寻常。""不熟悉党的历史，就不能尽知主观主义之害，更不能尽知辩证唯物主义之利。不在生活中碰过钉子，虽然读

---

[1]《延安文萃》(上)，北京出版社 1984 年 1 月版，第 159、160 页。

[2]《延安文萃》(上)，第 104、105 页。

书万卷,也不能尽知主观主义与辩证唯物主义的分别究竟何在。不尽知利益,不尽知分别,则难求认识的深刻也难求行动的积极与正确。""光是'惩'一下主观主义者是不够的。要改造和改进每个同志的思想方法,以辩证唯物论的思想方法来处理一切问题,这就是思想革命所要求做到的事。整顿三风就是这样的一个思想革命,它的成功,即是我党完成其由幼年到成年的大飞跃。"[1]

这篇文章没有再去批评那些年轻人幼稚的鲁莽举动,而是从正面着重说明这次整风学习的目的所在和它对党走向成熟的极端重要性。

中共中央下了很大的决心。无论在延安,还是在敌后抗日根据地,都要开展联系党的历史和个人经历实际、认真学习二十二个文件的思想教育运动。在延安,"三个月来,中央直属机关近二千二百人的学习运动,是很生动。每个人都经过从啃字句、记概念,以至反省实践的阶段。在中央党校,先阅读二十二个整风必读文件;再分类逐件精读,逐件做笔记,并联系反省个人思想和联系工作;在此基础上,进行总的自我检讨和工作检查,并作学习总结"[2]。

时任中央党校一部主任的黄火青回忆道:"同志们学文件也非常认真,边阅读、边思考、边讨论,并认真做笔记。对讨论中的重要问题,请中央负责同志作报告。周恩来、朱德、陈云、任弼时和林伯渠等先后到党校作过报告。为了促进大家认真学习文件,还规定领导人要查看下面同志的笔记,帮助批改,互相借看和传阅。毛泽东曾亲自看了一些同学的学习笔记,改正了某些错字,并加了批

---

[1]《陆定一文集》,第312、313、314、320页。
[2] 李富春:《如何进行学风学习的总结》,《延安文萃》(下),第168页。

语，这对大家鼓舞教育更大。"[1]

在整风过程中，延安文艺界暴露出来的问题很突出。这些文艺界人士大多是在全面抗战爆发后从上海等大城市的"亭子间"来到延安的。他们满怀爱国热情，但对农村是陌生的，对同工农兵相结合还不适应，彼此间也存在种种隔阂和矛盾。

中共中央十分重视这个问题，在5月2日至23日召开延安文艺座谈会。到会的有一百多人，在会上各抒己见。毛泽东在会上讲了两次话。他说："为什么人的问题，是一个根本的问题，原则的问题。""既然文艺工作的对象是工农兵及其干部，就发生一个了解他们熟悉他们的问题。""就需要做很多的工作。"[2]参加这次会议的欧阳山说："大家都各抒己见，畅所欲言，不管对的、错的都可以无拘无束地讲出来。"[3]会后，很快涌现出一大批优秀的、受工农兵欢迎、令人耳目一新的好作品，如《黄河大合唱》《白毛女》《兄妹开荒》《王贵与李香香》《逼上梁山》《李有才板话》等。

陕北文艺的变化，也显著推进了共产党同农民群众的关系。毛泽东第二年讲到陕北人民对共产党的态度："直到去年春季，赵毅敏同志带着杨家岭组织的秧歌队，跑到安塞扭秧歌。安塞正在开劳动英雄大会，那些老百姓也组织了秧歌队，和杨家岭的秧歌队一起扭起来，我说从此天下太平矣，因为外来的知识分子和陕北老百姓一块扭起秧歌来了。从前老百姓见了他们是敬鬼神而远之，现在是打成一片了。"[4]

---

[1] 黄火青：《往事历历忆七大》，《忆七大——七大代表亲历记》，第15页。
[2] 《毛泽东选集》第3卷，第850、857页。
[3] 欧阳山：《我的文学生活》，《延安文艺回忆录》，中国社会科学出版社1992年5月版，第68页。
[4] 《毛泽东文集》第3卷，第339页。

敌后抗日根据地的环境和延安自然有很大不同：战斗异常残酷，环境日益困难；即便如此，各地党组织仍极重视这场学习运动，认识到："广大人民寄托其重大希望于我党，因之党的领导责任非常严重。但是我们某些党员干部的工作中还存在着一些主观主义，如果不努力纠正，更不能很好担负起坚持敌后抗战、坚持敌后抗日根据地的责任。"[1]他们着重总结实际工作中的主观主义，如：对敌我力量对比的变动及政策上的转换，不肯细心地周密地系统地研究；往往时过境迁，仍是老一套的工作布置，一成不变；经济上对于敌人的封锁与战争长期庞大的消耗估计不足，缺乏对于经济力量长期支持的打算，对统一战线认识的片面性，在地区上不根据具体环境灵活地运用公开和秘密的形式进行各项工作者。[2]

中国共产党自成立以来，从来还不曾进行过这样一场规模如此大、时间如此长、参加人数如此多、目标如此明确、要求如此严格的全党范围思想教育运动。正如陆定一文章中所说："是我党完成其由幼年到成年的大飞跃。"在国际共产主义运动中，也是一个创举。经过这场思想教育运动，全党的思想作风有很大变化。特别是反对主观主义、一切从实际出发、坚持实事求是的观念开始深入人心。如果不在干部和党员思想深处发生这样的变化，要顺利迎接抗战胜利后异常复杂的形势，并且在如此短时间内取得全国革命的胜利，是难以想象的。

在这样大规模而且前所未有的整风学习运动中也出现一些问题，这就是有些"左"的错误倾向开始冒头和发展。在整风学习中，需要联系实际，需要把自己摆进去，这样认识才能深刻。邓力

---

[1] 胡锡奎：《反对根据地工作中之主观主义》，《延安文萃》（下），第117、118、119页。
[2] 同上。

群回忆道:"自我反省、自我检查,每个人讲自己的历史,讲着讲着,就暴露出这个人有这样一点事,那个人有那么一点事,如历史问题、社会关系复杂的问题,对党隐瞒的问题,也越来越多。"[1]有些问题,本人也难以把什么都说得一清二楚,当时的环境下又难以进行调查研究,当时人们的敌情观念很强,于是听者的怀疑越来越多,追问和批评的调子也越来越高。王实味过去同托派分子有过接触,此事在1940年向中央组织部交代过。这时,便认为有一个隐藏的反党小集团,错误地把思想问题提升为政治问题和组织问题。

这种态势和气氛,在相当程度上埋下了下一阶段肃反扩大化的"抢救运动"的发生。

全党整风教育运动(下)

接着到来的1943年,在中国共产党领导的革命发展史上是一个十分重要的年头,也是一个处境异常复杂的年头。

世界范围内,国际反法西斯战争以斯大林格勒血战胜利为标志,发生了根本转折,已经胜利在望。但在新形势下,反法西斯同盟国内部错综复杂的矛盾却已在上升。在国内,国共关系在由于太平洋战争爆发而出现相对缓和局面一年多后,又迅速转向恶化,这是一个新的重大变化。

在这种情况下,加强党中央的集中统一领导显然有着很大必要。

1943年3月20日,中共中央政治局会议通过《中共中央关于

---

[1]《邓力群自述(1915—1974)》,第67页。

中央机构调整及精简的决定》。《决定》指出：中央机构调整的目的，"在于使中央机构更加简便与灵活，使事权更加统一与集中，以达到更能增加中央的领导效能"。"在两次中央全会之间，中央政治局担负领导整个党工作的责任，有权决定一切重大问题。政治局推定毛泽东同志为主席。""凡重大的思想、政治、军事、政策和组织问题，必须在政治局会议上讨论通过。""书记处是根据政治局所决定的方针处理日常工作的办事机关，它在组织上服从政治局，但在政治局方针下有权处理和决定一切日常性质的问题。""书记处必须将自己的工作向政治局作报告。""书记处重新决定由毛泽东、刘少奇、任弼时三同志组成之（引者注：周恩来在重庆主持南方局的工作，朱德年事已高不担负"处理日常工作"的办事任务），泽东为主席。"书记处"会议中所讨论的问题，主席有最后决定权"。"在中央政治局及书记处之下，设立宣传委员会与组织委员会"，毛泽东任宣传委员会主任，刘少奇任组织委员会主任。[1]

需要说明的是，这时毛泽东作为主席而具有"最后决定权"的是"书记处会议所讨论的问题"，而书记处是根据政治局所决定的方针处理日常工作的办事机构，一切重大问题必须由政治局会议讨论通过，书记处的工作情况又必须再向政治局报告。这一点不能误解。

前面说过，太平洋战争爆发后，国内政治局势相对较为缓和。毛泽东在1943年1月25日致电彭德怀，仍说："我们应争取在抗战后与国民党建立和平局面。去年'七七'宣言是在这个基点上发的。"[2]

---

[1]《毛泽东年谱（1893—1949）》（修订本、中），中央文献出版社2013年12月版，第430页。
[2]《毛泽东年谱（1893—1949）》（修订本、中），第424页。

但进入 1943 年，国内政治局势陡然恶化，国共关系严重恶化，国民党发动又一次反共高潮，胡宗南部准备进攻延安；而中共全党范围的整风学习活动正在这时基本告一段落，开始进入审查干部阶段。

为什么国共关系经历一段时间的相对缓和后，会在这时出现大的逆转？根本原因是蒋介石一直在寻求对共产党下手的机会，现在世界反法西斯战争已胜利在望，日本侵略者的威胁在蒋介石心目中已逐渐减轻。他开始更多考虑在战后如何对付和消灭中国共产党。而直接导致国共关系迅速恶化的诱因是共产国际的解散。

共产国际是在 1943 年 5 月 13 日召开执行委员会主席团会议，讨论解散共产国际的建议和决议等案。在征得各国共产党组织同意后，于 25 日正式公布。这是一件震动世界的大事。

在蒋介石的心目中，一直臆测中国共产党的一言一行都是根据共产国际的指示行事的，如今共产国际一解散，中国共产党势必从根本上动摇。他不久后写出这样的考虑："如果始终要用十军以上兵力，防止陕北之'匪区'，则不如先捣毁其延安巢穴，使之变成流寇，无立足领地为上策。肃清陕北整个之'匪区'以后，可以抽出十军兵力在后方各地，一面防范，一面搜剿较为得计，以期各个击灭、分别肃清较为对'共匪'惟一之计划，否则养痈遗患，更不可设想也。"[1]

他们内紧外松。6 月 19 日，胡宗南在洛川召开干部会议，准备分九路"闪击"延安。以往国民党当局几次反共高潮，是在华北打华中打，这次直接指向中共中央所在的陕北延安，连原来河防的

---

[1] 蒋介石日记（手稿本），美国斯坦福大学胡佛研究所藏，1943 年 8 月 25 日，杂录。

部队也掉过头来，显示它的决心。这自然非同寻常。

7月7日，毛泽东致电周恩来、林彪："胡宗南进攻部署已完成，请你们努力在西安转圜，力求避战事。"同日，又致电彭德怀："蒋、胡乘第三国际解散有进攻边区部署，我方正力请求避免，不得已时恐须一战。"[1]

内战危机空前严重。中共中央通过内部情报和国民党军队调动、弹粮运输的实际情况，察觉并了解这一危急动向。当时八路军主力已进入山西、河北、河南、山东等地敌后创建根据地，留在陕北边区的兵力不多。为了应对这样危急的局面，中共中央采取一系列紧急措施，除调动少数主力迅速开回陕北边区、发动宣传攻势、做好后勤准备等外，还需要在自己内部加紧进行干部审查，消除潜在的隐患，这在当时确实是必要的。

延安的干部中，老干部（当时大体是中年人）过去长期并肩战斗，有较深的了解；此外，还有很大一批是抗战全面爆发初期成千上万爱国青年从国民党统治区千里迢迢奔赴延安来的。他们绝大多数是优秀的人才，不少人经过一段时间学习后入了党，但当时对他们在国民党统治区时期的历史状况一般不可能做过严格的调查和了解，一些人又曾有种种复杂的经历和社会关系需要弄清，这便成为审干的重点。

4月28日，中央政治局决议，在中央书记处设立反内奸斗争专门委员会，由组织委员会书记刘少奇兼主任，委员有康生、彭真、高岗等，日常工作由康生主持。

审干工作提到整风运动中的重要地位，是直接同得知国民党军

---

[1]《毛泽东年谱（1893—1949）》（修订本、中），第451页。

队准备突然向陕北边区发动闪击相关的。1943年7月9日,延安召开抗战六周年纪念大会,发出呼吁团结反对内战的通电。13日,中共中央政治局作出加紧清查内奸的决定。15日,负责领导这一工作的中央社会部部长康生在中央直属机关作《抢救失足者》的动员报告,对根据地内部的敌情作了极端夸大、似乎根据地内和党内到处潜藏着敌人。这个报告引起极大震动,仿佛周围许多人平时的言行只是伪装。于是,延安的审干工作立刻转入被称为"抢救运动"的阶段。延安审干工作中的扩大化错误,以这个阶段最为严重。

由于过分估计敌情的严重性,陕北边区又处于几乎被封锁的状态,对干部过去历史状况的调查研究极为困难,在审干工作中出现了严重偏差。相当普遍的"逼供信"(也包括诱供),在一个时期造成仿佛"特务如麻"的错觉。康生在8月2日的政治局会议上说:单在延安地区,十九天内就揪出"特务"分子一千四百多人。这就造成大量冤假错案,使审干工作偏离正确的方向。

这样大量的冤假错案,在一段短时间内更加强了"特务如麻"的错觉。邓力群回忆:"在这个阶段中,社会部找到了一个典型,大家的头脑更加发热了。这个人叫张克勤,好像是湖南人。他说自己是执行'红旗政策'的,是在表面上打红旗。发现了这个典型之后,各个单位就组织他现身说法。""他到处做典型报告,说得绘声绘色。这样一来,大家脑子就热起来了。后来知道是个假案,我一直到现在还记得他。"[1]

这种错案甚至发展到指向一些资格很老的高级干部,最突出的是指向中央统战部(部长是王明)副部长柯庆施。邓力群回忆道:"这

---

[1]《邓力群自述(1915—1974)》,第67页。

期间,问题已经发展到什么程度呢?柯庆施有一个公务员,在大礼堂贴出来一张油印的大字报一句话:柯部长是国民党特务。"这件事"愈了解就愈感到问题严重"。于是,在杨家岭大礼堂开大会。"开会时,忽然有人说:让柯部长上台做反省。柯事先也没有准备,当然他也就说不清楚。结果这个人揭一段,那个人揭一段,陈伯达也上台去揭发了。这样,大家都觉得柯这个人很可疑,非是坏人不可了。当时,全场都喊口号:柯庆施,要坦白,要交代。当然,他无法交代。这样,会场也弄僵了。这个会真是令人震动啊!资格这么老的干部——他是中共党内活着的人中间唯一见过列宁的人,都成了特务,那问题还不严重啊!从此以后,抢救运动也就停止了。"[1]

毛泽东比较冷静,在审干工作刚开始时的7月1日就要康生在《防奸经验》第6期上刊出毛的一段话,其中着重指出:"错误路线是'逼、供、信'。"[2]这时,毛泽东正集中主要力量从军事、宣传、统战、外交等方面尽力阻止蒋介石、胡宗南向陕北边区武装进攻的严重危机,但也开始觉察到审干工作中已出现的严重偏差。他在7月30日致电彭德怀,提出审干工作的九条方针,着重指出:"必须拿这种实事求是的方针去和内战时期曾经损害过党的主观主义方针完全区别开来,这种主观主义方针就是逼、供、信三个字。"[3]他在7月初和月底两次提醒:"逼、供、信"是审干工作中必须避免的错误路线的主要表现,并且把它同整风学习运动中着重要解决的主观主义错误联系起来。这并不是等到别人提醒才注意到,是不该被

---

[1]《邓力群自述(1915—1974)》,第70、71页。
[2]《毛泽东文集》第3卷,第35页。
[3]《毛泽东文集》第3卷,第52页。

忽视的。

7月间，毛泽东曾找袁任远询问绥德地区"抢救运动"的情况，反复对他说："不要搞逼供信。你逼他，他没有办法，就乱讲，讲了你就信。然后你又去逼他所供出的人，那些人又讲，结果越搞越大。""要调查研究，要重证据，没有物证，也要有人证。不要听人家一讲，你就信以为真，要具体分析，不要轻信口供。对于有问题的人，一个不杀，大部不抓。杀人一定要慎重，你把人杀了，将来如有证据确实是搞错了，你虽然可以纠正，但人已经死了，死者不能复生，只能恢复名誉。另外，也不要随便捉人，你捉他干什么？他能跑到哪里去。"[1]回想到以前肃反扩大化时，有许多优秀的共产党员和高级将领被错杀，至今令人痛惜而已无从补救。比较一下，就可以深深感到当时一开始就规定"一个不杀"何等重要。这是以血的教训换来的。

在审干中，也查出一些问题，但没有看到有破获重大案件的材料。

8月15日，也就是康生作《抢救失足者》报告后一个月，中共中央作出《关于审查干部的决定》，以中央决定的形式，指出"逼供信"的种种表现，要求"肃清这种主观主义的错误思想"。并且规定："在那些还没有思想准备与组织准备的地方，在领导机关掌握在坏人手里的部门或地方，便决不可轻易发动审查干部。"[2]这是一个重要转折，使大家的头脑开始冷静下来，那种狂热的主观主义错误浪潮逐步得到遏制，"抢救运动"也停止下来。

从这年12月起，在中共中央统一部署下，对被审查对象开始

---

[1]《毛泽东年谱（1893—1949）》（修订本、中），第460页。
[2]《中共中央文件选集》第14册，第89至96页。

进行复查和甄别工作，12月22日，中共中央政治局召开会议，审干工作转入甄别阶段。毛泽东多次在大会上向受到错误审查的干部脱帽道歉。他说："在审干中，整个延安犯了许多错误，谁负责？我负责，因为发号施令是我。"[1]以后，他对中央党校出发到前线去的学员讲话，又说：在整风中有些同志受了点委屈，有点气是可以理解的。但已经进行了甄别，还生气不讲团结，这就不好。他讲了就向大家敬礼赔不是，并说：同志们，我举起手向大家敬个礼，大家想想，我怎么放下手呢？这时，全场起立鼓掌。毛泽东的自我批评化解了许多受到过审查的人心中原有的怨愤，重新实现了同志间的团结，精神振奋地投入为党的事业奋斗的各项工作。

此时，蒋、胡武力进攻陕北边区的图谋已被遏制，针对国民党当局对边区严密封锁造成的经济困难而采取的种种应对措施已在相继落实，审干工作中出现的严重偏差也已在纠正中。中共中央和毛泽东的主要精力便又转到总结党的历史经验上来。

搜集编辑党的历史文献、总结党的历史经验这一工作，从1941年就开始了。它最初的目的是为召开党的七大作准备，所以着手编辑的第一部文献的书名是《六大以来》，在1941年年底出版。1943年，为了澄清王明重印他那本《两条路线的斗争》，突出争论主题，又编成《两条路线》。此前，还编成《六大以前》。这种对党的历史中经验教训比较系统的总结，是从1941年的九月会议开始的，最初曾委托王稼祥起草过一个文件。后来由毛泽东起草了《关于四中全会以来中央领导路线问题结论（草案）》，那就是以后《关于若干历史问题的决议》的前身。[2]这两项工作前后都花费了很长时间和

---

[1] 毛泽东在中央党校的讲话记录，1945年12月15日。
[2] 冯蕙：《毛泽东著作编研文存》，生活·读书·新知三联书店2020年6月版，第49页。

很大力量。

1943年8月15日,中共中央为纠正审干工作中错误思想而公布《关于审查干部的决定》的同一天,毛泽东批示胡乔木:"加上'调查研究'、'增加党性'两个决定,即可付印。"20日,他又批示胡乔木:"党书请于9月5日前印出。"[1]可见毛泽东已把这项工作提到十分重要的地位,并且很快就要进一步展开。

《六大以来》《六大以前》《两条路线》等的出版产生了重大作用。编印党的历史文献集,按时间顺序把当时的不同意见原原本本地刊载在一起,确实是推进整风运动的切实有效的办法。它是党的高级干部亲身经历过来的。把这段历史时期中领导层间两种不同主张系统地对比一下,就不难勾起人们的回忆和思考,从中看出:究竟哪个对,哪个错;哪个符合实际情况,哪个不符合实际情况;哪个带来成功,哪个导致失败。这比只是从正面说上千言万语、开多少次会的作用要大得多。

这时,中央领导层的整风正转到以讨论党的历史问题、讨论路线问题的是非为重点。从1943年9月7日到10月6日间,间隔地举行多次政治局扩大会议,先后参加的政治局成员和列席的高级干部共30多人。以后,在1943年11月13日至27日和1944年3月5日,又举行过政治局的整风会议。由于重新读了这些历史文件,会议对党在以往几年的历史经验的总结比1941年九月会议时更加深刻。

由于当时国共关系重趋紧张,会上的发言比以前也更加尖锐。毛泽东在小结中说:我们是要团结的,弄清路线的是非,才能真正

---

[1]《毛泽东年谱(1893—1949)》(修订本、中),第466页。

团结。要避免党在历史上曾经发生的错误斗争，而从思想方法上解决问题，做到惩前毖后，治病救人。他讲到党内有"教条宗派"和"经验宗派"，"教条宗派"是主要的。谈到党内的"宗派"问题，会上有些人的发言中又有偏激之处，使会议气氛紧张起来。

谈到"教条宗派"，首先是指王明和博古，自然也会涉及共产国际。这时，共产国际宣布解散，在中共中央内部已无碍于谈论这个问题。博古于1943年9月写了一份《我要说明的十个问题》："我不想推诿责任，但是基本的路线是国际路线。文件犹在，当可作证。""（国际）七大前的国际是集中组织，决议指示是必须执行的。我应向党所负的责任就在于执行了这个路线，并且在执行中把它发挥了，极端化了。"对"宗派问题"，他写道："如果对宗派了解为思想方法和生活习惯上相近，互相接近，臭气相投，声气相通的一群，这一群在某个时候，曾在组织上反对另一群（莫斯科及反李三路线），那么，宗派是有的。如果对宗派了解为阴谋集团，或更甚了解为反革命集团，自觉地要破坏党，破坏革命，我认为是没有的。"[1]可见在整风会议期间，他还是可以坦率地实事求是地说明自己看法的。

1944年4月12日，毛泽东在延安高级干部会议上作了《学习和时局》的报告。这个报告，可以说是对前一阶段的全党整风运动作了一个集中而扼要的总结。它一开始就突出地提出两个问题：

（一）关于研究历史经验应取何种态度问题。中央认为应使干部对于党内历史问题在思想上完全弄清楚，同时对于历史

---

[1]《秦邦宪（博古）文集》，第481页。

上犯过错误的同志在作结论时应取宽大的方针，以便一方面彻底了解我党历史经验，避免重犯错误，又一方面，能够团结一切同志，共同工作。这次处理历史问题，不应着重于一些个别同志的责任方面，而应着重于当时环境的分析，当时错误的内容，当时错误的社会根源、历史根源和思想根源，实行惩前毖后、治病救人的方针，借以达到既要弄清思想又要团结同志这样两个目的。对于人的处理问题，取慎重态度，既不含糊敷衍，又不损害同志，这是我们的党兴旺发达的标志之一。

（二）对于任何问题应取分析态度，不要否定一切。我们许多同志缺乏分析的头脑，对于复杂事物，不愿作反复深入的分析研究，而爱作绝对肯定或绝对否定的简单结论。我们报纸上分析文章的缺乏，党内分析习惯的还没有完全养成，都表示这个毛病的存在。今后应该改善这种状况。[1]

讲话接着分析了目前时局的特点，指出现在的任务是要团结起来，准备担负比过去更为重大的责任。"为了争取新的胜利，要在党的干部中间提倡放下包袱和开动机器。所谓放下包袱，就是说，我们精神上的许多负担应该加以解除。有许多东西，只要我们对他们陷入盲目性，缺乏自觉性，就可能成为我们的包袱，成为我们的负担。""所谓开动机器，就是说，要善于使用思想器官。有些人背上虽然没有包袱，有联系群众的长处，但是不善于思索，不想用脑筋多想苦想，结果仍然做不成事业。""要去掉我们党内浓厚的盲目性，必须提倡思索，学会分析事物的方法，养成分析的习惯。这种

---

[1]《毛泽东选集》第3卷，第937—939页。

习惯,在我们党内是太不够了。如果我们既放下了包袱,又开动了机器,既是轻装,又会思索,那我们就会胜利。"[1]

引用那么多的讲话原文,因为它充满了反对主观主义、提倡一切从实际出发的实事求是精神,是对延安整风学习精神的极好概括,从而在大是大非基本弄清的基础上,统一了全党思想,加强了党的团结,为下一步召开的党的七大做好了准备。

中共六届七中全会

中共六届七中全会,是直接地为召开中国共产党第七次全国代表大会作准备,在党的历史上具有极重要的意义。它是中国共产党在政治上、思想上、组织上全面成熟的标志,因而在准备工作上做得特别周密而细致。

中共七大最初在1937年12月政治局会议上就指定成立七大准备委员会,并确定一些议事日程。1938年的中共六届六中全会后开始筹划和准备。为什么七大过了六年多才召开?为什么准备工作需要这么长的时间?战事紧张当然是一个原因,但抗日战争当时本已相当激烈。所以要一再延后,毛泽东有着更深更远的考虑。曾任中央秘书长的刘英回忆道:"七大推迟召开,这是毛主席的英明决策。就我个人的体会,只有经过全党整风,经过对党的历史经验和路线是非的讨论,经过对历史问题决议的起草讨论,全党才可能达到在毛泽东思想基础上的空前统一和团结,七大召开的条件才成熟。"[2]

延安整风学习告一段落,表明召开七大的条件已经基本具备,

---

[1]《毛泽东选集》第3卷,第947、948、949页。
[2] 刘英:《七大何以推迟多年才召开》,《忆七大——七大代表亲历记》,第20页。

为了完成大会的全部准备，中共中央决定从1944年5月起召开六届七中全会。

中共六届七中全会在1944年5月21日开始举行，而毛泽东《学习和时局》的报告是在同年4月12日作的，两者相隔不过一个多月。《学习和时局》的报告是对整风学习运动的总结，六届七中全会是为召开党的七大完成准备，两者几乎直接相连。从这里也不难清楚地看到，延安整风同召开党的七大是前后紧紧衔接的同一链条的两端：前者为后者作了必需的准备，后者是前者自然发展所结的果实。

六届七中全会最初准备开三次或三次以上，由于时局和工作情况的发展变化，一直到1945年4月20日才结束，断断续续地开了11个月。一次中央全会举行的时间如此长，在中国共产党的历史上是独一无二的，在世界政党史上也是罕见的，可见它的重要性。

出席第一次会议的中央委员有17人（未出席的有病假四人，外出的两人），参加的还有彭真、高岗、贺龙、林彪、叶剑英、陈毅、刘伯承、聂荣臻、朱瑞、徐向前、谭政共11人，可以说集中了全党各方面的主要负责人，包括各中央分局及其他方面的重要负责人。由于战争局势因日军突然发动对豫湘桂的猛烈进攻而发生变化和会议成员要再集合面对交通困难等原因，会议不能不延长。他们已很久没有共聚在一起了，许多问题也需要有较多时间相互沟通和共同商议。

全会开幕的第一天，毛泽东在会上提出七中全会的两项任务：“准备七大与在全会期间处理日常工作。”[1]

全会首先选举毛泽东、刘少奇、任弼时、朱德、周恩来五人组

---

[1] 毛泽东在中共六届七中全会第一次会议上的发言，1944年5月21日。

成七中全会主席团，并通过毛泽东为中央委员会及七中全会主席团主席。这是一件意义深远的大事。以后邓小平在1989年政治风波后不久说："我们党的领导集体，是从遵义会议开始逐步形成的，也就是毛刘周朱和任弼时同志，弼时同志去世后，又加了陈云同志。"[1]中国共产党以毛泽东为核心的第一代领导集体，最早就是在党的六届七中全会第一次会议上基本确定的。这已是瓜熟蒂落、水到渠成的事情。

毛泽东在会上代表政治局作工作报告。他谈了抗日准备时期和抗战时期的主要问题：在这个时期，"我们的目的就是为驱逐日本帝国主义出中国而奋斗。为达这个目的，我们的方针是发展自己，团结友军。这个方针是最初决定于瓦窑堡会议"。当时局势中突出的问题是日军以15万兵力在河南发动大规模进攻，蒋介石三个主力部队之一的汤恩伯部一击即溃。郑州、洛阳、许昌等重要城市相继沦陷，日军打通了平汉铁路。全国为之震动。毛泽东指出，国民党与共产党力量的对比也会起变化。他还谈了林伯渠去重庆后国共谈判的情况："前途不外两个，一仍是拖，一是解决部分问题。"[2]对七大的准备工作，他谈了七大议程，开会方式（预备会与正式会议）和党史中的几个问题。任弼时通知了各种委员会的组织、七大代表资格的审查，并要求严格保守秘密。

国内局势演变得很快。6月5日，七中全会第二次会议上，毛泽东进一步指出："敌人进攻的规模是很大的，国民党称为武汉以来最大之规模。""现在还不能说英美已下此决心，但可说已在开始

---

[1]《邓小平文选》第3卷，人民出版社1993年版，第309页。
[2] 毛泽东在中共六届七中全会上的工作报告，1944年5月21日。

把共党当作一股不可少的力量。"[1]

更加令人震惊的是，日本侵略军本着所谓"一号作战"计划，以40万兵力沿粤汉铁路大举南下，在6月18日攻陷长沙。广西、贵州大片要地相继沦丧。短短八个月内日军共侵占20万平方公里的土地，其中包括大片富饶的粮食产地和大后方近三分之一的工矿企业。重庆街头躺满了从湘桂逃亡而来的难民，国民党政府已在议论迁都的问题。

人们在战时没有比战局胜败更关心的事了。社会议论沸腾，对现状极为不满。国民党政权已处在风雨飘摇的严重危机之中。国民党军队的大溃败，也使国外舆论大哗。

中共中央的注意力便高度集中到中日战争和国内政局的演变上。9月1日，七中全会主席团会议决定王震部从太行南下开辟湘鄂赣的敌后工作。更重要的是考虑整个国共关系全局正在发生的变化。毛泽东在这次全会上说："国民党政府是否提出各党派组成真正的国民政府，是否已成熟？各小党派是需要的，他们已改成民主政团同盟。""打不打共产党？一定要打是蒋的愿望。可能不打是五个条件：美、日、共党、人民及国民党内部。我们的政策也放在争取不打、争取国民党变上，才有文章做。变是变政府，变得承认我们。"他又说："谢唯士（引者注：通常译为谢伟思）问我们口气，如何实现？我说：召集各党派代表会，成立联合政府，共同抗日，将来建国。"[2]

这样，"成立联合政府"的口号便响亮地喊出来了，很快就在全国深得人心，也成为中共七大报告的政治主题。

---

[1] 毛泽东在中共六届七中全会第二次会议上的报告，1944年6月5日。

[2] 毛泽东在中共六届七中全会主席团会议上的讲话，1944年9月1日。

三天后，中共中央致电正在重庆参加国民参政会的林伯渠、董必武、王若飞："目前我党向国民党及国内外提出改组政府主张时机已经成熟，其方案为要求国民政府立即召集各党派、各军、各地方政府、各民众团体代表开国事会议改组中央政府，废除一党统治，然后由新政府召开国民大会实施宪政，贯彻抗战国策实行反攻。估计此项主张国民党目前绝难接受。但各小党派、地方实力派、国内外进步人士甚至盟邦中开明人士会加赞成。因此，这一主张应成为中国人民中的政治斗争目标，以反对国民党一党统治及其所欲包办的伪国民大会与伪宪。"[1]

9月15日，林伯渠在正受到万众瞩目的国民参政会上作《关于国共谈判的报告》。他说："我坦白地提出，希望国民党立即结束一党统治的局面，由国民政府召集各党各派、各抗战部队、各地方政府、各人民团体的代表，开国事会议，组织各抗日党派联合政府，一新天下耳目，振奋全国人心，鼓励前方士气；以加强全国团结，集中全国人才，集中全国力量，这样一定能够准备配合盟军反攻，将日寇打垮。"[2]这篇报告在9月17日的《新华日报》上全文刊登后，在大后方引起巨大轰动，得到多数人的支持。在大后方，这种变化的广度和深度远超过以往多年。

鉴于人心的这种巨大变化，12月12日，毛泽东在中共六届七中全会主席团会上决断地说："全国总的任务是统一中国一切力量的民主的联合政府。""即七大都要采此态度。现在还是民主联合政府，其他不提，去酝酿。"[3]

---

[1]《中共中央文件选集》第14册，第323页。
[2]《林伯渠文集》，华艺出版社1996年3月版，第419页。
[3] 毛泽东在中共六届七中全会主席团会议上的讲话，1944年12月12日。

这次会议，把"论联合政府"作为中共七大在政治上的主题确定了下来。

六届七中全会期间，另一项十分重要的工作，是把《关于若干历史问题的决议》基本确定下来。这极为必要，因为如果不在七大前对这个问题取得一致看法，而到大会上再去争论，那就分散注意力，不利于把七大开成一个团结的大会、胜利的大会。而且，只有极认真回顾中国共产党走过的艰难而曲折的道路，才能更深刻地理解怎样才能把马克思主义普遍真理同中国实际相结合的正确道路，认清党继续前进的方向。

六届七中全会对把这个决议基本确定下来，是十分郑重的。在全会开会前11天，也就是5月10日，中央书记处决定组织党的历史问题决议准备委员会，由任弼时负责召集，形成《检讨关于四中全会到遵义会议期间中央领导路线问题的决定（草案）》。这个草案以此前起草的《结论（草案）》为基础，又经过认真的修改和补充。毛泽东、任弼时、张闻天、胡乔木等都反复修改过。参加讨论和提出意见的人更多。

1945年春，毛泽东将《决议》的题目改为《关于若干历史问题的决议》。《决议》的第一句基本上是毛泽东写的："中国共产党自一九二一年产生以来，就以马克思列宁主义的普遍真理和中国革命的具体实践相结合为自己一切工作的方针。"[1]这是《决议》的中心问题。对一些历史问题的写法，《决议》采取十分慎重的态度。1945年3月31日，中共六届七中全会讨论这个决议草案时，毛泽东说："不算旧账这句话自然不是一个口号，总结经验也可以说是

---

[1]《毛泽东选集》第3卷，第952页。

算账，不采用大会这个形式来算账。不采用大会这个形式来算账，才能集中注意力于当前问题。草案中没有说白区工作损失百分之百、根据地损失百分之九十的问题，没有说非法问题，没有说品质，也没有说宗派。这些不说，我看至多是缺点；说得过分，说得不对，却会成为错误。"会议还决定："为着使七大集中力量讨论当前的政治、军事、组织问题，决定在取得各代表团的同意之后，准备将若干历史问题的议案提交七中全会的下次会议讨论和通过。"[1]

这次会议还讨论了为七大准备的政治报告草案和党章草案，毛泽东作政治报告草案的说明时说："联合政府是具体纲领。这个口号好久未想出来，不易。这是由于国民党溃退、欧洲联合政府、国民党说我们讲民主不着边际三者而来的。口号一出，重庆如获至宝。"[2]具体纲领是统一战线的具体形式，它得到了人民群众的拥护。

4月20日，举行中共六届七中全会最后一次全体会议，讨论并基本通过《关于若干历史问题的决议》。

这样，中共七大的筹备工作就完成了。

团结的大会，胜利的大会

中国共产党第七次全国代表大会，于1945年4月23日至6月11日在延安隆重举行。历史的时光过得真快。这时同1928年6月18日至7月11日召开的中共六大相隔已经整整17年了。在这17年中，中国共产党走过多少崎岖曲折而又光辉的道路，已经从一个

---

[1]《毛泽东年谱（1893—1949）》（修订本、中），第588、589页。
[2] 毛泽东在中共六届七中全会上的讲话，1945年3月31日。

幼年的党变成一个成熟的党。还有两个多月就将迎来抗日战争的胜利，再过四年多，新生的中华人民共和国就将诞生。这确是一个重要的历史关头。

4月21日，七大举行预备会议。毛泽东在会上作了大会工作方针的报告。他开门见山地说："我们大会的方针是什么呢？应该是：团结一致，争取胜利。简单讲，就是一个团结，一个胜利。胜利是指我们的目标，团结是指我们的阵线，我们的队伍。我们要有一个团结的队伍去打倒我们的敌人争取胜利，而队伍中间最主要的、起领导作用的是我们的党。没有我们的党，中国人民要胜利是不可能的。"[1]

七大举行时，共产国际解散已有两年。共产国际对各国党的建立和发展起过很大的作用。但正如周恩来在《共产国际和中国共产党》中所说，它的缺点和错误（特别是中期）是："一般号召不与各国实践相结合，具体布置代替了原则的指导，变成了干涉各国党的内部事务，使各国党不能独立自主，发挥自己的积极性、创造性。"[2]共产国际的解散，对于中国共产党来说，有利于彻底破除党内以王明为代表的把马克思列宁主义教条化、把共产国际决议和苏联经验神圣化的错误倾向，有利于由中国共产党根据中国国情独立自主地解决中国革命的问题。

中共七大会议上，毛泽东作了《论联合政府》的政治报告，刘少奇作了《关于修改党的章程的报告》，朱德作了《论解放区战场》的军事报告，周恩来作了《论统一战线》的重要讲话。任弼时、陈云等在会上发了言。

---

[1]《毛泽东文集》第3卷，第287页。
[2]《周恩来选集》下卷，第301页。

在中共七大通过的《中国共产党党章》的总纲中明确规定："中国共产党，以马克思列宁主义的理论与中国革命实践之统一的思想——毛泽东思想作为自己一切工作的指针，反对任何教条主义的或经验主义的偏向。中国共产党以马克思主义的辩证唯物主义为基础，批判地接收中国与外国的历史遗产，反对任何唯心主义的或机械唯物主义的世界观。"[1]

对"毛泽东思想"的提出经过，彭真后来有一段回忆："延安时期确定毛泽东思想，是经过政治局多次会议讨论过的。最初有的同志提议用'毛泽东主义'，毛泽东同志不赞成；后来说把马列主义普遍真理同中国革命具体实践相结合的思想叫毛泽东思想，在杨家岭那个小楼上开政治局会议时，他同意了。他说：如果说这个思想用一个人的名字作代表，我可以接受。但是，必须说明，这不是我一个人的，而是很多同志正确意见的结晶，是中国革命的产物。毛泽东思想就是马列主义普遍真理同中国革命具体实践相结合。"[2]它也就是马克思主义中国化的意思。

刘少奇在七大修改党章的报告中对这个问题作了详细的解读。他说："百余年来，灾难深重的中国民族与中国人民，为了自己的解放而流血斗争，积有无数丰富的经验，这些实际斗争及其经验，不可避免地要形成自己的伟大的理论，使中国这个民族，不但是能够战斗的民族，而且是一个有近代科学的革命理论的民族。""毛泽东思想，就是马克思列宁主义的理论与中国革命的实践之统一的思想，就是中国的共产主义，中国的马克思主义。""它是中国的东西，又是完全马克思主义的东西。""他不但敢于率领全党和全体人民进行翻

---

[1]《中共中央文件选集》第15册，第115页。
[2]《彭真文选》，人民出版社1991年5月版，第600、601页。

天覆地的战斗，而且具有最高的理论上的修养和最大的理论上的勇气。他在理论上敢于进行大胆的创造，抛弃马克思主义理论中某些已经过时的、不适合于中国具体环境的个别原理和个别结论，而代之以适合于中国历史环境的新原理和新结论，所以他能成功地进行马克思主义中国化这件艰巨的事业。"[1]

确定毛泽东思想为全党一切工作的指针，是中共七大作出的具有历史意义的贡献，也是中国革命历史在实践中发展的自然结果。

许多代表在大会上作了讲话或发言。林伯渠在七大开幕典礼上讲话，谈了自己40年的革命经历，然后说："毛主席他首先认识了一个关键，他真正的抓住了中国这个半殖民地半封建并且又是这样大的一个国家的根本特点，这是与西欧许多国家不同的。那时，我们党里面有许多同志没有把这个特点看清楚，而他把这个特点搞清楚了。这就是用马列主义在中国办事。"[2]

彭德怀在大会中发言："在抗日战争中，毛泽东同志提出了持久的人民战争的方针，反对了投降主义与先后发表《论持久战》《游击战争的战略问题》《论新阶段》以及《新民主主义论》等名著。这些伟大著作，是中国人民在抗日战争中的指南针，对于抗日战争在方针上、思想上、政策上都起着光辉的领导作用。从党的全部历史中说明，毛泽东同志是中国革命的伟大舵手、中国人民的领袖。毛泽东同志的思想就是中国的马列主义，就是马列主义普遍真理与中国革命具体实践的结合与发展，毛泽东就是中国人民解放的旗帜。"他又说到"实事求是"："我们必须依据实际情况，实事求是，一切从群众出发，一切为了群众，向群众学习，真正为群众服

---

[1]《刘少奇选集》上卷，第332、333、334、336、337页。
[2]《中国共产党第七次全国代表大会档案文献选编》，中共党史出版社2015年12月版，第171页。

务,站在群众中启发与领导群众前进,使党与群众更亲密地结合起来。"[1]这些都是在抗战等革命实践中得到的认识,又经历了整风运动所得出的判断。

张闻天在发言中说:"本人完全同意毛泽东同志的政治报告,这个报告是我党二十五年来三次大革命的实践的总结,是马克思主义的理论与中国革命实践相结合的毛泽东同志思想的又一辉煌的发展。"他对自己过去的错误作了自我批评,说:"我没有把马克思当作行动的指南,却反而把它当作了教条。我只知背诵马克思主义的词句,而并未领会其实质。我满以为我只要熟读马克思主义的书籍,我就可以成为马克思主义的'理论家'。我不懂得以马克思主义的理论为指南,来研究中国的政治经济的具体情况与中国革命的具体经验。"他说:"我们为了贯彻我们的错误路线,却一意孤行,并且还在反所谓'右倾机会主义'、反'狭隘经验论'等的口号下,完全错误地打击了党内了解中国实际情况和富有中国革命经验的领导同志,大大的发展了宗派主义,这实在是非常错误的。"[2]

博古在大会上也作了诚恳的自我批评。他在大会发言中说:"我是与这一条教条主义'左'倾机会主义路线共其始终的人,就是说从头到尾有始有终我都参加了的。""一直到一九三五年一月,在毛主席的领导下,在遵义会议上宣告了这条路线的破产。在这个会议上,我个人是不认识错误的,同时不了解错误。我只承认在苏区工作的政策上有个别的错误,在军事指导上有个别政策的错误,不承认是路线错误,不承认军事领导上的错误。因为继续坚持错误,不承认错误,在这种情形下,遵义会议改变领导是正确的,

---

[1]《中国共产党第七次全国代表大会档案文献选编》,第316、322页。
[2]《张闻天文集》第3卷,第246、248、249页。

必要的。我不但在遵义会议没有承认这个错误，而且我坚持这个错误，保持这个'左'倾机会主义的观点、路线，一直到一九三五年底、一九三六年初瓦窑堡会议，教条告诉我，资产阶级是永远反革命的，决不可能再来参加革命，参加抗战，这是教条主义坚持到最后，也是我的'左'的错误最后的一次。"他在发言最后说："今后怎样呢？今后我想只有脱胎换骨，从新作起。脱什么胎？脱小资产革命家之胎。换什么骨？换教条主义之骨，来重新作起。我想在我党领袖毛泽东同志领导下，在党中央领导下面作一个党员。"[1]他的发言是坦率的，也是真诚的，得到了大家的谅解。

时任中共西北局常委、组织部部长的马文瑞回忆说："七大开会时我们小组会讨论问题，大家发言都很踊跃。开大会大家去大礼堂参加，开小组会就在西北局机关。""我对七大印象最深的是什么呢？就是延安整风的成果在七大会议上得到了体现。没有整风，七大也开不好。"[2]

中共七大的方针是一个团结、一个胜利。只有团结，才能胜利。只有思想一致，才能团结。5月10日，陆定一在大会发言中对这一点充分肯定。他说："我觉得这次七次代表大会给我们最大的感动，就是我们党真正地在毛主席领导下面，空前未有地团结起来了：这个团结是在路线上团结起来的，犯错误的同志大多数都有很好的反省，承认他们自己的错误，并力求改正。我们在这次大会上，都同意这个路线，没有一个反对这个路线的。我们现在看起来，好像没有什么稀奇。我过去痛苦的经验很多，对这件事很感动，因为这是

---

[1]《中国共产党第七次全国代表大会档案文献选编》，第369、372、373页。

[2] 马文瑞：《七大——划时代的盛会》，《忆七大——七大代表亲历记》，第27页。

我党从来没有的一件事。"[1]这又是一个老革命家出自内心说出的肺腑之言,是值得后人领略的。

6月9日,大会选举正式中央委员。过去犯过错误的王明、博古、张闻天、李立三等都当选了,王稼祥没有当选。次日宣布时,毛泽东讲了话:"我要在这里说几句话。王稼祥同志是犯过错误的,在四中全会前后犯过路线错误,此后也犯过若干错误。但是,他是有功劳的。""我认为他是能够执行大会路线的,而且从过去看,在四中全会后第三次'左'倾路线正在高潮时,在遵义会议时,在六中全会时,也都可以证明这一点。昨天选举正式中央委员,他没有当选,所以主席团把他作候补中央委员的第一名候选人,希望大家选他。"[2]当天,王稼祥当选为候补中央委员(七届二中全会时递补为中央委员)。

6月11日,中共七大隆重闭幕。6月19日,七届一中全会选举毛泽东等13人为中央政治局委员,毛泽东、朱德、刘少奇、周恩来、任弼时为中央书记处书记,毛泽东为中央委员会主席兼中央政治局、中央书记处主席。以毛泽东为核心的第一代中央领导集体在中国共产党内正式形成。

在大会结束那天,毛泽东致题为《愚公移山》的闭幕词。他说:"现在也有两座压在中国人民头上的大山,一座叫做帝国主义,一座叫做封建主义。中国共产党早就下了决心,要挖掉这两座山。我们一定要坚持下去,一定要不断地工作,我们也会感动上帝的。这个上帝不是别人,就是全中国的人民大众。全国人民大众一齐起

---

[1]《中国共产党第七次全国代表大会档案文献选编》,第404、405页。
[2]《毛泽东文集》第3卷,第424、426页。

来,和我们一道挖这两座山,有什么挖不平的呢?"[1]

事情正是这样:人民群众的力量才是无穷无尽、无坚不摧的。远超出人们的预想,七大后只隔了短短四年多时间,由中国共产党领导,在马克思主义中国化的旗帜下万众一心地奋斗,终于推翻了压在中国人民头上的帝国主义和封建主义两座大山,创立了新生的人民共和国。中国的历史从此揭开了全新的一页。

简单的总结

回到本文开始时所说:每当历史上发生重大变动时,通常都有一场思想领域内深刻变动作为先导。

为什么当抗日战争正处在艰苦的生死搏斗之时,中国共产党会下如此大的决心连续几年在全党、特别是高级干部中挤时间开展这样一场整风学习运动?中国有句老话:磨刀不误砍柴工。其实,何止是"不误",倒应该说把刀磨得锋利了,才能更快更好地完成砍柴的工作。如果不是以短视的眼光来看待,这不仅是值得,而且是十分必要的。

人们的行动总是受自己思想指导的。社会意识的变动当然受社会存在所决定,而它反过来又对社会存在的变动起着重大作用。这里,不能忽视传统的作用。传统无法割断,一旦形成后往往又有很大惰性,已经习惯了的观念很不容易改变。当时代需要跨出新的重大步伐时,就得下大气力来突破那些已不适应历史前进的旧传统观念,才能开创出崭新的局面。

---

[1]《毛泽东选集》第3卷,第1102页。

想一想中国近代历史，如果没有五四运动以所向披靡之势破除那些原来长期居于支配地位的种种旧思想、旧文化、旧传统，又经过反复的争论和比较，那就不可能接受新传来的马克思列宁主义真理，不可能在人们头脑里树立起社会主义、共产主义的理想，也不会有中国共产党的产生和中国历史发生的大转折。

马克思列宁主义的基本原理是放之四海而皆准的，但它是在欧洲产生的。世界各国有着各自不同的具体情况和特点，要实现这个理想就有一个怎样把马克思列宁主义普遍真理同本国实际相结合的问题，在中国来说，就是马克思主义中国化的问题。

毛泽东很早就认识到这个问题。他在1930年所著《反对本本主义》中就说："我们说马克思主义是对的，决不是因为马克思这个人是什么'先哲'，而是因为他的理论，在我们的实践中，在我们的斗争中，证明了是对的。"他又说："中国革命斗争的胜利要靠中国同志了解中国情况。"[1]这是引导中国革命取得胜利的唯一正确道路。

怎样才能做到这一点？毛泽东的办法：切切实实地做调查研究，对具体问题做具体分析，一切从实际出发，做到实事求是。他说："你对于那个问题不能解决吗？那末，你就去调查那个问题的现状和它的历史吧！你完完全全调查明白了，你对那个问题就有解决的办法了。一切结论产生于调查情况的末尾，而不是在它的先头。"[2]

但要把这种思想化为全党的普遍作风并不容易。毛泽东这个极重要的思想在很长时间内没有被党内许多人所接受，甚至被讥笑为

---

[1]《毛泽东选集》第1卷，第111、115页。
[2]《毛泽东选集》第1卷，第110页。

山沟沟里怎么能产生马克思主义？他们中有两种人：一种是把马克思主义教条化、把苏联经验绝对化，一遇到问题只想去找马克思列宁主义经典著作中是怎么说、苏联过去是怎么做的，强行要求人们照着去做，而不做调查研究，不顾中国的实际情况。这是教条主义者。它以王明、博古为代表。因为总是用教条主义的词句吓唬人，又打着"共产国际"的招牌来发号施令，因而在党内长期处于统治地位，给革命造成惨重的损失。它的流毒仍在不少人头脑中存在。王明在1940年重印他那本小册子，就是仍试图从此再起。另一种是仅有一些狭隘的个人经验，遇事不做调查研究，只凭自己的主观愿望或主观的想当然来作判断，闯出不少乱子。这是经验主义者。他们人数不少，很容易做教条主义的俘虏。两者都是主观主义，而教条主义是主要的。这种思想如果处于支配地位，革命是不会取得成功的。中国革命吃这个亏、为此付出的代价实在太大了。

在整顿三风中，把反对主观主义放在主要地位。前面说过：宗派主义是主观主义者对那些不符合或反对他们那些主观意见的人实行排挤以致打击，倒行逆施，并把自己孤立起来。党八股，就是不对周围复杂的客观事物进行周密的调查研究，只能说些空洞无物或陈词滥调的废话，甚至引人误入歧途。总之，就是没有实事求是的科学态度，结果总是导致失败。但在这种错误观念一旦形成相当流行的传统和习惯时，要纠正它实在并不容易。

整风学习，正是下决心从根本上纠正这种状况。它要求学员普遍而深入地学习规定的二十二个文件，相互交换意见，树立起衡量和判断是非的明确标准，又以相当时间引导大家总结自己前身经历过的历史经验，对照检查，弄清什么是对的什么是错的，怎样能走向成功怎样会导致失败，改变那些不良的党风、学风、文风，做到解放思想、自我改造。这是延安整风的主旨，是切实有效的。当然，在这样大规模的整风学习过程中，走过的路并不会总是那样平坦，有时也会遇到某些失误，出现某些偏差，使有些同志受到某些伤害，这不必讳言，但不能"只见树木，不见森林"。只要能正确处理，一时的失误和偏差也可以从反面接受教训，得到提高。一个革命者和共产党人会有这样的认识和胸襟。这一点，我自己也有类似的经历和感悟。

亲身经历延安整风和中共七大的陈云，到晚年还深情地说："在延安的时候，我曾经仔细研究过毛主席起草的文件、电报，当我全部读了毛主席起草的文件、电报之后，感到里面贯穿着一个基本指导思想，就是实事求是。那末，怎样才能做到实事求是？当时我的体会就是十五个字：不唯上、不唯书、只唯实，交换、比较、反复。"[1]这段话有着高度的概括性，反映了从延安整风到中共七大这段历程给中国共产党留下了多么丰厚的精神遗产。确实，延安整风和党的七大，使中国共产党内的思想和作风从上到下相当普遍地都发生很大变化，既有坚定不移的理想信念，又能细腻地从实际情况出发，实行灵活机动的战略战术，切实发动并依靠广大人民群众，从而在四年多后就取得中国革命的胜利。这是活生生的中国历史。

习近平同志讲得好："历史是最好的教科书。"重温内容丰富的从延安整风到中共七大这段历史，确实可以引起我们相当感慨，给我们留下许多珍贵的教益。

（原载《历史研究》2021年第3期）

---

[1]《陈云文选》第3卷，人民出版社1995年5月版，第371页。

抗战胜利初上海三大进步杂志

《周报》《民主》和《文萃》，是抗战胜利初上海最早出版、社会影响最大的三种进步政论杂志，也是我当时作为高中学生经常阅读并从中受益的刊物。这是个不平凡的年代。在当年那样险恶的政治环境下，它们只存在一年左右时间，便相继被国民党政府查封，"文萃三烈士"还为它壮烈地献出自己年轻的生命。今天的读者对它们也许已感到陌生，但它们作出的历史贡献和记录的当时人们的思想嬗变历程，至今仍值得我们深情地重温。

抗战胜利初上海进步报刊的环境

中国共产党同内外敌人从事武装斗争时，从来极其重视思想文化这条战线，因为这是关系人心向背的大问题。

抗战期间，中国共产党在国民党统治区公开出版的喉舌主要是《新华日报》和《群众》周刊。它们为大后方人民指明前进的方向，鼓舞人们为之奋斗的决心和勇气。《新华日报》社长潘梓年曾写道："国民党反动派允许《新华日报》在它的统治地区出版发行，也和它的抗战一样，和它的和共产党合作一样，是完全出于被迫。从报纸的筹备出版起，就一直遭受到反动派的重重阻难。"[1]在这样艰难的环境下，周恩来对这一报一刊的出版和发行倾注了不少心血，这是大家都知道的。

抗战一胜利，随着国民党政府接收大员来到原沦陷区的上海，由于上海对原沦陷区的重大影响，他们十分重视对上海舆论界的思想控制。当时发行最广的报纸《申报》《新闻报》等都落入国民党接收人员控制之下。那时，原来生活在沦陷区的民众正沉浸在国土重光的极大兴奋中，热切期待能转入和平建设的新时期。相当多的人对抗战期间大后方的种种情况又缺少实际了解，对国民党政府抱有不少幻想，对共产党却缺乏认识。

鉴于这种情况，中共中央在8月21日提出：在上海尽快出版《新华日报》及其他进步杂志。9月间，派徐迈进以采访南京受降的《新华日报》记者名义得以赶到上海主持筹备《新华日报》上海版的出版。经过三四个月，筹备工作基本就绪。但国民党政府坚决不准《新华日报》在上海登记出版。徐迈进回忆：他又以《新华日报》上海办事处主任名义，陪同社长潘梓年到上海市社会局办理登记。"对方出来接见的负责人好像是潘公展。他说：'你们已经在重庆办了《新华日报》，怎么还要在上海办？'我们再三跟他讲道理，并声明如果上海可以出版，我们可以考虑将重庆的停掉。可是在上海申请办报，拖了很长时间没有结果。"[2]10月10日，又改出一种小型的《建国日报晚刊》，由周恩来派来上海的夏衍主编，国民党政府仍不准登记，只自行出版12天，就被国民党上海市党部查封（以后改为《联合日报晚刊》，由陈翰伯主编出版，到1947年5月又被查封）。只得将重庆出版的《新华日报》航寄到上海发行，但读者

---

[1] 潘梓年：《新华日报回忆片段》，《新华日报的回忆》，重庆人民出版社1959年9月版，第1页。
[2] 徐迈进：《上海办报始末》，《中共中央南京局》，中共党史出版社1990年6月版，第372页。

无法订阅,记得我只在报摊上看到过一次,是用浅黄式的土报纸印的,听说它的办事处设在上海朱葆三路(现名溪口路),以后就看不到了。

《周报》《民主》和《文萃》就是在这种情况下,先后在上海出版的。

《周报》和《民主》

《周报》创刊于1945年9月8日(日本签订投降书后第六天),主编是唐弢、柯灵;《民主》创刊于同年10月13日,主编是郑振铎。两个刊物的主要撰稿人还有马叙伦、许广平、周建人、平心、师陀、郭绍虞、周予同、胡曲园、林汉达、罗稷南等。他们基本上是原来蛰居于沦陷区上海、素有很大影响的进步文化人,往往同时在这两个刊物上撰稿。文章充满激情,给人一种不吐不快的感觉。

著名作家叶圣陶从重庆回到上海的第三天,在日记中写道:"唐弢编《周报》,为迩来最流行之刊物。"[1]《民主》是生活书店负责人徐伯昕约请郑振铎担任主编的。唐弢曾这样回忆郑振铎:"他热情,正直,从来不掩饰自己的感情,令人一眼就可以望到他的心底。""在熟人中间,像他那样襟怀坦率、精力充沛的,我还没有见到过第二个。""就民族意识来讲,我以为尤其是这样。"[2]

由于经历了那么多苦难才获得抗战胜利,《周报》和《民主》创刊号上都充满着兴奋和激动。

《周报》在《发刊词》中写道:"在黑暗和危难中我们渡过这

---

[1] 叶圣陶:《东归日记》,《叶圣陶集》第21卷,江苏教育出版社1994年6月版,第36页。
[2] 唐弢:《狂狷人生——人物小记》,华岳文艺出版社1989年11月版,第116页。

整整的八年。胜利！我们以无限的欢欣和不可遏止的热情来迎接它！""我们站在人民的立场，将以坦白的心地、诚恳的态度、坚定的意志，主张：加强团结，实行民主。"[1]

同期《周报》创刊号上，我们也可以读到这样的话："像梦似的，一阵狂欢的呼声，从深宵的黑夜袭来，说是'中国自由了'，登时自己好像摆脱了多么沉重的锁链似的，觉到了从来没有的轻松。兴奋随着热血涌上心头，一阵一阵的昂进，不能制止。"[2]

《民主》的《发刊词》中，可以读到："我们是赤手空拳的。""我们只有几颗赤热的心。我们愿意看见中国向好处走。强大、自由、民主的中国，乃是我们所希求，所要联合了全国的国民乃至一切的政党来缔造之的。""建设的基础要奠定在一个健全、稳固的地基上。我们不愿意在沙滩上造什么空中楼阁。走一步是一步。我们决不愿意退后。"[3]

这些话，充分表达了长期处在日本侵略者残暴奴役下的原沦陷区爱国民主人士的激动心声和殷切期待。

期待越是殷切，当他们原来没有完全料想到的种种恶劣现象纷至沓来时，他们内心的痛心和愤慨越是格外强烈。

那时候，人们普遍关心国民党政府对敌伪产业和财富的接收如何进行。这是国家的财产、人民的财产。他们看到的却是：大群的国民党军政官员和特务机关的洗劫。他们彼此争夺，据为己有，到了不择手段、为所欲为的地步。一些"接收大员"在前门贴上封条，从后门把厂内物资抢运出去，囤积起来，从事投机买卖。社会上很

---

[1]《发刊词》，《周报》创刊号，1945年9月8日。
[2] 胡曲园：《狂欢与急进》，《周报》创刊号，1945年9月8日。
[3]《发刊词》，《民主》创刊号，1945年10月13日。

快把这种接收称为"劫收"。《周报》在10月6日的"评坛"上发表一篇《释"接收"》,写道:"生产机构的陷于停顿,这是目前普遍的现象——然而却不是应有的现象!"[1]这种"普遍的现象",无异给正在热切期待政府归来的原沦陷区人民兜头浇下一盆冷水,顿时凉了半截。

紧接着,给原沦陷区人民的又一个沉重打击又到来了,那就是物价的飞涨。11月3日,《民主》以编者的名义发表一篇《制止物价高翔的方案》,大声疾呼:"我们站在国民的立场上,要求负责者立即制止物价的高翔:人民已在水深火热的敌伪统治下煎熬了八年,现在没理由再忍受任何的生活的煎熬了。""上海的人民在刚刚欢天喜地的庆祝着胜利,欣辛着胜利后的物价的下跌,突然的受到了这个刺激,无不十分的愤怒,高喊着要求惩办奸商。"文章指出:正是政府,对物价飞涨起着主要作用:"这样一涨十倍,一涨几十倍的作风,奸商们还不曾有胆量干过。难道只许州官放火,不许百姓点灯么?"[2]下一期,《民主》又专辟了"物价问题特辑",发表了七篇文章。周建人写道:"我们挨过了抗战时期的那一个难关,不料现在又遇到了战后物价的飞腾高涨。"景宋(许广平)写道:"能够有囤积的资格的,当然不是具有少数财产者。可以左右物价的是大商家、大富户,尤其背后有大势力的人,官即是商,商即是官。"张凤举写道:"自从日本降服到现在,中间还没隔三个整月,但就这短短的几十天工夫已经给饱经忧患的老百姓带来了多可

---

[1] 韬:《释"接收"》,《周报》第5期,1945年10月6日。
[2] 编者:《制止物价高翔的方案》,《民主》第4期,1945年11月3日。

怕的变化。"[1]

短短的不足三个月时间内,国民党政府在原沦陷区丧失民心速度之快,实在惊人,但又是完全能理解的。

更令国人焦虑的是国内政治局势的恶化,郑振铎在《民主》上写道:"从毛泽东先生到了重庆、开始会谈以后,我们哪一天不在探问着会议进行的情形,不在关心着会谈进行得顺利与否。一点小小的争执的谣言便足以使我们担惊受怕。""国共之间的关系如何能够圆满解决,仍是我们发愁的中心问题。"[2]

抗战胜利以后,人们最热切的期待是能够制止内战,从事和平建设。中国共产党正为此努力,而蒋介石却已决心发动全面内战。没有任何事比这个问题更能牵动亿万中国人的心了。这年11月25日,昆明各校师生等六千多人在最高学府西南联大草坪举行和平的时事晚会。费孝通、钱端升等四教授演讲,主张制止内战,成立民主联合政府,进行和平建设。国民党精锐部队第五军包围学校,并响起机关枪、冲锋枪进行威胁。第二天,昆明各校群情激愤,罢课抗议。12月1日,大批军人冲入西南联大,投掷手榴弹,当场炸死四人,伤二十多人。这就是令全国人民震惊的"一二·一事件"。

对刚从日本侵略者黑暗统治下解放出来的众多原沦陷区人民来说,抗战胜利后三个来月竟发生这样的事是万万没有想到的。人们不能不极大愤慨。

《周报》立刻发表《国立西南联大等三十一校学生告全国同胞书》,在第二期又开辟了"昆明血案实录"的专栏。早年参加中国

---

[1] 周建人:《享受自由的条件》;景宋:《桔子》;张凤举:《民瘼》;《民主》第5期,1945年11月10日。

[2] 郑振铎:《读国共会谈记录》,《民主》第2期,1945年10月20日。

同盟会、后来曾担任北京大学教授和教育部次长的马叙伦在同期一篇文章中说:"内战是三十四年(引者注:即1945年)来全国老百姓所痛心的。试问从反对内战的口号出来,有没有提出反反对内战的?人心如此,能够用枪杆禁止他们谈反对内战,决不能叫老百姓心里不反对内战。"他还引用了周炳琳教授的话:"我们被打了,还说我们是匪。"[1]

郑振铎也在《民主》上连续发表《我们的抗议》《由昆明学潮说起》两篇文章。他说:"有一位朋友打了一个电话给我,说:'民主'在报摊上已经不能卖了,有人去没收他们。""没收的不止'民主'一样,还有'周报'等等。""在此日月重光的时候,我们纯然以善意的态度来督促政府,来说我们应该说的话。""本刊有什么违禁的地方?""我们不愿意被'窒息'而死,所以我们不能不抗议。"又说:"昆明学潮只是表面化的一个严重的事件。潜伏的危机是更多更大的。'曲突徙薪',是在国内的和平、统一与实行民主政治。"[2]这是有正义感的人不能不感到激愤的。

尽管《民主》《周报》的出版发行都经过国民党政府的登记和批准,主编和大多数作者都是著名的爱国民主人士,行文的表达上通常也都很克制,但国民党政府仍绝不会放过它们。随着全面内战爆发的步步逼近,对这些刊物的摧残也步步紧逼。1946年3月25日,上海杂志界联谊会发表《为抗议摧残言论、出版、发行自由,声援重庆、西安、北平、广州被压迫同业宣言》。

《宣言》列举事实:"例如上海《文萃》、《周报》、《民主周刊》

---

[1] 马叙伦:《怎样结束昆明惨案》,《周报》第15期,1945年12月15日。
[2] 郑振铎:《我们的抗议》,《民主》第9期,1945年12月8日;《由昆明学潮说起》,《民主》第10期,1945年12月15日。

等刊物,在报摊上曾经有过被检查没收的事情。"举出的也是这三种刊物。"至于报贩的遭殴打、被拘禁;有人向派报处强取报刊,还要拿出枪去恐吓;及邮局寄刊物受严格限制,更说不胜说。"[1]

3月30日,《民主》又发表文章,点名批评国民党中央宣传部部长吴国桢:"不愧是宣传部长,这几句话说得太冠冕堂皇了,进行起来,也并不含糊。"并且披露成都出现的反苏大游行后,"那一天的游行队伍走到新华日报门前时,从四川大学窜出十多个特殊人物,跳进报馆门口,推翻了柜台,一切报纸书籍在空中挥舞,在脚下践踏,把书桌、柜台弄成碎片。同时打伤一个店员和一个照相的"。"这样下去,捣毁报馆就要成为一种风气。新华日报是共产党的机关报,固然首当其冲,就连无党无派的报纸也不能逃掉这恶运。"[2]

国民党当局对这些并不是共产党人所办、而在读者中有很大影响的刊物也下毒手了。

同年8月24日,《周报》被迫出"休刊号"。这正是抗日战争胜利一周年的时候。这一年,中国的变化实在太大了。拿原沦陷区上海的人心变动来说,变化也实在太大了。

《周报》主笔唐弢、柯灵在"休刊号"(又称"第四九、五十期合刊")前面写了一篇情文并茂的《暂别读者》,作为"休刊词"。

他们一开始就写道:"《周报》要和读者告别了。提起笔来,百端交集,觉得有许多话想说,却又有无从说起之感。一年来,我们在温情和仇视之下,苦苦地支持着这刊物,因为出版最早,所遭遇

---

[1] 上海杂志界联谊会:《为抗议摧残言论、出版、发行自由,声援重庆、西安、北平、广州被压迫同业宣言》,《民主》第34期,1946年3月30日。
[2] 求思:《什么时候才有新闻自由》,《民主》第34期,1946年3月30日。

的打击也最多——有些简直是难于想象的,那种折磨生命蛀蚀人心的大大小小的磨难,我们对抗、承受、竭全力以应付,很少考虑到个人的得失。我们不敢说为它有什么牺牲,可是大家看重它,要它生长,要它为人民说话,培育成代言的舆论,想不到今天国民党政府也会这样'看重'它,必欲置之死地而后快!现在我们不得不宣布它被钉在十字架上了。"

他们接着说:"《周报》深得人民的支持,这是由它的销数可以证明的。《周报》最为政府诸公所痛恨,这也可以由它的被迫停刊来证明的。为什么人民之所爱,会成为政府之所恨呢?问题一经思索,我们不能不替政府感到羞耻。想想吧,随便从街上拉一个人来问,胜利当初他对政府的期望怎样?现在又怎样?胜利当初他对最高当局的敬意何等深厚?现在还保持着这一份应有的深厚没有?一年的时候不算长,这变迁实在太快了。《周报》是这一时期里的最忠实的记录。"[1]

它确实忠实地记录下原沦陷区相当多人:包括当时我这样有爱国心但在政治上还处于中间状态的青年学生思想变迁的轨迹。而这样的人在当时中国人中占有相当大的比重,是人心大变动的生动体现。

《周报》"休刊号"还在《我们控诉!》的总标题下发表了马叙伦、郭沫若、柳亚子、茅盾、巴金、周予同、叶圣陶、郭绍虞、许广平、吴祖光等15人分别所写的抗议短文。这些犀利的短文,同样记录下国民党统治区人心的激烈变动,而人心的变动正无形而深刻地预示着国内局势将要出现的大变动。

---

[1] 唐弢、柯灵:《暂别读者》,《周报》第49、50期合刊(休刊号),1946年8月24日。

10月10日，沈钧儒、柳亚子、马叙伦、郭沫若、茅盾、巴金、叶圣陶、胡风、翦伯赞等39人联名在《民主》上发表《我们要求政府切实保障言论自由》的强烈抗议。[1]

国民党政府对此的回答，立刻就付诸进一步的强硬行动了。10月31日，《民主》也被迫停刊。郑振铎在停刊号上发表《我们的抗议》，说："本刊是一个无党派的刊物，主张民主，主张和平。""一个主张民主和主张和平的刊物，难道就要受到地方当局的干涉和取缔么？""本刊虽然被生生的扼死了，但永远不死的是她的精神。她虽被扼死，但不会是没有后继者的。我们尽有可以说话的地方。她会复活的，凤凰从火焰中重生，那光采是会更灿烂辉煌的。"[2]

唐弢、柯灵、郑振铎和刊物主要作者，都是长期生活在原沦陷区的著名文化人，他们熟悉原沦陷区民众的思想感情，并在他们中享有很高的声誉。它们在当时原沦陷区各大城市思想界嬗变中所起过的阶梯作用，是不容遗忘的。

《文萃》

《文萃》是1945年10月9日在上海创刊的，比《周报》晚一个来月，比《民主》早四天，编辑和出版者都用"文萃社"的名义，没有主编和发行人署名，只在卷末用小字印了一行："本刊已呈请市党部备案并向中宣部呈请登记中。"它和《周报》《民主》并称为

---

[1] 沈钧儒等：《我们要求政府切实保障言论自由》，《民主》第2卷第1、2期合刊，1946年10月10日。

[2] 郑振铎：《我们的抗议》，《民主》第2卷3、4期合刊，1946年10月31日。

当时国民党统治区内的"三大民主刊物"[1]。

同《周报》《民主》相比较，初期的《文萃》周刊有两个明显的特点：

第一，它虽也是政论性的刊物，但在初期是文摘性的，主要选载原大后方各重要进步报刊的文章。取名为《文萃》，就因为它是文摘性的刊物。在《文萃》创刊号的《编后小语——代创刊辞》中写道："我们为什么要在此时此地出版这样一本集纳性的、文摘性的刊物？决不是凑热闹，而是适应此时此地的需要。我们的目的是：一，沟通内地与收复区的意志；二，传达各方人士对于国是的意见；三，分析复杂善变的国际情势。我们刊载的稿件，有特约的，但大部分是从陪都（引者注：指重庆）、昆明、成都、贵阳等地著名报纸、杂志上的精选下来的。内容与价值，请读者自己去评判。"[2]

拿1945年所出8期选载文章按刊出次序举一些例子，如：张申府《民主团结的精神条件》，田汉、李公朴《八年来文化运动的检讨》，邓初民《中国民主运动的两条路线》，黄炎培《胜利了痛定思痛》，马寅初《黄金政策所表现的经济政策》，张志让《解决国是的两个时期》，乔木（乔冠华）《抗着逆流前进》，陈翰伯《请友军退出中国》，邓初民《如何才能全面而彻底的消弭内战》，费孝通《论美国对华政策》等。

那时，抗战刚刚胜利，大后方和原沦陷区的交通十分不便，重庆、昆明等地的进步刊物很难运送到原沦陷区的各大城市，抗战开始后陆续迁入大后方的众多进步文化人得到交通工具重返旧地更极

---

[1] 沈峻波（原上海地下党的书报摊支部书记）：《〈文萃丛刊〉秘密发行记略》，手稿。
[2] 编者：《编后小语》，《文萃》创刊号，1945年10月9日。

端困难。用这种文摘的方式向原沦陷区民众介绍在大后方已广泛传播、为许多读者熟悉的进步思想，显然是十分需要的。抗战胜利那样快地到来，原沦陷区的环境、一般民众的思想水平和特别关心的问题同大后方一时还有不少差别，所以初期《文萃》的社会影响还没有《周报》和《民主》那样大，这是可以理解的。

第二，《周报》《民主》的主编唐弢、柯灵、郑振铎，都是原在上海的著名爱国民主人士，充满着爱国热情和正义感，在民众中有着很高的声誉，同中国共产党一向有亲近的关系，但当时并不是中国共产党党员。而《文萃》一开始就是在中国共产党直接领导下创办的。

以后接着主编《文萃》的黎澍回忆这个刊物的最初情况："主编为计惜英，创办人为国新社（引者注：初名国际通讯社，简称国新社，后改名为国新通讯社，专向海外华侨报纸供稿，解放后附设在新华社，又改名为中国新闻社），记者孟秋江（党员）、计惜英（党员）、《大公报》记者王坪、《大刚报》记者黄邦和、《文汇报》记者黄立文。据计惜英和孟秋江告诉我，这个刊物是我党支持出版的，拨了一部分出版《新华日报》用的报纸给他们，由黄邦和与黄立文等出面从国民党市党部办了个'准予先行发行'的半'合法'手续（官方保有随时不准发行的权力），在福州路一座大楼里租到两间十多平方米的办公室。当时我还不知道我到上海以后到底做什么工作，所以没有接受这个主编的职务。"[1]

早期《文萃》出到50期后，1946年10月10日改变序号为"第2年第1期"。这时，已由黎澍担任主编。

---

[1] 黎澍：《记上海〈文萃〉周刊的文萃烈士》，打印稿，1982年1月15日。

黎澍是长期在国民党地区从事新闻工作的共产党员。1945年9月间,他从成都到重庆,被派到上海参加《新华日报》的筹备工作。他说:"过了些时候,《新华日报》因受国民党压制,已经肯定是出不成了。我被派暂时参加《时代日报》(引者注:这是以苏联方面名义出版的十六开中文报纸)工作。到1946年夏间(大概是六七月),计惜英离开上海,我得到正式通知,由我接任《文萃》主编。""我接手以后,《文萃》逐渐改变为时事政治综合性刊物。主要作者是胡绳(笔名公孙求之)和姚溱(笔名丁静,亦作秦上校),他们每期写一篇文章,颇为读者欢迎,发行数量随之增加。"[1]原来常为《周报》《民主》撰稿的马叙伦、许广平、冯宾符等,新从大后方来的茅盾、夏衍、邓初民等,也为《文萃》撰稿。

《文萃》在改成时事政治综合性刊物后,不再转载其他报刊的文章。它在中国共产党组织直接领导下,论时事观点鲜明、尖锐泼辣、明白晓畅,比《周报》《民主》又进了重要的一步,在读者中的影响也远比初期的文摘性刊物更为广泛。

胡绳那时只有28岁,但已享盛誉,这时从重庆回到上海。他遵守诺言,用"公孙求之"的笔名,几乎在《文萃》上每期都发表一篇力作。《文萃》第2年第1期,他写了一篇《全面破裂能否挽救》,指出:"全面破裂的危机正在威胁着中国的命运,那是无可否认的。"[2]七天后,他又写了一篇《破裂的局面已经出现》,斩钉截铁地指出:"在政府方面,打的方针是确定不移的了,而且现在已经是不留任何余地地实行这方针了。""最后一线阳光落下了地平

---

[1] 黎澍:《关于上海〈文萃〉周刊》,手稿,1968年3月27日。
[2] 公孙求之:《全面破裂能否挽救》,《文萃》第2年第1期,1946年10月10日。

线，黑夜临降。但黑夜统治这个世界，是决不能长此继续的。"[1]不久，国民党政府单方面召开"国民大会"，胡绳写了一篇《"国大"开幕以后》，说："冬天已经来了。当前的政治局势，也如冬天的天气一样，凛寒然而明朗。""这一时期谈判的基础既已毁坏，那就非重新奠定一新的基础，不足以再建和平民主团结的局面。"[2]这次"国大"的重要议题是要制定一部"宪法"。胡绳写了一篇《制宪不如散会》，以嬉笑怒骂的笔调写道："实施宪政并不在雇人开会。请王宠惠先生们漏夜赶工制造条文，请胡适之先生在主席台上演出一出'代表人民接受宪章'的戏，这都于事无补。不如老老实实，先把内战停下来，从头按照政协决议来做，结束一党训政，使'官吏军人部'以至宪警特务乡镇保甲长，再不能在一党专政的护符下合法或非法地为非作恶，让人民有行使基本自由权利的机会。"[3]

胡绳在几十年后对我说过：他对这个时期所写的那些政论文章是很满意的。在他晚年自编的《胡绳全书》中，把他为《文萃》所写的许多政论收入了。他在《全书》第一卷《引言》中写道："1946年到1948年是中国经历着剧烈的巨大的（动）荡的时期，从抗日战争后的和谈转为大规模的内战。"他的文章"虽然局限于当时的见闻，也难免有不足之处，但这些文章集在一起，也许能让人比较系统地看到那个时期的政治形势的发展。因为这些评论文章带有身历其境的人的感情，并且涉及一些生动的细节，我觉得现在的读者看这些文章，可能比看事后对这个时期的论述更有一种亲切感"。[4]

---

[1] 公孙求之：《破裂的局面已经出现》，《文萃》第2年第2期，1946年10月17日。

[2] 公孙求之：《"国大"开幕以后》，《文萃》第2年第6期，1946年11月14日。

[3] 公孙求之：《制宪不如散会》，《文萃》第2年第6期，1946年11月14日。

[4] 胡绳：《引言（第一卷）》，《胡绳全书》第一卷（上），人民出版社1998年4月版，第19、20页。

姚溱那时只有 25 岁，以丁静的笔名发表多篇军事评论。他在《战局答问》中写道："今天中国的内战已不仅仅是内战，而是新的决定民族、民主与和平前途的战争。""国军的战略意图很大，它要解决七线、三点和占领全部共军的城市。""然而，战略意图如此之大，后备欠缺，调度不灵，加之共区地形复杂，人民情绪昂扬，就是主动进兵吧，也难免顾此失彼，捉襟见肘；如果一遇反击，便手足无措了。""所以，国军占的城市愈多，防线就愈长，补给线就更难维持，被动性就更多，弱点就更多，被歼灭的机会就更多了。""以上这些，不能不说是共军在其区域坚决实行耕者有其田，而取得农民支持的结果。"[1]半个月后，他又写道："'集中优势兵力消灭对方'的战斗方式，乃是决定战争的正确方针。""城市的得失不能解决任何问题。""战局已经濒临转变的关键。"[2]那是靠用耳机收听新华社电讯，对正在发展中的战争进行分析，语言生动，十分受读者欢迎。有时，他又把笔名改为"秦上校"，仿佛是个军事专家的样子。《文萃》被禁后，他又在苏方出版的《时代日报》上每周利用外国通讯，乃至国内报刊的消息，连贯起来进行分析，写一篇每周军事评论，笔名改为"萨里根"，像一个外国人的名字，使国民党当局不便干涉。

1946 年 1 月，上海地下党成立了宣传委员会，由姚溱、陈虞孙、艾寒松组成，姚溱任书记，加强党对文化宣传工作的领导。同年 5 月，中共中央南京局上海工作委员会成立，下设文化组，由夏

---

[1] 丁静：《战局答问》，《文萃》第 2 年第 4 期，1946 年 10 月 31 日。
[2] 丁静：《战局转换的关键》，《文萃》第 2 年第 6 期，1946 年 11 月 14 日。

衍、胡绳、张颖、周而复等组成。[1]

为什么《文萃》最初还能在国民党统治区出版发行？这是一种十分微妙的历史环境造成的：美国一时还宣称要在国共之间"调停"，国民党政府表面上有时还需要作出一点伪装的假象。黎澍写道："到1946年下半年，《文萃》已是一个直接同国民党作斗争、为国民党十分痛恨的刊物。经售这个刊物的报摊常常遭到国民党特务的查抄。但因当时国共关系尚未正式破裂，还没有发展到抓人的地步。据姚溱见告，许多读者为了买到刊物，在出版之日等在报摊旁边，一到就买光。"这种状况自然不会保持多久。黎澍继续写道："1947年初，国内局势进一步紧张，胡绳得到党内通知，离开上海，前往香港。到2月下旬，我党驻北平、南京、重庆等地军调人员和联络人员均被迫撤退，重庆《新华日报》被查封。《文萃》已无法正式出版，因此改出三十二开小册子。这种小册子叫做《文萃丛刊》，每册各以一篇重要文章的题目命名，内容依然是一本杂志。这种改变，实际上使刊物的出版采取了游击方式。但读者仍能辨出这是《文萃》周刊的变相，虽不能正常出版，发行数量不减。到3月间，我接到通知，立即停止这个刊物的出版，前往香港。我把这个决定告诉姚溱。随后姚溱向我传达上海市委意见，说他们认为这刊物是上海一面旗帜，上海需要它，决定在我离开以后，由他继续办下去，并且提出接受陈子涛和吴承德入党。这样，我就把刊物交给姚溱，于1947年4月4日离开上海去香港。"[2]

他所说的三十二开小册子《文萃丛刊》，一共出了十本。那时

---

[1] 中共上海市委党史研究室：《中国共产党上海史（1920—1949）》，下册，上海人民出版社1999年9月版，第1598页。

[2] 黎澍：《关于上海〈文萃〉周刊》，手稿，1968年3月27日。

报摊上，除报纸外，也卖一些小册子式的书。我在上海徐家汇附近武康大楼东侧报摊上先后买到过几本，记得书名的有过《论喝倒彩》《台湾真相》《臧大咬子传》等。粗一看，很难觉察它是《文萃》的继续，所以最初还能比较艰难地卖出一些。（我还清楚记得，1945年冬天在这个报摊上买到过陈伯达写的《窃国大盗袁世凯》。以后，又在报摊上买到过以"丘引社"名义出版的毛泽东所著《辩证法唯物论》。）

随着内战的扩大，国民党特务加紧对这份杂志的搜捕，搜捕网日益严密。《文萃丛刊》在如此险恶环境下，要将刊物发行到读者手中，难以完全不露痕迹。国民党政府终于下毒手了。1947年7月23日，丛刊主编陈子涛、经理吴承德和让陈子涛住在他家里的骆何民被捕。他们都很年轻，在敌人严刑下始终坚贞不屈，没有透露上下左右的任何关系。1948年12月27日，陈子涛在南京雨花台惨遭活埋；吴承德、骆何民也相继被活埋，史称"文萃三烈士"。

七十多年过去了，这一切都已成为历史，却又是活生生的事实，尽管它只是大历史的一角。可以不夸张地说，如果没有许许多多像他们那样奋不顾身的志士和先烈前赴后继地以各种方式顽强战斗，不少人为之付出鲜血和生命的代价，就不会有新中国的到来，不会有我们今天的幸福生活。这是值得我们永远怀念的。

（原载《历史评论》创刊号 2020 年第 1 期）

中原突围和全面内战的开始

1946年的中原突围之战,是全国解放战争史中的转折点。这以前和以后的国内局势发生了根本变化:人们殷切期待并力争实现的和平建国已不可能,全面内战终于开始。

为什么它会成为全面内战的开始,是由哪些因素构成的?和平的期望为什么终于无法实现?中原根据地在全局中处于怎样的地位?新四军五师、八路军三五九旅南下支队、河南军区部队为什么会在抗日战争胜利后不久集中到以宣化店为中心的这块根据地来?他们在敌我力量悬殊的极端艰难的环境下,对如何突出重围怎样作出决策和部署?中原部队在突围中遭受不少损失,应该怎样评价它的得失?

七十多年过去了,随着历史资料的不断公布,这些问题可以继续深入探讨。

全面内战是怎样开始的

为什么说中原突围之战是当时全面内战的开始?

人们可以提出疑问:往前看,在这以前的十个多月里,国民党不是一再向解放军已收复或包围的原沦陷区发动军事进攻,解放军被迫自卫,战火不是几乎没有停止过吗?有时还达到相当大的规模。为什么要把中原突围之战称为全面内战的开始?

往后看,在中原突围后的近半年内,国共和谈仍在继续。周恩来在 1946 年 9 月 30 日给马歇尔的备忘录中写道:"如果国民党不立即停止对张家口及其周围的一切军事行动,中共不能不认为政府业已公然宣告全面破裂,并且最后地放弃了政治解决方针。"11 月 11 日,他又在三人会议非正式会上郑重声明:"明天'国大'要召开了,开了便是政治分裂。在政治分裂的情形下,如何能有一个军事上的和平!"[1]那么,又为什么不把攻占华北解放区政治中心张家口或者单方面召开"国民大会"称为全面内战的起点?

这个问题,不能只从局部状况来回答,而要从当时全局形势,特别是国共两党对和战态度演变这个根本问题来分析,才能作出恰当的判断。

抗日战争胜利如此快地到来超出人们的普遍预计,周围的情况又在不断变化,更增加了事情的复杂性。

中国共产党的方针是明确的,那就是力争实现全国性的和平建设。这不是简单的宣传口号,因为它是人民的普遍愿望。抗日战争打了那么多年仗,人民遭受的苦难太深重。许多人都在兴奋地说"天亮了",期待的是从事和平建设。国内如果再大打起来,怎么得了?这是相当普遍的社会心理。

8 月 25 日,中共中央发表《对目前时局的宣言》,提出:"我全民族面前的重大任务是:巩固国内团结,保证国内和平,实现民主,改善民生,以便在和平民主团结的基础上,实现全国的统一,

---

[1]《周恩来一九四六年谈判文选》,中央文献出版社 1996 年 4 月版,第 580、654、687 页。

建设独立自由与富强的新中国。"《宣言》提出实现这个目标需要采取的六项措施：承认解放区的民选政府和抗日军队，立即实现和平，避免内战；划定八路军、新四军及接受日军投降的地区；严惩汉奸，解散伪军；公平合理地整编军队，办理复员；承认各党派合法地位，取消特务机关，释放爱国政治犯；立即召开各党派和无党派代表人物的会议，成立举国一致的民主的联合政府。[1]

毛泽东赴重庆谈判时，8月28日在重庆机场发表的谈话中说："现在抗日战争已经胜利结束，中国即将进入和平建设时期，当前时机极为重要。目前最迫切者，为保证国内和平，实施民主政治，巩固国内团结。"[2]双方进行了43天的谈判，签订了有利于进行和平建设的"双十协定"。12月27日，中共代表又提出："双方应下令所属部队，在全国范围内均暂各驻原地，停止一切军事冲突。"[3]中共代表周恩来和国民党政府代表张群，随即在第二年（1946年）1月10日共同商定并由双方分别颁发命令停止国内军事冲突。

中国共产党的实际行动也表现出很大诚意，承诺并开始实行从南方的广东、浙江、苏南、皖南、皖中、湖南、湖北、河南（豫北不在内）等八个省区陆续撤出抗战期间在敌后建立的根据地，向北转移。中共中央已初步商定参加国民政府的成员名单。当时在解放区担任苏皖边区政府主席的李一氓回忆："党中央要从延安搬到淮阴来。参加南京工作的同志有事情要开会就去南京，没有事情又不开会就可以回到淮阴的总部。"[4]解放区的复员整军工作也已开始。2月1日，

---

[1]《中共中央文件选集》第15册，第247、248、249页。
[2]《为和平而奋斗》，中国灯塔出版社1946年1月版，第6页。
[3]《中共中央文件选集》第15册，第521页。
[4] 李一氓：《模糊的荧屏》，人民出版社1992年12月版，第354页。

中共中央在内部所发的指示写道:"从此中国即走上了和平民主建设的新阶段"[1]。

当然,中国共产党人从长期的血的教训中也清醒地懂得:蒋介石从来什么手段都会用,一旦他认为时机成熟,就可以翻过脸来变为凶残的刽子手。共产党人和革命群众为此流下的鲜血实在太多太多了。"看它的过去,就可以知道它的现在;看它的过去和现在,就可以知道它的将来。"[2]如果失去警惕和戒备,不做好必要时的应对准备,把手里的武器统统放下,或者一味退让,当他狠下毒手时,只能束手待毙。历史的教训已经够多够多了。

其实,还在抗战胜利将要到来时,蒋介石准备以武力消灭共产党的决定早已下定。1943年8月13日,他在日记中就写道:"共匪之制裁,非在欧战未了之前解决,则后患更大也。"[3]1945年5月22日,也就是国民党六大闭幕的第二天,他对参加大会的军队代表讲话:"共产党执迷不悟,别有用心,蓄意要破坏统一,背叛国家。他们以为如果不乘此时机激荡消灭本党和我们革命的武力,就不能达到其夺取政权、赤化中国的阴谋。""大家都知道,共产党的武力和国军比较起来是不可同日而语的。他现在号称有多少正规军、多少游击队,占领多少地区,其实都是乌合之众,不堪一击。"[4]蒋介石一直特别看重武力,战争后期已得到一大批美械用来装备他的嫡系主力,胜利受降后又将得到一百多万在华日军的武器装备。在他看来,国民党军队的实力比以往任何时候都强大,是武

---

[1]《中共中央文件选集》第16册,中共中央党校出版社1992年10月版,第62页。

[2]《毛泽东选集》第4卷,第1123、1124页。

[3] 蒋介石日记,1943年8月13日。藏美国斯坦福大学胡佛研究所。

[4] 秦孝仪主编:蒋介石《思想言论总集》,卷21,(台北)中国国民党中央党史委员会1984年10月版,第138页。

力消灭共产党的良好时机。在国民党全国代表大会结束时向高级将领们讲这样一番话，无异是在重要历史时刻向他们预做作战动员。

形势发展比蒋介石估计的还要快。他在敌占区，特别是华北沦陷区，实在没有多少力量，而共产党领导的敌后抗日根据地却日益扩大，这使他焦虑不安。他在7月8日的日记中写道："令各部队对共匪不得不特别加以警觉心，并应增强敌忾心，不能视剿匪为内战也。"他把抗战胜利后武力消灭共产党认为是"剿匪"而不是"内战"。7月14日，他在日记中又写道："倭如在三个月内投降，则我华北军事之布置上筹备应急进，勿再迟延。"[1]

他写下这段日记后连一个月也没有到，就传来日本投降的消息。由于过去的节节败退，蒋介石在"华北军事之布置"根本谈不上准备好。怎么办？只有先依靠原沦陷区的伪军来对付共产党。他在日记中写道："10日晚得敌降消息以后，立发伪军维持地方赎罪自效之电令与广播，此为安定沦陷区惟一之要素，亦即打击共匪、消弭内乱最大之关键也。"[2]刚听到敌降消息，就给伪军"立发"电令，要他们"打击共匪""维持地方"，以此为"最大之关键"。他的急迫心情已淋漓尽致地跃然纸上。拿湖北来说，蒋介石就命伪武汉绥靖主任叶蓬防守武汉，不准新四军进入市区。

接着，他更直接依靠即将正式投降的驻华日军来对付中国共产党。8月23日，陆军总司令何应钦命令侵华日军总司令冈村宁次："中国境内之非法武装组织，擅自向日军追求收缴武器，在蒋委员长或何总司令指定之国军接收前，应负责作有效之防卫。""如果各

---

[1] 蒋介石日记，1945年7月8日、14日。
[2] 蒋介石日记，1945年8月31日"上月反省录"。

地……为股匪所占领，日军应负责任，并应由日军将其收回。"[1]所谓"非法武装组织"和"股匪"，自然主要指八路军和新四军而言。在他看来，这是原沦陷区此刻特别急迫而重要的事。

毛泽东到达重庆进行谈判的第二天，"29日，何应钦密令各战区印发蒋介石在1927年至1936年反人民内战期间所编辑的反动文件《剿匪手册》，这是蒋介石、何应钦等伪称要求和平、实则决心内战的又一实证。"[2]

毛泽东到重庆谈判的最后一夜，住在蒋介石寓所林园。蒋在第二天日记中写道："共党不仅无信义，而且无人格，诚禽兽之不若矣。""甚叹共党之不可与同群也。"[3]这样的谈判自然不可能收到实质的效果。

既然如此，为什么蒋介石还要再三电邀毛泽东到重庆谈判？为什么没有在抗战一结束立刻发动对中共的全面战争，为什么在各地发生的武装冲突还是局部性的，除号称依据有关条约从苏联红军手中"恢复主权"的东北以外，使用的大体是地方派系的军队而不是蒋介石的嫡系部队？为什么在第二年年初还要举行政治协商会议和签订双方的停战协定？

这些都是一时的表面文章。蒋介石在战后立即发动全面内战的决心虽然早已下定，甚至在政治协商会议正在进行的时候，军政部长陈诚就向蒋介石上书密陈："今日之情势，惟有以武力求和平，以武力求统一。""国家之统一，自有史以来，从无不用武力。"蒋介

---

[1] 新华社编：《什么人应负战争责任》，解放社1949年6月版，第4、5页。
[2] 新华社编：《什么人应负战争责任》，第5、6页。
[3] 蒋介石日记，1945年10月11日。

石在三天后就批示："所陈各点，皆获我心。"[1]关键问题在于他还没有准备好。有几个因素使他对全面内战难于立刻付诸行动：

第一，日本军国主义者在1937年7月发动全面侵华战争的八年来，侵占了中国东部的大片富饶地区，包括南京、上海、北平、天津、武汉、广州等最重要都市，也控制了关内主要铁路交通线，驻扎在关内的日本侵略军有一百三十多万人。抗战胜利后，摆在蒋介石和国民党当局面前最迫切需要做的事，是这方面极为繁重的受降和接收工作，把它重新置于国民党当局控制之下。蒋介石在1945年9月日记的本月大事预定表中写道："本月初开始接收沦陷各都市与地方""陆、海、空交通建设计划与目前之处置""还都方针与时期之研究""接受日本投降典礼等"。[2]拿关内的中原地区来说，蒋介石在准备受降时，就把第五战区司令长官刘峙召到重庆去，"指示刘峙迅速率部向郑汴挺进，消灭河南地区平汉、陇海铁路两侧的中共军队，确保交通线的安全"[3]。这些事如果没有做，原沦陷区的大部分地区如果还没有处于国民党当局的控制下，尽管受降活动中已发生多次局部性武力冲突，毕竟一时还谈不上立刻发动反共的全面内战。中共中央对此也看得很清楚。毛泽东赴重庆谈判后代主持中央工作的刘少奇在10月1日为中央起草的电报中说："现在国民党腐败脆弱，外强中干，接收大城要道力量分散，决难压倒人民。"第二天电报中又说："目前解放区的战争，基本上已成为交

---

[1]《陈诚先生书信集——与蒋中正先生往来函电》（下），（台北）"国史馆"2007年12月版，第633、634页。
[2] 蒋介石日记，1945年9月"本月大事预定表"。
[3] 赵子立：《日本投降后国民党军在中原地区的所作所为》，《文史资料存稿选编》第9卷，第186页。

通要道的战争，深入解放区据点不多。"[1]这需要有一段时间来作准备。

第二，国民党军队的主力在全面抗战爆发后大多退居中国的西南地区，还有一部分在胡宗南率领下包围着西北的陕甘宁边区以及在缅甸北部作战，这些军队距离沦陷区的各大城市和交通线很远。美国总统杜鲁门在回忆录中写道："那时，蒋介石的权力只及于西南一隅，华南和华东仍被日本占领着。长江以北则连任何一种中央政府的影子也没有。"[2]1944年，日军企图挽救覆灭的命运，实行代号为"一号作战"的计划，向河南、湖南、广西、贵州发动大规模军事进攻，又给了国民党军队很大打击。要把这些国民党军队迅速抢运到原来被日军占领的华北、华东和华中地区去，只有依靠美国的空军和军舰运送。由他们运送的国民党军队共四十万到五十万人。当时作为盟军中国战区参谋长的美国将军魏德迈说："这无疑是世界历史上规模最大的空中军队调动。"[3]那自然也需要时间。

第三，包括抗日战争在内的第二次世界大战刚结束，国际舆论和各国政府虽然对蒋介石和国民党当局一般采取支持态度，但不赞成中国立刻发生全面内战。12月15日，美国总统杜鲁门就中国问题发表声明："希望国民政府及中国共产党之军队及其他特有武装部队，停止冲突。由各主要政治分子代表共同参加之全国性会议，促成统一。""承认国民政府为中国唯一的合法政府，如其基础扩大，容纳其他政治分子，必能促进中国之和平、统一与民主改革。

---

[1]《刘少奇年谱》增订本，第2卷，中央文献出版社2018年11月版，第107、109页。
[2]《杜鲁门回忆录》第2卷，世界知识出版社1965年1月版，第70页。
[3]《中国战区史料》第2卷，转引自资中筠：《追根溯源：战后美国对华政策的缘起和发展（1945—1950）》，重庆出版社1987年6月版，第44页。

一党训政，似需修改。"[1]蒋介石在18日发表谈话，赞同杜鲁门声明。21日，美国总统特使、享有很高声誉的五星上将马歇尔到达中国，进行调处工作。蒋介石同他进行多次谈话。他在日记的该月反省录上写道："美国总统对华政策宣布以后，三国外长会议亦对中国内争发表宣言，此乃国际干涉我内政之起点，亦为俄国制造中国问题之张本。履霜见冰，能不自强乎！"[2]可见他对美国总统的宣言和三国外长会议的宣言是有不满的，但也不能不有所顾忌。

以上这些因素，是蒋介石和国民党当局一时不能不在某种程度上采取自称的"忍"的态度的原因所在，也是国共全面战争一时没有立刻爆发以及政治协商会得以召开、停战协定得以签订的原因所在。

蒋介石对政治协商会议也好，对停战协定也好，从来没有看得很重，不过是逢场作戏而已。拿停战协定来说。他在1946年1月5日日记中写道："正午约马歇尔来谈。其所提停止冲突方案内容，初观之范围太广，对我拘束太严，甚为不利。后经其解释，再细究其用意，一则对东北国军行动不受其约束，二则共军须受执行部之调动，是于我最为有利也。"[3]一旦他认为条件成熟，这些随时都可以弃若敝屣。他的基本想法从来没有改变过。政治协商会议还在进行和刚结束时，国民党特务就奉命先后制造沧白堂事件和较场口事件，制造事端，破坏支持政协会议的集会会场。这是很有反面教育意义的。

---

[1] 郭廷以：《中华民国史事日志》第4册，（台北）"中研院"近代史研究所1985年5月版，第436页。

[2] 蒋介石日记，1945年12月31日，本月反省录。

[3] 蒋介石日记，1946年1月5日。

在3月1日至17日国民党召开的六届二中全会上,他们的这种态度就暴露无遗。会上大吵大闹,认为政治协商会议是对共产党的过分"让步"。会场空气十分紧张。蒋介石在全会开始时的日记中写道:"对中共与政治问题虽忧戚倍至,结论惟有前进方是生路,不能稍有消极之意念也。"[1]全会通过很多决议,强调"五权宪法"绝不容有所违背,所有对"五五宪草"的任何修改都应由国民大会讨论决定。这就以国民党中央全会这种方式一举推翻政协已达成的协议。周恩来在国民党二中全会闭幕的第二天就公开召开中外记者招待会,指出:"二中全会的决议动摇了政治协商会议的决议。国民党内为数不少的顽固派利用二中全会通过了很多重要的违反政协决议的议案。这不足为怪,而可怪的是这两个会议的决议既如此相反,却都是在蒋主席主持和领导之下通过的。"[2]这个声明,事实上向大众公开挑明了蒋介石的两面派手法,使人们意识到重大的变动将要到来。

毛泽东对事情看得十分透彻。3月15日,国民党二中全会正在进行的时候,他在延安召开的中共中央政治局会议上明白地指出,蒋介石的主张有两条:第一条,"一切革命全部消灭之";第二条,"如果一时不能消灭,则暂时保留,以待将来消灭之"。蒋介石这两条,"第一条很清楚,第二条是人们容易忘记的,稍微平静一点就忘了。2月1日到9日就忘了,较场口事件一来就又记得了"[3]。这就是告诉党内:蒋介石要消灭共产党的决心是不会改变的,此前他的种种表演,不过是因为条件一时尚未成熟,需要待机而动,全党

---

[1] 蒋介石日记,1946年3月2日"上星期反省录"。
[2] 《周恩来一九四六年谈判文选》,第146页。
[3] 毛泽东在中共中央政治局会议上的发言,1946年3月15日。

要有清醒的认识,做好必要时应变的准备。

这是一个及时发出的重要信号。

那时有过"关外大打,关内小打"的说法,为什么还没有被称为"全面内战"？东北当时有一定特殊性：抗战胜利时东北由苏联红军受降,国民党当局同苏联签订的条约规定要将东北的主要城市和铁路线移交给国民党政府,他们打着"接收主权"的旗号进入东北。国民党军队在东北的行动也不受停战协定限制。所说的"关外大打",主要发生在国民党军从接收沈阳到进占长春这段时间内,特别是41天的四平街之战,震动全国,以后转入一段基本停战状态。在关内,国共和谈一直在进行,还有"停战协定",人们对和平仍抱有希望；虽曾有上党、邯郸、平绥路西段、胶济路中段等战役,终究还是局部性的,国民党方面出动的军队主要是原晋绥军和原西北军等地方部队,不是它的嫡系主力。局势起起伏伏,打打停停,停停打打,还不能说已进入全面内战。

进入1946年5月,也就是蒋介石发动全面内战的前一个月,国内外形势有了重大变化,蒋介石原来一直等待着的发动全面内战的时机自以为已经到了。

第一,5月5日,国民党政府宣布"还都"南京。这就是说,他必须首先完成的受降和接收工作已经大体就绪,原沦陷区的主要城市和交通线已基本上处在国民党当局的控制之下。这是他们发动全面内战的重要前提。

第二,军事上,国民党军队从苏军撤走时接收沈阳后,便沿北宁铁路北上,进攻四平街。经过整整一个月的激战,由美国帮助运去的全部美械配备的新一军、新六军、七十一军等精锐主力十个师在5月18日攻占战略要地四平街。这是东北军事形势的一个重大变化。蒋介石十分兴奋,在 21 日日记中写道:"自我军克四平街后,共军主力溃散,故其态度又为之一变。"23 日,他从南京飞往沈阳督战。当天,解放军主动撤出长春,转移到松花江以北。蒋介石在当天日记中写道:"此次长春收复之速,实出意外,非上帝默佑,何能有此奇迹也。"[1]这就使他更高估自己的力量,过低估计中国共产党的力量,以为四平街战役的结果表明不难在短时间内以武力消灭中国共产党。

他还在 5 月 25 日写信给行政院长宋子文,要宋子文向马歇尔转告他的话,要马歇尔不必过虑。信中说:"接辞修(引者注:即陈诚)电,借悉马特使对我军占领长春不甚同意。此乃其对和平之一贯政策。中(引者注:蒋介石名中正,这是蒋介石的自称,下同)之所以来东北者,亦以此故。但此地实际情势,与吾人在南京所想象者完全不同,将来当与其面晤时详述。照目前情势,我军进入长春,实于和平统一,只有效益,而毫无阻碍,请其放心。""此乃中确有把握之事,万勿有所疑虑。而且中自信此为和平统一惟一之道路也。""只要东北共军之主力消灭,则关内关外之事,皆易为力,已作慎重之处置,请勿过虑为盼。"[2]

读读这封信,对蒋介石为什么在写信的下一个月(1946 年 6 月)会把国共之间的局部战争扩大为全面内战,就不会感到奇怪了。

第三,美国政府对蒋介石和国民党当局本来一直采取支持的态度。尽管对蒋介石和国民党当局的专制和腐败也有不满,要求他们有所改进,对中国在此时发生全面内战也有所顾忌,自己不会出兵参与,但蒋介石一旦决心发动全面内战,他们只会越来越加以偏

---

[1] 蒋介石日记,1946 年 5 月 21 日、23 日。
[2] 蒋介石《事略稿本》(65),(台北)"国史馆"2012 年 6 月版,第 585、586、587 页。

祖，而且给予更多的实际支援。

这种偏袒表现得日益明显。5月13日，周恩来致电中共中央："在东北问题上，马蒋之距离已不相远。而关内问题，美我关系亦日趋对立，尤小组中为甚。"[1]30日，周恩来更向马歇尔致备忘录说："执行部与某些执行小组美方代表，在调处冲突上，不能完满地公正地照顾政府与中共双方面的意见，客观上对政府方面有所袒护。"[2]这些，蒋介石自然也看得很清楚。

更严重的事情是，5月16日，美国以太平洋战争中"剩余物资"的名义将大量军用物资以低价售给国民党政府。台北出版物记载："将美国在太平洋各岛屿剩余物资售与中国（计一千五百万美元）"[3]。周恩来在6月3日同马歇尔进行了一次长谈，直截了当地说："美国在太平洋上有这样的军事部署，在中国采取积极帮助国民党的政策，并不等待中国的民主化。事实是抗战已经胜利了，而美国仍以租借法案来帮助国民党，这已不再是为了打日本。此外又积极运兵，过去运到了华北，现在又运到东北。""现在东北的物资，够打仗用的大约有三个月的储存，这是靠美国海军运去东北的。这次飞机出动得很多，而且炸弹的效力很大。这些飞机无疑问地是按租借法案运来的，汽油也是运来的。""这些事实使我在这两个月来渐渐走入了困惑。""这样，美国的政策即变成二重的了，使中国的内战很难真正停止。"[4]不久后，美国政府又向参众两院提出《拟予中华民国以军事顾问与军事援助的法案》。毛泽东为此发表声

---

[1]《周恩来一九四六年谈判文选》，第328页。
[2]《周恩来一九四六年谈判文选》，第377页。
[3] 郭廷以：《中华民国史事日志》第4册，第519页。
[4]《周恩来一九四六年谈判文选》，第386、387页。

明，提出抗议。确实，美国参加的国共和谈快要走到尽头。

拿集中在1946年5月间发生的这三项重要变动（当然这些变动都有一个发展过程），同前面所说蒋介石在抗战刚胜利时一时还难以立刻发动全面内战的三个因素对比一下，不难看到：蒋介石选择1946年6月把局部内战发展成全面内战，并不是完全偶然的。

周恩来在5月22日给中共中央的电报中敏锐地指出："国民党积极备战，且已表面化，在舆论方面已感到极度火药气。"[1]他的预感很快就转化为现实。

近期内发动全面内战的决策，在国民党高层也迅速明朗。军令部长徐永昌在6月12日日记中写道："请蒋先生斟酌力量，如其胜任，应即向共逐渐进攻。""如此愈拖，我政府经济政治愈日就消弱。此时由局部证明的决裂，世人皆能谅我矣。只是整个力量究否胜任，惟有委员长知之详切也。"6月17日，他在日记中又写道："出席国府纪念周，蒋先生报告中共行为及其企图与政府所拟处理方针（共果不就范，一年期可削平之云云）。"[2]全面内战爆发的决策终于确定下来了。

既然国共全面内战在1946年6月已经开始，为什么国共谈判还在继续？为什么中国共产党还要提出如果国民党当局向张家口进攻或单方面召开"国民大会"就是"宣告全面破裂"？

这个问题不难理解。全面内战由蒋介石和国民党当局一手制造，这已成为事实。老百姓在抗战结束后普遍渴望和平建设，反对内战。中国共产党也是这样，仍力求停止内战，做到仁至义尽。继

---

[1]《周恩来一九四六年谈判文选》，第352页。

[2]《徐永昌日记》第8册，手稿影印本，（台北）"中研院"近代史研究所1991年12月版，第287、289页。

续谈判也好,向国民党政府发出那样的警告也好,都是出于这个目的。并不是要到这以后,才发生全面内战。

就是在全面内战危机已迫在眼前时,毛泽东还在6月19日为中央起草并在内部致电前方各重要将领:"观察近日形势,蒋介石准备大打,恐难挽回。大打后,估计六个月内外时间,如我军大胜,必可议和;如胜负相当,亦可能议和;如蒋军大胜,则不能议和。因此,我军必须战胜蒋军进攻,争取和平前途。"可见,在中国共产党看来,必须奋起应战,目的不是为了扩大全面内战,而是为了"争取和平前途"。7月5日,全面内战已经爆发,中原部队已经突围,毛泽东又为中共中央起草致周恩来电:"我军主力现作准备,如坏转则大打,如好转则不打。"[1]但蒋介石进行全面内战的决心已定,战争的"大打"并不是到这以后才开始,而是不得不应战,他的结果却是完全同蒋介石发动全面内战的预期恰恰相反,这是人们料想不到的。

中原解放区的形成

蒋介石发动全面内战,以集中20多万兵力"围剿"中原解放区为起点。紧接着,在7月间集中50多万兵力向华东解放区的苏中、淮北、淮南、鲁南、胶济铁路等地发动进攻,又以第一战区胡宗南部六个旅和第二战区阎锡山部一个军,南北对进,企图打通同蒲铁路南段,消灭晋南解放军;还在其他地区发动进攻。烽火满地,狼烟四起,一场共产党和民众竭力阻止的全面内战终于呈现在

---

[1]《毛泽东军事文集》第3卷,军事科学出版社、中央文献出版社1993年12月版,第277、322页。

人们面前。

为什么蒋介石要选择围攻中原解放区作为他发动全面内战的起点？

当时，长江以南的解放军主力基本上已遵照双方达成的协议从原有根据地北撤。这是中国共产党为了争取实现和平作出的重大让步。而在长江以北，离江较近、为国民党看作眼中钉而急于消灭的主要是中原和苏中这两块解放区。

这两大根据地的处境又有所不同。中原解放区地处鄂东北和豫东南，南临武汉和长江，平汉铁路自北向南从这里通过，可以威胁武汉，又是国民党军队沿平汉铁路北上进攻华北的必经之地。国民党当局想大举北上，发动全面内战必须首先扫清这个障碍，才能集中兵力向北进攻。1947年11月，陈毅在淮阳汲冢地区会见中原突围部分干部谈话时说："如果没有中原部队的战略牵制，那就很可能没有上党战役、邯郸战役和华东七战七捷的胜利。"[1]这也可以从一个方面说明，为什么国民党发动全面内战，要从围攻中原根据地下手。

中原解放区和华中还有一个重要区别：人民解放军经过抗日战争，已经"形成了六个大的作战区域，即晋冀鲁豫、华东、东北、晋察冀、晋绥、中原六大解放区"[2]。其他五个解放区都相互连接，解放军可以彼此接应，进退自如，只有中原解放区孤悬在南，四周都处于国民党军队重兵包围之下，不能和其他解放区相通。这也是国民党当局选择从这里首先下手的一个重要原因。

他们以第五、六战区（不久后改组为郑州绥靖公署和武汉行辕）

---

[1]《中原突围》第3辑，湖北人民出版社1986年12月版，第5页。
[2] 李先念：《关于正确评价中原突围》，《中原突围》第3辑，第7页。

率领七个多军包围中原解放区。到全面内战爆发前的1946年6月，军队已增加到12个军（整编师）、26个师（整编旅）、8个纵队（地方部队），达30万人之多，并且筑成密集的堡垒群，严密地包围并封锁中原解放区。

中原解放区的部队由三部分组成：李先念率领的新四军第五师、王震率领的八路军三五九旅南下支队、王树声率领的嵩岳军区（又称河南军区）部队。

这三支原来并不在一起的部队在抗战胜利以后怎么会会合到一起，组成一支有着更强战斗力的队伍呢？

"新四军第五师是长期活动在这个地区的部队，是中原解放区部队中主力的主力。五师的创建和发展，与华北、华东的部队不同。华北、华东的八路军、新四军都有成建制的红军部队作基础，而五师在创建时期则完全没有成建制的红军部队作基础。五师是在广泛开展群众性武装抗日斗争的基础上产生的，是汇合豫鄂两省许多支地方武装力量而发展起来的。"[1]

1939年1月初，李先念从延安到达河南省确山县担任中共豫鄂边区党委军事部长。1月17日，"他率领一支由160余人组成的新四军独立旅游击大队，自河南确山县竹沟镇南下，向武汉外围敌后挺进"。[2]长期任五师副政委的任质斌回忆道："由于这个地区刚沦陷不久，国民党的军政组织已经瓦解，日伪统治尚未真正扎根。在这种情况下，我党深入敌后的武装组织，只要有比较坚强的领导，即使为数不多，也能打开局面，站住脚跟，迅速发展壮大起

---

[1]《李先念文选》，人民出版社1989年1月版，第445页。
[2] 王震：《李先念与中原突围》，《伟大的人民公仆：怀念李先念同志》，中央文献出版社1993年9月版，第158页。

来。事实证明，李先念同志率领南下的新四军独立游击支队和以后扩编而成的新四军豫鄂挺进纵队、新四军第五师，就是在日伪军精心密织的蜘蛛网中纵横驰骋、拼搏奋战逐步发展起来的。"[1]

抗战胜利时，新四军第五师已经发展成具有5万人的主力部队，根据地还有30万民兵。中共中央决定在鄂豫皖建立中央局，以徐向前为书记。因徐向前患病，又指定郑位三为副书记，代理书记职务。9月28日，李先念致电中共中央，提出"夺取桐柏山地区"的计划："我如打开这一局面，阵地即可大发展，河南、河北之根据地也可连贯起来。因此，从战略上考虑，对华北、华东之国民党军进攻解放区可起很大牵制作用。"[2]得到中共中央批准。毛泽东去重庆谈判、双十协定签订后，"李先念同志和中原军区的其他负责人曾多次同国民党的代表交涉，按照两党签订的协定精神，把中原军区的部队转移皖东地区。但国民党不仅拒不执行双十协定，反而调集30万大军围困我中原部队，妄图再发动一次'皖南事变'，把孤悬在中原地区的人民武装歼灭。"[3]

这时，王震、王首道所率八路军三五九旅南下支队，王树声、戴季英率领的嵩岳军区部队以及王定烈等率领的冀鲁豫军区第八团，在10月间先后开到唐河、枣阳、桐柏交界地区，同新四军五师会师。这是中原根据地的一件大事。

王震、王首道率领的八路军三五九旅是中国工农红军的老部队，战斗力很强，在陕甘宁边区创造过驰名中外的南泥湾垦区。1944年日军发动代号为"一号作战"的大规模进攻时，国民党军队在豫湘

---

[1] 任质斌：《雄才大略，创业中原》，《伟大的人民公仆：怀念李先念同志》，第8页。
[2] 朱玉主编：《李先念传（1909—1949）》，中央文献出版社2009年6月版，第508页。
[3] 任质斌：《雄才大略，创业中原》，《伟大的人民公仆：怀念李先念同志》，第162页。

桂三省大溃退，大片国土沦为敌占区。中共中央决定从三五九旅抽出5000人组成南下支队，从11月10日起，向这个地区发动艰苦卓绝的敌后大进军，行程两千多里，直达湘粤赣三省交界地区，进入粤北。就在这时，日本投降，国内时局发生根本变化。毛泽东赴重庆谈判。1945年8月29日，王震、王首道向中央发电请示："我们集中意见，一致建议北上，靠拢李先念，预计二十天行程可达湘鄂边。"不久，立刻收到中共中央复电："在日寇投降、时局变化的情况下，你们确已难于完成原有任务，同意你们即由现地自己选择路线，北上与五师靠拢。"[1]南下支队随即回师北上，在崎岖险峻的山路上，冲破国民党军层层阻击，经过一场又一场激烈战斗，在当地民众支持下，9月20日从鄂南咸宁越过粤汉铁路。26日下午和27日上午，全军渡过长江天险。

10月3日，他们同新四军五师在黄安县荃湾会合。部队番号仍恢复第三五九旅原名，加入中原军区野战军第三纵队序列。中共中央在同天致电郑位三、李先念、陈少敏："同意王、王暂时主持鄂东区党委工作。二王部队是一个很有战斗力的部队，望你们注意补充他们，这对你们将来作战是有作用的。"[2]

王树声、戴季英都是1927年参加黄麻起义的老红军。王树声还担任过红四方面军副总指挥。也是在1944年日本侵略军发动"一号作战"进攻时，最早溃败的国民党军队是第一战区副司令长官汤恩伯统率的四个集团军四十万人，河南大部分国土，包括郑州、洛阳、许昌等38座城市在38天内沦于敌手。中共中央决定由王树声、戴季英、刘子久等组成河南省委和河南军区，以王树声为河南军区

---

[1]《王首道回忆录》，解放军出版社1988年3月版，第422、423页。
[2]《刘少奇年谱》增订本，第2卷，第109页。

司令员，戴季英为河南省委书记兼军区政治委员（省委后改为区党委），刘子久为军区副政治委员，率领八路军太行、太岳派出的四个团，编为四个支队（支队司令员分别为皮定均、韩钧、陈先瑞、张才千），挺进已成为敌后的豫西，以嵩山为依托开辟抗日根据地。这个行动，和三五九旅南下支队是同一个战略考虑的组成部分。他们到豫西后迅速打开局面，设立四个军分区和地委，粉碎了日伪军的多次"扫荡"，以后又有发展。日本投降时已在敌后建立有20多个县政权、两万多平方公里、300万人口的抗日根据地。这和拥有重兵的国民党汤恩伯部的大溃退形成鲜明对照。

日本投降后，国民党军以受降为名，调动六个多军分别沿陇海铁路东进和沿平汉铁路北上。孤悬豫西的河南军区部队处境不利。9月8日，王树声、刘子久致电中共中央："顽、敌现以各种力量（土顽、杂牌及蒋之主力）积极向我周围压缩。""我们现正在迅速集结主力与干部，准备向郑、李方向机动。""向东、向西均困难极多，且有被消灭之危险。"[1]22日，郑位三、李先念等也致电中共中央，建议不等严重局势到来，实现同河南军区、三五九旅南下支队会合。这个建议得到中共中央同意。王树声等立刻率部1.5万多人南下，于10月24日在唐河祁仪同新四军五师和八路军南下支队会师。

这时，中共中央已作出"向北发展、向南防御"的战略部署。八路军三五九旅南下支队的转移是北上，为什么河南军区部队的转移方向不是北上而是南下？看一看当时的实际情况就可以明白。原因在于，它北面的陇海铁路从潼关至郑州一线有国民党军重兵把守，铁路运兵又十分便捷，解放军大部队难以强力越过。何况在这

---

[1]《王树声军事文选》，军事科学出版社2000年9月版，第91页。

条铁路线以北相平行的是黄河天险,不易飞渡。直接北上,风险很大,很难实现。南下前往中原根据地,距离近,途中此时又没有严重的敌情,要便捷得多。五师部队又可以北进接应,会合后,彼此力量都会得到很大增强,还对国民党军队沿平汉铁路大举北上起着重要牵制作用。这些都是重要而有利的。

这两支分别北上和南下的主力部队都在10月间到中原根据地和新四军五师会合。26日,中共中央致电郑位三、李先念、陈少敏:"我河南及鄂豫部队、王震王首道部队,担负着全国性的战略任务。你们目前的坚决行动,打击与歼灭顽军,开展七八个整县的鄂豫边根据地,严重的威胁顽军后方,将给予我在华北、华中及东北的斗争以极大帮助,取得在目前历史时期的伟大胜利。"30日,中共中央又致电郑位三、李先念:"中央完全同意你们的意见,由郑、李、首道、陈(引者注:指陈少敏)及王震五人为中央局(引者注:指中原局)常委,以李为司令(引者注:指中原军区司令),位三为政委,首道为副政委兼主任(引者注:指兼政治部主任),王震为副司令兼参谋长,子久(引者注:指刘子久)任区党委书记,曾传六为军区副主任,五师与九旅(引者注:指三五九旅南下支队)部队合编,王、戴部编一个纵队。"[1]接着,又任命王树声为军区副司令员兼第一纵队司令员,戴季英为纵队政治委员;任命文建武为第二纵队司令员,任质斌为纵队政治委员。这样,三支原来长期分处多地、并不很熟悉的主力部队和党委在组织上统一起来,迅速打成一片,拧成一股在战略全局中相当雄厚的力量。

11月28日,中共中央致电中原局:"你们最近在豫南、鄂北

---

[1]《刘少奇年谱》增订本,第2卷,第124、126页。

的行动已取得重要的胜利,因而吸引了刘峙五六个军对着你们,这就大大帮助了刘伯承在平汉北段的作战,使他们在打破蒋军第一次进攻后,得有休整机会,至今顽军不能组织二次进攻。可以说,只要你们在现地区坚持,蒋军就不能集中兵力北上,虽然最近你们自己的胜利不大,但在整个战略配合作用上是极大的。"[1]

这时,国民党当局也发现中原军区部队所起重大战略牵制作用,就调集更多兵力,企图南北夹击中原部队所在的桐柏地区。根据地逐渐缩小,处于十分不利境地。12月17日,中原军区主力向平汉铁路以东转移。郑位三、李先念、王震向中央提议:主力靠拢新四军军部,留下五千到一万人坚持游击战争。中共中央复电同意。这在此刻是做得到的。

正在这时,国共两党在1946年1月10日签订了《国共双方关于停止冲突、恢复交通的命令和声明》。协定规定自1月13日24时起停止国内一切军事冲突和军事调动。同日,成立了由国、共、美三方代表组成的军事调处执行部。

这是时局中一个很大变化,也是中原军区行动面对的一个重大变化。"为了严格执行停战协定,中共中央于1月11日专电命令中原军区部队,务必于13日24时前停止一切军事行动,谨守防地。李先念接到命令后,传令各部队停止军事行动。行进在豫南、鄂东北的中原军区主力部队,立即沿着罗山、光山以南一线停下。中原部队是在摆脱国民党合围企图、向东转移的情形下停止行动的,三万多主力部队被围困到方圆不到百公里、人口仅四十万的狭长地区;江汉、鄂东和河南三个下属军区的部队,亦在各自驻地成

---

[1]《刘少奇年谱》增订本,第2卷,第141页。

'品'字形被分割开来。从此，中原军民陷入异常危险和困难的境地。""1月16日，李先念、郑位三等率领中原局、中原军区和中原行政公署机关，从光山县（引者注：光山县在河南境内，毗邻鄂东北）南移至礼山（今大悟）县宣化店。"[1]

中原局、中原军区就这样来到宣化店，这是原来没有预计到的，是服从大局而采取的行动。

宣化店是豫南、鄂东北交界处的一处山区集镇，东有一条武汉经信阳通往河南、河北的土路，西有一条由南向北流入淮河的竹竿河。以宣化店为中心的这个地区，地势险要。国民党方面编撰的战史写道："本地区大别山雄峙于东，桐柏山横亘于北，西依荆山，南临长江，中为大洪山，可俯瞰武汉要域，扼通川陕之要道。两山区冈峦起伏，河流纵横。南北交通尚有三条主要道路，东西仅赖小径相通，大半又崎岖险峻。故大军运动、联络、后勤补给均感困难，春夏多雨，有时经月不停，山洪暴发，交通中断，军事行动更受阻碍。"[2]

这个地区的农业经济很不发达，粮食供应困难。解放军几万人集中在这里，而且是在行军途中因停战协定签订而立刻停止行动，粮食供应便成为大问题。三支主力部队会合后，"大军云集，连同地方干部和家眷，总计人数在十万左右。首先碰到的一大困难，是部队的给养问题。粮食，又是首当其冲的主要问题。"[3]本来，国共双方相互签订的罗山、禹王城、宣化店三个协议明文规定：中共军

---

[1] 朱玉主编：《李先念传（1909—1949）》，第518、519页。
[2] 《国民革命军战役史》第五部，第2册，绥靖时期（下），（台北）"国防部"史政编译局1989年11月版，第394页。
[3] 李实：《粮食》，《中原突围》第2辑，湖北人民出版社1984年4月版，第41页。

队得在所在地区运送给养,一切非武装人员持有护照可以在国民党地区来往自由,并允许购买粮食,国民党不能阻挠干涉,并立即无条件平毁碉堡、工事,撤除封锁、恢复交通等。

但国民党军方面背信弃义,"停战令正式生效后,武汉行营密令各军严密封锁,不许一切物资进入中原军区部队驻地"。[1]这一来,粮食问题成为中原解放军面对的最大的问题。军队没有粮食就难以生存和坚持。当时正在中原军区参谋处工作的邹盛作回忆:"正当青黄不接的季节,我方万余人的部队,聚集在一个方圆不及二百华里的山区,天天喝稀饭、吃野菜,缺吃、少穿,困难极了。"[2]

中共中央对这个问题十分焦急和愤慨。3月18日,周恩来在军事三人小组会议上提出运送中原部队从这里撤走的主张:"汉口北面的问题,我方的四五万人员仍被包围,我们请求政府运送,但张部长(引者注:即张治中,时任国民党政府军事委员会政治部部长、三人委员会和军事三人小组国民党政府代表)认为,他这样做有困难,因此我们作了让步,在此时不提运送部队的问题。但是,目前这些部队急需粮食,这是我的另一个负担。我们应把所有这些问题都考虑进去。"[3]前面说过,中原解放军转移过程中在宣化店地区中途停下是根据双方达成的停战协定这样做的,解决部队必须解决的粮食问题是国民党当局作出承诺的,但国民党当局毫无信义可言。23日,周恩来向美方的考伊提出严厉抗议:"粮食问题毫未解决,政府虽有允诺,但未实行。""政府是既不给粮,又继续进

---

[1] 魏煜昆等:《国民党军围攻宣化店中原军区的经过》,《文史资料存稿选编》第9卷,第209页。
[2] 邹盛作:《三千里路云和月》,《中原突围》第2辑,第67页。
[3] 《周恩来一九四六年谈判文选》,第144、145页。

攻,势必把鄂北的中共部队和人民困死。"[1]

"把鄂北的中共部队和人民困死",正是国民党当局的本意。蒋介石调集大军,把中原根据地紧紧包围起来,军事上步步进逼,经济上严密封锁。"这里地少人多,既无法多生产粮食,又不能购买,而在外地购买后,国民党又不准运进来,部队和机关人员连日食三餐都难以解决。"[2]

新四军五师参谋萧健章回忆:"国民党频频发动蚕食进攻与经济封锁,并构筑碉堡数千个,挖掘战壕万余条,对中原主力驻地纵横五六十公里的地域进行围困和封锁,我中原地区的200万居民及军队受到饥饿的威胁。李先念向中央发出十万火急电报,请求解决停战后给养补充问题。"国民党方面尽管在不得已的情况下签订了罗山等三个协议。"但协议在纸上,执行在嘴上,国民党不但在实际上不执行,反而变本加厉地修碉堡,挖战壕,经济封锁比过去更甚,还逮捕杀害我非武装人员。"[3]

谈判中,李先念责问国民党方面:"抗战八年,你们的部队一直呆在什么地方?""你们从来就没有来过这个地方,怎么能说这些地方被我们侵占了呢?"[4]对方无言可答,但谈判仍毫无结果。

为了避免大规模战争爆发,3月27日,周恩来又在军事三人小组会议上提出将中原解放军全部撤往华北的意见。他说:"目前,汉口以北的中共区域还在被包围中。虽然当地准备了粮食,但只能

---

[1]《周恩来一九四六年谈判文选》,第160、161页。
[2] 李实:《粮食》,《中原突围》第2辑,第50页。
[3] 萧健章:《军事战略家李先念与中原突围战役》,《伟大的人民公仆:怀念李先念同志》,第171、172页。
[4] 萧健章:《李司令员赴汉谈判记》,《中原突围》第2辑,第23页。

支持数星期之久,这问题还必须解决。""我们知道湖北的饥荒情形很严重,在参政会上,代表们把这问题提得很尖锐。如果这地区中三分之二的中共军队能转移,其余的复员,那么包围这一地区的政府军队亦可同时转移,一旦军队遣往其他的地方去,粮食的问题马上就可以和缓下来,否则将无法解决此问题。""我认为运输军队最好方法就是用火车运。我想我们可以规定一两列火车,从豫北产煤区运煤到汉口,然后在回去的时候,运输中共军队到华北去。""如此,经过相当的时间之后,中共军队便可全部转移到华北去了。否则,如果我们维持现状,用重兵包围中共军队,冲突是必然要发生的。"[1]

像这样合情合理的和平解决办法仍被蒋介石和国民党当局完全拒绝,冲突自然"必然要发生"。战争责任该由谁负,十分清楚。

"在这种情况下,中共中央中原局,按照中央指示,一面同国民党谈判斗争,一面设法坚持,并做转移准备。主要采取三个办法:一是减少部队员额,立即复员2万人,在确保主力、保持精华的基础上,将老幼体弱者和机关闲杂人员进行精简,使他们到地方去,或自行离开中原地区,减轻部队负担;二是分散多余干部,免遭损失,又减轻了负担,利于突围行动,这批干部以地方为主,计有2万人;三是严整制度,节衣缩食,号召全体人员,团结一致,克服困难,渡过难关。"[2]

1946年4月30日,中共中央致电郑位三、李先念、王震:"只要顽军不破裂,应依原计划争取合法转移为上策;假如顽军破裂,向你们大举进攻而迫使你们非突围不可时,你们准备向何方前进,

---

[1] 《周恩来一九四六年谈判文选》,第179、180页。
[2] 《陈先瑞回忆录》,解放军出版社1999年3月版,第280页。

向西还是向东,二者利益及前途如何,望预先秘密计划并见告。5月上半月必须将两万人复员完毕,王震不要来延。"[1]还有一部分部队留处根据地周围。因此,主力突围时约35000人,人数比原来明显减少。[2]

1946年5月到了,蒋介石认为他发动全面内战的时机已经成熟。中国共产党也看得很清楚:将要到来的,已不是局部战争,而是全面内战。

正在同对方进行停战谈判的周恩来得到确切消息后在5月3日从重庆赶到南京。第二天,就直截了当地告诉马歇尔:"得悉政府将对中原军区发动全面攻势,这是延安得自极机密方面的消息,极为可靠。我随即去会徐永昌将军,并把内容很坦白地告他。""对这一进攻,如果我们还手,则会使冲突扩大,从而引发了全面内战。我告诉徐将军,我们坚决反对此事。"[3]5月8日,他和军调部三方人员一起到宣化店调查。当天,他在中外记者招待会上严正地指出:中原战争如果爆发,必将宣告和谈结束,成为全国内战的起点。周恩来再次明确地指出"全面内战"的严重危险已迫在眉睫,国民党军队如果进攻中原军区就意味着引发"全面内战"。只会有如此结果,不会有其他可能。这已把话说得十分明白了。

蒋介石决心不顾一切地进攻中原解放区,终于直接导致全面内战的开始。

---

[1] 《李先念年谱》第1卷,中央文献出版社2011年6月版,第549页。

[2] 《湖北省志·大事记》,湖北人民出版社1990年12月版,第528页。

[3] 《周恩来一九四六年谈判文选》,第289、290页。

中原突围

是非黑白都已十分清楚。一场规模空前的全面内战要开始了。这是蒋介石和国民党当局经过长期策划准备,一手挑起的。

按照蒋介石的战略意图,当国民党军占领长春、同解放军隔松花江相持不下后,便把进攻重点转向关内。国民党方面编写的战史写道:"关内广阔区域几全成为匪恣意活动之空间,甚至陇海路以南之苏北及豫鄂边区,亦为匪长期盘踞。"这些地区抗战时本来就是解放军早就从日伪军手中光复的国土,所以被国民党当局称为"长期盘踞"。但他们却称"决心先肃清豫鄂边区匪军,解除武汉威胁,将战线推至陇海路以北"。[1] 撇开那些污蔑之词不说,也可以清楚地看到蒋介石发动全面内战时,首先的目标是中原、苏中这两个解放区,企图把战线推到陇海铁路以北,而尤以围攻中原解放区为先。

1946年5月20日,蒋介石"出席党政小组会议,指示对共方针"。27日,军令部长徐永昌呈报:"据刘(峙)主任5月24日电称:'已饬第六绥靖区周碞司令官统一指挥第六十六军、第七十二军及整四十七师、整十五师、第一七四师对共军李先念股严密包围封锁,使其自行瓦解。'"6月13日,蒋介石对"使其自行瓦解"已等不及了,决心立即采取军事行动,又指示新任参谋总长的陈诚:"对共作战,应运用闪电战术,速战速决。可研究往年日本在中国战场上使用之攻击方法,此种战术最基本之条件为:(一)情报之准备之充分,(二)行动极端秘密,尤以装备轻快与迅速机动之部

---

[1]《国民革命军战役史》第五部,第3册,绥靖时期(下),第371页。

队为最要。希照此一面研究具体实施方案呈核,一面严令有关旅团长以上各级指挥部切实准备为要。"[1]无论中国共产党怎么做,这场战争都已不可避免,而且将是在国民党方面"极端秘密""迅速机动"的突然行动下开始。

国民党用来围困中原解放区的军事力量,通常都讲个约数30万人。在台湾由"国防部史政编译局"出版的多卷本《国民革命军战役史》第五部有更具体的数字:"本作战由郑州绥靖主任刘峙统一指挥,参加作战部队,初期计整编师7,辖整编旅19、独立团3,兵力约18万人;后期增加整编师7,投入部队达14个整编师,辖34个整编旅、3个独立团,总兵力约32万人。"[2]这个数字占国民党正规军人数约16%,是中原解放军人数的五倍以上,火力和机动能力更强于解放军。

蒋介石信心满满地在6月24日的日记中写道:"共匪策略不战不和与且战且和拖延不决,使国家混乱,是非不明,经济破产,政治动摇,以达其赤化造乱、颠覆政府之目的,而尤其在此四十日之内,即7月底以前之停战与否,以定其成败之命运。政府必须速战速决以应之。如在此三个月之内能将津浦与平绥、平汉各铁路打通,则外交与经济一时之险象,皆不足顾虑也。"27日,他又写道:"无论对共干涉有否结果,而剿匪军事决不能用正式讨伐方式,只有用不宣而战、局部的逐渐解决,但每一战局必须求得一段落,并须准备充分、速战速决为要旨也。"[3]

---

[1] 蒋介石《事略稿本》(65),第555、585、586、613、614页;蒋介石《事略稿本》(66),第96、97页。

[2]《国民革命军战役史》第五部,第3册,绥靖时期(下),第391、392页。

[3] 蒋介石日记,1946年6月24日、27日。

锣鼓点子越敲越紧,蒋介石已到动手时候了。上述两段日记值得仔细玩味。他有一个通盘筹划:要在最近三个月内"打通"津浦、平绥、平汉各铁路,那自然是全面内战,但在表面上却不要明白显露出来,"决不能用正式讨伐方式",也就是不要让人看出是他在发动全面战争,以为只是"局部"事故。他的第一个目标——进攻中原解放区就是如此,而每一个这样的"局部"事故,都要"速战速决","求得一段落"。继围攻中原解放区之后,下一个目标就是对苏中的进攻。这样"不宣而战"分成几步实现各个击破,"逐渐解决",最后达到在三到六个月内消灭共产党。蒋介石在这方面确实很用了一番心思。

毛泽东早有觉察,在5月29日就为中共中央军委起草电报致各军区首长:"国民党在东北扩大战争,在关内积极准备对我大举进攻,因此我应有对敌作战之充分准备。"由于时机紧迫,又鉴于中原地区双方力量悬殊,毛泽东在6月1日为中共中央起草致郑位三、李先念、王震的电报:"美蒋对我极为恶劣,全面内战不可避免。""必须准备对付敌人袭击及突围作战,预拟突围后集中行动及分散行动两个计划。大概在突围及突围后一个时期内,以全军集中行动为有利;而在敌人追剿紧急、行军给养均感困难时,便应分为两股或三股,各自独立行动,可以避免集中行动之困难,而利于分别牵制敌人与互相作战略上之策应。"[1]他富有预见,后来的中原突围就是这样做的:先"全军集中行动为有利",困难时"分为三股,各自独立行动"。这是敌我力量悬殊条件下强行突围的正确方针。

随着局势的发展,他的指导越来越具体。6月19日,他又起

---

[1]《毛泽东军事文集》第3卷,第239、246页。

草中共中央致郑、李、王的电报："（一）宁周（引者注：指在南京的周恩来）电称：蒋决定大打，你处须随时注意敌情，准备突围。（二）突围后有两个可能前途：第一个能达向北目的，第二个被敌阻隔不能达向北目的。（三）因此你们须作两个准备：第一个争取一切可能向北；第二个在向北不可能时准备在国民党区域创造根据地，以待时局之变化。"[1]以后中原突围时也是这样做的。

这时，中原地区周围的突围要点陆续被国民党军队占领，局势越来越危急。接到中共中央上述电报后两天，中原局在21日致电中共中央，提议在本月底实行主力突围。23日，毛泽东为中共中央起草复电，果断地表明："同意立即突围，越快越好，不要有任何顾虑，生存第一，胜利第一。""今后行动，一切由你们自己决定，不要请示，免贻误时机，并保机密。"[2]

作出最后决断的三个来往电报就在5天内所发，可见局势已到必须当机立断的时刻。

蒋介石在决心以围攻中原解放区作为发动全面内战起点的同时，在军事上的其他方面还作了严密部署。时任国民党政府国防部参谋次长的范汉杰说蒋介石"利用停战'调处'之机，把几百万国民党军队，调到了准备内战的第一线。当我1946年6月到南京后，从出席历次会议所反映的情况来看，蒋介石的军事部署大体已接近完成"[3]。

作为进攻中原解放区主力之一的整编第六十六师师长宋瑞珂回

---

[1]《毛泽东军事文集》第3卷，第274页。

[2]《毛泽东军事文集》第3卷，第288页。

[3] 范汉杰：《国民党发动全面内战的序幕》，《中华文史资料文库》第6卷，中国文史出版社1996年4月版，第544页。

忆道:"中原解放军转移到宣化店地区后,地区狭小,给养困难。国民党在四周遍布军队,封锁监视。""对平汉路以东的中原军区的部队,国民党军则采取封锁监视,不许越界购买粮食,妄图使其饥寒交困,便于尔后之进攻。对平汉路以西地区,不承认鄂中地区有解放军存在,则采取消灭政策。"6月22日,武汉行辕在汉口召集整编师长以上人员开绥靖会议。会上以命令式的报告规定:"整编七十五师,限6月底以前,'肃清'平汉路以西地区的解放军地方武装;整编六十六师确实维护平汉路南段自信阳至孝感的铁路交通;整编七十二师和整编十一师,即在麻城、黄安、黄陂、孝感之线,严密监视李先念部之行动,均须于6月30日以前完成作战准备。"宋瑞珂还写道:"当时蒋介石的作战计划是:首先消灭中原解放军,然后把在豫鄂地区的兵力转用于陇海线以北,集中主力向老解放区进攻。"[1]

一批国民党军的参谋人员和中级军官回忆道:"担任围攻宣化店中原军区的国民党军奉到命令后,即积极准备对宣化店及其附近地区之中原军区部队缩紧包围,严密监视,待命进攻。""第五绥靖区司令部曾奉郑州绥署命令,并转各部队,命令要旨是:严密防守铁道沿线,不得放中原解放军越过铁路西去,中原解放军从哪一个部队防区越走,即以该地区指挥官是问。武汉行辕方面的部队亦奉到同样命令。"[2]

蒋介石围攻中原解放区的作战计划,已化为具体部署。各项严

---

[1] 宋瑞珂:《一九四六年七月围攻中原解放军概况》,《文史资料存稿选编》第9卷,第203、204页。

[2] 魏煜昆等:《国民党军围攻宣化店中原军区的经过》,《文史资料存稿选编》第9卷,第210页。

密的军事准备,都规定必须在 6 月 30 日前完成,"预定在 7 月 1 日发动总攻击"[1]。它的兵力是中原解放军的五倍以上。"合法转移"已无可能。中原解放军如果不坚决突围,无异坐而待毙。这是唯一正确的选择。

王树声以后总结道:"部队在被围的情况下,为了摆脱不利的形势,从被动中争取主动,保存有生力量,必须根据上级的意图,有计划、有步骤、有秩序地实施突围。""突围时机,应力争在敌人未完全达成包围,或已形成合围而未做好攻击准备,或已开始攻击而为我所阻止时,利用黄昏或夜暗突然实施。""突围方向,应选择在敌人结合部,利用敌人矛盾或兵力薄弱部分,以及有利地形,以便集中兵力,迅速打开通路,摆脱敌人。""突围首要关键,在于打开通路。"[2]

为了胜利地实现突围,有两个重要条件:必须正确选择突围方向;还要严格保密,并对敌方造成误导。

先说突围方向。

蒋介石这次围攻中原解放区是下了狠心的。他不仅挟着全国战场上的暂时优势,又以五倍多的兵力四面紧紧围困,经过长期准备,力图一举全歼中原解放军,制造一个规模更大的"皖南事变"。

无论从哪一个方向突围,都将面对异常凶险的局面,甚至有遭受失败的严重风险。这是一个需要高度智慧和胆略来作的选择。向南,是根本不可能的,不仅有长江天险阻挡,而且南方没有较大的根据地接应,也不符合"向南收缩"的方针。向北,河南大部分已处在国民党大军控制下,陇海、平汉两条铁路纵横贯穿河南全

---

[1]《陈先瑞回忆录》,第 287 页。
[2]《王树声军事文选》,第 643、644 页。

省，国民党军队调动便利。第五绥靖区司令官孙震的指挥部设在驻马店，第六绥靖区司令官周碞的指挥部设在信阳，都在宣化店以北的豫南地区，正准备从那里共同指挥袭击宣化店地区的战役。向东，向新四军军部所在地靠拢自然十分理想，这条路线距离最短，沿途比较富裕，群众基础又好，便于解决部队给养。但途中水网密布，不易徒涉，更重要的是这个方向是国民党军为防止中原突围部队同新四军军部会和而重兵集结所在。中原军区第一纵队第一旅旅长皮定均写道："敌人为了防备我军向东突围，把主力布置在我东、南、北三个方向。""敌人在我旅正面的五十里一线，就集结了第七、七十二、四十五、四十九等四个正规军。同时还故意在我东北方的潢川平原留出一个缺口，以诱我进入这个预先布置好的陷阱里。"[1]而且向北和向东，地形开阔，不易保持行动的机密性，对大部队来说，难以从这两个方向机动地突出重围。

剩下的只有向西突围，进入鄂豫陕边区的山区。这里山高路险，人烟稀少，粮食极为缺乏。国民党为了防止中原部队向陕甘宁边区靠拢，也沿平汉铁路驻有相当兵力组成封锁线，进行堵击。前途充满艰险，但这是大部队突围唯一较为可行的方向，也是中共中央和中原部队果断作出的选择。

突围行动的具体部署是：主力向西，其他部队分路突围。为了避免目标过于集中，西进的主力又分为南北两路：北路由李先念、郑位三、王震等率领中原局、中原军区首脑机关和第二纵队主力，经豫南向西突围，其中又由李先念等率领原新四军五师主力为偏南的左翼，由王震率领原三五九旅南下支队为偏北的右翼，两翼有分

---

[1] 皮定均：《铁流千里》，《中原突围》第3辑，湖北人民出版社1983年6月版，第78页。

有合地前进。南路军由王树声率领第一纵队主力，经鄂中向西突围。皮定均、徐子荣率领有独立作战经验的第一纵队第一旅执行牵制敌人掩护主力西进的任务，向东节节抵抗，节节反击，造成中原部队主力将东进的假象，把国民党军大量吸引过来，以后视实际情况灵活转移。张体学等率领熟悉当地情况的鄂东第二旅进驻宣化店接防，掩护主力安全撤离。其他如江汉、河南等军区部队也分散在周围地区积极活动，策应主力西进。

为了掩护大部队西进，6月25日起，"有意地川流不息地频繁调动部队，夜间把部队秘密地拉到西边，白天又急急切切地向东开进，佯装成我主力部队要全力向东转移的姿态"。[1]诱使刘峙将总兵力的三分之一（约十万人）东移。26日，当国民党军队已以一部开始向中原解放区发动进攻、中原野战军正悄悄地开始向西行动时，在宣化店的中原军区大礼堂举行军区文工团"慰问"美方代表和国民党代表的文艺晚会。人们还看到过，李先念、王震和新任宣化店警备司令张体学在街上散步。[2]27日，中原军区主力撤离宣化店，在深山密林中行军，向平汉铁路急进，张体学部仍留在宣化店。国民党当局到29日下午仍没有弄清中原野战军的真正动向。

29日，毛泽东以中共中央名义致电正与国民党谈判的周恩来："中原部队被攻，再不突围，即被歼灭。为求生存，该部决定日内突围，此事完全为求生存，并不牵涉和战问题。如政府愿和，应停止攻击和追击，允许该军由豫西渡黄河入山西，或由陕西入陕北。"[3]

6月30日，北路军两翼一万七千多人选择国民党军进袭主力

---

[1] 萧健章:《宣化店的斗争与中原突围》,《中原突围》第1辑,湖北人民出版社1983年版,第120页。
[2] 《李先念年谱》第1卷,第566页。
[3] 《李先念年谱》第1卷,第567页。

整编第三师赵锡田部和整编第十五师武庭麟部之间因行动迟缓造成的空隙地带,以猛烈行动突破平汉铁路封锁线西进。第二天,南路军一万多人经过数小时的血战,也打开一条通道,突破平汉铁路西进。在东线掩护主力西进的第一纵队第一旅这时已灵活地跳出国民党军的内层包围。留守宣化店的鄂东第二旅也从国民党进攻部队的间隙中穿插行动,跳出包围圈。"突破了平汉线,部队大踏步前进,一口气奔出好几十里。"[1]国民党军准备围歼中原军区的行动扑了一个空,一时还弄不清解放军的真实动向。

中原解放军主力能那么快跳出国民党当局自以为很严密的内层封锁线,实在出乎蒋介石的意料之外。他们的军情报告和通信联络也不灵敏。蒋介石日记中直到五六天后对此才有反应。他在7月6日"上星期反省录"中写道:"李先念匪部主力由宣化店越平汉路西窜。所部指挥无方,防堵不力,使匪飘忽自如,如入无人之境,后患不堪设想矣。"在同日"本星期预定工作科目"中列入"对李先念匪部之兜剿部署及方针"。第二天,他在日记中痛骂:"此刘峙无能,所部不力,任匪横行,抑郁至矣。"[2]

7月7日,《事略稿本》记载:蒋介石"以电话指示刘峙主任、胡宗南长官,关于堵遏战祸之要旨"。并电刘峙:"对李先念股除严令各军跟踪、不得停顿以外,并应特别注重空军与战车部队之使用。"[3]此时他对刘峙已很不满,在9日日记中记道:"指示(范)汉杰剿鄂北与豫陕之方针,派其赴郑助刘(峙)也。"他对中原突围部队的动向仍捉摸不定。15日记:"李先念股已渡丹江,对黄河

---

[1] 邹盛作:《三千里路云和月》,《中原突围》第2辑,第72页。

[2] 蒋介石日记,1946年7月6日"上星期反省录""本星期预定工作科目",7月7日。

[3] 蒋介石《事略稿本》(66),第306、307页。

南岸渡口应准备堵剿。"17日又记："李先念股已窜至荆紫关、南化塘附近。此时应调用豫北预备队至陕洛一带控置也。"[1]

7月中旬，局势有两个重要变化：

一个是蒋介石已开始发动全面内战中另一个重点——大举进攻粟裕主持的苏中解放区。这和进攻中原解放区是同一计划的组成部分，但兵力因此而不得不有所分散。14日，他"手书致徐州绥署薛岳主任，告以决于本月18至20日之间开始对共行动，盖以共军坚不撤出苏北，谈判无效，不得不用局部军事，以求解决也"。[2]他在7月14日日记中又写道："今晨三时起床，祈祷可否剿共问题。得默示'可剿'，乃即下令伯陵（引者注：即薛岳），决于18日、20日之间开始进剿也。"[3]这样，蒋介石军事上的注意重点不能不有所转移。

另一个是中原解放军主力已接近陕西，蒋介石担心它能进入中共中央所在的陕甘宁地区，严厉叮嘱胡宗南尽力堵击。胡宗南是最受蒋介石信任的嫡系将领，所部长期在西北围困并监视中国共产党，兵力众多，装备比较优良，包括一部分精锐部队，这是一批新的对手。胡宗南日记中对蒋介石的再三叮嘱有许多记载。如7月7日："李先念匪越南阳进逼新野，奉委座（引者注：指蒋介石）电话，迅予消灭。"27日："李先念主力窜龙驹寨南四十里之寺坪附近。奉委座电谕：一、速打通南段同蒲路，可大批使用飞机。二、修铁路与工事同等重要。三、三十师之一旅应开潼关，三十六师可各抽一团，集中西安附近。四、范汉杰常驻郑州，帮助绥署调遣军

---

[1] 蒋介石日记，1946年7月9日、15日、17日。
[2] 蒋介石《事略稿本》(66)，第342页。
[3] 蒋介石日记，1946年7月14日。

队、整顿部队,特别注重快速部队,常打电话给余。"30日:"委座对李匪突围之事,严追责任,并限三日内肃清。余报告须待8月10日方能肃清,请展缓十日。"8月4日:"委座电谕:对李匪包围无用,惟有攻击。""此次对李匪如不能剿灭,旅团长一律枪决。"到8月10日,原来限期已到,胡宗南仍无法完成任务,蒋介石也无法追究,旅团长一个也没有因此枪决,更谈不上"一律枪决"了。8月23日日记:"委座电话,王震之匪窜达公路时,可以战车、汽车堵击,你们要负责。"[1]结果也没有追究什么人的责任。

为什么蒋介石如此三令五申,投入如此大的力量,层层堵击,要求消灭中原解放军,胡宗南甚至以"旅团长一律枪决"之类的话来威吓部下,仍无法达到消灭中原解放军的目的?根本原因是,国民党军队的素质、士气、纪律等根本无法同解放军相比。

胡宗南日记中,特地抄录了一段整编第九十师师长严明在8月26日向他的报告。严明是黄埔四期生,抗战期间担任过胡宗南的第一军副军长,是他的心腹将领,因此在报告中讲得相当坦率:"本部官兵心理,经此次剿匪可归纳为:一、怕死,不敢与匪接近,对情况道听途说,无切实报告;二、军纪,军行所过,军纪荡然,杀牛,啃包谷梗,翻箱倒柜,奸淫掳掠,无所不为,即以柴火一项而论,山间柴火得之最易,而不一定要用柴火,而都用老百姓的门板;三、通信,无线电已失作用,通信技术不够,人员不够,因无译电员,书记不能代,现时密本使译电员已成为专门技术,如一三五旅与团五六天内,始终无联络,因无通信员及机器坏之故也;四、战术,部队长将许多兵放在山顶上、围寨内,而在隘路口、交通要点上,

---

[1]《胡宗南先生日记》(上),(台北)"国史馆"2015年7月版,第575、579、580、581、586页。

匪必经过地区,而不放一兵,匪逃跑了,不和你战,你的战术要点,变为死点;五、训练,战斗、纪律即训练皆差,应予严格。"所以,三天后胡宗南在日记中长叹:"此次剿匪完全失败。"[1]

蒋介石的嫡系部队尚且如此,其他部队的状况可想而知。为什么国民党当局花了不少力量,而胡宗南只能叹息此次对解放军中原突围部队的阻击"完全失败"?它的原因实在不难明白。

尽管如此,双方兵力数量毕竟悬殊,国民党军还有飞机、大炮等武器优势;中原解放军向西突围所经山区地势险峻,土地贫瘠,给养难以得到补充,此前长期处于被严密封锁包围的环境中,体质十分衰弱,突围后经过一个多月在险恶山区连续行动作战,加上雨天泥泞,部队极度疲惫,造成相当损失。正如7月24日李先念等致电中共中央所说:"困苦之状,决不亚于红军长征后一阶段。"[2]可以称得上艰苦卓绝。

中原解放军各路突围部队在这样极端恶劣的环境中,经过一次又一次血战,终于战胜千难万险,保存住宝贵的骨干力量。北路军右翼的三五九旅八团、九团千余人以连续数天的强行军,赶在国民党追击部队尚未赶到时,先后越过川陕公路和西兰公路,在9月27日回到陕甘宁边区。李先念在8月27日致电中共中央军委说:"三五九旅西进后,我在豫鄂陕边区的兵力共约七千余人(陕南游击队除外),比由鄂豫边区出发时减员约五分之二,好在是干部损失不大,部队建制尚未短缺。"[3]突围部队根据中央部署,先后创建豫鄂陕和鄂西北两块革命根据地(豫鄂陕根据地主要是北路军左翼

---

[1]《胡宗南先生日记》(上),第587、588页。
[2] 引自朱玉主编:《李先念传(1909—1949)》,第578页。
[3]《李先念文选》,第79页。

开辟的，鄂西北根据地主要是南路军开辟的），对全面内战继续起着重要的牵制作用。这种牵制作用不容小看。

蒋介石在 7 月 27 日日记中叹道："陕鄂交界处之李先念部仍未能如期解决，牵制我军几乎在十师以上，故不克应援太原。"28 日日记："共匪狡计，以李先念股西窜，牵制我第一战区与郑州绥署所有之预备队，不能使我增援晋省。"30 日"上星期反省录"又写道："李先念西窜股匪尚未解决，牵制兵力，耽延时日，已达成共匪军作乱一部分之企图。"[1] 可见它突围后对蒋介石发动全面内战计划的牵制，在全局中仍有着不小的作用。

皮定均等率领的第一纵队第一旅 5000 人东进后，行动机智灵活，横穿皖中平原，强越津浦铁路封锁线，7 月 20 日到达苏皖解放区，同新四军淮南军区部队会师。张体学等率领的鄂东独立第二旅 6000 余人在完成掩护主力西进任务后，奉命成立中共鄂皖地委，留在大别山区坚持游击战争。罗厚福率领的江汉军区部队 6000 余人西进，与南路军会和后创建鄂西北根据地。7 月 29 日，中共中央致电突围部队："紧紧依靠群众，独立自主打游击；善于化整为零，化零为整，灵活使用兵力。"[2]

担任豫鄂陕军区副司令员兼参谋长的陈先瑞回忆道："至 7 月底，中原军区各路突围部队都先后实现了战略转移，并已肩负起在外线继续牵制敌人的重任，这就标志中原突围战役胜利结束。"[3]

对中原突围应该怎样评价？对这个问题有一些争论。毛泽东和突围领导人李先念、任质斌对它做过分析。

---

[1]蒋介石日记，1946 年 7 月 27 日、28 日、30 日"上星期反省录"。
[2]《李先念年谱》第 1 卷，第 589 页。
[3]《陈先瑞回忆录》，第 292 页。

毛泽东在1946年10月1日所作《三个月总结》中写道："过去三个月内,我中原解放军以无比毅力克服艰难困苦,除一部已转入老解放区外,主力在陕南、鄂西两区,创造了两个游击根据地。此外,在鄂东和鄂中均有部队坚持游击战争。这些都极大地援助了和正在继续援助着老解放区的作战,并将对今后长期战争起更大的作用。"[1]

李先念在《要正确评价中原突围》中写道："一九四六年六月二十六日,蒋介石以围攻中原解放区为起点,发动了对解放区的全面进攻。因此,中原突围是中国革命战争史上的一个重要转折,也是党中央、毛主席的重大战略部署。如果有人认为中原突围就意味着失败,那是因为不了解历史情况。"

"在一九四五年八月至一九四六年六月的十个月时间内,中原我军的六万英雄儿女,把国民党三十余万军队牵制在中原地区,这就有力地支援了华东、华北和东北地区的兄弟部队,为做好迎击蒋介石发动全面内战的准备,赢得了宝贵时间。如果不是为了牵制敌人,当我们结束了桐柏战役后,部队一直向东走,最多五天就可以到达苏皖解放区。那时跟在我们后面的国民党部队只有一个军,打过去毫无问题。后来突围,是按照党中央和中央军委指示行动的,是有准备有计划的战略牵制和转移。"[2]

原中原军区副政委任质斌在《关于中原突围》中写道："中原突围是我党党史、军史上具有重大意义的事情,是党中央、毛主席在第三次国内革命战争将要开始时的重大战略决策,是中原人民解放军粉碎国民党企图消灭我中原军区主力、制造新的'皖南事变'

---

[1]《毛泽东选集》第4卷,第1207页。
[2]《李先念文选》,第449、450页。

阴谋的重大胜利。"

"曾经有人怀疑过：中原人民解放军丢了原有的根据地而转移到其他解放区，那能算胜利么？历史事实回答：在当时的情况下，要想保住像中原解放区这样的'飞地'，是不可能的。因为，当时敌人的力量同我们的力量相比，敌人处于绝对的优势，而处于武汉外围的中原地区，又是敌人的心脏要害，敌人是势在必争的。即使中原解放军能打更多的胜仗，也无法保住原有的根据地不丢。这从一九四六年冬华中人民解放军在苏皖地区虽曾七战七捷，但仍不得不转移到山东的战例中，即可得到旁证。"

"还曾经有人说：中原突围以前的中原人民解放区，共有五万之众，经过中原突围后转移到其他解放区的只有一万几千人，减员这样多，还能算胜利么？回答说：国民党在中原突围以前和突围过程中，是想全部消灭我中原人民解放军的，但我中原人民解放军在经过半年多的艰苦作战后，却把部队的基本力量保存下来了，并且在转战于汉水东西、大江南北的斗争中，拖住了大量敌人，使之不能北上、东进，增强对华中、华北和西北解放区的压力，更何况中原部队在数量上虽然减员不少，但一九四七年下半年重返江汉的实践证明，在质量上却大大提高了，这难道不是事实么？！"[1]

他们都对当时复杂的实际情况有真切的了解，能够从全局的战略眼光来审视事情的前前后后，这些话就把问题说得十分清楚了。

（原载《中共党史研究》2019年第2期）

---

[1] 任质斌：《关于中原突围》，《中原突围》第2辑，第1、3、4页。

第二条战线的历史地位：
纪念五二〇运动 50 周年

50年前，在国民党统治区的心脏城市南京、上海、北平、天津等地，爆发了一场以"反饥饿、反内战、反迫害"为中心口号的声势浩大的学生运动。运动爆发后过了10天，毛泽东为新华社撰写评论《蒋介石政府已处在全民的包围中》宣告："中国境内已有了两条战线。蒋介石进犯军和人民解放军的战争，这是第一条战线。现在又出现了第二条战线，这就是伟大的正义的学生运动和蒋介石反动政府之间的尖锐斗争。"[1]

新中国的诞生来之不易。这是亿万人民前赴后继顽强奋斗取得的丰硕成果。其中包含着第二条战线的贡献。当中国人民的社会主义现代化建设事业取得举世瞩目的成就、正昂首阔步走向新世纪的历史时刻，人们不能不追念前人为此作出的业绩。

人心向背的大变动

这场迅猛地席卷祖国大地的风暴是怎么会出现的？在历史发展进程中，人心的向背总是悄悄地起着决定作用。这种人心变动，通

---

[1]《毛泽东选集》第4卷，人民出版社1991年6月第2版，第1224页。

常需要经过长期的积累,在一定条件下便加速地表现出来,创造出令人吃惊的局面。

国民党政府的统治,由于它的独裁、特务横行、腐败、物价飞涨和军事大溃退,到抗战后期在大后方便已失尽民心。当时在华的美国记者白修德在晚年所写的《探索历史》一书中做过这样的描述:"不论你在何地进行采访,也不论你是在重庆或是在外地了解情况,结论是:政府机关、医院、军队司令部、大学、省政府等一切机构都是形同虚设,或者是行将崩溃。这种崩溃的过程是在无声无息中进行的。"[1]

抗战胜利后的原沦陷区,情况和大后方有些不同:那里的人民刚刚摆脱亡国奴的命运,一般对国民党政府的实际情况不那么了解,对他们原来抱着相当热烈的欢迎态度。可是,等待着他们的是什么呢?国民党政府派遣大批官员到原沦陷区,特别是一些大中城市。他们贪婪地掠夺财物,把接收变成"劫收"。物价飞涨,社会秩序混乱,民不聊生。官僚资本膨胀,民族工业奄奄一息,生产萎缩。各大城市街头上到处可以看到横冲直撞、酗酒滋事的美国兵和潮水般涌来的美国货。据官方的《前线日报》统计,1945年9月至1946年1月,美国军车在上海肇事495起,死伤中国人336人。这深深地刺痛每个有民族自尊的中国人的心。人们从抱着满腔热望到陷入极端失望,只是短短几个月里的事情。

更加使人无法忍受的是:国民党政府在抗日战争胜利后不久,不顾全国人民要求和平、民主、团结、建设国家的善良愿望,悍然发动全面内战。他们过高地估计自己的力量,扬言:"也许三个月,

---

[1] [美]白修德:《探索历史》,生活·读书·新知三联书店1987年12月版,第129页。

至多五个月，即能整个解决。"他们背信弃义，一次又一次把庄严的停战协定撕毁得干干净净，把战火燃遍全国，使人们渴望和平建国的美好期待完全破灭。随着内战的扩大，特别是对解放区进攻的连遭挫败，国民党政府的军费开支激增，通货膨胀恶性发展，物价像脱缰野马般飞涨。国民党政府金融巨头张公权写道："军事开支占政府总支出的比重，1946年为60%，1947年为55%。""到1947年12月份，上海批发物价较上年同期几乎增长了15倍。"[1]国民经济凋敝，饥民遍野，大城市街头上到处可以看到冻饿而死的难民，劳动群众和公教人员的生活普遍陷入极度困境。国民党政府把全国各阶层人民逼到饥饿和死亡线上，因而不能不驱使人们团结起来，同他们进行拼死的斗争。这种悲惨的情景，也许是生活在今天的有些年轻人难以想象的。

这时，原在大后方的许多高等学校已陆续迁回沿海的大城市。国民党统治区学生运动的中心也从大西南转移到这些城市。1946年年底到1947年年初，因为美国兵在北平东单强奸北大先修班女学生，在全国范围内爆发了抗议驻华美军暴行运动。这个运动遭到国民党政府的压制，但却帮助许多人认清国民党政府不但是一个独裁的一意发动内战的政府，而且是一个出卖民族权益的政府。人们郁积着的愤怒越来越多，对祖国前途命运的忧虑越来越深。

如果没有这样深刻的社会大背景，那种足以使国民党政府陷入全民包围的第二条战线是不可能出现的。即便掀起一阵浪潮，也不可能持久地发展下去。

---

[1] 张公权：《中国通货膨胀史》，文史资料出版社1986年8月版，第50、53页。

"反饥饿,反内战,反迫害"

正确的口号,在革命运动的进程中往往起着举足轻重的作用。当社会发生急剧变动的时刻,一个能动员千百万人步调一致的行动口号,应当既能正确地反映群众最迫切的要求和最基本的愿望,容易被广大人群所理解和接受,又能引导他们不只停留在原有的水平上,而是从这个基础出发,向更高的阶段迈进,把生活斗争适时地提高为政治斗争。五二〇运动最初提出的"反饥饿、反内战"正是这样的口号。

我们可以看看,当时国民党统治区人民,特别是人数众多的原来处于中间状态的人们,最关心的问题是什么?拿青年学生来说,中央大学医学院学生在1947年5月的调查报告中,以朴素的语言指出:"学生是在饥饿中。学生每月的副食费,依然冻结在24000元的标准上,自去年12月调整过后一直没有变动。现在我们的伙食不仅看不见一滴油,吃不到一片肉,连一天两顿干饭、一顿稀饭的伙食都不能维持了。"从1947年2月到5月,物价已涨了四五倍。大学公费生每天的副食费只够买两根半油条。这是每个学生天天面对着的冷酷事实,是谁都否认不了也回避不了的。在这种情况下,中国的教育事业已难以维持下去,更谈不上要学生安心读书了。1947年5月20日那天,在南京举行的5000多人大游行的前列,高举的横幅上写着"京沪苏杭十六专科以上学校挽救教育危机联合大游行"。这种悲惨的呼声,不仅深得人心,并且在社会上博得广泛的同情。

人们在把注意力集中到反饥饿问题上时,自然会进一步思考：这一切是怎么造成的？答案不难找到：这是国民党政府发动全面内战带来的。饥饿的根源在内战，反饥饿必须反内战。因此，许多学校的学生集会上，经过反复讨论，大家同意在提出反饥饿的同时增加反内战的要求。游行时，喊出了"向炮口要饭吃"的口号。5月23日，新华社时评写道："运动广泛，是因为从群众最迫切的需要——要吃饭、要和平出发。人没有不要吃饭的，但是蒋介石今天的统治，却使中国大多数人（包括大多数学生和大学教授）硬是没饭吃。人民所以没有饭吃，是因为蒋介石发动了全国大内战，破坏了全国人民所力争的和平。""中国近代只有三次群众运动可以和今天比较，就是1919年的五四运动、1925年的五卅运动和1935年的一二·九运动。但是这三次运动中的群众都没有像今天这样提出如此悲惨和如此普遍的反饥饿的口号，也没有公然看到人民有如此强大的力量，公然看到反动的统治者如此摇摇欲倒。这就是这次群众运动的规模气概'为以往任何时期所未有'的真正理由。"[1]

5月20日南京的游行队伍在向当天开幕的国民参政会请愿时，遭到国民党军警的严密封锁和毒打。消息迅速传遍全国。10多天内，60多个大中城市有几十万学生罢课，近１０万学生举行示威游行，但到处遭受国民党当局的严厉镇压，使群众更加激怒起来。运动的口号，在"反饥饿、反内战"以外，又增加了"反迫害"，从而具有更鲜明的政治色彩，数量众多的原来处在中间状态的青年学生，正是从争取生存、挽救教育危机的要求开始，在实际生活中一步一步地受到教育，思想上发生深刻变化，走到投身或支持革命的

---

[1]《蒋介石的末路》,《新华社评论集（1945—1950）》，新华通讯社1960年7月编印，第166、167页。

道路上来,这种变化的规模之大、速度之快,是以往历次学生运动中少见的。

学生运动是人民运动的一部分,又推动着整个人民运动的继续高涨。同它相伴随的工人运动、城市贫民斗争、农村抗粮抗税抗抽丁斗争等,在各处风起云涌地展开。各民主党派和无党派民主人士也采取密切合作的态度,积极参加到这个运动中来。国民党政府已是四分五裂,众叛亲离,陷入空前孤立的境地。

群众运动和党的领导

五二〇运动是一场波澜壮阔的群众运动,是在中国共产党领导下进行的。这两个方面像水乳交融那样结合在一起。

这场运动是在群众对国民党政府的统治极端失望和愤怒的条件下发生的。茅盾在五二〇事件发生8天后说过一段中肯的话:"学生运动发生以后,就有人指为有背景。究竟学生运动有没有背景呢?我以为无论什么运动决不会凭空发生,运动之发生必有其社会的政治的原因,而一年来政治上之失尽人心,经济之崩溃,物价狂涨,内战火热,使全国人民到了活不下去的地步——这一切就是学生运动发生的背景。"[1]

中国共产党正是以群众的根本利益为出发点的。它的领导,必须适合于群众的觉悟程度、需要和情绪,审时度势,因势利导,带领群众一起奋斗。如果脱离最大多数群众的要求,没有群众出自内心的需要,得不到广大群众的支持,任何力量都无法人为地制造出

---

[1]《五二〇运动资料》第1辑,人民出版社1985年6月版,第403页。

一场成功的群众斗争风暴来。同时，如果没有中国共产党的有力领导，自发的群众运动也难以有坚定正确的政治方向，难以凝聚成一股坚不可摧的团结奋斗的力量，在极端复杂的环境里一步步夺取胜利，甚至会走偏方向。这是无数历史事实所证明了的。

对国民党统治区这场大规模群众运动的到来，中国共产党早有预见，确定了正确的方针。1947年2月1日，中共中央政治局会议通过毛泽东起草的党内指示《迎接中国革命的新高潮》，指出"解放区人民解放军的胜利"和"蒋管区人民运动的发展"这两个因素预示着中国新的人民大革命将要到来，并可能取得胜利。周恩来在会上作了国民党统治区人民运动的报告，第一次把它称为"第二战场"。2月28日，周恩来为中共中央起草给国民党统治区党组织的指示，写道："蒋管区群众斗争，固然要经过一些迂回起伏，但总的趋势必然会继长增高，问题就要看我们领导的斗争策略如何，组织力量如何，以决定群众斗争增长的快慢与可否避免一些挫折。"指示接着说："针对目前蒋的镇压政策，我们应扩大宣传，避免硬碰，争取中间分子，利用合法形式，力求从为生存而斗争的基础上，建立反卖国、反内战、反独裁与反特务恐怖的广大阵线。"3月1日，中共中央又发出指示："相信蒋顽前线续败，人民在活不下去忍受不了的条件下，新的斗争会在为生存而奋斗的基础上增长起来。"

两个指示都强调斗争应该从"为生存而斗争的基础上"发展起来。这是适合国民党统治区广大人民已经"活不下去、忍受不了"这种悲惨的实际情况的，从而为运动的开展选准了突破口。

到五二〇运动爆发前夜，中共中央上海局书记刘晓向中央报告说：由于最近物价暴涨和一连串美军侮华事件，经济剥削与政治压迫加紧,近月来群众斗争又复趋活跃,抗暴运动以后第二个高潮又将很快到来,5月份可能是这一新高潮的开始。"这一高潮不像抗暴带突然性,而是在开始形态是此起彼伏、连绵不绝、分散的生活斗争,是生活斗争与政治相互协通、到一定时机又汇合成全面性的政治斗争,我们在思想上组织上策略上都是为着准备组织与领导这一新的高潮,把蒋区民主运动向前推进一步。"[1]这个报告得到中共中央的批准。

五二〇运动正是由上海局和各级地下党组织有计划、有组织地发动起来的。上海局对运动作了具体部署,决定首先在国民党统治区政治中心所在的南京突破,由各地响应,并及时分析新的情况,指导运动的发展。许多共产党员挺身站在运动的前列,在群众中进行大量深入细致的说服和组织工作,根据实际情况及时提出并调整斗争的口号和策略,发挥了先锋和骨干作用。他们团结越来越多的群众,争取到广泛的社会同情,组成浩浩荡荡的队伍,使国民党政府感到焦头烂额,难以应付。

当运动发展到高潮时,不少学校通过"无限期罢课"的决议。上海局以清醒的头脑分析了当前情况,认为运动已达到预期要求,如果过高地估计自己的力量,让罢课旷日持久下去,会使中间分子产生厌倦,而使积极分子逐渐孤立起来。这在反动势力仍占支配地位的国民党统治区是不利的。5月24日,上海局向中央的请示报告中提出:"趁我声势还浩大,上层分子已有配合,群众情绪还高涨,敌人内部对学潮政策有分歧、还未统一的时候,主动决定暂时停止罢课、一面上课一面斗争、上课与罢课带弹性的斗争策略。"[2]

---

[1]《解放战争时期的中共中央上海局》,学林出版社1989年3月版,第365页。
[2] 原载《文献和研究》,1985年第2期。

这个策略得到中共中央的同意。6月间，各地学校陆续复课，把工作重点转入巩固并发展已有的成果。至此，五二〇运动胜利结束。

第二条战线的历史地位

中国共产党在1947年5月提出"现在又出现了第二条战线"，这是一个具有全局意义的战略性判断。

从1927年建立农村革命根据地以后，在根据地和人民军队进行武装斗争的同时，国民党统治区（抗战时期还有敌伪统治区）内一直存在着中国共产党领导的各种群众运动，对根据地和人民军队的斗争起着有力的配合作用，但并没有把它称为"第二条战线"。为什么到1947年毛泽东提出"现在又出现了第二条战线"呢？因为到这时才形成国民党处在全民包围之中这种局面，才足以把这条战线称为"第二条战线"。

1947年年底，中共中央在陕北举行著名的十二月会议。毛泽东指出："政治方面，人心动向变了。蒋介石孤立起来，群众站在我们方面。"他分析道：这个问题在长时期内没有解决，内战时期我们比较孤立，抗战时期蒋介石逐渐失掉人心，我们逐渐得到人心，但问题仍没有根本解决，直到抗战胜利以后这一两年来才解决了这个问题。[1]毛泽东这些分析，是对五二〇运动前后国民党统治区政治力量对比出现转折性变化所作的十分精当的分析。

第二条战线的出现是人心大变动的结果，又进一步促进了这种变化。它用铁一般的事实揭露了国民党政府的真面目，扩大了中国

---

[1] 毛泽东：《在杨家沟中共中央扩大会议上的讲话》，《毛泽东文集》第4卷，人民出版社1996年8月版，第328页。

共产党的影响。大群大群过去没有参加过爱国民主运动的青年学生，摆脱对国民党统治的幻想，卷入到这场斗争中来。轰轰烈烈的群众斗争，壮大了学生中的进步力量。在复杂险恶的环境中进行探索和奋斗，培育并锻炼出一大批人。为数众多的当年活跃在这场斗争前列的先进分子，具有较高的政治觉悟和文化知识，在全国解放后成为革命和建设的重要力量。他们中有些人至今担任着党和国家的领导职务，为中国的社会主义现代化建设事业作出重大贡献。

当然，第二条战线的斗争并不是直接拿起武器来推翻反动统治。它对第一条战线的武装斗争所起的仍然是配合作用。如果没有第一条战线上军事斗争的节节胜利，便不会有第二条战线的出现，更谈不上它的胜利了。但这种配合作用是十分重要的。千千万万手无寸铁的青年学生，为了爱国、民主和生存，毫不畏惧地起来反对国民党政府，把全社会绝大多数人的同情争取到自己方面来，使国民党政府更加众叛亲离，加速了它的土崩瓦解。这两条战线相互配合并不断推进，国民党政府便内外交困，深深陷入全民的包围中。这就为人民解放战争在全国范围内的迅速胜利创造了重要的条件。

第二条战线的巨大功绩，将毫无愧色地永垂中国人民解放事业的史册。革命的目的是为了建设。它也将激励着生活在今天的人们，以饱满的热情，在前人已经开辟的道路上，把建设有中国特色的社会主义的壮丽事业不断推向前进。

（原载《人民日报》1997年5月17日）

新中国诞生的划时代意义

中华人民共和国的诞生,在中华民族几千年历史长河中具有划时代的意义。"划时代"三个字,意味着它结束了一个旧时代,开创了一个全新的时代。中国的社会结构、政治经济文化状况和它的前途命运,在这以后同以前相比,发生了根本的变化。

新中国成立满一年的时候,周恩来总理在庆祝大会上说:"经过了这一年,中国的历史已经比过去几百年甚至几千年经历了更重要的变化;旧面貌的中国正在迅速地消失,新的人民的中国已经确定地生长起来了。"[1]宋庆龄副主席在《第一年的新中国》中写道:"一九四九年十月一日是具有历史意义和欢欣鼓舞的纪念日。它显示着人民解放与中国新生的开始。它是新纪元的发轫,我们从此进入了人民的新时代。"[2]他(她)们所说的,也都是结束了一个旧时代、开创了一个新时代的意思。事实上,如果没有一个新的社会制度取代它,旧的社会制度是不会结束的。

那些饱含深情的话,没有丝毫夸张。这个日子是值得中华民族子子孙孙永远铭记的。如果不了解祖国经历过那么多而久的屈辱和苦难,如果不了解先人为了这一天的到来曾付出多么大的代价,人们也许很难真正领会这种感情。最近逝世的前辈学者任继愈教授两

---

[1]《周恩来选集》下卷,第31页。
[2]《新华月报》,1950年10月号。

三年前在《人民日报》上曾很有感慨地写过一段话:"只有历尽灾难、饱受列强欺凌的中国人,才有刻骨铭心的'翻身感'。经历百年的奋斗,几代人的努力,中国人终于站起来了。这种感受是后来新中国成长起来的青年们无法体会得到的。他们认为中国本来就是这样的。"这是一位饱经沧桑的九十老人出自肺腑之言,很值得我们深思。

中国人从此站立起来了

凡是在旧中国生活过一段时间的人大概都无法忘记:中国近代的民族苦难实在太深重了。

1840年鸦片战争以后,中国便丧失了独立地位,变成半殖民地国家。曾经创造出辉煌古代文明的中华民族,被西方列强蔑视为行将被淘汰的劣等民族。国家的命运不是掌握在中国人自己手里,而是听凭外人摆布和宰割。一个又一个反动统治者俯首帖耳地听命于外人,帮助他们欺压中国老百姓。每个有血性的中国人,怎么能对祖国如此悲惨的处境不感到极度的愤怒和痛苦?

中日甲午战争使中国的局势更加恶化了。亡国灭种的严重威胁,像一个可怕的阴影那样,沉重地笼罩在中国爱国者的心头。孙中山发出"振兴中华"的呼喊,严复响亮地提出"救亡"的要求,成为这以后半个多世纪中华民族行进中的主旋律。

中国真的要灭亡了吗?出路到底在哪里?无数爱国者不仅痛苦地思索着,而且进行了不屈不挠的抗争。但在很长时间内,等待着他们的却是一次又一次的失败,黑暗仿佛看不到尽头。毛泽东曾痛心地写道:"历来中国革命的失败,都是被帝国主义绞杀的,无数革命的先烈，为此而抱终天之恨。"[1]只是在中国共产党领导下，全国各族人民万众一心，顽强奋斗，终于结束了帝国主义对中国的统治，取消了它们在中国的一切特权，建立起新中国。中国人重新找回自己的尊严。人们扬眉吐气，对祖国的明天充满希望。

这一天的到来，中国人等待得太久太久了。它的到来何等不易。从此，新中国永远结束了旧中国的屈辱历史。毛泽东在新政治协商会议筹备会上的讲话中充满自豪地宣告："中国必须独立，中国必须解放，中国的事情必须由中国人民自己作主张，自己来处理，不容许任何帝国主义国家再有一丝一毫的干涉。"[2]在中国人民政治协商会议第一次全体会议的开幕词中，他又说："我们的民族将再也不是一个被人侮辱的民族了，我们已经站起来了。我们的革命已经获得全世界广大人民的同情和欢呼，我们的朋友遍于全世界。"[3]他说出了无数中国人多少年来压在心底的话。当时在座的政协代表孙起孟回忆道："我记得，当他讲到'我们的民族将再也不是一个被人侮辱的民族了，我们已经站起来了'时，当场掌声经久不息。雷鸣般的掌声表露了中国人民对埋葬旧世界、建设新世界的无比的高昂情绪。我看见邻座有几位年事较高的委员一面流着热泪，一面使劲地拍掌。我自己也是这样。"[4]

新中国诞生后，立刻一扫以往一百多年旧中国的屈辱外交，独立自主地处理自己的事情。周恩来在外交部成立大会上响亮地宣布："中国的反动分子在外交上一贯是神经衰弱怕帝国主义的，清

---

[1]《毛泽东选集》第2卷，第679页。
[2]《毛泽东选集》第4卷，第1465页。
[3]《毛泽东文集》第5卷，人民出版社1996年版，第344页。
[4] 孙起孟：《曙光从东方升起》，《中国人民政治协商会议第一届全体会议亲历记》，中国文史出版社2003年版，第24页。

朝的西太后,北洋政府的袁世凯,国民党的蒋介石,哪一个不是跪倒在地上办外交呢?中国一百年来的外交史是一部屈辱的外交史。我们不学他们。"[1]

"中国的事情必须由中国人民自己作主张,自己来处理,不容许任何帝国主义国家再有一丝一毫的干涉。"这是何等的气概!它是新中国此后一切进步和发展的根本前提。有了这一条,才谈得上中国人在自己的国土上自主地建立一个新国家和新社会,才有中国的社会主义现代化可言。

人民当家做主人

在旧中国,在野蛮落后的封建制度下,少数剥削者专横地骑在广大人民头上。亿万劳动人民被压在社会的最底层,过着牛马不如的生活,遭人冷眼蔑视。他们大多连字也不识,没有任何政治权利可言,遭受冤屈也无处申诉。只要想一想鲁迅笔下的闰土、祥林嫂那些形象,就使人内心深深感到痛楚。他们占着中国人口中的绝大多数。这种状况已经延续了千百年,是旧中国贫穷落后的最深刻的根源。

新中国永远结束了那种状况,人民当了家,做了自己国家和社会的主人。人民政府是为人民办事的,是依靠人民办事的。获得解放的亿万劳动人民中迸发出从来不曾有过的建设国家的积极性,涌现出工人中的王进喜、农民中的陈永贵、战士中的雷锋那样的人物。这样的人物在旧中国历史上是没有的。这是中国社会发生的又一个

---

[1]《周恩来外交文选》,中央文献出版社1990年版,第4、5页。

翻天覆地的变化。

庄重的人民政协第一次全体会议上，上海工人代表范小凤在发言中说："我是一个青年女工，生在贫苦的农民家庭，由于中国广大农村在帝国主义、封建主义的压榨下破产了，我没有办法在乡下生活，被迫到上海去，才十二岁，就不得不到工厂去做养成工。十七年来，我先后在英国怡和纱厂、日本内外棉纱厂、国民党官僚资本的中纺一厂做工，像牛马一样，过着挨饿受冻的生活，在那整整十七年的很长的岁月里，受尽了各种各样的奴役压迫，苦难是说不完的。""今天我——一个年轻的女工，能够站在中国人民政治协商会议的讲台上来说话，这是五千年来中国历史上没有的事，我感到无上光荣！"[1]少数民族代表张冲在发言中说："我们彝族一向受压迫，受歧视，人们叫我们做蛮子、猓猡，不当做人看待。但是，今天我们做了人，并且做了国家的主人，来参加这个中国历史上没有先例的大会，实在是无比的光荣与兴奋。"[2]特邀代表梅兰芳在发言中转述了袁雪芬代表的话："我们地方戏的工作者，在旧社会里面，向来是不当人看待的。今天在共产党领导之下是翻身了，做了新中国的主人。地方戏是人民自己的戏剧，都是从农村来的，到现在已拥有更普遍的观众。""现在我们既然在政治上的地位提高了，更应自觉，更应努力本位工作，在毛主席领导下，前进！"[3]这些发言，都充分反映了人民翻身做了国家主人时的兴奋和自豪之情。

费孝通教授在1949年参加北京市第一届各界人民代表会议后，描述了他当时的强烈感受："我踏进会场，就看见很多人，穿

---

[1]《中国人民政治协商会议　各单位代表主要发言》，《人民日报》，1949年9月28日。

[2]《中国人民政治协商会议　各单位代表主要发言》，《人民日报》，1949年9月28日。

[3]《中国人民政治协商会议　各单位代表主要发言》，《人民日报》，1949年9月25日。

制服的,穿工装的,穿短衫的,穿旗袍的,穿西服的,穿长袍的,还有位戴瓜皮帽的——这许多一望而知不同的人物,而他们会在一个会场里一起讨论问题,在我说是生平第一次。这是什么意思呢?我望着会场前挂着的大大的'代表'二字,不免点起头来。代表性呀!北京市住着的就是这许多形形色色的人物。如果全是一个样子的人在这里开会,那还能说是代表会么?"[1]

这是整个社会大变革中富有象征性的一个缩影。它把民主从过去少数人的权利,变成多数人都能享受的权利。这才是真正的人民民主。费孝通教授说这样的经历"在我说是生平第一次",反映出这场社会大变革的广度和深度确实是中国历史上从来不曾有过的。

人与人之间的关系发生了根本变化,这是新社会的突出标志。世界真的变了。"为人民服务"成为时代的最强音,成为衡量一个人的品德和价值的标准。社会风气根本改变。人们相互以"同志"称呼,在人格上是平等的,不再有"上等人"和"下等人"的区别。这在旧社会是难以想象的,而经历了这场革命风暴洗礼后便再也无法完全倒退到原来那种状态中去。亲身经历过这场社会大变革的人,对这些大概都会留下永生难忘的记忆。

正是由于人与人之间的关系发生了根本变化,在人民群众中特别是过去不被当作人看待的广大工农大众中,形成一种新的劳动态度。1949年2月,沈阳皇姑屯铁路工厂2500名职工给北平员工的一封信中写道:"我们真正的翻身了!站起来了!我们改变了旧的劳动态度,我们把工厂变成了自己的家,我们成了工厂的主人。"[2]这样沸腾的热情,在旧中国是看不到的。

---

[1]《费孝通文集》第6卷,群言出版社1999年版,第96、97页。
[2]《转换中的北平》,商报出版社1949年版,第39、40页。

离开人民的解放，离开人民的当家做主人，离开广大人民群众自觉的积极参与，新中国和新社会的建设能取得如此巨大成就是无法想象的。

祖国的空前统一和团结

还有一点极为重要，那就是国家的统一。这里说的不只是在形式上的统一，而是真正成为统一的整体。

旧中国常被称为"一盘散沙"，而且长期处在四分五裂中，中央号令不行，地方上形形色色的"土皇帝"各行其是。民国以来，军阀割据和军阀混战更给人民带来极大的苦难。邓小平曾说："也只有在中华人民共和国成立以后，才真正实现了全国（除台湾外）的统一。旧中国军阀混战时期不必说了，就是国民党统治时期，国家也没有真正统一过，像对山西、两广、四川等地，都不能算真正统一。"[1] 美国国务院在1945年年底关于中国政治军事局势的内部评估报告中写道：国民党政府在它统治区的权威，"随不同的军事领导人向中央政府的效忠程度而有所不同，事实上这些领导人很多处于一种半独立状态"。[2]

这种"一盘散沙"乃至四分五裂状况，在旧中国是难以改变的。华北的著名民主人士蓝公武在人民政协第一次全体会议上的发言中说："过去常听到许多人说'中国人如一盘散沙，不能团结'。不错，在满清政府、北洋军阀、蒋介石反动派统治时代，人民所见到的只有卖国殃民、贪污腐化，所受到的只有压迫榨取，屠杀囚禁，

---

[1]《邓小平文选》第2卷，人民出版社1994年第2版，第299页。
[2]《美国对华情报解密档案（1948—1976）》（壹），东方出版中心2009年版，第206页。

人民当然不会有团结,也不可能有团结。今天在中国共产党和毛主席领导之下,情形便大不相同。共产党是依靠人民大众的力量来进行革命事业的。在解放了的地方,人民都团结起来,组织起来,成为一个伟大的革命力量。"[1]

新中国在中国共产党领导下,除了台湾以外,形成空前统一的局面。人民政府能够根据人民的根本利益,在全国范围内通盘筹划,制定明确的路线、方针和政策,采取重大措施。中央政府的政令能够雷厉风行地推行到全国各地,包括边疆地区,一致行动。全国各社会阶层以前所未有的规模组织起来,建立起各级工会、农民协会、青年团、学联、妇联、街道居民委员会等,深入到社会的基层,形成一个巨大的几乎无所不包的网络,随时可以将民众动员起来完成人民政府的各项工作,根本改变过去那种散漫无组织的状态。全国人民的大团结,成为人民政府最广泛的社会支柱。

一切为了人民,一切依靠人民,这是新中国力量的源泉,也是中国人多少年来梦寐以求而从来没有实现过的新局面。

中国是由56个民族组成的多民族国家。各族人民都是新中国的主人。中国的民族关系有着重要的特点:境内各民族在千百年漫长岁月的密切交往中,已形成相互依存、不可分离、你中有我、我中有你的亲密关系,许多民族还长期在同一地区杂居。这些特点是历史地形成的。第一届政协代表王再天(蒙古族)回忆道:当人民政协讨论《共同纲领》时,"会上会下大家都在热烈地探讨。我国少数民族的人口、分布等情况与苏联不大相同。一是少数民族人口占总人口的比例小,有些民族的人口也很少。二是少数民族人口分

---

[1]《中国人民政治协商会议　各单位代表主要发言》《人民日报》,1949年9月28日。

布是大杂居、小聚居，有些地方有几个民族相邻而居。不适合照搬苏联的加盟共和国、自治共和国那样的国家体制。我们应该根据我们各民族聚居的人口、地域情况，灵活地建立相应大小的民族自治地方。这样，能更好地实行我们的民族政策，也便于民族自治地方的经济文化发展，更有利于各民族间的交往和团结，反对帝国主义挑拨民族矛盾、分裂我们祖国的阴谋"[1]。

以往，中国共产党由于搬用苏联经验，曾提出过建立中华联邦共和国的口号。那时这个问题其实还没有条件提到现实的议事日程上来。随着对中国实际国情了解的加深，这个看法逐渐改变。到新中国诞生前夜，周恩来向前来参加人民政协会议的代表作报告，特别谈道："关于国家制度方面，还有一个问题就是我们的国家是不是多民族联邦制。"他详细分析中国民族关系的特点后指出："我们国家的名称，叫中华人民共和国，而不叫联邦。""我们虽然不是联邦，但却主张民族区域自治，行使民族自治的权力。"[2] 人民政协通过的作为新中国临时宪法的《共同纲领》中明确规定："各少数民族聚居的地区，应实行民族的区域自治，按照民族聚居的人口多少和区域大小，分别建立各种民族自治机关。"[3]

这就把统一国家下的民族区域自治，作为新中国一项基本政治制度确定下来。如果当年在处理这个问题上稍有忽略或偏差，它的后果可能会十分严重。这是中国共产党在处理民族问题上的成功创造。它的深远意义，随着历史进程的推演，人们已经看得

---

[1] 王再天：《创建新中国的盛会》，《中国人民政治协商会议第一届全体会议亲历记》，第130页。
[2] 《周恩来统一战线文选》，人民出版社1984年版，第140页。
[3] 《建国以来重要文献选编》第1册，中央文献出版社1992年版，第12页。

越来越清楚了。

结　语

有比较才能有鉴别。时间隔得长一些，回头来看，事情也许看得更清晰。

想一想旧中国国势危殆、任人摆布、社会贫穷落后的痛苦岁月，看一看当今世界上一些国家内争不断、社会动荡，甚至种族仇杀那种悲惨情景，我们就不能不更加感觉到我们能够生活在统一稳定、正大踏步前进的新中国是多么幸福，才能更加明白为什么新中国在不长的60年内能够取得如此举世瞩目的成就所在，才能更加体会到新中国成立的划时代意义。

毛泽东1945年在《论联合政府》中曾回顾旧中国多少年来的痛苦教训："一个不是贫弱的而是富强的中国，是和一个不是殖民地半殖民地的而是独立的，不是半封建的而是自由的、民主的，不是分裂的而是统一的中国，相联结的。在一个半殖民地的、半封建的、分裂的中国里，要想发展工业，建设国防，福利人民，求得国家的富强，多少年来多少人做过这种梦，但是一概幻灭了。"他作了这样的概括："就整个来说，没有一个独立、自由、民主和统一的中国，不可能发展工业。"[1]也就是说：没有独立、自由民主和统一，就不可能在中国实现以工业化为中心的现代化。

新中国诞生的划时代意义，还有许许多多话可说（如社会主义性质的国有经济成为国民经济中的主导力量，全国范围的土地制度

---

[1]《毛泽东选集》第3卷，第1080页。

改革即将全面展开，新中国各项基本政治制度初步形成，人们的思想观念发生巨大变化等)，而民族独立、人民解放、国家统一是它的三个要点。路总是一步一步走的，凡事都有个先后。只有实现了民族独立、人民解放和国家统一，才能为祖国繁荣富强和人民共同富裕创造根本的前提。没有这个前提，一切都无从谈起。

新中国诞生是一个全新的出发点，是和旧时代根本不同的新国家和新社会。中华人民共和国正是从这里起步。当我们迎来新中国成立60周年的时候，当我们今天看到中国在国际金融危机风暴震荡中依然能满怀信心地大步迈进时，不能不从内心深处对先人奋斗留给我们的一切，充满感激之情。

(原载《光明日报》2009年9月14日)

换了人间：新中国的最初岁月

习近平同志在庆祝改革开放40周年大会上的重要讲话中指出："建立中国共产党、成立中华人民共和国、推进改革开放和中国特色社会主义事业，是五四运动以来我国发生的三大历史性事件，是近代以来实现中华民族伟大复兴的三大里程碑。"里程碑，本意是指漫长旅途进入一个新阶段的标志，人们通常用它来比喻历史旅程来到一个新的出发点。为什么中华人民共和国的成立是近代以来实现中华民族伟大复兴的"三大里程碑"之一？因为从这时起，中国的命运发生了根本变化，可谓"换了人间"。

回顾新中国的最初岁月，有助于弄清楚我们从哪里来、往哪里去，弄清楚艰苦卓绝是什么、是怎么来的，从而不断增强守初心、担使命的思想自觉和行动自觉。

中国人从此站立起来了

中国近代的民族苦难实在太深重了。

鸦片战争后，中国的国家主权和领土完整不断遭受外来的破坏。一系列的侵略战争、一系列的不平等条约强加到中国人头上。中国人被趾高气扬的西方列强看作"劣等民族"，视同可以任意宰割的羔羊，被瓜分的阴影从此一直笼罩在中国人心头。维新志士谭嗣同写道："四万万人齐下泪，天涯何处是神州。"这是多么痛心的话语！但中华民族的危机一直在加深。进入20世纪时，"八国联军"占领北京，实行分区管理，时间长达一年之久。接着，日本军国主义者公然把中国的东北称为他们的"生命线"，还想独吞中国。《义勇军进行曲》悲愤地唱出"中华民族到了最危险的时候"，表达了无数中国人深埋心底的呐喊。新中国把它定为国歌，就是要子子孙孙永远不忘这段苦难经历，发愤图强。

中华民族是一个有骨气的民族，从来没有停息过顽强的抗争。在中国共产党领导下，中国人民付出巨大牺牲，终于取得了革命胜利。

新中国成立前夕，毛泽东同志在中国人民政治协商会议第一届全体会议上说了一段令人永远难忘的话："我们有一个共同的感觉，这就是我们的工作将写在人类的历史上，它将表明：占人类总数四分之一的中国人从此站立起来了。""我们的民族将从此列入爱好和平自由的世界各民族的大家庭，以勇敢而勤劳的姿态工作着，创造自己的文明和幸福，同时也促进世界的和平和自由。我们的民族将再也不是一个被人侮辱的民族了，我们已经站起来了。"参加会议的孙起孟老人回忆："当场掌声经久不息。""我看见邻座有几位年事较高的委员一面流着热泪，一面使劲地拍掌。我自己也是这样。"一百多年来，祖国受尽外人的蔑视和蹂躏，痛苦和悲愤长期埋存在心头。一旦看到中国人终于重新站立起来，那种兴奋和激动，那种刻骨铭心的翻身感，也许是长期处于幸福生活中的后来者很难真切领会到的。

从新中国成立时起，谁都别想指望中国会在外人的压力和威胁面前低头。毛泽东同志在开国大典上庄严地宣布："本政府为代表中华人民共和国全国人民的唯一合法政府。凡愿遵守平等、互利及互相尊重领土主权等项原则的任何外国政府，本政府均愿与之建立外交关系。"周恩来同志在外交部成立大会上说："中国一百年来的外交史是一部屈辱的外交史。我们不学他们。""要有独立的精神，要争取主动，没有畏惧，要有信心。"

中国的事情必须由中国人民自己作主张，自己来处理，决不容许帝国主义国家对中国内政再有一丝一毫的干涉，决不容许在根本原则问题上有什么妥协和退让。这对新中国此后的发展和进步有着深远的影响。有了这一条，中国人民才能在自己的国土上扬眉吐气，根据自身利益和实际情况，独立地探索并建立一个新国家和新社会，走上中国特色社会主义道路。

新中国成立的第二年起，中国经历了抗美援朝战争，经过同友军一起三年奋战，终于把这场战争停止下来。美军总司令克拉克说："我获得了一个不值得羡慕的名声：我是美国历史上第一个在没有取得胜利的停战协定上签字的司令官。"这场战争影响深远，使国际上许多人重新认识了中国，看到已站立起来的中国蕴藏着人们原来没有料想到的无穷无尽的巨大潜力，也看到中国人说话是算数的，是不好惹的。它使一些原来狂妄不可一世的人不敢轻易尝试以武力来对付中国。从而保障中国的经济建设和社会改革得到一个长时间相对稳定的和平环境。对新中国的发展来说，这是极重要的外部条件。时间隔得越久，对此看得越清楚。

人民政权为人民

新中国成立后，人与人之间的关系完全改变，"全心全意为人民服务"成为最响亮的格言，这是中国共产党人的根本宗旨。人们都以"同志"相称。

人民当家做主人，一定要以制度为保障，其中最重要的莫过于政权问题。新中国成立前夕，中国共产党领导制定《中国人民政治协商会议共同纲领》，对新中国的国体作出明确规定：实行工人阶级领导的、以工农联盟为基础的、团结各民主阶级和国内各民族的人民民主专政。在确定国名时，突出了"人民"这个名称，明确"中华人民共和国的国家政权属于人民"。同时规定，"人民行使国家政权的机关为各级人民代表大会和各级人民政府"。这时，解放战争尚在进行，土地改革尚未完成，实行人民代表大会制度的条件还不成熟。中共中央发出三万以上人口的城市、各县均应召开各界人民代表会议的指示。费孝通教授在《我参加了北平各界代表会议》中写道："三十多年来我所追求的梦想，在这六天里得到了。这是什么呢？是民主。"我在1950年至1952年当过上海市各界人民代表会议的青年界代表，亲眼看到不少普通的工人、农民在大会上发言。没有什么稿子，畅所欲言，陈毅市长坐在下面听。代表们还投票选举了市长。这种情景在旧中国没有见过。

人民政府成立后，在城市中，没收了官僚资本主义企业，使社会主义性质的国营企业在国民经济中开始发挥主导作用，并且进行以废除封建把头制度、推进管理民主化为中心的企业民主改革，使工人阶级成为工业企业的主人。更重要的是进行土地改革。旧中国是一个农民占绝大多数的国家。1950年《土地改革法》颁布，在广大新解放区全面实行土地制度改革，彻底消灭已延续几千年的封建土地所有制，使全国3亿无地少地的农民无偿获得约7亿亩土地和大量生产资料、生活资料。广大农民真正翻了身，做了自己土地的主人。这就大大解放了农村生产力,发展了农业生产,并为新中国的工业化扫除障碍。

党和政府非常关心民众生活,急人民之所急,把人民最关心的急迫问题放在工作极重要的地位。那时,在人民群众中呼声最强烈的集中在几个问题上:

一是物价又出现飞涨。当人们还沉浸在开国大典的欢乐中时,只隔了半个月,从10月15日开始,华北由粮食带头,上海由纱布带头,物价开始大幅上涨。纱布、粮食的价格在一个月内都上涨两倍以上,有的商品上涨到五六倍。抗战后期以来,物价是民众特别敏感的问题,人心开始浮动。这是关系人民政权能不能站住脚跟的大问题。政务院在陈云同志统一调度下,采取有效举措把物价基本平抑下来。民众在经历了多年恶性通货膨胀的痛苦生活后,对一举平抑物价欢呼雀跃的心情,也许是今天人们难以想象的。毛泽东同志称赞道:平抑物价,统一财经,其意义"不下于淮海战役"。

二是在城市,救济失业者成为民众极为关心的问题。旧中国留下了十分庞大的失业大军。新中国成立初期,在经济改组过程中一部分不适应社会需要的工厂倒闭,更增加了失业人数。上海1.3万多家私营工厂中,开工户数只占1/4,失业者的生活极为困难。政务会议两次讨论这个问题。毛泽东同志提出,在建立起人民政权、根本解决土地问题以后,党的中心任务,就是"动员一切力量恢复和发展生产事业",这是一切工作的重点所在。人民政府采取坚决措施:"对于两三个月以上的长期救济,应用以工代赈(如修筑公共工程等)为主要方法。"还提出了生产自救、还乡生产、发放救济金、转业训练、介绍就业等多种办法。到1950年9月底,全国失业工人和失业知识分子得到救济的已达半数以上。

三是自然灾害十分严重，当时绝大部分是水灾。1949年，全国被淹地区12156万亩，受灾民众4000万人。第二年，皖北连续7天大雨后淮河又大决口，津浦铁路两侧一片汪洋，被淹耕地3100万亩，受灾民众995万人，许多人挤在一块块高地甚至爬到树上求生。毛泽东同志在看到受灾民众爬到树上被毒蛇咬死的报告后，流下眼泪，并且写下"一定要把淮河治好"的题词。周恩来同志在政务会议上说："水灾是非治不可的，如果土地不涝就旱，那就是土改了也没有用。"这在当时是牵动全局的大动作。治理淮河工作全面展开后，很快就取得成效。

在旧社会，妇女遭受的压迫特别深重。新中国颁布的第一部法律就是婚姻法，规定"一夫一妻""男女权利平等"，废除包办强迫婚姻，禁止纳妾、童养媳、干涉寡妇婚姻自由等陋习。党和政府还以极大力量荡涤旧社会遗留的污泥浊水：废除娼妓制度；禁止吸食鸦片；消除地痞流氓和黑社会帮会；等等。这些成就是有目共睹的。

党和政府的一切工作都是为了人民，又依靠人民来共同完成。人民群众从亲身经历中深深感到：中国共产党领导的政府确确实实是自己的政府。这种感觉是以前不曾有过的。

人民真切地感到自己已经抬起头来，是国家的主人，精神面貌随之发生根本变化，产生了万众一心、无坚不摧的凝聚力。这是新中国诞生后方方面面都出现生机勃勃新局面的根本动力所在。

实现国家统一和人民团结

旧中国是一个幅员辽阔、各地区情况有很大区别、小生产占着绝对优势的国家，老百姓曾被人讥讽为"一盘散沙"。近代以来，西方列强纷纷在中国划分并争夺势力范围，在国内更形成军阀割据和混战的混乱局面。邓小平同志曾指出："就是国民党统治时期，国家也没有真正统一过，像对山西、两广、四川等地，都不能算真正统一。"在地方上，还有大小不等的种种恶势力各霸一方，甚至拥兵自重、为非作歹。在全国，根本谈不上什么有统一意志、统一法令、统一行动可言，自然更谈不上民族复兴和人民幸福。

新中国的成立，在人们面前出现的是前所未有的人民大团结的全新局面。其关键在于：有中国共产党这样一个能够正确指引前进方向、深得民心、坚强的党成为团结全国各族人民的核心力量。党的路线方针政策可以一直贯彻到全国各个角落，不允许各自为政，不允许闹无原则纠纷，这样才能万众一心地办成一件又一件大事，有了错误也比较能够依靠组织的力量加以纠正。这是中国几千年历史上从来不曾有过的。

新中国成立当天，毛泽东同志受政协全国委员会委托，起草《中国人民政治协商会议第一届全体会议宣言》，写道："我们应当将全中国绝大多数人组织在政治、军事、经济、文化及其他各种组织里，克服旧中国散漫无组织的状态，用伟大的人民群众的集体力量，拥护人民政府和人民解放军，建设独立民主和平统一富强的新中国。"

中央人民政府成立时，将全国划分为华北、东北、西北、华东、中南、西南六个大行政区。周恩来同志在政务会议上作了说明：大行政区是一种过渡性的体制，"这样的因地制宜不但不妨碍统一，倒正是为进一步的统一创造条件"。讨论时也有人担心：大行政区成为一级后，是不是会生了根，不容易改变？周恩来同志回答：在新社会中是不成问题的，我们有信心解决这些问题。果然，两年多后各大行政区的政权机构就撤销了。这确实只有在中国共产党领导的新中国，才能如此顺利地做到。

还有一点十分重要。中国有56个民族，是一个多民族国家。经过千百年经济文化的密切交流和相互影响，早已结成你中有我、我中有你、谁也离不开谁的亲密关系，但彼此间也存在一些错综复杂的矛盾。周恩来同志指出：中国是多民族的国家，我们主张民族自治，但一定要防止帝国主义利用民族问题来破坏中国的统一。"为了这一点，我们国家的名称，叫中华人民共和国，而不叫联邦。"由此，确定了新中国在统一的国家内实行民族区域自治制度。这是一个关系重大的规定，既重视并保持少数民族的自治权利，又富有远见地警惕并防止帝国主义借民族问题分裂中国的阴谋。看看世界上有些大国留下的历史教训，就会深深体会到新中国起步时在民族问题上这个果断决策，有着多么重大而深远的意义。

结　语

慎初才能及远，这是无数实践证明了的真理。70年过去了，回顾新中国的最初岁月，我们可以更加清晰地看到：中国这场空前未有的社会大变革，是怎样在中国共产党领导下稳步实现的。新中国诞生时面对的最根本课题就是民族独立、人民解放、国家统一。如果这些问题或者它们中任何一个没有得到正确解决，中国以后的发展也许会出现另一种状况，至少会遇到更多更大的曲折。

回首往昔，还会想到：解放战争胜利和新中国诞生来得那么快，超过人们的预期。事情千头万绪，要面对许多过去从来没有遇到过的问题。局势又发展得如此迅速,不允许你从容地做好所有准备再动手。怎样建设一个新社会和新国家,许多难题都要很快地作出决断,采取强有力措施,既着眼当前,使民众生活和社会环境得到切切实实的改善,又放眼长远,有条不紊地为未来走向社会主义现代化作出通盘的规划和安排。

想到这些,我们对毛泽东同志等新中国的缔造者肃然起敬,并寄予深切的怀念。同时,又对今天我们取得的伟大成就感到自豪。

(原载《人民日报》2019年9月4日)

历史巨变从何而来
——纪念改革开放 40 周年

今年是中国实行改革开放 40 周年。

这是中华民族和新中国历史上令人难忘的很不平凡的 40 年。中国的发展在短短 40 年内走过了许多发达国家两三百年所走的路，并走出了中国特色社会主义道路。这是人类历史上前所未有的奇迹。抚今追昔，我们深感中国经济社会发展的这个历史性巨变又是多么不易。

40 年前的中国，正处在严峻的困境中。那时候，"文化大革命"的十年内乱刚刚结束，历史遗留的老大难问题不仅成堆，而且如山，人们的思想一时相当混乱。该怎么办？人们不禁要问。"社会主义中国向何处去"的问题，严肃而尖锐地提到人们面前。

沧海横流，方显英雄本色。在严峻的考验面前，中国共产党和中国人民有自信、有智慧、有能力，从容应对，通过总结以往的经验教训，在实践中继续探索前进，走出一条实现中华民族伟大复兴的新路。这就是：果断地作出实行改革开放的划时代决策，高举起中国特色社会主义伟大旗帜。

解放思想，实事求是，从端正思想路线着手

实行这样一场前无古人的社会主义改革，面对千头万绪的问题，应该从哪里着手？俗话说：牵牛要抓住牛鼻子。中共中央和改

革开放的总设计师邓小平,下决心抓住端正思想路线这个"牛鼻子",作为打开改革和发展新局面的突破口。

为什么把端正思想路线作为突破口?因为人的行动都是以思想为指导的。如果仍习惯地受着过时的乃至错误的思想束缚,固步自封,墨守成规,甚至把新事物当作异端,那就谈不上打开一个新的局面。如果让各种错误思想自由泛滥、得不到遏制,或者让各种不同意见长时间争论不休、议而不决,那就会陷入"空谈误国",不可能万众一心地"实干兴邦",也就谈不上发挥社会主义能够"集中力量办大事"的优越性,甚至会误入歧途。中国人在这方面的教训有过不少。环视宇内,类似的事也不少见。

邓小平同志在1977年时就指出:"'两个凡是'不行。""这是个重要的理论问题,是个是否坚持历史唯物主义的问题。"十一届三中全会前夜,全国范围掀起了真理标准问题大讨论。"实践是检验真理的唯一标准"本来是马克思主义的常识,但由于它同"两个凡是"相对立,有着很强的现实针对性,所以这场讨论万众瞩目。这场讨论和十一届三中全会前召开的长达36天的中央工作会议,为十一届三中全会作了重要的思想和政治准备。

1978年12月13日,邓小平同志在中央工作会议上的讲话,实际上也是十一届三中全会的主题报告中尖锐地指出:"一个党,一个国家,一个民族,如果一切从本本出发,思想僵化,迷信盛行,那它就不能前进,它的生机就停止了,就要亡党亡国。""在党内和人民群众中,肯动脑筋、肯想问题的人愈多,对我们的事业就愈有利。"

"解放思想",当然绝不是随心所欲地胡思乱想,它同"实事求是"是一个问题的两面,是实现实事求是的前提。因为错误的思想,无论是"左"的还是右的,还有陈旧过时的思想,都是脱离客观实际的。只有从那些不符合实际的错误或陈旧观念束缚中解放出来，才能使思想认识回到实际上来，做到实事求是，也才敢于从实际出发总结历史经验教训、研究新情况，大胆地开创新局面。

邓小平同志正是在这次讲话中提出："如果现在再不实行改革，我们的现代化事业和社会主义事业就会被葬送。"从而吹响了在中国实行改革开放的前进号角。

十一届三中全会在中国带来一次思想大解放。人们的思想观念和精神面貌发生了巨大变化，到处热气腾腾，对国家的未来充满信心。中华民族是一个勤劳、勇敢、富有智慧的民族。但如果亿万民众没有形成这样齐心协力、共同奋斗的局面，如果不能把蕴藏在人民之中的无穷潜力充分释放出来，就无法想象中国能在以后40年中创造出举世瞩目的巨大成就。

高举旗帜和深化改革

中国人民走上改革开放的新路后，应该举着怎样的旗帜前进？改革开放的目标是什么？这是迫切需要回答的问题。建设中国特色社会主义，就是对这些问题的总回答。

邓小平同志在十二大开幕词中提出："无论是革命还是建设，都要注意学习和借鉴外国经验。但是，照抄照搬别国经验、别国模式，从来不能得到成功。这方面我们有过不少教训。把马克思主义的普遍真理同我国的具体实际结合起来，走自己的道路，建设有中国特色的社会主义，这就是我们总结长期历史经验得出的基本结论。"[1]

---

[1]《中国共产党第十二次全国代表大会开幕词》(1982年9月1日)，《邓小平文选》第三卷，人民出版社1993年10月版，第2—3页。

"建设有中国特色的社会主义",这面把全国各族人民凝聚在一起的大旗就这样高高地举起来了。

什么是"有中国特色的社会主义"?它的含义十分明确:第一,我们要建设的是社会主义社会,绝不是其他什么社会。后来,邓小平同志又说:"我们大陆坚持社会主义,不走资本主义的邪路。社会主义与资本主义不同的特点就是共同富裕,不搞两极分化。"第二,中国的事情一定要按照中国的实际国情来办。别国的建设和管理经验,无论是苏联的还是西方国家的,只要是有益于建设中国特色的社会主义事业的,都可以而且应该学习和借鉴,但绝不能照抄照搬。中国的情况不是一成不变的,人们的认识也有个发展过程,要随着实际情况的变化而变化,也就是要与时俱进。因此,必须在实践中善于对问题进行分析,不断进行合乎实际的大胆创新,这样才能使思想认识保持发展活力而不僵化,使指导建设和发展的方针政策措施保持科学性和正确性。

"有中国特色的社会主义"是一面十分鲜明的旗帜,它不是任何人凭空想出来的,而是"我们总结长期历史经验得出的基本结论"。高举这面旗帜,就使中国人民在前进中有了共同的明确方向,有了共同的判断是非的明确标准。

实现这个目标,自然不可能一步就达到。中国共产党不是只限于应对面前的种种具体问题,而是以战略眼光和宏伟气魄,高瞻远瞩地立足于中国正处于并将长期处于社会主义初级阶段这一基本国情提出自己的发展战略,要在中华人民共和国成立100周年时把我国全面建成社会主义现代化强国。这样,全国人民随时都清楚中国是在怎样一步一步向前发展的,今天正处在怎样的历史方位,明天会迎来怎样的更加美好的未来。这种对国家和民族前途的强烈信心成为绝大多数中国人的共识,因为大家在实际生活中看到中国发展的大局势确实如中国共产党所指出的那样一步步向前发展。而这种亿万人的强烈自信反过来又化为人们建设中国特色社会主义的巨大动力,推动党和人民事业迅猛发展。

为什么在中国特色社会主义的旗帜下能够在不长时间内取得如此巨大的成就?关键在于:十一届三中全会以来我们始终坚持并不断深化改革开放。

邓小平同志把改革称为中国的第二次革命。革命的目的归根到底就是为了解放生产力,改革作为社会主义制度的自我完善和发展,也是为了进一步解放生产力。所以,改革是中国共产党领导中国人民进行伟大社会革命的重要组成部分。

邓小平同志从改革一开始就把改革的对象、目的和意义说得很清楚。他指出:"这场革命既要大幅度地改变目前落后的生产力,就必然要多方面地改变生产关系,改变上层建筑,改变工农业企业的管理方式和国家对工农业企业的管理方式,使之适应于现代化大经济的需要。"这段话很重要,也很明确。也就是说,要对社会主义生产关系、上层建筑中那些已不能适应生产力和经济社会发展需要的方面和环节进行深刻变革,从而为我国生产力的进一步发展、为我国经济实现繁荣和社会继续进步开辟广阔道路。

进行这样的社会主义改革,没有现成的经验可以借鉴,一切只能到实践中去探索,对的就坚持,不对的就及时改正,做得不够的就加以补充,遇到新情况新问题就加紧研究,如此一步一步向前发展。

改革从农村起步,然后发展到以城市为重点的多方面改革。改革初期,通过总结历史经验教训和边实践边摸索而逐步提出的几项重大方针政策,对于打开改革局面以及保证后来改革的顺利进行,具有关键性意义。一是提出停止实行以阶级斗争为纲,把党和国家的工作重点转移到以经济建设为中心的社会主义现代化建设上来;二是提出打破生产上和分配上的平均主义,允许和鼓励一部分地区、一部分人先发展、先富裕起来,通过"先发"带"后发"、"先富"带"未富",最终实现全国各地区的共同发展和全体人民的共同富裕;三是提出在坚持以公有制为主体的原则下,发展个体、私营和外资等非公有制经济成分;四是提出实行对外开放,积极而稳妥地利用外资和引进外国先进技术,学习和借鉴外国经营管理的有益经验。

以后,十三大强调我国正处在社会主义初级阶段,并将长期处于社会主义初级阶段,必须坚定不移地执行党在社会主义初级阶段的"一个中心,两个基本点"的基本路线;十四大确定建立社会主义市场经济体制,取代过去实行多年的高度集中而忽视市场作用的计划经济体制;十五大又把坚持公有制为主体、多种所有制经济共同发展作为我国社会主义初级阶段的基本经济制度确定下来,并把非公有制经济确立为社会主义市场经济的重要组成部分,同时提出依法治国、建设社会主义法治国家;如此等等。

坚持和发展中国特色社会主义是一篇大文章,邓小平同志为它确定了基本思路和基本原则,以江泽民同志为核心的党的第三代中央领导集体、以胡锦涛同志为总书记的党中央在这篇大文章上都写下了精彩的篇章。

事实充分说明,中国的改革一直是在通过总结新的经验、采取新的措施而不断推进和深化的,中国的社会主义制度一直是在通过确立新的体制机制而不断完善和发展的。这也是中国特色社会主义事业能够取得巨大成功和举世瞩目成就最重要的政治和制度保证。

坚持建设中国特色社会主义和坚持实行改革开放两者的关系是

什么呢？中国特色社会主义是改革开放以来党的全部理论和实践的主题，改革开放是党领导人民建设中国特色社会主义的实践。只有社会主义才能救中国。只有改革开放才能发展中国，发展社会主义，发展马克思主义。

总之，中国的改革开放和社会主义现代化建设，既坚持科学社会主义的基本原则不动摇，又坚持从中国国情的具体实际出发，使社会主义在中国具有鲜明的中国特色；既防止"左"、不走封闭僵化的老路，又警惕右、不走改旗易帜的邪路。中国共产党就是这样带领全国各族人民朝着正确方向和既定目标万众一心地持续奋进。这也是中国的改革开放之所以能在 40 年这样不长的时间内取得举世瞩目成就的奥秘所在。

中国特色社会主义进入新时代

十八大一结束，习近平同志就向党内外、国内外宣示："实现中华民族伟大复兴，就是中华民族近代以来最伟大的梦想。这个梦想，凝聚了几代中国人的夙愿，体现了中华民族和中国人民的整体利益，是每一个中华儿女的共同期盼。"习近平同志对实现"两个一百年"奋斗目标、实现中华民族伟大复兴充满信心。

中国几代人梦寐以求的理想，将在为期不远的"两个一百年"到来之时分阶段地变为现实。这是庄严的使命，既气势宏伟，又实实在在，没有丝毫夸张。

习近平同志又提醒大家八个字："空谈误国，实干兴邦。"十八大以来，以习近平同志为核心的党中央清醒而深刻地总结改革开放以来的历史经验，敏锐而科学地分析世界大势，坚持党对一切工作的领导,坚持以人民为中心,统筹推进"五位一体"总体布局,协调推进"四个全面"战略布局,坚定不移贯彻新发展理念。党中央提出一系列新理念新思想新战略,出台一系列重大方针政策,推出一系列重大举措,推进一系列重大工作,解决了许多长期想解决而没有解决的难题,办成了许多过去想办而没有办成的大事,推动党和国家事业发生历史性变革,中华民族伟大复兴展现出更加光明的前景。这是中国各族人民亲身经历并深切感受到的。

事实表明,十八大以来,中国特色社会主义进入了新时代。2017年10月,中国共产党隆重举行第十九次全国代表大会。习近平同志在大会报告中响亮地宣布:"经过长期努力,中国特色社会主义进入了新时代,这是我国发展新的历史方位。"新时代的到来与我国社会主要矛盾的变化紧密联系。以前很长一段时间我国社会的主要矛盾是人民日益增长的物质文化需要同落后的社会生产之间的矛盾。以习近平同志为核心的党中央根据客观实际的变化,指出:"中国特色社会主义进入新时代,我国社会主要矛盾已经转化为人民日益增长的美好生活需要和不平衡不充分的发展之间的矛盾。"新时代的到来意味着近代以来久经磨难的中华民族已经迎来从站起来、富起来到强起来的伟大飞跃。这涉及社会生活的方方面面,进一步推动了中国历史的剧变。

面对历史性变革,中国共产党人必须既立足国内又放眼世界,领导中国人民在新的历史条件下对中国特色社会主义做到既坚持又发展,既实现中国的繁荣富强,又致力于推动世界的进步。在系统回答新时代坚持和发展什么样的中国特色社会主义、怎样坚持和发展中国特色社会主义这一重大时代课题中,习近平新时代中国特色社会主义思想应运而生。

新时代的中国特色社会主义，开启了全面建设社会主义现代化国家的新征程，也开启了改革开放的新阶段。习近平同志在十九大报告中提出要在全党开展"不忘初心、牢记使命"主题教育。"初心"，对中国共产党人来说，就是为人民谋幸福。"使命"，在新时代来说，就是要奋力实现"两个一百年"奋斗目标，为中华民族谋复兴，并推动世界人民形成命运共同体。

在迎来改革开放40周年之际，我们不禁感慨万千，不仅深情缅怀为今天的前进奠下坚实基石的前人，又深感可以告慰前人："今天，我们比历史上任何时期都更接近、更有信心和能力实现中华民族伟大复兴的目标。"

40年走来不易。以往在国际国内异常复杂的环境中，我们不知遇到过多少困难和挑战，但在中国共产党的坚强领导下，这些问题总是一个又一个得到解决，不断开创出新的局面。在未来的岁月里，我们还会遇到种种可以预料或难以预料的困难和挑战。可以肯定地说，这些问题必将同样得到解决。

发展永无止境。建设中国特色社会主义也好，坚持改革开放也好，都是长期的日日新、又日新的伟大事业，永远在路上，必须一代又一代人接力干下去。全党和全国各族人民在以习近平同志为核心的党中央坚强领导下，一定能始终不忘初心、牢记使命，高举中国特色社会主义伟大旗帜，把改革开放和社会主义现代化建设事业继续推向前进。中国的未来必将更加美好。

（原载《人民日报》2018年7月4日）

道路决定命运
——金冲及访谈录

采访组：中国共产党的诞生是一个"开天辟地的大事变"。毛泽东同志作出如此判断，习近平总书记也强调了这个判断。这个"大事变"是如何发生的，有着怎样的历史条件？

金冲及："开天辟地"是我们中国人喜爱使用的最高级的形容词。它至少包含两层意思：第一，它由此开辟了一个以往从未有过的新天地；第二，既然称为"开辟新天地"，那就不是局部性或一时性的变化，而是具有总体性、根本性和长期性意义的变化。

中国古代在君主制度下，没有政党，只有在某些问题上意见相近、有某些共同利益的人群，称为"朋党"，结果都于事无成。到近代，虽然出现了众多西方式的政党，但并没有真正一切为了人民、一切依靠人民并且有着科学理论指导和严密组织的政党。连辛亥革命时期起过重要进步作用的中国同盟会亦如此。这段历史，大家都比较熟悉了。

只有中国共产党诞生，才在中国破天荒第一次出现有着科学理论——马克思主义为指导、能够依靠和发动最广大民众齐心奋斗，并且形成以民众中先进分子为核心的政治力量。如果没有这样一个坚强有力的政党来领导，要实现民族复兴和人民幸福，是根本不可能的。

发生这个"开天辟地的大事变"，当然有着特定的历史条件。

毛泽东指出："外因是变化的条件，内因是变化的根据，外因通过内因而起作用。"近代中国在帝国主义压迫和封建统治下，人民的痛苦实在是太深重了。中国人经过千辛万苦向西方国家寻找救国的真理，都失败了。国家的情况一天天坏下去。巴黎和会上山东问题的悲惨结局，更使许多中国人看清了西方国家的霸权面目。而俄国十月社会主义革命胜利的消息，正在这时逐渐传到中国，在人们面前展现出一幅以前没有见到过的新社会的图景。毛泽东说："这时，也只是在这时，中国人从思想到生活，才出现了一个崭新的时期。中国人找到了马克思列宁主义这个放之四海而皆准的普遍真理，中国的面目就起了变化了。"

采访组：您把"中华民族的伟大复兴"视为"中国近代历史的几个根本问题"之一。我们该如何理解"实现中华民族伟大复兴"这个目标？中国共产党在民族伟大复兴的历史进程中作出了哪些贡献？

金冲及：中华民族伟大复兴是中国近代以来一百多年历史的主题。离开这个主题，中国一个多世纪当中发生的大事都难以说清楚。

国家民族是一个整体。个人也好，家庭也好，只是它的一个分子。习近平总书记讲得好："国家好，民族好，大家才会好。"这是多少年来中国人从切身经历中体会和认识到的。民族复兴中"复兴"两个字，并不是哪里都可以这样提的。一个国家和民族，如果长期处在落后状态，它需要的是民族发展，很难说民族复兴；如果是长期以来一直处于先进状态，当然还要继续谋发展，但不会说谋民族复兴。

中国和这两种状况都不同。大家知道，中华民族曾创造过灿烂的古代文明，为人类社会发展作出过重大贡献，并且绵延达几千年。但在近代,中国却大大落后了,甚至沦落到濒临灭亡的边缘。毛泽东说过:"中国应当对于人类有较大的贡献。而这种贡献,在过去一个长时期内,则是太少了。这使我们感到惭愧。"

鸦片战争使中国在外来侵略者面前失去了国家领土和主权的完整,开始走上半殖民地的悲惨道路。中日甲午战争的失败,列强在中国划分势力范围,使中国的先进分子悲愤地呼唤"救亡"。孙中山第一个提出了"振兴中华"的口号。当历史跨入20世纪的时刻,世界上的主要帝国主义国家组成八国联军共同向中国开战,这在世界历史上还没有先例。他们武装占领中国的首都北京达一年之久,逼迫清朝政府签订丧权辱国的《辛丑条约》。这是多么大的耻辱!

邓小平在90年后会见外宾时还提到这段历史:"我是一个中国人,懂得外国侵略中国的历史。当我听到西方七国首脑会议决定要制裁中国,马上就联想到一九〇〇年八国联军侵略中国的历史。七国中除加拿大外,其他六国再加上沙俄和奥地利就是当年组织联军的八个国家。要懂得些中国历史,这是中国发展的一个精神动力。"[1]

进入20世纪后,日本军国主义者又先后发动九一八事变和对华全面侵略战争,企图灭亡中国。1935年,《义勇军进行曲》唱出:"中华民族到了最危险的时候……"它喊出了我们民族的普遍心声。新中国成立时把它定为国歌,同样因为"这是中国发展的一个精神动力"。

中国各族人民在中国共产党的领导下,经历了革命、建设和改革,始终是在中华民族伟大复兴这面旗帜下阔步前进。

今天的中国,方方面面都已发生举世瞩目、令人震惊的根本

---

[1]《振兴中华民族》,《邓小平文选》第三卷,第357—358页。

变化。这个变化，都是在中国共产党带领全国各族人民不屈不挠的顽强斗争中所取得的。习近平总书记在党的十九大报告中强调："我们比历史上任何时期都更接近、更有信心和能力实现中华民族伟大复兴的目标。"这是对中国现实生活的高度而又准确的概括，同时也是有力地鼓舞全国各族人民继续努力为建成社会主义现代化强国而顽强奋斗的"一个精神动力"。

中华民族的伟大复兴，不仅给中国人民带来历史上从未有过的美好生活，而且必将能对人类作出巨大的贡献。

采访组：您曾在一篇文章中写到"辛亥革命是20世纪中国发生的第一次历史性巨大变化"，这是一个很高的评价。我们应该如何理解？辛亥革命对中国共产党的诞生产生了哪些影响？

金冲及：对今天来说，辛亥革命已经是一百多年前的事，有些年轻人也许已感到陌生。说辛亥革命是20世纪中国发生的第一次历史性巨大变化，是时任中共中央总书记的江泽民同志在中共十五大报告中提出来的。这的确是一个很高的而又符合实际的论断。

亲身经历过这场革命的林伯渠老人，在辛亥革命30周年时在延安《解放日报》上曾很有感慨地写道："对于许多未经过帝王之治的青年，辛亥革命的政治意义是常被过低估计的，这并不奇怪，因为他们没有看到推翻几千年因袭下来的专制政体是多么不易的一件事。"他所说的"青年"，今天已是耄耋老人，且所存无几了。

辛亥革命同中华民族伟大复兴的伟大事业是分不开的。辛亥革命的巨大历史功绩，在于它不仅以革命的手段推翻了腐朽、专制、卖国的晚清政府，而且一举结束了统治中国几千年的君主专制制度，建立起中国历史上从来不曾有过的共和政体，使反动的旧统治秩序再也无法死灰复燃，为中国民主革命的最终胜利打开了通道。

辛亥革命也使中国人在思想上得到一次大解放。皇帝以前被称作"天子",人们从幼小就被灌输"天地君亲师"的观念,仿佛是至尊极高、神圣不可侵犯的了。如今,连皇帝都可以被打倒,还有什么陈腐的东西不可以怀疑、不可能打倒呢?"民国"虽然还只是一块招牌,人民并无实际权力可言,但许多人心目中认为自己应当是国家的主人了。拿甲午战争失败时康有为等发动的"公车上书"与民国成立后八年多掀起的五四运动比较一下,就可以看到人们在思想深处已发生多么深刻的变化。

当然,辛亥革命也存在严重弱点:它没有科学理论的指导,没有反帝反封建的明确纲领,许多人把推翻清朝看作革命已经成功结束,从此步入消极和涣散。辛亥革命能够取得一定成功的重要原因,是在会党和新军中做了一点群众工作,但它并没有依靠和发动广大群众,特别是占中国人口绝大多数的底层劳动群众,因而在帝国主义和军阀势力面前就显得软弱无力,急于寻求妥协和退让;它们又没有形成一个坚强的核心力量来带领人们前进,而是在革命取得一定成果后便各奔前程,因此有"革命军兴,革命党消"的说法。

辛亥革命对中国共产党的诞生产生了哪些影响?我们可以看看事实。中国共产党的领导人中,年长的如林伯渠、董必武、吴玉章、朱德等都曾是孙中山领导的中国同盟会员,年轻些的毛泽东、周恩来、刘少奇等都曾先后受到过辛亥革命很大影响。他们从辛亥革命中打开眼界,提高了对救国和民主的认识,以后又看到辛亥革命中的严重弱点,继续探索前进,最后成为中国共产党的党员和领导人。

路就是这样一步一步走过来的,是一个台阶一个台阶向上攀登的。

采访组：道路决定命运。您在《生死关头》这本书里呈现了中国共产党在一些重大历史关头的道路抉择。请您谈谈道路的重大意义。我们拥有道路自信的根据和由来是什么？

金冲及：理想是预期的目标，道路就是怎样走才能达到预期目标。你如果想从武汉到北京，却选了一直向南走这条道路，那只会越走离北京越远，如果不及时回头，走上正路，那就永远达不到预期的目标，所以说："道路决定命运"。

但是选择正确的道路实在并不容易，必须清醒地辨明自己原来所处的方位，了解前进中会遇到哪些不容易绕开的障碍，把情况弄清楚，做好应对的准备。对从来没有走过的路，更要小心谨慎，边摸索边前进。当走到三岔路口时，面对多种选择，又要不受一时有吸引力的次要因素或假象迷惑而走上歧路。即便有时走错了，也要及时省悟，回转头来，并且从中得到教训，不再犯类似错误。这样，就会越走越聪明，越走越顺畅。用今天的话叫作"摸着石头过河"，最终达到预期的目标。

对中国共产党来说，初心和使命就是为中国人民谋幸福，为中华民族谋复兴。从党的诞生起，就确定了社会主义、共产主义的理想和目标。隔了短短一年，中共二大分析中国社会情况，就确定中国革命要分两步走，当前的目标是反帝反封建。对中国的实际国情有了新的认识，就比过去大大前进一步，从而迎来第一次大革命的高潮，开创了一个新的局面。这以后，由于对中国革命面对的复杂情况认识不足和"左"倾错误指导思想的干扰，道路走歪了，就先后遭遇大革命失败和第五次反"围剿"斗争失败两次严重挫折，不少人以为中国共产党从此翻不了身。但中国共产党依靠自己的力量纠正了这些错误，形成以毛泽东为核心的第一代中央领导集体，取得抗日战争的胜利,创造性形成"农村包围城市、武装夺取政权"的正确道路,经过惊心动魄的顽强斗争,终于在不太长的时间内取得中国民主革命的完全胜利,建立了中国历史上从未有过的由人民当家作主的中华人民共和国。这自然使中国人民对中国共产党选择并实现的道路充满自信。

新中国的诞生,标志着占人类四分之一的中国人从此站起来了,成为国家的主人,真正做到"换了人间"。接着,在几年内又建立起社会主义基本制度,在中国大地上展开规模空前的社会主义建设。这以后,由于缺乏经验,急于求成,后来在指导思想上又错误提出"以阶级斗争为纲"的主张,道路选择有了很大偏差。事与愿违,先后造成"大跃进"和"文化大革命"的灾难性局面,使人们直到今天回想起来仍深感痛心。但还是中国共产党依靠自己的力量,在人民群众全力支持下,自我吸取沉痛的教训,纠正错误。1978年12月,党中央召开十一届三中全会,形成以邓小平为核心的中央领导集体,把工作转移到以经济建设为中心、坚持四项基本原则、实行改革开放的正确道路上来。四十多年来,中国的发展和改革取得举世震惊的巨大成就。中国人民正是在实践中亲身经历过,有着丰富的经验和挫折的教训,才懂得了许多根本道理,因而能充满自信地沿着选定的这条成功道路努力,为实现这个崇高目标而奋斗。

采访组:革命和改革是中国近代史的两个关键词,中国共产党的历史也可以理解为中国共产党领导人民进行革命、建设和改革的历史。如何理解中国共产党领导的革命和改革的历史必然性?两者之间有怎样的联系?它们之间的共同点和不同点又是什么?

金冲及:在近代中国,革命和改革,目的始终是为中国人民谋幸福、为中华民族谋复兴，这是它们始终一贯的共同点。它们又是一个前后相续、无法绕开的发展过程。不同的历史阶段，自然有不同的使命和条件，这也许是它们之间的不同点。

对它们之间的关系，江泽民同志在党的十五大报告中说："鸦片战争后，中国成为半殖民地半封建国家。中华民族面对着两大历史任务：一个是求得民族独立和人民解放，一个是国家繁荣富强和人民共同富裕。前一任务是为后一任务扫清障碍，创造必要的前提。"这是十分中肯的论断。

马克思主义告诉我们，必须一切从实际出发。看看近代中国的实际情况，事情就十分清楚：当国家的命运还不掌握在中国人民手里的时候，当统治中国的反动势力拒绝一切根本社会变革、帝国主义正在加紧侵略中国并且企图灭亡中国的情况下，进行大规模现代化建设只能是一句空话。如果事情真能用和平的办法来解决，如果这条路还有一点希望能够走通，怎么还会有那么多人奋起革命，不惜抛头颅、洒热血、作出巨大的牺牲呢？中国人只是在国家民族的生死存亡已悬于一线的极端危难时刻，才万众一心起来拼命。千百万人奋不顾身投身革命，绝不是任何人想这样做便能这样做的，而是由深刻的社会原因造成的。

尽管革命要付出巨大代价，但它在一个不长时间内对阻碍社会发展的旧事物所起的扫荡作用，是平时多少年也无法比拟的，从而为以后经济社会的迅速发展开辟了广阔的道路。对此，中华人民共和国成立后的历史进程作出了最有力的说明。

在中国近代历史中，革命和现代化不是对立的。革命的目标是建成一个社会主义的现代化强国，而现代化需要革命为它扫清障碍，创造必要的前提。急风暴雨式的革命通常是人民被反动统治

"逼上梁山"而作出的万不得已的选择。这是一种正确的选择，舍此没有其他办法可以从根本上改变人们已无法忍受的旧秩序和旧生活。我们决不能以后者而否定前者，也不能以前者而否定后者。

采访组：您的少年时代在国民党统治区度过，对白色恐怖有切身体会，但您却不顾个人安危，在人生的关键时刻选择了马克思主义、加入共产党，参加了国统区的学生运动。您是解放战争时期第二条战线的亲历者、参与者。您能跟我们谈谈这些经历吗？

金冲及：这些本来没有什么值得多说的，既然你们问了，我就简单说一下。

解放前，我是一个青年学生，经历简单，讲讲这段经历，只能作为一个例子，向今天的青年介绍一点当年国民党统治区一部分青年学生思想变化的实际情况。

我出生和成长在上海的租界内，太平洋战争发生后，那里就变成日军占领的沦陷区。抗战胜利时，我14岁，是高中二年级的学生，对国民党当局政府从重庆重回上海，感到的是国土重光，内心充满了兴奋和期望。我在静安寺街头欢迎过第一个到上海的国民党高级将领汤恩伯。他站在一辆敞篷吉普车中，用敬礼的姿势向周围的人群致意。蒋介石到上海时，我也到跑马厅广场（现在的人民广场和人民公园）去听他演讲，有成千上万的人，他讲什么话我连一句也听不清，只看到他不停地挥动戴白手套的手。这两次都是我自发去的。

最初的希望越高，失望带来的愤怒就越强烈。现实是无情的，这种希望在短短几个月内就完全破灭了。国民党当局的腐败不堪令人吃惊，他们的接收被称为"劫收"。物价飞涨，民怨沸腾。更令人强烈愤慨的是，国民党当局坚持内战，国民党的特务横行，做了很多坏事。1946年,反对内战的李公朴、闻一多两位教授在昆明先后被特务军警暗杀,震动了全国。闻一多遇害前,在李公朴追悼会上的最后讲话中说:"今天,这里有没有特务?你站出来!是好汉的站出来!你出来讲!凭什么要杀死李先生?""我们随时像李先生一样,前脚跨出大门,后脚就不准备再跨进大门。"七十多年过去了,这些话我一直记得,大体上背得出来。我本来是要安心学习的,但对这样的事怎么能无动于衷!我的同班同学、复旦中学地下党支部书记何志禹后来告诉我,他就是看到我宿舍枕边放着关于"李闻惨案"的书,才开始接近我,带领我参加了"反饥饿、反内战、反迫害"的抗议罢课活动。后来我加入党组织,同何志禹直接有关。那个时期,我读了很多进步书籍,如艾思奇的《大众哲学》,邹韬奋的《患难余生记》《抗战以来》《对反民主的抗争》等,自己的思想越来越倾向共产党。

1947年,我进入复旦大学史地系(后来改为历史系)学习。那时我才16岁,去了才两三个月,就发生浙江大学学生自治会主席于子三(副主席是地下党员谷超豪)被国民党当局逮捕后杀害的惨案,当局还说他是自杀。同学们极为愤慨,宣布罢课,并在校内组织有一半同学参加的抗议游行,我都参加了。接着,又参加了救助每天都有冻死街头的难民的救饥救寒的运动,参加了集结在上海外滩英国总领事馆门外的抗议英方拆毁九龙城事件的示威活动。这些都是一个有爱国心和正义感的青年学生无法不投入的。我还和一些同学组织读书会,逐章逐节学习苏联学者罗森塔尔的《唯物辩证法》,也看了薛暮桥的《经济学》、许涤新的《中国经济的道路》、华岗的《中国民族解放运动史》等。

对我刺激更大的是发生在1948年1月的同济大学"一·二九"

事件。同济同复旦离得很近,是救饥救寒运动的发起者。校方竟无理开除一百多名学生。同济同学准备坐火车到南京请愿(那时同济地下党的书记是乔石)。复旦去了几百名同学声援。国民党当局竟集结军警阻拦,还有马队和铁甲车,上海市市长吴国桢也去了。相持到下午,军警的马队突然向密集在路上的学生群冲过来,并且用马刀乱砍,伤了好几个人。同学们退到同济大学礼堂举行抗议晚会,军警又冲入礼堂将同学们赶到广场上,分堆坐在水泥地上。那时是严冬的寒夜,每堆学生周围是一圈军警,他们端着上了刺刀的枪。当时我的感觉就像电影中"鬼子进村"那种情景。直到深夜一两点钟,才由武装军警拿着枪将我们押送回校。

这以后不久,复旦大学地下党便把我发展入了党。那时我17岁,开始了政治上的新生命。八、九月间,国民党军警拿着一个三十多人的名单到复旦抓人,我也在名单上,但恰好不在学校。国民党特种刑事法庭便以"扰乱治安、危害民国"的罪名对我和其他一些同学宣布通缉。我向来性格温和,连我母亲知道后,都吃惊我怎么会被通缉。后来,党组织为了保护我,要我先隐蔽起来,直到上海解放,才根据组织决定回到复旦大学。

采访组: 刚才您谈到的李公朴、闻一多烈士,他们的战斗精神和杰出贡献令我们深深感佩。写一部中国共产党的历史,不能忽略和缺少为中国革命牺牲、为新中国建设作出重大贡献的党外朋友。他们同中国共产党并肩战斗、亲密合作,这种特殊关系在各国政党史上并不多见。请您谈谈这种关系是如何形成的。

金冲及: 你们讲得很对。写一部中国共产党的历史,不能忽略和缺少为中国革命牺牲、为新中国建设作出重大贡献的党外朋友。胡乔木同志曾郑重告诫我们,写党史时决不能忘了他们。

实现中华民族伟大复兴，是中国各族人民共同的梦想，也必须是全国各族人民共同努力才能实现。中国共产党是领导我们事业的核心力量，没有中国共产党，国家就会失去正确的前进方向，就不能凝聚全国人民成为万众一心的历史力量去夺取革命、建设、改革事业的胜利，而会陷于四分五裂、一事无成的境地。如果没有中国共产党和广大党外人士肝胆相照、荣辱与共的紧密合作，也不可能实现这个目标。

　　这是一个长期不变的方针。毛泽东在延安整风时提出的整顿"三风"，就有一条反对宗派主义，包括党内和党外。他说："国事是国家的公事，不是一党一派的私事。因此，共产党员只有对党外人士实行民主合作的义务，而无排斥别人、垄断一切的权利。共产党是为民族、为人民谋利益的政党，它本身决无私利可图。它应该受人民的监督，而决不应该违背人民的意旨。它的党员应该站在民众之中，而决不应该站在民众之上。"

　　毛泽东接着以斩钉截铁的语言说道："共产党的这个同党外人士实行民主合作的原则，是固定不移的，是永远不变的。只要社会上还有党存在，加入党的人总是少数，党外的人总是多数，所以党员总是要和党外的人合作。"

　　他还说过："党要听党外人士的意见。党员只是百分之一，我们要听百分之九十九人士的意见。共产党的作用，就是要集中人民的意见，作出决议，并坚持下去。"他还说："我们没有排斥党外人士的权利，只有与党外人士合作的义务。必须规定许多办法来实现党与非党人士合作。"

　　这个原则无论在革命、建设、改革各个时期都是如此，是永远不变的。

事实上，在党外人士中也有许多人赞成社会主义、热爱祖国、有知识、有智慧、品德高尚，他们对中华民族作出过重要贡献。像宋庆龄、邹韬奋、茅盾这些很长时间不是共产党员的人不用多说了，我只想举几位我的老师作为例子。

长期担任复旦大学校长也是复旦中学校长的李登辉博士，原是美国耶鲁大学毕业的爱国华侨。回国后，几十年内一直把自己的全部精力和心血献给祖国的教育事业。许多人说：如果没有他，就不会有以后的复旦大学。从五四运动以来，他一直支持学生的爱国运动，有些学生被学校开除后，他把这些学生接收到复旦大学来读书。我在复旦中学读书时，经常看到这位老人扶拐棍在校园里散步。1947年，南京发生学生因参与"反饥饿、反内战、反迫害运动"而惨遭军警镇压的"五二〇事件"，同在上海徐汇区的交通大学同学到复旦中学来介绍事件经过，进行思想鼓动。复旦中学的同学决定罢课抗议，还派代表到老校长家去征求他的意见。代表回来后，我问："校长怎么说？"他们告诉我，李登辉只说了几句话：国家搞成这个样子，你们学生不出来讲话，谁来讲话？即便没有交大同学来，你们自己也应该这样做。老先生的话给我留下了深刻的印象。七十多年了，言犹在耳，我敢说这些大体上是当时的原话。李登辉先生确是一位值得尊敬的爱国老人，令人难忘。

周谷城教授担任过复旦大学史地系主任。"反饥饿、反内战、反迫害运动"后，国民党撤销了他的系主任职务，但他的政治态度没有一点改变。记得1948年"反美扶日运动"时，有些人散布一种舆论：你们是学生，应该好好学习，不要去参加这些活动。但是，周先生在一次学生集会上讲话说："你们第一是中国人，第二才是学生。"这话也给我留下很深的印象。上个世纪80年代，我见到他时，他还亲切地对我说："我是看着你长大的。"

周予同教授在1947年曾在复旦大学教过我"中国通史"课程。他也是一位有着强烈正义感的学者。蒋介石发动"四一二大屠杀"时，他和郑振铎、胡愈之等七人，不顾个人安危，给蔡元培、吴稚晖等写信，愤怒地叙述国民党军队对徒手群众肆行大屠杀的经过，并且说："以上为昨日午后弟等在宝山路所目睹之实况，弟等愿以人格保证，无一字之虚妄。"他始终坚持这种正义立场，在1948年给我们上课时说："我血腥故事看得太多了。""他们要独裁就独裁，要专制就专制，何必还要说什么三民主义？"讲后，他还重重地拍了桌子。这是我当时记在日记里的。

革命胜利后，我们又怎能把这些充满爱国心和正义感的党外人士遗忘掉呢？

新中国成立后，无数爱国人士和广大群众对祖国的建设和改革作出的历史性贡献，更不需要多说。改革开放后，党中央对同党外人士的关系，又提出了八个字："肝胆相照，荣辱与共"，是完全正确的。

采访组：习近平总书记说过"改革开放是我们党的一次伟大觉醒"，请您为我们讲一讲这次伟大觉醒的历史经过。

金冲及：实行改革开放，是新中国成立以来党和国家历史上具有深远意义的伟大转折。以1978年12月召开的党的十一届三中全会为新的起点，在四十多年里，中国走过了许多发达国家两三百年所走过的路，走出一条中国特色社会主义道路。这在人类历史上是前所未有的奇迹。

取得这样的成就极不容易。它是以党和人民的伟大觉醒为先导的。

大家很容易想起邓小平在三中全会前所讲的那番话，随后形成了全会主题报告。他说："一个党，一个国家，一个民族，如果一切从本本出发，思想僵化，迷信盛行，那它就不能前进，它的生机就停止了，就要亡党亡国。""在党内和人民群众中，肯动脑筋、肯想问题的人愈多，对我们的事业就愈有利。"这是极大的思想觉悟，确是关系到党和国家的前途命运的问题。

这以后，全党和全国人民解放思想，坚持实事求是、一切从实际出发的精神，大胆地迈开步子，探索前进。党的十二大高举起"建设有中国特色的社会主义"旗帜，把改革开放称为中国的第二次革命。改革，没有现成的经验可作借鉴，一切只能在实践中探索，对的就坚持，不对的就及时改正，做得不够的就加以补充，遇到新情况新问题就加紧研究。如此一步一步前进。

看看党的历次全国代表大会提出并解决的问题，不难看到中国的改革开放是怎样在探索中一步步前进的。这里只是举几个例子：

党的十三大指出，我国正处在社会主义初级阶段，并将长期处于社会主义初级阶段，一切工作都要以这个基本国情为出发点，必须坚定不移地执行"一个中心、两个基本点"的基本路线；党的十四大确定建立社会主义市场经济体制，取代过去实行多年的高度集中而忽视市场作用的计划经济体制；党的十五大把坚持公有制为主体、多种所有制经济共同发展作为我国社会主义初级阶段的基本经济制度确定下来，并把非公有制经济确定为社会主义市场经济的重要组织部分，同时提出依法治国，建设社会主义法治国家；党的十六大提出全面建设小康社会和转变经济发展方式的任务；如此等等。

2017年10月，习近平总书记在党的十九大报告中旗帜鲜明指出:"大会的主题是:不忘初心,牢记使命,高举中国特色社会主义伟大旗帜,决胜全面建成小康社会,夺取新时代中国特色社会主义伟大胜利,为实现中华民族伟大复兴的中国梦不懈奋斗。"并且宣布:"中国特色社会主义进入新时代,我国社会主要矛盾已经转化为人民日益增长的美好生活需要和不平衡不充分的发展之间的矛盾。"近日,中央又提出实行以国内大循环为主体、国内国际双循环相互促进的新发展格局。中国特色社会主义的事业正以一往无前、不可阻挡的姿态大踏步地向前推进。

事实充分说明,中国的改革一直是在通过确立新的经验、采取新的措施而不断推进和深化的。中国的社会主义制度一直是在通过确立新的体制机制而不断完善和发展的。这也是中国特色社会主义事业能够取得巨大成功和举世瞩目成就的最重要的政治和制度保证。

(采访组成员:中共中央党校(国家行政学院)陈思、储峰、尹晓徽、李瑞　采访时间:2020年11月20日)